国家社科基金
后期资助项目

固边图藏:
清末赵尔丰川边经营

STRENGTHING THE FRONTIER, DEFENDING TIBET:
Zhao Erfeng's Management of the
Sichuan Frontier during the Late Qing

徐君 著

中国社会科学出版社

图书在版编目(CIP)数据

固边图藏：清末赵尔丰川边经营/徐君著.—北京：中国社会科学出版社，2019.3（2025.5重印）

ISBN 978-7-5203-2403-8

Ⅰ.①固⋯ Ⅱ.①徐⋯ Ⅲ.①边疆地区—政治制度史—研究—中国—清代 Ⅳ.①D691.21

中国版本图书馆 CIP 数据核字（2018）第 085157 号

出 版 人	赵剑英
责任编辑	吴丽平
责任校对	郝阳洋
责任印制	李寡寡

出　　版	中国社会科学出版社
社　　址	北京鼓楼西大街甲 158 号
邮　　编	100720
网　　址	http://www.csspw.cn
发 行 部	010-84083685
门 市 部	010-84029450
经　　销	新华书店及其他书店
印　　刷	北京君升印刷有限公司
装　　订	廊坊市广阳区广增装订厂
版　　次	2019 年 3 月第 1 版
印　　次	2025 年 5 月第 2 次印刷
开　　本	710×1000　1/16
印　　张	18
插　　页	2
字　　数	323 千字
定　　价	76.00 元

凡购买中国社会科学出版社图书，如有质量问题请与本社营销中心联系调换
电话：010-84083683
版权所有　侵权必究

国家社科基金后期资助项目
出版说明

后期资助项目是国家社科基金设立的一类重要项目，旨在鼓励广大社科研究者潜心治学，支持基础研究多出优秀成果。它是经过严格评审，从接近完成的科研成果中遴选立项的。为扩大后期资助项目的影响，更好地推动学术发展，促进成果转化，全国哲学社会科学工作办公室按照"统一设计、统一标识、统一版式、形成系列"的总体要求，组织出版国家社科基金后期资助项目成果。

全国哲学社会科学工作办公室

目　录

前　言 ……………………………………………………………… (1)
　　一　有关赵尔丰评价问题 ………………………………………… (3)
　　二　不同的视角与范式 …………………………………………… (9)
　　三　回到地方视角 ………………………………………………… (13)
　　四　主要内容与叙事框架 ………………………………………… (18)
　　五　主要观点 ……………………………………………………… (20)
　　引文注释特别说明 ………………………………………………… (22)

第一章　清季西南边疆危机及举措 ……………………………… (1)
　第一节　丁宝桢与清季西南边防筹措 ……………………………… (1)
　　一　丁宝桢的西南忧患 …………………………………………… (1)
　　二　丁宝桢川藏关系思考 ………………………………………… (5)
　　三　丁宝桢治理川藏边疆的措施 ………………………………… (6)
　第二节　瞻对与清季西南边患 ……………………………………… (12)
　　一　瞻对问题的由来及演变 ……………………………………… (13)
　　二　收瞻之议 ……………………………………………………… (17)
　　三　吴光奎的经边建议 …………………………………………… (26)
　第三节　清季川边初步经营 ………………………………………… (30)
　　一　再议经边 ……………………………………………………… (30)
　　二　经边初步 ……………………………………………………… (34)
　　三　凤全经边 ……………………………………………………… (37)
　　四　凤全之死 ……………………………………………………… (42)
　第四节　筹边援藏 …………………………………………………… (48)
　　一　川边的升级 …………………………………………………… (48)
　　二　固结川—滇—边—藏 ………………………………………… (58)

第二章　赵尔丰的川边经营（上） ………………………………（66）
第一节　从平康三策到经边六事 ……………………………（67）
第二节　川边与西藏之间 ………………………………………（73）
第三节　固边图藏 ………………………………………………（81）
第四节　留边设治，筹收藏地，拟建行省 …………………（92）
第五节　收回瞻对 ………………………………………………（103）
　　一　收瞻之争 ……………………………………………（103）
　　二　赵尔丰收瞻努力 ……………………………………（106）

第三章　赵尔丰的川边经营（下） ………………………………（112）
第一节　"自筹利益" ……………………………………………（113）
　　一　征赋税 ………………………………………………（114）
　　二　"协济兵食" …………………………………………（118）
　　三　"力浚利源" …………………………………………（124）
第二节　自保利权 ………………………………………………（130）
　　一　铸币 …………………………………………………（130）
　　二　组建茶叶公司 ………………………………………（132）
　　三　"尺寸之土，皆当早为经营" ………………………（138）
第三节　延揽人才 ………………………………………………（142）
第四节　利交通，速文告 ………………………………………（151）
　　一　架电线，设邮政 ……………………………………（151）
　　二　辟治道路，安设店栈 ………………………………（153）
第五节　兴学易俗，开化固边 …………………………………（156）
第六节　取民信，苏民困 ………………………………………（165）
第七节　筹练新军，办巡警 ……………………………………（169）

第四章　清末川边经营分析 ………………………………………（174）
第一节　西南边防部署中的川边经营 …………………………（174）
　　一　川边：由川藏通道到援藏基地 ……………………（175）
　　二　重视与倾斜 …………………………………………（178）
　　三　藏事与川边的轻重 …………………………………（180）
　　四　谨慎与优柔 …………………………………………（182）
第二节　清季川边经营效果 ……………………………………（184）
　　一　西南渐固 ……………………………………………（185）

二　新政流惠 ································· (186)
　第三节　另种可能 ································· (189)

第五章　清末边藏经营的经验教训与启示 ··············· (196)
　第一节　内外交困、积重难返 ······················· (196)
　　一　国力衰微，威令不行 ························· (196)
　　二　"中国无外交专门之学" ······················· (198)
　　三　内外交困、积重难返 ························· (201)
　第二节　中枢的困顿 ······························· (206)
　第三节　封疆大吏的末路 ··························· (218)
　第四节　新政的"新"与"旧" ······················· (224)
　　一　"新面目"与"旧根基" ······················· (224)
　　二　地方利益与国家权益 ························· (226)
　　三　民族文化——在土司制和新政之间 ············· (229)
　　四　余论 ······································· (233)

结　语 ··· (235)

主要参考文献 ····································· (238)

前　言

晚清末年，"固川保藏""保川图藏""安边保藏""安边筹藏""保藏固川""固边图藏"等表述，在围绕四川、川边（旧称康区①）和西藏的稳固与安全的讨论中频繁出现，一度成为西南边疆大吏与清中枢往来奏牍的核心或热点。晚清政府对于西藏和川边的关注，从最初的维护领土不致丢失的"保藏"目的到力图经营图强的"图藏"和"筹藏"目标，从以四川为基地和出发点到以四川以西、西藏与四川、云南之间的川边为后援，而川边也因此从川藏之间的时常"梗阻"的"通道"变为"保藏""筹藏"环节中的重要区域，对于西藏的经营也从原来更为保守的"保藏固川"或"固川保藏""保川图藏"到"安边保藏""安边筹藏"，晚清中枢对于西藏、川边和四川关系及经营图谋策略的改变，奠定了后世尤其是民国时期以至于直到今天对西藏及周边藏区筹划经营所着重采取的"筹藏安康"政策策略的认识基础。

川边，特指今四川与云南、西藏、青海交界处的藏族地区，现大部在四川省甘孜藏族自治州辖地。唐代以降，中央王朝开始在这一地区设土司，实行羁縻统治。至晚清因形势改变，于该区域内进行大规模的改土归流，将其纳入中央王朝的直接统一管辖。

晚清王朝是在内外交困、藩篱渐失、西南边患日益严峻的形势下，为加强西南边防，思谋川边的整治。并随着国际国内局势的变化，逐步深化对川边的认识。在清中枢对西南边防的总体谋划中，川边逐渐从原来的区区川藏通道变得举足轻重，最终被抬至援藏基地的地位。在于西藏设省不成的情形之下，转而注重对川边经营，以图筹边援藏、固川保藏。

在这一过程中，时任川滇边务大臣的赵尔丰在清末川边经营中，扮

---

① 川边，康是川边藏区的古称，清时习称这一地带为川滇边或川边，宣统三年六月傅嵩炑奏请设省，以川滇边地而拟命名为西康省，民国时秉承清赵尔丰等人遗志一直为川边建省而努力，因此民国时也就多改称川滇边为康区或康。

演着重要的施政者角色［赵从光绪三十一年（1905）六月进入川边，宣统三年（1911）六月回到成都，前后经边七年，实际在边四年（光绪三十一年六月到三十二年十月，三十四年八月到宣统三年六月）］。赵尔丰以捐纳出身，由建昌道员而炉边善后督办，升为川滇边务大臣，护理四川总督，继而又升为驻藏大臣兼川滇边务大臣，专任川滇边务大臣，最后又调任四川总督。在边因功而被清廷封为钦命头品顶戴、尚书衔、武勇巴图鲁，被当时川边人称为钦差。伴随着清王朝对境内羁縻间接统治之区进行大规模改流变为直接统治的潮流，赵尔丰以武力为前导、"恩威并施"进入川边，并在短短七年时间内，把川边诸土司之地改土归流，改由原来的羁縻间接统治，为以"军府之制，督地方之责"的川滇边务大臣为象征的中央直接管辖。同时，在全国"新政"浪潮之下，图划川边的自谋利益和自保利权，施行屯垦、开矿、通商、修路架桥、畅通道路、架设邮路等新政措施；兴学易俗以儒家文化同化川边，意图"开化固边"。

赵尔丰在川边推行改土归流，实行"新政"，改变了川边的政治状况，使近代意义的川边经济开发和文化教育从空白到缓慢起步，在边七年给川边所带来的变化是该地区历史上最大、最彻底的一次改变，可以说也是近代川边藏区社会、政治、经济、文化变革的起点和最高峰。在当时国力衰弱、内忧外患十分严重的情况下，赵尔丰在川边的措施，有力地促进了晚清中枢对西藏的管辖，同时也起到了抵御英俄窥视藏地的作用。

今人考察康区之地方实业、现代教育、医疗等之滥觞，无不追溯到赵尔丰时代。赵尔丰在清末几年对川边的强力推行新政，是全国各地新政浪潮的共同推动的结果，唯一不同的是赵尔丰在川边的新政，是没有建立在任何社会经济发展的基础上，是完全的移植加上武力为后盾的进入，赵尔丰在川边的新政若是放在全国范畴里，只是一个组成部分，而且看起来似乎还不是太重要的一部分，[①] 然而若是把赵尔丰的新政与川藏地区的改土归流、政治改革以及放在西南边防的角度，其意义就大不一样，更是与同时代的驻藏大臣们的拖延、急思退回形成了鲜明的对比。在英人紧逼之时，驻藏大臣文海在成都拖延不进，讨价还价并夹带私怨，不顾国家大局，与成都将军一起报复川督鹿传霖；裕钢则面对英人的所谓商谈视而不见，但等新的驻藏大臣有泰的上任，而深受恩宠的

[①] 参见李细珠《地方督抚与清末新政——晚清权力格局再研究》，社会科学文献出版社2012年版。

有泰在还没有真正接触藏事,就知难而退,不愿进藏,即使最后不得不入藏,也不思如何为国分忧,天天与友人赏景唱和度日。[①] 把赵尔丰与其同时代或稍早时代的诸位驻藏大臣们的不顾大局、急谋脱身的情形相比,若用"鞠躬尽瘁""一心筹谋边藏"等词汇评述之,一点也不为过。

对于这一段历史,过去史学家及政策研究者主要从评价赵尔丰施政角度进行研究。因着政治背景、意识形态及不同阶段学者所关注的问题不同,而又不同态度与看法。而后又有一些为了解决今天藏区治理的现实问题,从历史经验教训总结的角度进行研究。近几年国外一些年轻的学者,兴起了利用地缘边疆政治学、新清史理论及研究方法,重新看待和解读这一段史实的热潮。[②]

一 有关赵尔丰评价问题

赵尔丰在进入川边之前署四川永宁道时就已有"赵屠夫"的称号,1905年进入川边也是伴着武力,巴塘"七村沟血案"以及随后的征伐乡城桑披岭寺的善后措施,使赵尔丰在川边树立起威信的同时,也在川边僧俗心目中留下了深深的印记。民元鼎革之时,又因是被代表新生的力量所格杀,成为"晚清王朝的殉葬品"。"赵屠夫"的声名与"镇压革命者"这一印记成为后世研究者和经边者们,对赵尔丰及其经边,或歌之或怒之,进行思想纠结的根源。

因意识形态、政治语境、时代背景以及各个时代学术研究所关心问题不同等诸多因素的影响,对于赵尔丰及其川边经营的评价,不同时

[①] 参见车明怀《简析江孜抗英斗争前后历任驻藏大臣的心态》,《中国藏学》2004年第4期。吴丰培整理:《有泰驻藏日记》第四册,1987年全国图书文献缩微复制中心版。以及 Ho, Dahpon D., "*The Men Who Would Not Be Amban and the One Who Would: four front Line Officials and the Qing Tibet Policy, 1905 – 1911*", *Modern China*, Vol. 34, No. 2, Apr. 2008, pp. 214 – 20.

[②] Yingcong Dai, *The Sichuan Frontier and Tibet: Imperial Strategy in the Early Qing*, Seattle: University of Washington Press, 2009; Wang Xiuyu, *China's last Imperial Frontier: Late Qing Expansion in Sichuan's Tibetan Borderlands*, Lanham, MD: Lexington Books, 2011; Scott Relyea, "*Gazing at the Tibetan Plateau: Sovereignty and Chinese State Expansion in the Early Twentieth Century*" (Ph. D. diss, University of Chicago, 2010); Yudru Tsomu, *The Rise of Gonpo Namgyel in Kham: The Blind Warrior of Nyayong*, Lanham: Lexington Books, 2015.

代、不同语境、不同视角各有不同；大致归纳至少有四个时段、四个视角，即晚清时期的中枢、同僚的官方视角，下属与民众的视角；被改流地区普通藏民视角、土司及喇嘛僧侣视角、西藏上层视角；同时代英国等国外的视角等；北洋军阀时期及民国期间的学者与治边者视角；民主改革后直至20世纪80年代之前的革命者视角；20世纪80年代之后的历史唯物主义论者的所谓客观视角，等等。大致梳理一下，从清王朝灭亡1911年算起到今天（2013年），102年的时间里，对于清末赵尔丰的川边经营认识，经历了至少四个不同的时段：北洋政府时期、民国政府直接统治时期、民国地方军阀统治时期以及新中国成立民主改革后四个时段。民主改革后又可以分为20世纪80年代前与之后两个时期。

赵尔丰时代的藏族人对其敬之畏之，或歌之①或恨之；清中枢则仰仗之支持之，除此之外，"别无可简之人，可用之才"；四川内地人则讥讽之为"赵屠夫"。民元以后，经边者敬之仰之；解放后民主改革到80年代，持基本否定态度；80年代之后，则逐渐肯定其川边经营之抵御列强目的。

具体看，晚清时期各地所办的报纸及国内的舆论界基本上对赵在川边的行动持肯定态度。尤其是创办于1904年的《四川官报》，经常有关于川边的捷报或新闻。②这些报道或新闻虽从官方角度看赵尔丰在川边的政绩，其初衷和目的与吴嘉谟教巴塘学生唱欢迎赵帅歌一样，不免有粉饰的性质，但确实也能反映出赵尔丰在川边的经营给川边所带来的积极效果。

四川省内地人评赵尔丰可用当时流行于民间的一副对联来表现："凤老子称了多年，舞爪张牙，威声不减赵屠户；狗奴才也有今日，粉身碎骨，报应还看沈耽娃。"③"喂，别哭，赵道台来了！""在五十年

---

① 赵尔丰返经巴安，当地民众学生均远赴外南数里之桃园子欢迎，时学务局总办吴嘉谟撰了这首欢迎歌："督办钦差赵大人，好副军，好忠臣，赛过汉朝诸孔明，前年奉旨领戌兵，剿七村，下乡城，救我全家出火坑，练就人才保大清，这些恩，海样深，子子孙孙不忘赵帅恩。"命学生合唱。参见永和《欢迎赵帅歌》，《康导月刊》卷5，第7—8期，1943年第31页。
② 如《四川官报》1909年11月上旬第32册新闻"铜币通行""菜蔬广种"；1910年3月下旬第7册新闻"留铜铸币""保赤盛德""边地兴农"；1910年4月上旬第8册新闻"咨取药物""夷地设场"；1910年6月中旬第15册新闻"推行铜圆"；1910年8月下旬第22册新闻"化及夷妇""地气转移""白玉兴学"；"中渡桥工近情""电购衡器"；1909年9月下旬第28册新闻"开垦边荒"，1909年11月上旬第32册新闻"振兴林业""药村转运"；1909年12月上旬第35册新闻"学务进步"；1910年3月中旬第6册新闻"营学校果"；等等。
③ 沈耽娃，名秉堃，四川道员，为人狡猾，后调外省藩司，升巡抚后被人毒杀。刘鼎彝：《赵尔丰经营川边闻见记述》，《四川省文史资料选辑》第6辑，

前，古兰人经常这样地骇住了小孩子的啼哭。"① 赵尔丰在任叙永道台时因"剿苗沟"杀人三千，而被当地人称为"屠户"，由此在四川得"赵屠户"之名。

从清政府的角度，清季藏事紧急，朝廷急需一位具有雄才大略、远见卓识而又不畏险苦的大臣经营川边，援助西藏以图藏事。赵尔丰在川边的一切经营活动及主张措施等，则使朝廷能够逐步实现图谋藏事之解决的宏大规划，因而朝廷在短短的七年时间内屡委以重任，加以崇衔，得诏谕："朝廷苦心筹画，斟酌至再，舍此别无可筹之策，亦别无可简之人。"② 朝廷对赵尔丰之倚重由此可见。然而，赵尔丰并未因此而得群臣交口赞誉，相反，却被一些中枢大臣称为做事操之过急，甚至为"孟浪"求功。不过中枢机关军处机、外务部却认可赵尔丰在川边的经营效果，认为赵的"频年惨淡经营俾川边一带群知向化，藏事亦赖底定"③。其兄赵尔巽认为："至川边布置经营数年，自炉关以至察木多纵横数千里，蛮民安居乐业，不复有前此战争兵革之苦，声教所及，倾心向化。"④ 同为谋划川藏事宜的驻藏大臣联豫对赵尔丰送川军入藏及在边的声名也言"番众慑其声威，用能使拉里以东，风鹤无警"⑤。赵尔丰的老部下刘赞廷评价赵尔丰在"边地吏治成绩，比于川中。比边务大臣中之始绩也。……然尔丰为中国开拓疆土至数千里，其功不仅在一代"⑥。

外国人评论赵尔丰"不像大多数满洲贵族那样，他兼备勇敢、诚实和忠心——尽管无情——却不计较个人的困苦。……倡导了有关行政、

---

① 黄玉清、王楚玉：《赵尔丰——屠户的由来》，《四川省文史资料选辑》第13辑。
② 《清德宗实录》卷587，光绪三十四年二月癸亥条，中华书局1987年影印本，第6—7页。
③ 四川省民族研究所《清末川滇边务档案史料》编辑组编：《军机处、外务部函复赵尔巽俟藏局大定再行酌办收瞻》，《清末川滇边务档案史料》，中华书局1989年版，第618—619页。
④ 《赵尔巽函复军机处现藏事略定清旨饬赵尔丰收瞻》，《清末川滇边务档案史料》，第578—579页。
⑤ 《联豫奏陈川军抵藏并请奖在事出力人员折》，《清末川滇边务档案史料》，第549—552页。
⑥ 刘赞廷在民国初年收集资料编辑《边藏刍言》时，根据自己对赵尔丰的了解情况写成《赵尔丰列传》云："计尔丰所收边地东西长3000余里，南北横4000余里，设治30余区，岁征国税银14万余两。立学堂数百所，边民男女入学者数千人，入制革厂学习者亦众，咸使通晓汉文、语言。内地农民应募往边垦荒地者达万余亩之多，所谓部款仅费去1/3，而油糖两捐收入存川，备铸藏银尚未动用。"

经济、土地和赋税的广泛改革，他废除了乌拉劳役……"①。当时在四川成都市的一位英国官员评论他："尽管由于他声称喜欢大规模处决……然而他却享有一个公正的个人声誉……是一位个性不寻常的人，至今（1922年）西藏东部对他既正直公道又厉害仍记忆犹新。"②

辛亥鼎革，赵尔丰成了清王朝的殉葬品，被杀于蓉城，川边的文治武功也随人亡而政息，继之的北洋政府及民国政府先后在川边设经略使、镇守使、镇委会，图谋对川边的进一步经营。这时，进入川边着手川边治理的一大批人开始围绕现实问题，研究、探讨赵尔丰经边的经验教训，收集赵尔丰经边时的资料。然而面对着与汉区完全不同的民族文化氛围，新的经边者们感到乱而无序，由此而对赵尔丰时代的经边产生今非昔比的景仰态度，大有"不胜今昔之感"③。

民国时期，赵尔丰及其在川边的施政措施，几乎被当时人们作为研究和开发川边不容忽视的，甚至是必不可少的、可资借鉴的镜子。然而民国时的研究者们或曰关注者们都是从经世致用的目的出发，或者准确地说是从内地中央王朝政权对民族地区实施有效统治的角度出发来进行探讨的，他们叹息川边又变回了他们原来的本来面目，感叹赵尔丰的能力及个性非时任经边者们可以对比。康区的复杂形势更令民国时的历届经边者手足无措。学者和经边者从国家治理的角度，一方面吸取赵尔丰经边的教训以利川边经营措施的更加完善；另一方面又总结赵尔丰经边的经验以针砭时弊。④尤其是对比昔日赵尔丰在川边的威令言行和当时的经边主帅者们的作为，莫不感叹良多。从政治、经济、文化教育、军事等方面分析今非昔比的原因，以供川边当政者采纳，以促进川边的进一步发展。有人称清季赵尔丰时期是西康教育之黄金时代；⑤有人称赵尔丰身死蓉城是"经营康藏史上之一大损失也"⑥；等等。整体来说，民国时期图谋经边者对赵尔丰是持肯定态度的，目的是吸其之长、补己

---

① 〔加拿大〕谭·戈伦夫：《现代西藏的诞生》，伍昆明、王宝玉译，中国藏学出版社1990年版，第86页。

② 同上。

③ 实：《不胜今昔之感》，《康导月刊》第4期，第91页。

④ 刘文辉：《西康现状及赵尔丰治康之得失》，《西北问题季刊》，1936卷2（1—2）康藏专号及其《建设新西康十讲》，康导月刊社出版。可权：《清季经营西康之始末记》，《地学杂志》，1915年卷8（1、2）；林栋：《西康之研究》，金陵大学文学院1936年抄本，中国社科院民研所藏。

⑤ 刘绍禹：《西康教育史之略述》，《康藏前锋》第4卷，第1—2期。

⑥ 《赵尔丰经营西康时之军制》，《边政》第6期。

之短。甚至有人提倡并仿效赵尔丰时代的措施，如蒋君章、余松琳等人曾吸收赵尔丰改革川边乌拉差役制度章程的有关内容，制定了乌拉改革及牧运公司的章程。①

民国时期，川边藏人仍有以"赵尔丰来了！"作为吓唬不听话小孩的专门语言；②也有乡城等地民众把赵尔丰当菩萨供奉；③有称之为"刚正廉明，能耐劳苦"，"至今川边老人，无不如此称道赵氏"④。有把赵尔丰改土归流所设汉官与藏官相比，形成藏族谚语："最坏之汉官，优于最好之藏官。"⑤直接歌颂赵尔丰的词句直到20世纪40年代仍然有人会传唱，民国年间（20世纪40年代）深入边地的永和根据调查期间已经50多岁的藏人的传唱，记起该首歌谣，⑥虽然是由清末学务局总办吴嘉谟编就命学生歌唱的对赵尔丰的溢美之词，但时隔30多年，当地人仍然能够传唱的情况，在一定程度上反映了巴塘人对赵尔丰的复杂感情。只是时代去今远矣，无法深入探明。

民主改革后，对于晚清最后几年发生在川藏地区的这一段历史，由于意识形态等原因，在很长一段时间内，被作为特殊区域的特殊历史和敏感话题，学者们通常采取小心慎言的态度，甚至是不愿或不敢涉及。因此，与民国时期对晚清川边经营极力推崇和研究者众多形成鲜明对比的是，民主改革后直到20世纪80年代，由于意识形态以及对已经覆灭的封建王朝的定性问题，前后几乎有30年时间，再也无人提及赵尔丰，即使偶有提及，也是把之作为封建王朝的卫道士和垂死挣扎者。研究上基本是处于空白期，态度上也是完全否定的。正如离晚清川边经营时代

---

① 蒋君章：《乌拉问题解决之途径》，《边政公论》1932年第1卷，第77—78期。
② 主要是巴塘地区，现在当地仍有这样的习语；赵尔丰初入巴塘，痛恨朝廷命官竟然被劫杀，因而痛剿巴塘事件参与者，其中包括许多无辜裹挟者，尤其是巴塘七村沟一带民众，被称为巴塘血案，至今巴塘人民提起赵尔丰无不想到巴塘血案，咋舌相惊。根据调查和访问巴塘人。
③ 刘赞廷：《定乡县志》，民族文化宫图书馆1960年刻印本，记乡城人民崇拜边务大臣赵尔丰，家家供奉，俗传赵尔丰为观音菩萨转生。
④ 任乃强等编：《川边历史资料汇编》第2册《赵尔丰经营川边的军事活动》，第一章《有关赵尔丰的传记》；陈渠珍《艽野尘梦》附《赵尔丰传》及任乃强先生根据二十三年代的调查资料的考论。
⑤ 《藏族谚语》，《康导月刊》卷5，第11—12期。
⑥ 清末学堂学生到20世纪40年代时已大多年近五十，据永和所记，尚有能歌《欢迎赵帅歌》者。永和《欢迎赵帅歌》，《康导月刊》卷5，1943年第7—8期，第31页。

较近的冯有志①所言"囿于环境，不读一书，不写一字者三十余年"②。直到20世纪80年代，人们才又重新提笔回忆往事。这时对赵尔丰及其在川边的评价基本上是先以批判为主，最后才对他在经济、文化等方面的建设进行肯定，持这种评价态度的包括赵尔丰时代的受益者如格桑群觉③及赵尔丰在川边时的老部下如刘鼎彝④等。学术界思想解放的结果，开始有学者重新研究清末赵尔丰川边经营问题，1986年冯有志在编写《西康史遗拾》时记：赵尔丰经边"只有七年，但因他立志经边，锐意经营，时间虽短，建树颇多，把沉睡千年，宛如一潭死水的边境，搅得沸腾万丈，百故鼎新"⑤。对赵尔丰其人的评说，也不再坚持以前所持否定的趋向，转而趋于彰显其治理川边地区的政绩。⑥

到20世纪90年代，为了加强对西藏问题及四川藏区有效治理问题，一些学者回到民国年间"阅古知今"的传统，又重新从历史中寻找治理边藏的经验教训，如四川省民族研究所李绍明等回顾与梳理清末赵尔丰经边的历史基础上，提出"稳藏必先安康"⑦；以杨嘉铭为代表的康定师范专科学校专门成立了"甘孜州政治稳定与经济发展研究"

---

① 冯有志，康定人，民国西康政委会时就读于西康师范讲习所（现康定师范学校），是西康师范讲习所创办时的第一批学员。
② 冯有志编著、周光钧校订：《西康史拾遗·绪论》，甘孜州政协文史资料委员会编印，1993年。
③ 格桑群觉，汉名刘家驹，曾就读于巴塘官话学校，毕业后通过努力，藏汉文达到了很高的水平，历任国民党中央大学藏文教师以及班禅堪布会议厅相书长等职。著有《赵尔丰对川边的统治及措施》（《四川甘孜州文史资料选辑》第2辑）。
④ 刘鼎彝1908年进川边为关外学务局调查员，民国时任九龙县县长，一直在川边工作到1950年西康解放，著有《赵尔丰经营川边闻见记述》（《四川文史资料选集》第6辑）。
⑤ 冯有志编著、周光钧校订：《西康史拾遗》，甘孜州政协文史资料委员会编印，1993年，第46页。
⑥ 典型的如陈一石系列文章：《赵尔丰与四川藏区的改土归流》，《四川师院学报》（社会科学版）1981年第3期；《略论清末川边改土归流与赵尔丰》，《云南民族学院学报》1984年第4期；《从清末川滇边务档案看赵尔丰的治康政绩》，《近代史研究》1985年第2期等；徐铭：《清末川边藏区改土归流初探》，《西藏研究》1982年第2期；程贤敏：《改土归流与康区社会（上、下）》，《中国藏学》1988年第3期、4期；李茂郁：《试论清末川边改土归流》，《西藏研究》1984年第3期；等等。冯有志编著，周光钧校订：《西康史拾遗·文史资料（上、下册）》，甘孜州政协文史资料委员会编印，1993年。
⑦ 李绍明：《论"治藏必先安康"的历史经验和现实意义》，载《李绍明民族学文选》，巴蜀学林丛书，成都出版社1995年版。

课题组,对"安康"问题的由来与发展进行研究。①1999 年,作者本人以"清季川边经营"为题作为博士论文,深入探讨赵尔丰川边经营的背景、具体措施以及在筹边援藏、固川保藏过程中与中枢及其他川藏边臣之间关系等,把赵尔丰经边与晚清局势与西南边防、西藏新政等联系起来思考,对于赵尔丰的经边给予全面论述。②

与 20 世纪八九十年代对于清末边藏经营的研究尚存在着小心谨慎的态度不同的是,进入 21 世纪,国内学者更多地或从国家治理或从推动藏区现代化角度,正面肯定赵尔丰的川边经营效果。③ 还有些学者在对其进行定性的探讨,不过多数是从其川边施政一个侧面进行探讨④,时至今日,也涌现了一大批硕士、博士以清末边藏经营或者其中某一施政措施为题的博士、硕士论文。⑤

二 不同的视角与范式

对赵尔丰及清末川边经营的评价,不同时代的学者、川边经营及其施

---

① 康定师专《甘孜州政治稳定与经济发展研究》课题组、杨嘉铭:《"安康"问题的由来与发展》,《康定民族师专学报》1993 年第 4 期。
② 徐君:《清季川边经营》,博士学位论文,四川大学,1999 年。
③ 赵云田:《清末川边改革新探》,《中国藏学》2002 年第 3 期;李绍先:《赵尔丰与川边藏区近代教育之兴起》,《文史杂志》2003 年第 3 期;刘先强:《试论清末川边藏区学校课程内容的改革》,《民族教育研究》2006 年第 1 期;詹先友:《清末川边兴学及其对当代藏区教育的启示》,《西南民族大学学报》(人文社会科学版)2011 年第 11 期;徐君:《清朝末年川藏边路之新政》(《西藏研究》2007 年第 2 期),《清末赵尔丰川边兴学考辨》(《西南民族大学学报》2006 年第 12 期)与《清末赵尔丰川边兴学之反思》(《中国藏学》2007 年第 2 期);以及马菁林在徐君博士论文主要论述和基本观点基础上形成的《清末川边藏区改土归流考》,巴蜀书社 2004 年版。
④ 董春美:《对印茶印茶侵藏:中印关系的历史检讨》,《南亚研究季刊》2013 年第 1 期;詹先友:《清末川边兴学及其对当代藏区教育的启示》,《西南民族大学学报》(人文社会科学版)2011 年第 11 期;姚便芳:《清末川边藏区实业教育发展述评》,《西藏大学学报》(社会科学版)2011 年第 2 期。
⑤ 国内比较有代表性的如顾旭俄:《赵尔丰与清末川边新政》,硕士学位论文,郑州大学,2005 年;胡晓梅:《康区乌拉制度研究》,硕士学位论文,四川大学,2003 年;邵陵:《反省与求证:四川藏区教育研究》,博士学位论文,四川大学,2003 年;萝莉:《清末川边改土归流对西藏地方的影响》,硕士学位论文,中央民族大学,2011 年;薛建刚:《试论清末赵尔丰川边兴学及其影响:1906—1911》,硕士学位论文,中央民族大学,2013 年;王永斌:《论西康建省记其历史作用》,硕士学位论文,西藏民族学院,2012 年;等等。

政者，基于时代变化而呈现出不同态度的同时，也存在着因研究范式的改变而带来的研究旨趣与角度的变化。如国内有学者把清末的川边经营纳入晚清权力格局中进行探讨。① 台湾学者冯明珠则从梳理中英西藏交涉历史出发，把清末赵尔丰及川边土司的改土归流，作为中英交涉影响结果的一个方面进行考察。② 与研究范式变化相关，有从民族国家建构的角度进行探讨清末川藏新政，如扎洛对张荫棠西藏新政的分析等。③

与此同时，西方视角研究范式的变化更是明显。从早期以荣赫鹏（Francies Younghusband）为自己入侵拉萨的合理性做辩解；查尔斯·贝尔对西藏之过去与现在的认识；彼得·霍普柯克对闯入世界屋脊的人的梳理以及彼得·弗莱明回顾英国侵入西藏的历史等，④ 到20世纪80年代加拿大学者谭·戈伦夫从英国入侵拉萨引起晚清王朝对西南边防（西藏）警觉的角度，提到了赵尔丰、张荫棠等在川边及西藏的改革，肯定了清末边藏经营的效果，等等。⑤ 这些研究基本与国内的研究一样，都是基于历史史实的传统史观下的叙事角度。虽然也有不同的视角，一如史伯林对赵尔丰的评论，⑥ 等等。

---

① 参见李细珠《地方督抚与清末新政：晚清权利格局再研究》，社会科学文献出版社2012年版。
② 参见冯明珠《中英西藏交涉与川藏边情：1774—1925》，中国藏学出版社2007年版；冯明珠《近代中英西藏交涉与川藏边情——从廓尔喀之役到华盛顿会议》，台北故宫博物院，1996年版。
③ 参见扎洛《清末民族国家建设与张荫棠西藏新政》，《民族研究》2011年第3期。
④ 参见〔英〕荣赫鹏《英国侵略西藏史》内政研究会边政丛书之三，孙煦初译，商务印书馆1935年版。（英文书名为 The Opening of Tibet: An Account of Lhasa and the Country and People of Central Tibet and of the Progress of the Mission Sent There by the English Government in the Year 1903 - 1904, New York: Doubleday, Page & Co., 1905。）以及 Edwund Candler, The Unveiling of LHASA, Edward Arnold, 1905; Peter Fleming, Bayonets to Lhasa. The first full account of the British invasion of Tibet in 1904. London 1961; Lamb. A: The McMahon Line, A Study in the Relation between India, China and Tibet, 1904 to 1914, London: 1966; Eric Teichman, C. I. E., B. A. (CANTAB.) Travels of a consular officer in eastern Tibet. Cambridge at the university press. 1922.
⑤ 参见〔加拿大〕谭·戈伦夫《现代西藏的诞生》，伍昆明、王室玉译，中国藏学出版社1990年版；另参见 S. A. M. Adshead., Province and Politics in late Imperial China Viceregal Government in Szechwan, 1898—1911, SIAS. 50 1984。
⑥ Sperling, Elliot, "Awe and Submission: A Tibetan Aristocrat at the Court of Qianlong", International History Review, Vol. 20, No. 2, June 1998, pp. 255 - 62. "The Chinese Venture in K'ham, 1904 - 1911, and the Role of Chao Erh - Feng." The Tibet Journal 1, No. 2, Apr. - June 1976, pp. 10 - 36. "The Szechwan - Tibet Frontier in the Fifteenth Century". Ming Studies, no. 26, Fall 1988, pp. 37 - 55.

由于康区对外开放时间晚（1998年），西方学者能够进入康区（川边）做实际调研及口述的研究较晚，此前的国外藏学研究的主要区域集中在西藏，① 随着四川藏区的对外开放，越来越多的国外学者有机会进入康区进行田野口述调查，最关键的是国内学者也越来越多地有到国外学习的机会，有些在国外取得博士学位获得研究职位，转换分析视角，用西方的学术分析体系及话语，重新看待清末川边经营这一段历史时，尤其是最近几年，在美国兴起的新清史运动的影响下，分析清末川边经营历史，得出了与以往国内外史学家都完全不同的看法。

1998年夏威夷大学的William的硕士论文《书写藏族历史：中西史学有关封建主义和农奴制度的讨论》②，以巴塘为例解读川边历史。实际把新清史方法运用于川边研究的典型代表是王秀玉，2011年王在其2006年博士论文基础上出版了《中国最后的帝国边疆：晚清在川藏边境的扩张》③，采用新清史研究的"帝国"概念，考察川边地方势力与官方的关系，然而过分强调地方视角和帝国概念，使该文的分析有点脱离实际。玉珠措姆在《近代中国》上发表了《驯服康巴：民国时对康区的建构》一文④，对民国时期以任乃强为代表的川藏历史研究者等叙述策略进行了讨论，以说明康区是如何被建构出来的。这几位学者深受"族群理论""帝国主义理论"以及"边缘"和"区域"视角的深刻影响。

新清史有关民族认同和多元文化、性别、帝国和殖民主义、战争和军事文化、地区和仪礼、公共和私人空间以及物质文化视角的基本特点，强调重视少数民族文字及地方视角，其研究理路与视角对中国传统史学研究造成了一定的冲击。然而这些研究在国外主要是一些重要的学术性问题，运用到中国则会涉及某些敏感的现实性问题。⑤ 国外学者最

---

① 参见 Relyea, Scott, *Gazing at the Tibetan Plateau: Sovereignty and Chinese State Expansion in the Early Twentieth Century*, PhD diss., Chicago University, 2010, pp. 3–4。

② Coleman, William Monroe, *Writing Tibetan history: The Discourses of Feudalism and Serfdom in Chinese and Western Historiography*, Master Thesis., University of Hawaii at Manoa, 1998, 出版号：1391329。

③ 该书以英文出版，*China's Last Imperial Frontier: Late Qing Expansion in Sichuan's Tibetan Borderlands*, Lanham, M. D.: Lexington Books, Rowman and Littlefield Publishing Group, 2011。

④ Yudru Tsomu, "Taming the Khampas: The Republican Construction of Eastern Tibet", *Modern China*, Vol. 39, No. 3, May 2013, pp. 319–344.

⑤ 李爱勇：《新清史与"中华帝国"问题——又一次冲击与反应》，《史学月刊》2012年第4期。

近几年有关晚清川边的研究很清楚地显示了这种现实性冲击。虽然目前国内外的学者也在致力于把"解说新边缘理论用于'藏边'研究",提出以朝圣、族群与文化认同政治、族群观光、教育与认同构建、宗教、仪式与社会变迁、帝制与民国时期历史、地方王权体系(朝贡与朝圣)等多元化主题作为切入点,以其实践性、社区关怀、现代性、历史性与表征性,从而淡化中国现实问题的敏感性。[①] 但其强调汉藏边缘研究的跨区域性走向的同时,意在凸显康区和安多在汉藏关系史上的能动性,对帝国、国家与族群边界构建的重要作用,以及在一些大的历史进程中,这些区域的历史与文化内在部分是由当地人自己构建的,而不是完全靠外部势力的强加。[②] 带着强调"地方性知识"和"批评性地方学"的一些特点,以自下而上的基层观点,批评传统藏学的主流历史框架,

---

① 彭文斌:《新边缘理论与"藏边"研究》,第三届康藏文化研究论坛会议发言,西南民族大学,中国藏学研究中心主办,2013年12月27—29日。
② 此类代表性研究如 Alex McKay, ed., *Pilgrimage in Tibet*(《西藏朝圣》)(Curzon, 1998); Melyn Goldstein, ed. *Buddhism in Contemporary Tibet: Religious Revival and Cultural Identity* (《当代西藏佛教:宗教复兴和文化认同》) (Berkeley: University of California Press, 1998); Toni Huber (ed.), *Sacred Spaces and Powerful Places in Tibetan Culture: A Collection of Essays* (《藏文化的神圣空间和强力性地方:论文集》) (Dharamsala: Library of Tibetan Works and Archives, 1999); Lawrence Epstein, *Khams pa Histories: Visions of People, Place and Authority* (《康巴历史:民众、地方和权威》) (Brill, 2002); Ashid Kolas, *On the Margins of Tibet: Cultural Survival on the Sino - Tibetan Frontier* (《藏区边缘:汉藏边地的文化生存》) (UW Press, 2005); Charlene Makley, *The Violence of Liberation. Gender and Tibetan Buddhist Revival in Post - Mao China* (《解放的暴力:后毛时代的性别和藏区佛教复兴》) (Univ. of California Press, 2007); Dai Yingcong, *The Sichuan Frontier and Tibet: Imperial Strategy in the Early Qing* (《四川边地和西藏:清初的帝国策略》) (UW Press, 2008); Koen Wellens, Religious Revival in the Tibetan Borderlands: The Premi of Southwest China (《藏边世界的宗教复兴:中国西南的普米》) (Univ. of Washington Press, 2010); Lin Hsiao - ting, *Tibet and Nationalist China's Frontier: Intrigues and Ethnopolitics, 1928 - 49* (《西藏与民国边疆:1928 - 49 的权谋和民族政治》) (UBC Press, 2011) Wang Xiuyu, *China's Last Imperial Frontiers: Late Qing Expansion in Sichuan's Tibetan Borderlands* (《中国最后的帝国边疆:晚清在四川藏边的扩张》) (Lexington, 2012); Tenzin Jinba (丹增金巴), *In the Land of the Eastern Queendom: The Politics of Gender and Ethnicity on the Sino - Tibetan Border*, (《东女国地:汉藏边缘的性别和族群政治》) (Univ. of Washington Press, 2013); Emily T. Yeh and Chris Coggins, ed., *Mapping Shangrila Contested Landscapes in the Sino - Tibetan Borderlands* (《香格里拉蓝图:汉藏边地的竞争地景》) (Univ. of Washington Press, 2014);等等。转引自彭文斌《新边缘理论与"藏边"研究》,第三届康藏文化研究论坛会议论文摘要,西南民族大学,中国藏学研究中心主办,2013年12月27—29日。

对地方政治与文化的进行不同于传统史学的再阐释。①

最近几年最有分量的有关20世纪早期川藏问题研究的成果当数芝加哥大学李浩同（Scott Relyea）的博士论文《定睛青藏高原：20世纪初主权与中国国家权利的扩张》，李浩同把清末川边经营与随后民元时期的川藏地方变化一同考虑，放大了川边改土归流的影响及历史图景，提出应突破川边经营的反应——抵御视角，而应从地方、国家和全球化三个视角考察。②

若顺着国外的地缘政治学或新清史研究理路，在全球视野中解读晚清川边，则可能会陷入国外学者对新疆问题研究的路径"将新疆视为清帝国于18世纪中期领土扩张的结果，并指出新疆是清朝、俄国和中亚共同竞争的对象，这种'研究成果'不仅在学术上是错误的，而且在实践上又为国外某些支持泛突厥主义提供了借口"。③ 这不仅是一个值得担心的政治问题，更会为现实问题的解决增加复杂性。

边缘研究新范式对于学术活跃的推动无疑是有益的，然而就"经世致用"的角度，还是回复到传统史学看待清末川边西藏治理问题，更能够体现为相关现实问题的解决学术研究价值。正如阿来写作《瞻对：终于融化的铁疙瘩——一个两百年的康巴传奇》④ 的意图一样，"写的是历史题材，但它要回答今天的问题"，用作家的眼睛，关注冲突和现实。通过写作有助于现实矛盾的解决。与文学家通过创作讽喻现实一样，研古鉴今也是史学家们当负之责任。

三　回到地方视角

笔者在研读爬梳了清末中枢与边藏大臣们的来往奏牍官文之后，一

---

① 典型的代表如玉珠措姆的"Taming the Khampas: The Republican Construction of Eastern Tibet", *Modern China*. Vol. 39, No. 3, May 2013, pp. 319-344 和《史学家对工布朗吉土司形象的构建》，《民族学刊》2012年第5期。以及王秀玉《中国最后的帝国边疆：晚清在四川藏边的扩张》，*China's Last Imperial Frontiers: Late Qing Expansion in Sichuan's Tibetan Borderlands* (Lexington, 2011)；尼玛扎西：《清末川康战事——川西藏区改土归流的前奏》，杨公卫译、彭文斌校，《民族学刊》2011年第2期。
② 具体参见 Relyea, Scott, *Gazing at the Tibetan Plateau: Sovereignty and Chinese State Expansion in the Early Twentieth Century*. PhD diss., Chicago University, 2010。
③ 原祖杰：《2011年史地文献信息论证材料》，2013年8月。
④ 阿来：《瞻对：终于融化的铁疙瘩——一个两百年的康巴传奇》，四川文艺出版社2013年版。

直思考运用地方视角，试图了解当地百姓是如何看待这段历史的。2006年委托李茂（雀丹）先生在甘孜各个寺庙高僧及代表人士中所做的口述调查，现实而又生动地反映了新清史学者们所强调的地方适应大的历史进程的能动性。

道孚县惠圆寺活佛尼麦兰木加（副县长）谈道：

> 赵尔丰嘛，我们康巴人从小没有一个人没有听说过他的名字的。特别是那个外号"赵屠夫"，一说都知道的，我们小时候不听话，大人们一说赵屠夫来了，小孩子都不敢再哭叫了。他的厉害我们从小就知道，也是从小就把他恨之入骨的。后来，我参加了工作，当了副县长，县人大副主任，开会学习多了，对赵尔丰也历史地有了一些了解，他虽然是封建制度的一位忠臣和走狗，但是，他对国家的统一和守固边疆，付出了极大的牺牲，他在康巴地区倡导的教育改革，设置布防都是对国家和民族的根本利益相关的好事情。所以，我们从前对他的看法，现在我是有了不同的观点和立场的。中国人民解放军进军西藏时，就一帆风顺吗？不，仍然会有许多反动势力的阻碍，你不清除掉，能前进吗？所以，杀人要看是为什么杀人，杀的又是些什么人。当然也会有杀错的，但必须历史地去分析当时的具体情况才对，不要轻易就下结论。

这个访谈很有代表性和典型性，甘孜民众从民间口传了解了赵尔丰的杀人如麻的本性，听闻者除了心惊胆战之外，情感上不可避免地生出一种仇视和仇恨。然而随着视野的扩大，转而生出更宏大的胸怀和历史的眼光，从而逐渐会改变原来的思想认识。

又如甘孜寺活佛香根（县人大副主任）谈道：

> 赵尔丰在我们甘孜就更是一个有名的历史人物。我们是从小就听老人们常讲的是一个杀人不眨眼的魔鬼和妖怪，就是今天有些小孩子不听话，老人们都说再不听话，再哭我去把赵屠夫喊来先割你耳朵，小孩子都会害怕的，可想他在我们康巴人民心目中的形象是如何。我在寺庙中时才几岁，就听说赵尔丰这个赵屠夫，杀害过很多喇嘛和尚，就像是一个魔鬼，既恨他也很怕他，生怕他历史上还没有真正地死掉，万一哪天在寺庙中出现，真吓死人的。后来长大了，参加工作，走了不少地方去学习，开会也多了，对历史和历史

人物也有点研究，我对这个杀人狂不是老人们所说的那么的可怕和仇恨。听说赵尔丰来康巴地区时，英帝国主义正侵入我们的西藏，若康区失守，西藏就会有大麻烦，他是来固守边疆的将领，而且从他来康区的设防和倡导的文化教育，从今天的眼光来看，他是很有改革开放眼光的人。至于杀人也要看是在什么情况下，杀的是什么人应具体分析，当然和平环境下杀错人少，在混乱时期杀错人是多的，这也不奇怪的。

色达县五明佛学院僧人多尔吉和尚谈道：

赵尔丰这个人在康巴地区是很有名的人，经文中我虽然没有看到过他的记载，但在一些藏文文史和文献中我见过对他的有些记载。在民间当然有不少关于他的传说和评论，这些谁是谁非，我也不懂。不过，我认为，赵尔丰这个人我有三点评论：第一不管他是借口或是撞上了机会的，总之当英帝国主义入侵西藏这是一个历史的事实，赵尔丰来康区是以治藏安康的招牌，而且他所行之实也是为国家民族的安危出发，这一点我们不能否认，所以，以阶级观念和立场，不承认赵尔丰是为国家统一民族的根本利益出发，只是一个封建制度下杀人不眨眼的魔鬼来看他我是不赞成的。第二赵尔丰在治藏安康和安康筹藏过程中，无论从地方设置、剿灭土匪、提倡国学、培养人才、布防武备等多方面，为我们今天的治理藏区，都是具有积极意义的，这一点上我们必须承认他的进步一面，不能以什么封建人物、杀人成性去否定他。第三是赵尔丰的杀人，既要历史地分析和评论，也要从他错误的本质上去剖析，在这个问题上，千万不可一种倾向掩盖另一种倾向。赵尔丰的杀人，如果能自我谨慎，是非分明，我看不至于他死后就一切政绩毁灭。这正说明他是靠杀人来维护统治的典型。这就是说赵尔丰杀人有错误，他过于相信武力的弹压，而伤害了人民的心，这也是他失败的根本原因。据我调查他杀僧人是第一个遭到广大人民群众反感的事，他这个人失去民心也在这一点上。

多尔吉和尚颇有见地，可谓完美地运用了马列主义的历史观，思辨性地谈到赵尔丰的功过与历史影响。

丹巴县墨尔多神山自生塔宗教人士穹山兰木卡谈道：

赵尔丰我们都知道他，我今年七十多岁，几岁时就听老年人讲他的故事，他是清朝时的驻藏大臣，是一个将军。他杀人很得行，我解放初入伍参军，解放军的首长给我们讲话都说，今天的解放军不是清朝时的赵尔丰那个赵屠夫，我们是人民的子弟兵，是人民的儿子，绝不是来杀人民的军队。这就说明赵尔丰这个人是杀了不少的人，而且是杀了人民的人。后来我学了文化，转业在丹巴云母矿当工会主席，从很多文献上了解了赵尔丰这个人，我才知道了他的一些事情。我对他的看法有两点。一是他为了在川边藏区实行"改土归流"，虽然搞大汉族主义，确实有些太过火的行为，伤害了康巴地区人民的感情，但在当时确实稳定了这里的局势，不仅受到清政府赞许，也遏制了英帝国主义的嚣张。这点上我们说他为国家民族是有功的事情。二是他不仅不懂民族心理和地方风俗文化，而且改土归流是很不彻底的，他偏听偏信，听不进反面意见和好的建议，是一个独断专行的人，所以他的过急、偏执带来的是他人死政灭，复旧势力立马还复了旧制，这不能不说是一个惨痛的教训，这与他靠杀人维护统治是分不开的关系。

这种对赵尔丰的认知途径也一定程度上反映了民主改革前后以及20世纪80年代前后对这段历史及历史人物的评判标准与态度。

塔公寺喇嘛巴登谈道：

不管怎么说，我对赵尔丰这个人是不改变看法的，我认为你不管是为了国家的统一和边疆的固守有多大的功劳，你对地方老百姓毫无疼爱，动不动就以杀人来维护自己的统治是不对的。据老人们的传说，赵尔丰这个人把一切不同意他观点的人都视为仇敌，说他当年杀人是不分男女老幼，不分僧人和俗人的。这样的将军，这样的大臣能真正治国安邦吗？他们的杀人成性是由本质所决定的，就是没有英帝国主义入侵西藏，他们也是会杀人不眨眼的。例如，乾隆皇帝时的金川之役，很明显是土司家族的纠纷，四川地方官员的腐败无能和调解错误，而把事态扩大成土司的反叛朝廷，就是在清史中至今都可查得到，大金土司在行刑前都再三诉说我没有反抗大皇帝，是心不好的土司和官员们心不好而加害我……可是，清兵进攻金川把金川百分之七十的人民杀害，两金川河面尸漂如流木，他们杀人民是绝不手软的。所以，现在有些人以抗英入侵和治藏安康的提法来掩盖赵尔丰的杀人我是不赞成的。对他倡导国学，就是提倡教学汉语文和办教育有功，甚至引进技术，包括藏汉通婚、移民屯垦的做法，是有进步意义的壮举，我一点都不否认的。不要把这些政见和施政上的明智之举，同封建制度本质视人民、视边疆少数民族为牲畜的观点相混在一起。古往今来的统治者，向来对宗教都是敬崇保护的，而赵尔丰却从僧人头上开刀，从寺庙上下手，这对一个封建王朝的大臣而言的行为准则说得过去吗？难道这是他的改革和开拓精神？我看这才是奠定了他死而灭绩的根本原因。一个根本没有人民和社会基础的人他是不会成就事业的。

巴登一语道破了赵尔丰川边经营人亡政息的根源："一个根本没有人民和社会基础的人他是不会成就事业的"，与唯物史观颇为相合。

本书无意于观照各个视角以及全面勾勒赵尔丰其人，对其本人或对其在川边措施进行再评价，更不是对赵尔丰本人形象做历史性建构①，只想还历史本来面目，立足于其川边经营的具体背景及其措施，意在通过对清中枢与边藏大臣们之间来往奏牍与官文的研读，透过还原赵尔丰在川边的经营历史，探讨清季中枢和西南的边疆大吏们，如丁宝桢、鹿传霖、锡良、赵尔丰、联豫、张荫棠等人筹划西南边防、稳固西藏的情况，以及在赵尔丰"新政"下川边社会、政治、文化变化的情况。正如冯有志编写《西康史拾遗》目的：记述"自赵季和1905年以来……西康社会，由静转动，由羁縻放任，进为策划管理，由此产生西康人和事的变化的原因及结果，达到恢复我们研究历史的最终目的"②。

川边经营策略是如何形成的，这些政策又是如何具体实施的，有关改土归流、设治、筹建行省等系列边藏经营活动又是如何推动并发展着晚清政府的川边策略的。边臣及清中枢之间对于各种措施及思想又是如何交错甚至彼此之间又是如何斡旋或掣肘的。同时川边的系列新政又是如何在"新""旧"杂糅之中，既表现为封建王权政治文化的遗留与延续，又包含相当分量的现代政治经济文化的萌芽，对当时、当地以及后世治藏经边者的启示等，则是本书力图表达的内容。即致力于还原并透

---

① 参见玉珠措姆（京红梅）《史学家对工布朗吉土司形象的构建》，《民族学刊》2012年第5期。
② 冯有志编著，周光钧校订：《西康史拾遗》，甘孜州政协文史资料委员会编印，1993年。

析清季川边经营的历史背景、谋划韬略和实施展开，寓分析于历史事实的陈述之中，以求言有所据，在些微处裨益于当世。

四 主要内容与叙事框架

本书除前言与结语外，共有五章，分为三大部分。

第一大部分主要从晚清西南边疆危机以及西南边防意识的形成切入，以对丁宝桢督川十年（1876—1886）期间西南边防意识形成及其积极筹谋川藏边疆各项措施的分析开始，展示以川督丁宝桢为代表的晚清边疆大吏们关于西南边防思想形成的过程。西南边吏尤其川督是如何从最初的"固川保藏"，即通过稳固四川来固保西藏的边防意识，发展到川督锡良时代（1903—1907）的"筹边援藏"和"固边图藏"策略。也即由丁宝桢时代把四川作为固藏、保藏后方，发展到晚清末年，逐步把固藏保藏的后方前沿延伸到川藏交界的川滇边诸土司之地。通过在川藏之间的川边设立"以军府之制而任地方之责"的川滇边务大臣，提升川边行政地位、派驻川滇边务大臣，改土归流、施行新政，形成"筹边援藏""固边图藏"之势，同时对西南之地四川和云贵总督进行超出常规的人事安排，从而把"川、滇、川边、藏联成一气"，不仅把川边纳入西南边防的整体之中，更形成固川、筹边与固边，以保固西藏、稳定西南的边防体系思想。

在这一部分中对晚清西南边防思想的形成过程、川边地位的提升以及筹边援藏策略的产生情况，进行细致梳理与深入分析。其中重点对丁宝桢的西南边防意识及措施、川边的西藏"飞地"——瞻对问题的由来，以及晚清中央及四川总督鹿传霖、锡良等谋划收瞻以稳边固藏的考虑进行探讨。同时对筹划边藏经营的驻藏帮办大臣凤全的巴塘被杀、清中央以此为契机逐步改川边土司羁縻为直接统治，为赵尔丰的川边改流和施行新政、全面经营边藏打开大门的背景及情况进行了分析。

第二大部分包括第二章和第三章，以"赵尔丰在川边经营"及"对其的分析"为主要内容，全面呈现赵尔丰的川边经营思想及策略的形成过程，以及与清中枢就边藏问题的互动情况。赵尔丰从光绪二十九年（1903）跟随川督锡良到四川，针对西南边防的危机局势提出"平康三策"；光绪三十二年（1906）被封为川滇边务大臣后，提出在川边开办设官、屯垦、兴学、练兵、开矿和通商事项，被称为"经边六事"。为更好地固边图藏，赵尔丰提出了拟在川边建立行省计划，并收回藏中控制46年的飞地——瞻对。两年后，在赵尔丰又被任命为驻藏大臣兼办边务时，把川边经营计划推及西藏变得顺理成章。然而，在整个川边经营过程中，清中枢与川边的实际经营者赵尔丰之间对经边措施、进藏时机以及川边与西藏关系的认识则不尽相同。最终因在先固边还是先稳藏的问题上的犹豫，以及前此在川边的武力挺进，使赵尔丰丧失和错失了进藏的最佳时机，最终被堵在西藏核心范围之外。该章重点梳理了清中枢与赵尔丰虽基于不同认识，但都计划把"边藏联为一气、统筹规划"的设想，是如何在各种问题交织下破灭的情形。

第三章"赵尔丰川边经营（下）"深入探讨赵尔丰的"经边六事"。为解决开边经费问题，移民垦边、征赋税、办实业、开矿场，以求自筹利益；为求自保利权，自铸银币、组建茶叶公司，并在"尺寸之土皆当早为经营"理念下收回西藏南部察隅一带地方；为了川边各项事务的顺利开展，不拘一格广揽人才，向中枢申请把原发配到新疆等边地的官吏改发川边，使其在服务川边中将功折过，以弥补和解决边才难寻的不足与困难；同时厚给薪资，及时请赏，使赴边服务人员皆尽犬马之力，有效地解决了川边经营的人才问题。"辟治道路""安设店栈"，架电线、设邮路，以利交通，速文告。为固边而兴学易俗，为取民信而苏民困，取消川边民众的沉重负担——"乌拉"劳役；为稳固地方，筹练新军办巡警等，该章对以上六个方面进行了具体而深入的梳理与分析。

第三大部分包括第四章"清末川边经营分析"和第五章"清末边藏经营的经验教训与启示"两章内容。在第四章，作者把川边经营放在晚清西南边防部署总体框架中思考，厘清晚清政府把川边由川藏通道上升到援藏基地的认识变化过程。清中央政府在不时表现出对川边经营及藏事问题的重视与倾斜的摇摆不定中，却又始终是以藏事为重，这与具体经边者赵尔丰的认识存在着很大的不一致。中央与地方官吏在藏事与川边孰轻孰重的问题上意见差异以及来往不断的磋商与探讨，再加上清中央对待藏事问题的过于谨慎与优柔，导致最终错失了由边及藏，借川边之力加强西藏有效统治的机会。该章也对赵尔丰的川边经营效果进行了讨论，从清中央政府、同期其他地方督抚及边臣以及觊觎西藏的英人角度，分析得出川边经营对于稳固西南边防起到了积极作用；同时围绕"川边六事"而施行的新政措施对推动川边社会发生巨大变化起到了重要作用。虽"只有七年，但……把沉睡千年，宛如一潭死水的边境，搅得沸腾万丈，百故鼎新"[①]。最后把赵尔丰在川边的改土归流、施行新政等诸种措施，以及"以武力为前导"军事压服为主、"恩威并施"的策略，与查办藏事大臣张荫棠在西藏提出改革藏政策略进行对比。张荫棠在藏不到一年，提出了几乎与赵尔丰在川边一样的新政措施，却得到了西藏僧俗的接纳和欢迎，而赵尔丰的进藏却被西藏僧俗竭力反对，最后因弹劾而阻于西藏核心区域之外，两相对比，差异之大，令人难解。细究之下，不单纯是个性使然，更与进入途径、时事变迁、内外境遇不同有关，若假以时日，边藏经营是否会出现别样的后果或另一种可能，对此作者也进行了深入分析。

第五章"清末边藏经营的经验教训与启示"把清末川边改流与西藏的新政等问题放在一起思考，对边藏轰轰烈烈实施了几年的新政，在民元鼎革后瞬间人亡政息的原因进行了深入分析。

除三大部分外，前言和结语对研究成果内容及观点进行首尾呼应，使整个研究成果浑然一体。在结语部分重点总结了清末川边经营的经验，为在新时期如何把清末"川藏事同一体""藏事乃边事""川、边、滇、藏西南互犄之势"的认识经验，运用到今天长期建藏、谋求西藏及四省藏区的协调发展与长治久安，提供借鉴意义。

五　主要观点

国际环境与西南边防危机促使晚清政府采取措施加强对西藏及西南边地的治理与统治。计划在西藏建省，改变仅派驻藏大臣与西藏地方联合统治，到进行直接统治，然而此时的清中央政府难以有效掌控形势的发展。为了有效地稳固和保护西藏不被英国等外敌觊觎或侵占，川督及其他西南边吏们思考通过"固川""筹边""固边"等间接推及的形式，最终实现西藏的稳固。这正是今天我们提"稳藏必先安康"的思想之源。

在这个背景下，即晚清政府图谋藏政的过程中，曾经仅仅是进藏大道，且是土司统治的羁縻之地——川边，被清中央逐渐由一个川藏之间

[①] 冯有志编著，周光钧校订：《西康史拾遗》，甘孜州政协文史资料委员会编印，1993年，第46页。

的通道地位,上升为援藏、保藏和固藏的重要后方基地。为了更好地发挥其援藏、保藏和固藏作用,不仅设立了"以军府之制,督地方之责"的川滇边务大臣,更在川边进行屯垦、开矿、兴学、易俗、通商、畅通交通等新政措施。通过利交通、速文告、兴学易俗来开化固边,通过苏民困来取民信,办巡警练新军,以求自筹利益、自保利权。同时更把四川、云南、贵州与川边和西藏连为一体,谋划西南边防尤其是西藏的稳固问题,为此进行了非同寻常的人事安排和调整,起到了有效的固藏、保藏作用,在当时引起了国外尤其是英国的高度重视。这种"川、滇、边藏联为一气"的西南一体的思考与策略,对于今天仍然具有一定的借鉴意义。

赵尔丰川边改土归流、施行新政是"新""旧"杂糅,既有封建王权政治文化的遗留、延续,又包含了相当分量的现代政治经济文化的萌芽。其具体的施政尤其是不拘一格延揽人才,废除川边延续千年的沉重劳役——乌拉,开办新式学堂、开设药物局、修路架桥、开办民族实业、引进新式农作技术与耕具等,都是具有推动当地社会经济发展的实际措施,这也是民国时期及今日学者们探讨最多的方面。但另一方面,赵尔丰以武力为先导顺利进入川边,此后,也计划以驻藏大臣兼办边务的身份,以同样的"武力前导""恩威并施"策略方式进入西藏,把川边施政推及西藏,然而由于清中央对于藏事的过于谨慎与优柔,筹边藏事务大臣之间因个人利益的嫌隙与掣肘,赵尔丰本身的思维惯性和眼光的局限,不得不中辍。

晚清政府对于藏事的国际交涉处处被动,与其内外交困、积重难返、国力衰微、无外交专门之学有很大的关系。同时晚清中枢对于西藏地方政府及西藏地方社会变化的"刻舟求剑"式惯性思维,未能及时清楚地洞察西藏地方社会的变化,也是使藏政不兴的主要原因。坚守祖制不放,家天下和血缘分封的老传统,也使封疆大吏走向末路。"新政"中"新面目"与"旧根基"之间的脱节、地方利益与国家权益的冲突、"以夏变夷""以儒化佛"诸种措施及其诸种复杂矛盾的彼此扭结与冲突,不同民族文化传统之间的磨合与碰撞,都在边藏经营中纠葛着,最终因没有触及社会底层,缺乏社会支撑根基而人亡政息。

清末川边经营历史的清晰梳理,中央政府与地方边吏在具体施政上的分歧、彼此互动过程、筹谋边藏事务的内外矛盾与掣肘,诸多历史事实的全面展示,对于今天谋求长期建藏之策,西藏及四省藏区协调发展的目标都有很强的借鉴意义。

引文注释特别说明

四川省民族研究所《清末川滇边务档案史料》编辑组编：《清末川滇边务档案史料》（上、中、下）三册，中华书局1989年版，在引文注释中简称《清末川滇边务档案史料》。

中国藏学研究中心、中国第一历史档案馆、中国第二历史档案馆、西藏自治区档案馆、四川省档案馆合编：《元以来西藏地方与中央政府关系档案史料汇编》（1—7册），中国藏学出版社1994年版，在引文注释中简称《关系史料汇编》。

拉巴平措等主编，西藏学汉文文献汇刻，吴丰培编辑，赵慎应校对：《清代藏事奏牍》（上、下），中国藏学出版社1994年版。简称为吴丰培辑《清代藏事奏牍》。

〔澳〕骆惠敏编：《清末民初政情内幕——〈泰晤士报〉驻北京记者、袁世凯政治顾问乔·厄·莫里循书信集》上卷（1895—1912）和下卷（1912—1920），刘桂梁等译，知识出版社1986年版；简称《清末民初政情内幕》1895—1912年或1912—1920年。

第一章 清季西南边疆危机及举措

19世纪中后期，清政府对"中外已成为列国兵争之局"① 逐渐有了一定的认识。特别是两次鸦片战争失败，使清政府丢失了大片领土。清政府刚刚从两次鸦片战争的失败中缓过气来，频繁的"海警"和"边患"使清廷对边防形势的忧虑与日俱增。"海噬之波涛未息，山陬之游徼纷来"② 的边疆形势，周边危机的刺激，"藩属国"的纷纷去失，"唇亡齿寒"的严重性促使清政府调整边防政策。清政府内部曾有过"弃藩自保"与"固藩自保"的争论，最后决定采取"保藩固圉"，把"卫门户"和"固堂室"统一起来的边防政策。而在这一时期对西南边防的思考，以四川总督丁宝桢等为代表。

第一节 丁宝桢与清季西南边防筹措

一 丁宝桢的西南忧患

丁宝桢因在山东巡抚任上诛杀太监安德海而得名，光绪二年（1876）署理四川总督，直到光绪十二年卒于川督任所，这期间正是中国洋务派实行"新政"的主要时期③。作为封疆大吏的丁宝桢在地方上推行洋务派的主张，是晚清时期洋务派中的代表人物之一。同时，他也是晚清官吏中较早注意西南边防问题并提出较为系统的巩固西南边防，

---

① （清）张佩伦：《保小捍边当谋自强折》，《涧于集·奏议二》。
② （清）文庆、贾桢、宝鋆等编：《筹办夷务始末》同治朝，卷50。
③ 翦伯赞主编：《中国史纲要》，人民出版社1986年版，第426页。把洋务派"新政"及其初步破产时期界定在1864—1885年。另姜铎认为洋务运动起止时间是1860—1894年，历经35年。姜铎：《洋务运动与改革开放》（内部资料），上海社会科学院经济研究所，1992年。

尤其川藏边防思想的人。

丁宝桢在海防思想基础上形成其西南边防思想，并将西藏边防与四川边防结合起来分析。当时，海防乃是内忧外患的清廷边防的重中之重，因为"更露骨的侵略还是来自海上"①。在清中枢内部曾一度出现海防、塞防之争，以直隶总督李鸿章②为代表主倡加强来自海上威胁的抵御能力，即在沿海地区搞好防卫准备工作。但来自西北新疆的威胁也使清廷不得不注意塞防。为实施塞防战略，左宗棠在西北为收复新疆而做艰苦努力。然而当时中枢之内的海防、塞防之争并没有同时兼顾同样应该属于塞防的西南地区的防卫。

当时，清中枢面临来自海上和西北的直接入侵和威胁已经是倾国库之所有，几乎无力再兼顾西南边防，更何况来自西南的威胁还不是很明显，英国也只是提出入藏游历、通商的要求，正如中国驻英公使曾纪泽所说，只是利之所趋，并不危及中国在藏的主权。清政府也因无力西顾之故自欺欺人认为：洋人只有趋利之心"英人惟利是图，所称专为通商尚属可信"③。直到1883—1885年法国公然侵入中国的属国越南也未能使清廷警醒，抑或这时清廷已无力东西南北兼顾。不仅如此，清政府为"节縻费"而下令让丁宝桢裁军减勇营局费，全然不顾英人要求入藏通商的深意和来自西南边防的威胁。丁宝桢力排众议，不同意英人入藏通商，并在四川做好准备，同时上书清廷历陈通商之害和拒绝裁军减勇。

丁宝桢出任川督时，正值中国因马嘉理事件被迫签订《烟台条约》，向国外敞开西南大门之始。《烟台条约》中有准许英人入藏游历、传教的款项规定。④ 条约签订的第二年（1877），英人就援引条约，要求入藏游历，其中吉为哩（W. J. Gill）要求由四川赴藏，贝德禄（E. C. Baber）要求从四川西部经过藏边到云南。对于吉为哩和贝德禄等人

---

① 翦伯赞主编：《中国史纲要》下册，人民出版社1986年版，第426页。
② 李鸿章（1832—1901），1870—1895年任直隶总督，组建北洋海军建设，关于李鸿章主办的重大事业项目，参见K. H. 金《日本人对中国早期现代化的观察》，第4—12页。
③ 吴丰培辑：《色楞额驻藏奏牍》，《清代藏事奏牍》1994年版，第479页。
④ 中英《烟台条约》专附一条："现因英国酌议，约在明年（1877）派员，由中国京师启行，前往遍历甘肃、青海一带地方，或由内地四川等处入藏，以抵印度，为探访路程之意。所有应发护照，并知会各处地方大吏暨驻藏大臣公文，届时当由总理衙门察酌情形，妥为办给。倘若所派之员，不由此路行走，另由印度与西藏交界地方派员前往，俟中国接准英国大臣知会后，即行文驻藏大臣查度情形，派员妥为照料，并由总理衙门发给护照，以免阻碍。"参见王铁崖编《中外旧约章汇编》第1册，生活·读书·新知三联书店1957年版，第350页。

在川藏游历的行踪，丁宝桢给予了密切关注，发现吉为哩和贝德禄等人"一则由川赴藏，又由藏赴滇，一则由川赴滇，又由滇回川"，"沿途皆密绘地图"，进而认为英人名义上是为"查看通商事宜"，实质则是"查看道路形势，探明风土人情，以为日后拟由该国（指印度）陆路出入川境"。并提醒清中枢防范英人所谓的游历："洋人入川情势，实为中国陆路一大关键，未可视为末务。"[1] 希望清政府以后对类似游历的要求"随时妥密防范"，以期"事事遏之于几先"。[2]

为了进一步说服清中枢重视西南边防，认清英国对西南尤其是川藏的侵略意图，丁宝桢在一日之内连上两道奏折，再三强调英国对西南尤其西藏图谋不轨："臣窃揣英人之意，从前专注意海疆，今则二十余年，船炮既极犀利，而沿海之地势人情亦经熟悉，自认为经营就绪。惟不通海疆之四川、云南、贵州、湖南、广西、甘肃、陕西、山西、河南数省，未能水陆相通。……故又欲以向之致力于海疆者，转而用之于西南各省。"[3]

作为四川总督，丁宝桢清醒地认识到英人尤其关注四川的真实目的：四川与印度最近，得四川即可得到云南、贵州等地，进而打通长江流域的水陆交通线，"此实英人目前肺腑之谋也"。[4] 丁宝桢用法国侵占越南的实例，谏诫清政府要关注英人在后藏边界的动向："昔年法夷构兵越南，其蓄谋早在二十年以前。待至一旦蠢动，骎骎不可复制，是其殷鉴。""彼越国鄙远"，中国仍为所疲。而现在"英夷久踞印度，印度全境归附日久，其根深蒂，几与该夷内地无异，稍有不测，印度全藏，瞬息可到"。英人在大吉岭一带又广泛地收买藏人，"接待蛮子尤极殷勤，汉人次之。有放债与蛮子者，有赊货与蛮子者，现在蛮子皆乐于前往"。英人把铁路修过大吉岭，"欲达帕克里而止，帕克里印界后藏，地距前藏仅十二站，赶行八九日可到"。"洋人用意，大非良善……英人之窥伺藏地，已非朝夕"[5]。

光绪十一年（1885），英国派使臣马科蕾（C. Macaulay）准备从哲孟雄入藏考察，协议通商。驻英公使曾纪泽专门致函总理衙门，劝说清政府同意马科蕾入藏考察的要求。总理衙门把曾纪泽的信函转给四川总督丁宝桢。此时，丁宝桢已在病中，但仍然坚持他对英人要求在西藏通商、游历的看法和高度的警惕性；并再次向中枢奏陈英人入藏考察的险

---

[1] 吴丰培辑：《丁宝桢藏事奏牍》，《清代藏事奏牍》，第490—491页。
[2] 同上书，第489—490页。
[3] 同上书，第490—491页。
[4] 同上。
[5] 同上书，第523—524页。

恶用心："外国人之用心也强很，而为谋也阴鸷，每做一事，不得其所欲固不止，即偶不遂其所欲亦不止，历来皆然，非自今日。"① 指出中国并不能因势利导获取英国与西藏通商之利，这也不是英国人的目的，英人与西藏通商，"是乃外洋多年故智，而用心阴鸷"。"洋人决不轻言侵夺，与我专言通商，则可以阴遂所图而不觉。迨其继也，以通商之事，暗中潜移默化，彼固可以阴窃中国之利权……是洋人阳借通商之美名，实阴以肆侵夺之秘计。设使事机不顺，彼既得中国之利权，即欲占中国之土地，势不至易通商为侵夺不止，彼时我之虚实，彼尽知之，我之人情，彼尽悉之，此理之固然，不几全受人以柄乎。"②

丁宝桢分析英人要求与西藏通商"其意殆别有所在"：光绪年间重庆所立之约尚在，"特因彼之轮船不便行驶，故未能举行"。于是另出一计，要求与藏通商，又欲于重庆后路别开一隙，援引"乾隆初时一百余年之一纸空文，又不查其虚实，漫谓足以为据，是其意固明明可知矣，是因印度与西藏邻近，乃必……该洋人决非注意于西藏，殆暗借此以通四川大道耳，逞其谋"。③ 建议清政府万万不能应允英人与藏通商事。

光绪十一年，重病之中的丁宝桢，前后两次（十月初三日和十一月二十九日）奏请开缺离职，他担心自己病势日渐沉重，无力就英国欲于西藏通商之事再继续尽责而致延误事体，因为英人要求通商实是"用心叵测，事关切要，更非孔言所能敷衍"。④

当获知俄国人由新疆和阗抄后藏近路赴藏，病危之中的丁宝桢对此表示极端忧虑：由此行动可以洞察到英、俄实际上是在争夺西藏，英国为防备俄国从新疆抄后路进藏占了先机，就要求与藏先行通商，丁宝桢专门上书提醒清政府要统筹兼顾：一方面西藏问题已不再是通商等利益问题，另一方面"此事亦恐我驻藏大臣一人不能了结"，清中枢应高度重视两个大国在西藏的争夺，并"早为防备"⑤。

临终前，丁宝桢还依然心悬藏事："英人俄人又均有入藏之议，将来必肇兵端。"⑥ 直到病危之日，丁宝桢在遗书中仍告诫清政府"外洋

---

① 吴丰培辑：《丁宝桢藏事奏牍》，《清代藏事奏牍》，第527—530页。
② 同上。
③ 同上。
④ （清）丁宝桢：《丁文诚公奏稿》卷26，光绪十九年刊本。
⑤ 吴丰培辑：《丁宝桢藏事奏牍》，《清代藏事奏牍》，第532页。
⑥ （清）丁宝桢：《丁文诚公奏稿》卷26，光绪十九年刊本，第49—50页。

和约万不足恃"。①

二 丁宝桢川藏关系思考

丁宝桢特别强调四川在西南边防中的重要性，认为四川是中国内地与云南、西藏至印度间的必经之地，又是西南数省中"菁华聚集之所"。同时清醒地认识到四川在中国西南边务中的特殊性："川境之接连夷地者，东西南北四面近夷地者十之六七，近夷界十之三四。"② 再加上四川的地势民情十分复杂，边省的情形与腹地省份迥然不同，即使是以边省而论，亦与滇、黔、闽、粤各省迥殊。因此"川省本不近海疆，而现时情势颇有更重于海疆者"。"情势所在，实不可不深长思也。"③ 必须保有足够的兵力以攘外安内。④

基于以上认识，以及出于边防需求和保卫西藏的考虑，丁宝桢提出不能裁四川等地防军，机器局要继续开办。在四川设立机器局，开创了四川建立机器工业的先河，改善了四川的军队装备。机械局开办时，虽"颇为众论所不许"，但丁宝桢坚持开办。⑤ 最后终被时人认可："成厂足与石井兵厂之于粤疆海防，汉阳兵厂之于长江要塞同一重要，洵非夸词。"⑥

在西南边防及川藏关系的认识上，丁宝桢强调川藏一体，"川藏唇齿相依，不能稍分畛域"，四川是保住西南边防的重要后盾，西藏防务的人力、物力、财力都仰赖于四川的支持。英人占据印度后，形成了"近在西藏肘腋，稍一有事，即掣动全川脉络"⑦ 的局面。因此，丁宝桢认为"英夷之祸"，"其害更甚于法夷，而滇蜀必首当其冲"。⑧ 英在西藏通商目的是想从西藏打开通往四川、中国内地的突破口，如果"藏路一开则四川全境终失，川中一失，则四通八达，天下之藩篱尽坏"⑨。

由于"日夜筹思"西南边防，对于西藏的情形更能讲求得当，在当

---

① （清）丁宝桢：《丁文诚公奏稿》卷26，光绪十九年刊本，第49—50页。
② 吴丰培辑：《丁宝桢藏事奏牍》，《清代藏事奏牍》，第525—527页。
③ 同上书，第527—530页。
④ 同上书，第525—527页。
⑤ 孙毓棠编：《中国近代工业史资料》第1辑（上册），科学出版社1957年版，第488页。
⑥ 陈真编：《中国近代工业史资料》第3辑，生活·读书·新知三联书店1961年版，第220页。
⑦ 同上书，第525—527页。
⑧ 同上书，第523—524页。
⑨ 同上书，第527—530页。

时朝廷处于"他非所计"① 状况下，丁宝桢逐渐受到清政府重视。光绪五年（1879）二月奉旨与驻藏帮办大臣色楞额一起就藏事"相机整顿……先事筹划，务臻妥协"。②丁宝桢被委以参与筹划藏事的重任后，有时单独上奏，有时与成都将军或驻藏大臣会奏，根据西藏地理与礼俗政教的特殊条件及川藏相邻的自然环境，不断提出巩固川藏边防的设想，并付诸实施。遵守定制，坚持四川向西藏常年派驻军队；另外，每三年向西藏拨解官兵盐粮月费银13万两，有时还要超过此数，③以加强西藏的边防能力。

丁宝桢对川藏一体的西南边防的认识，此后逐渐成为清中枢的共识，不过是在二十年后，才由政府出面大力地贯彻执行。

三 丁宝桢治理川藏边疆的措施

丁宝桢对西藏问题"沉思远虑，未尝稍释于怀""竭沈尽智，期于办理无误"。④

在任川督十年中，丁宝桢为加强西南边防尤其是西藏的边防采取了一些切实可行的措施。强调认为西方列强先用通商名义逐步侵入弱小国家已成定势，不能相信他们"专为通商"之说，指出"今日西洋之势已成积习，前日该国所行之事，其初尽施于外夷，今则转而施之于我"。应决然采取"破釜沉舟之计"，以求自固。⑤

第一，发展军事，提高军队抵御外侵的战斗力，在四川设立机器局制造新式枪炮弹药，重视军队的装备与训练。丁宝桢通过对英人在西藏边界及邻国的活动情况分析，认为是英人在为侵藏做全面准备，因此建议清政府也必须采取相应的防备措施，加强有效的抵御。他认识到西藏方面"只有阻遏之心，并无坚拒之力，设彼族恃强逞凶，藏番无从抵御"，⑥"必将求援于蜀，蜀中亦万不能坐视……亟应于无形中早为之备，免致临事仓卒"⑦，为达到防备目的，丁宝桢将川省所有防营，"分

---

① 参见罗文彬编《丁文诚公遗集》首卷《国史本传》，沈云龙主编：《近代中国史料丛刊》，第8辑，台湾文海出版社1966年版。
② （清）朱寿朋编：《光绪朝东华录》第1册，中华书局1958年版，第707页。
③ 参见《清德宗实录》卷116；卷140；卷190。
④ （清）丁宝桢：《丁文诚公奏稿》，1907年（光绪三十三年）刻本，第16卷，第32—35页。
⑤ 吴丰培辑：《丁宝桢藏事奏牍》，《清代藏事奏牍》第527—530页。
⑥ 同上书，第527页。
⑦ 同上书，第523—524页。

起调练，勤习枪炮阵法，并精练打靶等事"；"一面密饬机器局，将洋药笔码铜帽及快利之洋枪洋炮，加工添造，以备应用"。①

丁宝桢设立机器局制造洋枪洋炮的行动是当时洋务派谋求自强的主要措施，更进一步推动并发展了洋务运动关于"军事自强"的思想，提出不仅要用洋器而且要习洋式操练方法，认为"将欲与之争，而不能尽彼之所能，则我之士气先怯，万难取胜，惟悉彼之所能，行之既熟，再以中国之所长，攻彼族之所短"。②丁宝桢部署四川省二十余营营勇仿照英人，"逐日操练……举凡战法、阵势、枪炮军火，无不悉仿其意，而务求精密"。③所设立的川省机器局能制马蹄尼等枪，又自制格林炮位，"其所造枪炮军火，皆较洋人为精，且系自造自用，从不假借外洋一人，以前与洋人争战用购自洋人的枪炮等于洋人自用洋人枪炮不同"。④

光绪十一年（1885），清政府以出让缅甸作为阻止英人派遣马科蕾入藏通商的交换条件，但意识到"以英人现既并缅甸，恐狡焉思启之心因此益甚"⑤，让丁宝桢对四川边防"密筹熟计，先事图维"⑥。丁宝桢根据前后藏距四川太远，驻军运粮供给均不便的实际情况，在川藏间的巴塘驻勇二千，里塘驻勇千余人，"以为策应，藉壮声威"⑦，这是清王朝为边防目的派兵驻川边规模最大的一次。

第二，在政治上协调解决西藏汉番官员矛盾、西藏与川边地区土司的矛盾，使川藏连为一体。光绪五年（1879）在与驻藏帮办大臣色楞额遵旨会筹藏中应办事宜时，提出"欲藏卫之中事事就理，则必仍令汉番合而为一"⑧。驻藏大臣处事要恩威相济，公平办理。丁宝桢在这种思想指导下解决里瞻争界问题。光绪六年（1880），下瞻对所辖查录一支藏民扬言要到里塘抢劫，里塘土司召集土兵数千与之交仗，丁宝桢急忙派员带兵解散，他奏请清廷让西藏商上撤回瞻对番官索康色，在瞻对、里塘间划清西藏与四川边界，以使双方"土民各安住牧，边隅永息纷争"⑨。然而藏中并未撤换番官，光绪十年（1884）索康色又称兵犯

---

① 吴丰培辑：《丁宝桢藏事奏牍》，《清代藏事奏牍》第523—524页。
② 同上书，第527—530页。
③ 同上书，第525—527页。
④ 同上。
⑤ 同上。
⑥ 同上书，第533—534页。
⑦ 同上。
⑧ 同上书，第494—496页。
⑨ 同上书，第507—508页。

境，图攻台寨，焚杀百姓，丁宝桢派人前往查办："先究肇衅之里番，以释藏番之疑，复殄首祸之查番，以平里番之恨……并将历年里瞻交涉各寨，逐件为之剖断清楚，里番之心始平，瞻番之气亦慑，两造俱各输服，甘愿具结遵断。"① 后在双方公认处竖立两块界碑，规定"从此里塘所辖部落，番官不得越境逼勒滋扰，瞻对所管地方，土司亦不得蒙混侵扰"②。

光绪九年（1883）丁宝桢派人解决打箭炉、甘孜一带土司冲突问题，使川边北路恢复稳定。

还有收复乍丫内属。乍丫③与巴塘、察木多、德尔格忒、江卡等处壤地环布，地广人强。光绪十一年（1885）要求像察木多、巴塘一样随班进贡。丁宝桢抓住这个时机代为奏请，为稳固川边而拉笼人心：川边只有乍丫与三岩仍"漫无统属"，是西南边防一隅的卸隙，在"外洋觊觎之时"，应把这些强悍番族立即收归内属，将会"于边庭大局实有裨益"④。

清中枢接受丁宝桢的建议，允许乍丫于光绪十二年（1886）入贡，自此川藏间只有三岩一野番，乍丫的内附，有力地牵制了三岩。

第三，在对外关系上，极力主张结好中印间诸国共同抵御英人。丁宝桢督川时正是清王朝决定"保藩固圉"的主要时期。丁宝桢作为这一主张的代表人物，根据西南的边防情况提出与印藏间的诸国结好，固藩篱保门户。光绪三年（1877），针对烟台条约后英人吉为哩等要求由川入藏的情况，丁宝桢就上书清廷说明英人入藏探路用意狡谲，请求驻藏大臣修好布鲁克巴、哲孟雄、廓尔喀等附属国"以固藩篱"。指出"欲图内地之安，则境外藩篱必先自固。蜀之门户在西藏，而西藏之藩篱在布鲁克巴、廓尔喀"⑤。

并在解决廓藏争端时又再次强调，"西藏为全属第一道藩篱，廓尔

---

① 吴丰培辑：《丁宝桢藏事奏牍》，《清代藏事奏牍》，第518—521页。
② 同上。
③ 乍丫地处宁静山以外，康熙年间曾被封有呼图克图名号，前后三次随征廓尔喀及瞻对，因失火寺毁丢失了呼图克图的封号印纸。参见吴丰培辑《丁宝桢藏事奏牍·拟定乍丫贡品人数折》，《清代藏事奏牍》，第534—536页。按雍正年间的川藏界址，既未受中央王朝的管辖（无论是羁縻还是直接派官），也不属于西藏商上的管辖范围，故习称野番。
④ 吴丰培辑：《丁宝桢藏事奏牍·垦准乍丫入页片》，《清代藏事奏牍》，第522—523页。
⑤ 同上书，第490—491页。

喀又为西藏切近屏蔽"①。应将布廓两国极力笼络，否则英人必设法相与联合，则西藏一失屏蔽，而川省门户遂失。"若将该两国极力羁縻，绝英人近交之计，则两藏不失要隘，我得自固其藩篱。"② 把布、廓两国作为西南尤其是西藏的外助，"则自可以伐英人入藏之谋"。丁宝桢强调结好布、廓等小国稳固西南边防是关系全局，"实与海防相为表里"的边防策略。③

哲孟雄界在印度西藏之间，丁宝桢认为它"此时似意属骑墙，彼此播弄，以为渔利之见，若不早为筹及，恐其外肆勾结，内挟欺凌，将来洋人与藏中衅端，必从此起"。为解决哲孟雄问题，丁宝桢把侦查弹压哲孟雄作为"筹划该藏之第一要务"。建议将新设稽查游历洋人之委员二人或分一员住江孜，与哲孟雄毗邻，就近探查哲孟雄情形，"随时随事稽查弹压"。如果"该番别有阴谋"也可以"设法预为解散"，"不致暗中愚弄或可弭患未萌"。④

为达到结好藩篱国的目的，当光绪九年（1883）三月发生前藏喇嘛乘间攘夺巴勒布商民财物一案时，丁宝桢力主早日设法秉公办结，以免"取怨邻封"⑤。建议专派大员前往办理，为了早结此案免误事机，他表示愿从川库银中解拨先垫代赔偿，同时建议清廷"饬令驻藏大臣勒令铁棒喇嘛将为首滋事抢夺之喇嘛交出照例惩办，明正典型，以彰国宪，而顺番情"⑥。当廓尔喀王允让银十余万两了结此案后，丁宝桢上书建议清廷嘉奖廓尔喀，以"坚其内向之心"。再三强调"当此英俄窥藏，事机紧要，多一重门户，即多固一处疆圉……不但边域增一障蔽，兼使异族少一内助"，对川藏全局均有裨益。⑦

第四，为了更主动地掌握西南边防的情况，丁宝桢专门派员赴印度一带考察。

光绪四年（1878）四月，鉴于西南边防时有洋人力图窥视、打探情况的现象，丁宝桢上书力陈西路边防的重要性：西路至藏全是陆地，而由藏至五印度相距不过一千数百里。英人占据大吉岭并加意经营，尤

---

① 吴丰培辑：《丁宝桢藏事奏牍》，《清代藏事奏牍》，第516—517、533页。
② 同上书，第490—491页。
③ 同上。
④ 同上书，第495—497页。
⑤ 同上书，第516—517页。
⑥ 同上。
⑦ 同上书，第533页。

与卫藏逼近，英人又于东印度孟加拉之东开拓新境，名阿赛密，而阿赛密距西藏边界不过数百里。如此近的距离，则数年之后必将直抵藏境。为确保事先预防起见，丁宝桢奏请派人游历印度，察看形势，绘画舆图，对于有人居住而行政命令难达的地区不能仅凭"按图考核"。请求仿照上海、北京两处派员出国学习机器算学的形式，派一两名精习舆图、熟谙算学仪器之人，将沿途山川形势径途道里以及民人性情——详绘总散地图，并详细帖说，以资考证。"尽知全蜀西南形势"，便于"以后遇事区处较有定见"。①

丁宝桢确定的考察路线是由前后藏过廓尔喀折至中印度，遍历东西南北各印度，循恒河而东至孟加拉东之阿赛密东北境，再溯藏江而返，历布鲁克巴及珞瑜野人之地，以达于南墩。②

江西贡生黄懋材被选派充此重任，于光绪四年七月由成都启程，行至巴塘，因藏人拦阻改变了既定的行进计划，由藏地绕至云南中甸，经丽江、大理、永昌各府，于腾越厅出关，过野人山入缅甸国境。至蛮薯新街，附轮船沿金沙江而下，过缅甸阿瓦都城，到达漾贡海口，坐船至东印度孟加拉，游历各境，北至大吉岭，东北到亚山，东至达喀姑斯替，西至厄纳特亚加拉得希等城，西南至孟买信都等部。又遍历了南洋、槟榔屿、马六甲、新加坡诸岛及安南、西贡等埠。历时两年于光绪六年六月回到成都，绘成五印度全图一册，译出印度博物馆所藏西域回部图一册。四川至西藏路程、云南至缅甸路程图各一册。

黄懋材历经两年艰辛，把途中所见著成《西輶日记》一卷、《游历刍言》一卷、《西缴水道》一卷，另有《印度札记》③ 这些游记等资料成为日后与英人就野人山及滇缅划界的主要凭据。④

第五，主张采取特殊政策与措施以开发西藏，加强西南边防。

光绪十年（1884）户部代递七品京官陈炽奏陈关于整饬开发西藏的建议，提出注重兵戍、振兴文教、招集工商、试开矿砾等措施。丁宝桢认为西藏情况特殊，清廷历来"顺其情以治之，拣大臣以镇之，设兵以卫之，其政事习俗，则因其旧而损益之，以遂其向化之诚，不复绳以腹地之法者，良以该处虽隶版图，而言语不通，文字不同，一旦改弦易

---

① 吴丰培辑：《丁宝桢藏事奏牍·派员出洋游历片》，《清代藏事奏牍》，第493—495页。
② 同上书，第493—494页。
③ 后合刊为《得一斋四种》。
④ 详见《清季外交档案史料》光绪、宣统朝。

辙，恐求其治而反速其乱"，"未可轻易更张也"①，主张不急于进行开发。对陈炽的建议逐一驳斥。第一，是训练喇嘛与劝学不可行，如果让喇嘛土番等弃其所习而从事于兵戎，改其嗜欲，而究心于文教，喇嘛之中不乏混迹的无赖之徒，藉佛法以羁縻，尚不易于约束，若令知军旅之事，更难就我范围，为患不可胜言。第二，开垦不可行，因为西藏土地贫瘠只生长青稞，且土地由历辈达赖喇嘛分给番目耕种，由商上征税，各自世守其土，招募流民屯垦无异于争其地而夺其业，其必不能相安。第三，通商惠工更不可行，其地矿苗被藏民认为地脉所在，不可宣露，若招集工商，试开矿砾，不特启番众之疑，必致肇无端之衅。②基于以上三方面考虑，不能轻易更张西藏现行政策。

丁宝桢对于西南边防及西藏问题的思考推动了清中枢更加重视西南边防问题，为政府决策提供了重要依据。相较于同时期的驻藏大臣，丁宝桢关于西藏或西南边防的奏疏和主张具有远见，也高明许多，所陈奏内容多是在详细了解情况的基础上提出的，具有一定的预见性，也由此显示了他非凡的洞察力，受到清廷高度重视。他关于修好于布鲁克巴、廓尔喀以固藩篱的建议，总理衙门在复奏中指出"该督所筹，自系深虑远谋，亦目前之要策"，"足见用意深远"。③清中枢采纳丁宝桢的这一建议，并希望他继续密陈切实妥协办法。继后的形势发展更充分说明丁宝桢的这一认识具有前瞻性，随着布鲁克巴、廓尔喀渐为英吞并，西藏也于1904年被迫订立城下之约，藩篱渐失，川地门户顿开。20年后，随着形势日益严峻，才促使清廷彻底下决心采取措施来挽回西南边防权益。

作为晚清王朝洋务派的主要代表人物之一，丁宝桢在四川围绕着西藏及整个西南的边防问题采取一系列措施，是清晚期第一位把川藏视为一体并进行筹划、进而采取相应措施的边疆大吏。他在四川设立的机器局开创了四川近代机器制造工业的先河，其关于练兵防备的主张以及所采取种种措施，被其后的几位边疆大吏所汲取，如继任川督的刘秉璋、驻藏大臣文硕等都曾秉承丁宝桢的遗志，着意加强川藏之间的联动关系。至清末叶，清政府在川藏之间的川边地带专设川滇边务大臣，以行省级别待之，以求有效治理川滇的藏地，使川藏之间连通一气，加强对

---

① 吴丰培辑：《丁宝桢藏事奏牍》，《清代藏事奏牍》，第524—525页。
② 同上。
③ 吴丰培辑：《丁宝桢奏牍》，《清季筹藏奏牍》第1册，国立北平研究院史学研究会1939年版，第5—6页。

西藏的控制与治理，从而达到"固边保藏"的目的。这些措施虽然是建立在晚清西南诸多边疆大吏对西南边防尤其是川藏一体关系逐步加深的认识基础之上，但丁宝桢则无疑是这一做法的发起人和推动者。同时，丁宝桢也是封建王朝历史上第一个为了巩固西南边防而派专人考察西南边境尤其是西藏边境情形的封疆大吏，此次考察为日后清政府在西南边境与英人交涉提供了第一手资料和确切的证据。

丁宝桢对于晚清西南边防的思谋、筹划，被李鸿章赞为"西川一带边防"的"万里长城也"。①

后世研究者吴丰培则称其筹划川藏边防"用意深远，筹划有方"，慨叹丁宝桢的早逝"非独西藏之不幸，亦中国之大不幸也"，如若不然，"抚藏可使其指挥自如，不致如以后之抗违不遵，动辄掣肘。御英则力等势均，议约则不致权利尽失，边境竟非我有，后任庸碌之辈，无一能逮其志者"。②

第二节 瞻对与清季西南边患

瞻对（今四川省甘孜州新龙县，原为上瞻、中瞻、下瞻三个土司。道光年间，中瞻对的土司势力最强，其首领工布朗结性格悍鸷，逐渐吞并上、下两瞻，合而为一，后称三瞻）距打箭炉三百里，东界明正土司，西邻德格土司地，南与里塘相接，处在川边土司的中心地带，地险人强，时常起兵作乱。同治年间，中瞻对土司工布朗结"出巢滋事"③，扰及川藏大道，西藏商上和川省联合出兵平定了叛乱，清廷将瞻对赏与达赖喇嘛以补赏兵费。瞻对从此成了藏中在川边的飞地，不时滋扰附近土司，而成瞻对问题。这时的瞻对问题是"内患"，清廷的对策是以"兵威"和"怀柔"为基调的压服措施。随着英俄"交窥藏地"日亟，国际形势的变化，瞻对问题逐渐演化为牵涉中国西南边防与外交的国际政治事件。清王朝的西南藩篱相继失去，西藏这道天然的屏障也有不保的危险，失去西藏，则瞻对必然也随之不保，瞻对一丢，不唯川边危

---

① 光绪十一年（1885）李鸿章回复丁宝桢的信函："窃念时事多艰，西陲一隅，全赖大才镇柱……当祈为国爱身，永肩钜任，以慰中外之望。"《李文忠公全书》卷20《朋僚函稿》，上海古籍出版社1995年版，第62页。
② 吴丰培辑：《丁宝桢奏牍·跋》，《清季筹藏奏牍》，第1册。
③ 《清宣宗实录》卷464《道光二十九年二月丙辰条》。

险，川省门户顿开，中国内地则都有不保的危险。一瞻地不仅牵全川，也可能动全国。① 其时川边还处于羁縻统治状态，土司与中央王朝的关系松散，川边地也未开发。偏于一隅的小小瞻对，一时竟成了清中枢的心病。

一 瞻对问题的由来及演变

瞻对问题由来已久，不过问题的性质却在不断发生着变化。

在道光、同治年间，瞻对问题是"内患"，清廷采取的是以"兵威"和"怀柔"为基调的压服政策。道光二十九年（1849），工布朗结恃其地险人强，"出巢滋事"②将各土司印信、号纸、土地人民肆行抢夺。③当时道光帝认为这是"外番狡逞，自相蚕食"，打算"置之不问"，但又虑及瞻对叛逆"不惟占去各土司地方，并欲侵占里塘"④，"势将梗塞通藏大路"⑤。"为梗塞大路之计"，指示川督琦善出示晓谕，然而"该野番仍负固不服"。为了不至于"今养痈贻患"，道光帝遂决定"及早扑灭"，谕令琦善"弛往中瞻对，督率弁兵，相机妥办，务当迅速剿灭，抒厥渠魁，勿令蔓延肆扰"⑥。琦善带兵用不到一个月时间就令"中瞻对野番悔罪投诚"⑦。工布朗结将所夺的地土、人民退还各土司，各土司又"照旧各安住牧"⑧。清廷对于工布朗结也就"宽其既往，俾得向化输忱"，赏给六品长官司虚衔。⑨

兵威之下，"敛迹归巢"，并不意味着息心投诚。更何况川督琦善"并未力攻，仅以敷衍了事，以至该逆毫无畏惧，将附近各土司任意蚕食"⑩。最终还是不可避免地"养痈贻患"。十三年后的同治元年（1862），工布朗结抛弃清王朝所赐的号纸印信于河中，再次起事。这次工布朗结父子的势力更为强盛，不仅占领了霍尔、章谷等土司，扰及

---

① 参见光绪二十二年九月和十月《鹿传霖密陈瞻对急应收回改设流官疏》和《鹿传霖密陈瞻对收回及英俄窥藏情形疏》，《清末川滇边务档案史料》，第15—19页。
② 《清宣宗实录》卷464《道光二十九年二月丙辰条》。
③ 《清宣宗实录》卷467《道光二十九年闰四月辛巳条》。
④ 《清宣宗实录》卷464《道光二十九年二月丙辰条》。
⑤ 《清宣宗实录》卷467《道光二十九年闰四月辛巳条》。
⑥ 《清宣宗实录》卷464《道光二十九年二月丙辰条》。
⑦ 《清宣宗实录》卷468《道光二十九年五月庚戌条》。
⑧ 同上。
⑨ 同上。
⑩ 《清穆宗实录》卷56《同治二年二月丙申条》。

明正土司边界，围攻里塘土司官寨，而且拆毁川藏通道口的"大路桥梁，拆阅文报，捆缚通事"①。被扰各土司也借口"撤站"②，致使"往来各差，多有阻滞"③，并扬言"不日由巴塘、江卡即到乍丫、官觉等处"④。当时驻藏大臣景纹被阻在打箭炉无法前往西藏赴任。西藏方面担心"致梗蜀藏茶商运道……用是骇愤"⑤，派了一万三百多名土兵分三路"前往乍丫、官觉、江卡等处"堵御，"并饬三十九族酌带土兵一千五百人，弛赴巴塘驻扎"⑥。专派戴琫一名"弛赴江卡，以为声援"⑦。

和道光帝一样，同治帝也认为"瞻对与里塘土司构衅"只是"蛮触相争"⑧的结果，但也一样有所担心："驿路终难疏通，更恐瞻对边衅，愈起愈大"。⑨ 不过情势却大有不同，这时外界环境已经发生了很大变化，西藏西、南两面及西、北界外各部落多被英国"收附"，这也促使同治帝意识到要随时警备在西南尤其是西藏的边防，⑩同治帝因此决定"速将瞻对股匪，先行剿除，以清内患"，同时广泛招徕、抚绥番众"毋令再为披楞（指英国）诱惑"⑪，并亲自部署围剿计划：与西藏兵丁一起，由驻藏大臣满庆等派委西藏官员征兵借饷，约同三十九族从西、北两面进攻，四川省派员督同川边明正土司及大、小金川等处土兵从东、南两面夹攻，四路出击以求速战速决。⑫

同治帝的这个计划部署并没有得到实施，因为当时四川正在全力征剿川东的蓝大顺，无暇顾及"边隅小丑"们的"蛮触相争"。时任四川总督骆秉章上书劝同治帝："无烦劳师远涉，惟有派员开导，使之敛兵归巢。"⑬ 具体负责督兵剿办的川省道员史致康更认为"瞻对台藏东路

---

① 《清穆宗实录》卷56《同治二年正月庚午条》。
② 清代川藏间设置的台站，除递送来往公文外，也为驻藏大臣过往的行台，同时也是公务人员及行军的站口。凡官员或军队过往，当地人民需到站支应骑驮乌拉、柴草以及汤、打役等差，拒绝支应的叫"撤站"。
③ 《清穆宗实录》卷45《同治元年十月丙戌条》。
④ 《清穆宗实录》卷56《同治二年正月庚午条》。
⑤ 吴丰培辑：《鹿传霖藏事奏牍·序》，《清代藏事奏牍》，第968页。
⑥ 《清穆宗实录》卷56《同治二年正月庚午条》。
⑦ 同上。
⑧ 《清穆宗实录》卷66《同治二年五月壬子条》。
⑨ 《清穆宗实录》卷94《同治三年二月乙酉条》。
⑩ 《清穆宗实录》卷58《同治二年二月丙申条》。
⑪ 同上。
⑫ 同上。
⑬ 《清穆宗实录》卷66《同治二年五月壬子条》。

滋扰，已非一年，蛮触相争，非同侵犯内地"①，因此逡巡不进。尽管当时"川省兵饷虽不符分拨，而土兵尚属可用"。②

而西藏派出的土兵因兵饷不足，到了巴塘后"即肆抢掠，将火药局侧民房及桥梁并行拆毁"，递送公文的塘兵也被"剥衣夺食"，围攻巴塘"需索夫马"，并且"开放枪炮伤毙人命"。被满庆破格拔用的督藏兵粮员李玉甫因"挪用账目""接济兵食"而被弹劾。③ 这种情况下，同治帝更担心"瞻对之患未除，台站已被骚动"④，"驾驭失宜"，反"滋尾大不掉之虞"⑤；立即下令将西藏"土兵赶紧全数撤回，各归本境，严加约束"。⑥ 但是，藏兵不愿撤回。

同治四年十二月（1866 年 1 月），藏兵在附近土司的协助下，"将瞻对新旧两寨全行攻克。""三千余里地方，一百余年边患，立见廓清。"⑦ 达赖要求偿付商上所"垫发口食钱粮军火药铅等项"费用（总共三十万，达赖自认捐输十五万，剩下十六万），清政府责成由四川拨解，并强调"事关极边，毋稍推委"。⑧ 时四川省因川东蓝大顺之役，军饷正感吃紧，无力拨付，史致康建议把瞻对赏给西藏，骆秉章将该建议上报清中枢，得到同意："所有瞻对上、中、下三处地方即著赏给达赖喇嘛，派堪布管理，建庙焚修，以充兵费。"⑨

道光、同治年间的瞻对事件，在当时清王朝看来不过是"外番狡逞，自相蚕食"或是"蛮触相争"而已，本可以不予过问的，之所以出兵是因为担心影响川藏生命线，基于维护边地安谧的考虑，或可以说是出于朝廷对"边隅小丑，胆敢逞其不轨"的不忿，不允许其"久为藏边之害"；同时也有一定的"攘外先安内"考虑因素在内。这与清政府对待中国其他省份的"内乱"态度一样，大清帝国之内不能允许有这样的不安定因素。

---

① 《清穆宗实录》卷 82《同治二年十月甲申条》。
② 《清穆宗实录》卷 56《同治二年正月庚午条》。
③ 《清穆宗实录》卷 86《同治二年十一月辛未条》。
④ 《清穆宗实录》卷 66《同治二年五月壬子条》。
⑤ 《清穆宗实录》卷 147《同治四年七月己巳条》。
⑥ 《清穆宗实录》卷 66《同治二年五月壬子条》。
⑦ 《清穆宗实录》卷 163《同治四年二月乙巳条》。
⑧ 吴丰培辑：《景纹驻藏奏牍·瞻对案内除达赖认捐不敷外请由川省筹拨片》，《清代藏事奏牍》，第 364—365 页。
⑨ 《清穆宗实录》卷 163《同治四年十二月乙巳条》。

当时的清政府把川藏视为一体①，因此，清政府、达赖、商上②的目的和目标基本上是一致的，瞻对属川、属藏只是"地方税"利益的即得者不同而已。因此，当时无论是清政府还是西藏商上都并没有把处于川边的瞻对和西南边界或边防直接联系起来。

川边的"内乱"又一次平息了，瞻对赏归西藏达赖喇嘛，四川省省却了十六万两白银，但"至此边境遂无宁岁"③。瞻对像一颗钉子钉在川边的心脏，常常掀起"波澜"，引起附近土司的不满和川省的不愉快。西藏派出的藏官"苛敛"④"贪虐"⑤引起了当地民众的愤恨；瞻对番民本来信仰红教或黑教，而瞻官却要求他们改信黄教，归顺达赖喇嘛，⑥这就更激化了瞻对番民的反叛情绪。后来，丁宝桢派人划里塘和瞻对界址，暂时相安。

光绪十五年、十六年间（1890）再次爆发了瞻对事件，只是这次瞻对事件的性质却已有所改变："瞻对吴鲁玛地方番民，因番官苛敛……谋叛西藏，并焚掠官寨，杀毙藏番。"⑦清政府还是采取旧有措施，派兵镇抚，一方面设法解散番民，擒拿惩治为首各犯。⑧另一方面为了抚辑受苛虐的瞻对民众，清政府规定裁革所有该番官旧行一切苛虐之政，⑨并"将办理不善之戴奉革职查办"⑩。瞻对仍由达赖管理。同时清政府严禁番官受理土司事务；规定土司也不得赴瞻具控番官，不准擅自动兵，驻瞻番官由驻藏大臣楝选奏补，随时定以额数，分防地方，奏明分设，瞻对番官归打箭炉、里塘文武兼辖；并酌拟应禁苛政八条；严禁番官勒索玉树番族；开导商上免除兵费。⑪这次的瞻对问题也就此得到解决。

这些"以期永远相安"的规定多是对西藏番官的限制，虽然清政府并

---

① 吴丰培辑：《鹿传霖藏事奏牍·派营严防窜回并预筹收回瞻对疏》，《清代藏事奏牍》，第981页记"其时视川藏原属一体"。
② 商上原为西藏财务机关，设商卓特巴主持其事。后达赖直接掌办商上事务，商承驻藏大臣处理西藏政教事务。在达赖喇嘛未亲政时，由摄政协理商上事务，噶伦亦受商上统率，因而商上实际上成为西藏地方政府。
③ 吴丰培辑：《鹿传霖藏事奏牍·序》，《清代藏事奏牍》，第968页。
④ 《清德宗实录》卷279《光绪十五年十二月戊戌条》。
⑤ 《清德宗实录》卷282《光绪十六年闰二月辛丑条》。
⑥ 罗哲情错：《我的家乡》，《康藏研究月刊》，1947年第28、29期合刊，第24—36页。
⑦ 《清德宗实录》卷279《光绪十五年十二月戊戌条》。
⑧ 《清德宗实录》卷280《光绪十六年正月丙午条》。
⑨ 同上。
⑩ 《清德宗实录》卷279《光绪十五年十二月戊戌条》。
⑪ 《清德宗实录》卷290《光绪十六年十月丁未条》。

没有满足"该番所呈愿隶内地版图"的愿望，采取"一劳永逸"的措施收回瞻地。并专门宣谕番民，解释说朝廷"并无利其土地之心""只期漠安边圉"，只要"商上果能涤除苛政，妥为安驭……番境自臻静谧"，"朝廷一视同仁"。① 然而，这次由清政府出面镇抚的瞻对事件，不可避免地使其由道光、同治年间中央和西藏地方的目标一致变成矛盾的对立面。

道光、同治年间的瞻对问题完全不能等同于光绪年间的瞻对问题。外部环境的飞速变换，促使所采取的处理措施就有所不同，结果也就不太一样。实际上，这时驻藏大臣升泰正在西藏边境仁进冈与英印议约，西藏地方政府和清中央政府之间因隆吐山撤卡问题看法不一，出现了矛盾，西藏地方政府对清中枢产生了不满，如果这时依从瞻对番民的愿望收瞻内属，势必引起商上对中枢更深的猜忌，为了不"贻误边疆"② 免至失去更多"大清帝国"的利益，让西藏方面在关键时刻听从于清政府对印藏边界的总体设想，瞻对仍归达赖派官管理。

不过，这时的瞻对问题仍然不可能与西南边疆的国防直接画等号。瞻对归藏、归川都没有太大的区别，瞻对归西藏，而西藏仍是清政府的，属藏则可以稳藏人对清中央政府的信心。虽然是西南边疆形势紧迫促使清政府采取了这一策略，但没人能够预见到藏事会越来越棘手，西藏将会有不保的可能，同时瞻对也可能会随着西藏的不保而失却，英国或是俄国将可能因占有西藏而占有瞻对，从而伸手远插入中国的内地，致使中国内地、四川省的门户顿开。

只是自此以后，这个所没有预见到的危险却变得越发严重。并且随着西藏形势的日益紧急，收瞻内属解决瞻对问题也就显得越来越紧迫，并由此成为清季川边经营者们始终谋求解决的主要问题。

二 收瞻之议

在英俄交窥西藏日急的形势下，"瞻对"问题逐步演变成牵涉中国西南边防与外交的国际政治事件。瞻对的现实情况，也需要重新考虑瞻对的归属问题。瞻对仍归藏属后，"由藏别遣番官来，且添派藏兵八百人、堪布一人助守，其虐更甚于前"③。瞻对番官与明正土司构衅，从光绪十九年就开始互相争辩，四川派员查办，双方各执一词。后来"瞻官越界称兵"，驻藏

---

① 《清德宗实录》卷283《光绪十六年三月辛未条》。
② 《清德宗实录》卷280《光绪十六年正月丙午条》。
③ 吴丰培辑：《鹿传霖藏事奏牍·序》，《清代藏事奏牍》，第968页。

大臣奎焕将瞻官对堆夺吉等奏参革职，清政府最初希望通过更换番官来解决明瞻之争。然而，西藏方面却不愿接受这样的裁决，并认为川督办事不公，因此不遵旨"将应革员撤回，另行保送番官接替"。讷钦①进藏后在半年内，先后九次译行咨文，屡劝商上"早为遵办"，催令新放瞻官四郎多布结前往接办，以期川藏会办"折服两造之心"。这期间对堆夺吉又"越境率兵干预朱窝、章谷土司争袭"。② 在鹿传霖的劝说下，清政府准备采取"一劳永逸"措施，改变对瞻策略，收瞻内属，不让西藏再派番官入瞻。因此，新任番官四郎多布结于八月间出发到察木多时，清政府派人的阻止，不准前往接任。

清政府虽然已经相继在光绪十六年和光绪十九年与英印签订了有关协约，却并没能永保西南边疆安静，英印对于西藏的要求似乎是无止境的。③ 光绪二十二年（1896），《哲藏条约》和《中英会议藏印续约》已分别签订了六年和三年，亚东开关也已两年。英俄此时"交窥藏地""互相猜忌，皆惮于先发"。④ 英国提出印藏划界，唆使廓尔喀与西藏构兵，西藏隐恃俄国的支持，不愿划界。

清王朝内部没有再出现十多年前的"海防"和塞防之争，清政府这时显然已经意识到西南边防问题的严重性和急迫性，"保护西藏"——即保护西南边防这块天然的屏障与藩篱已然成了共识和当务之急。在清政府看来，能否顺利地与英印政府划界签约是保障西南边防的最重要的前提条件，若能顺利划界就可以"保西藏的暂时相安"。然而西藏地方政府却并不这样认为，为了应付日益复杂的内外形势，西藏地方政府在上一年（1895）让十三世达赖喇嘛亲政，以增强"独立思考的能力"和凝聚力。而与此同时，清政府的威令在西藏也越来越难行了。

在这种情况下，对于如何"保藏"问题，清中枢内部看法不一，驻

---

① 讷钦在藏三年，于光绪二十一年七月自川起程，十月二十一日到拉萨，第二年瞻案发生。讷钦对于瞻对问题人云亦云，见风使舵，左右倨依，鹿传霖最后筹瞻失败也与他这种模棱两可的态度有关。讷钦曾从到藏始至第二年七月初七日前后译行咨文九次给达赖和商上劝令裁换瞻对番官。参见吴丰培辑《讷钦驻藏奏稿》，《清代藏事奏牍》，第867—966页。
② 吴丰培辑：《讷钦驻藏奏牍》，《清代藏事奏牍》，第924页。
③ 英印对西藏的要求一方面指力图打开西藏市场，获取经济利益，另一方面是想"正式地、永久地把中国权利排除出去，而使西藏变成缓冲国，这一直是英国的奢望"，参见（澳大利亚）内维尔·马克斯韦尔《印度对华战争》，陆任译，生活·读书·新知三联书店1971年版。
④ 吴丰培辑：《鹿传霖藏事奏牍·派员查办廓藏失和疏》，《清代藏事奏牍》，第978页。

藏大臣奎焕已解职进京，新任大臣文海一直在入藏途中盘桓，驻藏帮办大臣讷钦也才刚刚上任，更何况历届驻藏大臣多把驻藏作为回京升迁的资本，"只求三年瓜代，未谋西藏远途"。一向就是西藏后援的四川总督这时更显得十分重要，时任川督鹿传霖果不孚重望，承担起图维西藏的重任。鹿传霖在对西南尤其是对西藏问题深思熟虑后提出了自己的见解和解决办法：积极经营西藏和川边，他认为"英人见我于藏用心即不敢轻举妄动"，也即"中国若自行整顿藏务，英俄皆不能干预"。① 如果经营川边就要先收回瞻对，然后再逐步地将其他土司改流，最终达到"固川图藏""固川即以安藏"的目的。围绕着这种思考和建议，瞻对问题在这一两年内纷纷扰扰，成为西南边防问题的热点。

光绪二十二年（1896）二月，鹿传霖"密陈西藏情形可虑"，指出"西藏地方与四川唇齿相依，关系甚重。自英人窥视藏地，早存吞并蚕食之心，势已岌岌可危"，"应设法补救"。②

鹿传霖采取的补救办法第一步就是与驻藏帮办大臣讷钦一起会筹，奏请调派棍噶扎拉参呼图克图赴藏开喻藏人，以期"化顽梗而裨通商大局"③，使西藏地方政府更好地配合清中枢对于西南边防的部署和防御。

随之，鹿传霖因"留心边事"被委以与驻藏大臣讷钦一起筹办藏务的重任。④ 不久，廓尔喀与西藏失和且意欲决战的消息传到四川。清中枢指令鹿传霖"棟派熟悉藏务之员，弛往查看"⑤ 廓藏失和情形。鹿传霖在派人经办藏务时，深感"川藏相距窎远""消息不灵""文报迟缓"是办理藏务的滞碍；遂向中枢提出"修电线，先由成都至打箭炉，再拟接辗入藏，以速边报"的建议。⑥ 这是鹿传霖意欲补救藏事的第二步思考。不过，鹿传霖此时并没有跳出两百年来清政府对川边的既定认识模式，依然是把川边作为图维藏事的跳板，经营的重心和目标还没有完全转移到川边。然而，鹿传霖有关畅通川藏文报的建议，标志着清王朝对

---

① 光绪二十二年十月《鹿传霖密陈瞻对收复及英俄窥藏情形疏》，《清末川滇边务档案史料》，第19页。
② 吴丰培：《鹿传霖藏事奏牍·密陈西藏情形可虑疏》，《清代藏事奏牍》，第974页。
③ 吴丰培：《鹿传霖藏事奏牍·会奏请调棍噶扎拉参呼图克图赴藏开喻蕃众疏》，《清代藏事奏牍》，第972页。后该呼图克图因未及赴藏即卒。
④ 《清德宗实录》卷385《光绪二十二年二月壬申条》；吴丰培辑：《鹿传霖藏事奏牍·旨协助讷钦筹藏导瞻电》，《清代藏事奏牍》，第972页。
⑤ 吴丰培辑：《鹿传霖藏事奏牍·致总署廓藏失和已派人由海道弛往查看并请修川藏电报线电》，《清代藏事奏牍》，第976页。
⑥ 同上书，第976、978页。

川边和西藏问题开始了新一轮思考和讨论。

在查办瞻对事件过程中，鹿传霖逐渐形成了经营川边的思想。他首先分析了川边各土司的情况：土司中最近而为领袖者是明正土司，最远而辖地广大者是叠盖（也即德格），亦称德尔格忒。地最险、人最强者是瞻对。① 进而设想通过把最险的瞻对收归内属，地最广的德格进行改流，距离最近的明正土司加以宣谕，使之服帖，就可以解决川边时常出现的滋扰、梗阻川藏大道的问题。同时，又可以预防"一旦西藏有事"川省门户洞开的情况发生。基于这种思考，鹿传霖在光绪二十二年（1896）四月提出收回瞻对的建议。鹿传霖认为"瞻地为全属门户"，"收回该地，以固川省门户"。②"瞻对距藏甚远，插入内属土司之中，本系川境内地，一旦弃归藏中，值此事艰，设西藏有事，瞻对之地不问而即属他人。川省只无门户可守，危亡可立而待。……不能不及早图维，预筹布置，以弭后患。"③"若收回瞻地，则藏番有所震慑……钦使不受制于达赖，乃能令出维行。且英俄交窥藏地，隐而未发，我若力足制藏，英甚愿籍藏为我属，公法两不相侵为辞，因以拒俄，则蜀尚有藩篱可恃，藏或可保暂安。"④

鹿传霖建议清政府乘瞻官越境滋事"声罪致讨"，收回瞻地。

为了收瞻内属，鹿传霖不断地奏请"收回该地，以固川省门户"，清中枢最终被鹿传霖说服，采纳了鹿传霖主张用武力剿服瞻对的建议："著即乘严防窜回之便，拣派明干大员，添募得力营勇，弛赴打箭炉驻扎，不动声色，相机妥办。"但同时又不愿因此而"激生事端"⑤，这与鹿传霖的收瞻意图刚好相反："欲借此收回，使达赖慑服"⑥。清中枢最担心的是"瞻对之事干涉达赖，恐掣动藏中全局"，⑦"恐达赖不能慑服，转致激动藏番，驱令外向"。⑧ 因此，清中枢下旨"不能因此严责喇嘛，转生他

---

① 吴丰培辑：《鹿传霖藏事奏牍·序》，《清代藏事奏牍》，第968页。
② 《清德宗实录》卷389《光绪二十二年四月甲申条》。
③ 吴丰培辑：《鹿传霖藏事奏牍·派营严防窜回并预筹收瞻对疏》，《清代藏事奏牍》，第981页。
④ 吴丰培辑：《鹿传霖藏事奏牍·序》，《清代藏事奏牍》，第968页。
⑤ 《清德宗实录》卷389《光绪二十二年四月甲申条》。
⑥ 《清德宗实录》卷393《光绪二十二年七月癸丑条》。
⑦ 同上。
⑧ 《清德宗实录》卷395《光绪二十二年九月丙申条》。

衅"①，并对"事定之后应否仍设番官"则犹豫不决，想"从缓再办"。②

中枢的犹豫不决，限制了收瞻问题的有效进展。瞻对之役行将大捷时，鹿传霖再次上书力主收瞻，"统筹入藏情形，瞻对亟宜改设汉官"③，清中枢对于收瞻已有所心动，认为"该督所筹办法，自属虑远思深"。这时所担心的是"军务能否得手。……如果军务得手，将来设官一节，尚可斟酌办理"。然而，西藏商上一直对四川收瞻不予表态。清中枢推测达赖肯定不会甘心，让界在里塘的入藏要道——三瞻就此丢失。为稳住达赖及西藏商上，清中枢申明："保川固要，保藏尤要。"劝鹿传霖要深思熟虑："筹善后，设流官，此保川之计也，非保藏之计也。叛则诛之，服则抚之，已给之地不索还，已授之官不更易，隐示达赖以兵威，而不致借口生衅，此保藏而并保川之计也。"④ 幻想能够找到"外不使达赖萌反侧之心，内不使瞻民罹水火之厄"⑤的万全之策。

正当中枢准备亮明观点："朝廷之意总以保藏为要"⑥，放弃在瞻对设流官筹善后的想法时，曾侍御高燮上书，奏请收回瞻对，建置汉官，并请改设文武各员。⑦高燮在奏疏中详细分析了"固川疆即以安藏境"，强调"瞻对关系川藏大局，请饬筹经久之策，以杜外患而固边防"⑧的紧迫性，建议"在里塘、巴塘、江卡、察木多等处，安设台站粮员……无事则羁縻勿绝，有事则声息易通，俾川藏两境联为一气，万不可再委之西藏，一任番官之恣意妄为也"。⑨ 同时，高燮提醒对于西南边防不能只盯着西藏一地，因为英人不仅在廓尔喀一带谋求深入，也在西南边界其他地方寻找突破口。"英人于滇边地方测量道路，所过土司俱胁令归附，惟遇有汉官驻扎处，则止不复前……盖以其正名为中国地界，彼虽贪狡亦无词阑入也……为固圉计，非于边界设官不可。"又指出"四川徼外各土司，疆宇夐远，实有鞭长莫及之势……现在打箭炉厅止设同知一员，职分未崇，难

---

① 《清德宗实录》卷394《光绪二十二年八月庚辰条》。
② 《清德宗实录》卷394《光绪二十二年八月庚辰条》。
③ 吴丰培辑：《鹿传霖藏事奏牍·致总署请旨缓派番官俟克瞻改设汉官电》，《清代藏事奏牍》，第1001页。
④ 《清德宗实录》卷396《光绪二十二年十月庚午条》。
⑤ 《清德宗实录》卷396《光绪二十二年十月己丑条》。
⑥ 《清德宗实录》卷396《光绪二十二年十月辛卯条》。
⑦ 吴丰培辑：《鹿传霖藏事奏牍·附录·高燮曾侍御禀收回瞻对建置汉官疏并请改设文武各员片》，《清代藏事奏牍》，第1024—1026页。
⑧ 《清德宗实录》卷397《光绪二十二年十一月辛丑条》。
⑨ 吴丰培辑：《文海驻藏奏稿·附录·瞻地重安请筹经久之策折》，《清代藏事奏牍》，第1047—1049页。

资控驭",建议"于厅城设分巡道一员,统辖里、巴、江、察各粮员,兼管炉关及矿务、茶务。再于里塘以南与云南中甸接壤处设文武官一二员,永远驻守,以杜英人窥藏之路,庶几门户严密,外患潜消。又四川提督本驻雅州府,近来移镇成都,打箭炉以西兵备尚形空虚……将阜和协副将改设总兵,益以内地勇营,或径令移扎里塘等处,以资震慑"。①

高燮的这些建议和主张及时而有力地支持了鹿传霖的"保川安藏""保川图藏"想法。鹿传霖被京官的回应所激发振奋,在充分吸取高燮的见解后,完整地提出他对于川边经营的设想,把筹川边诸事分为"应及时急为经营者"和"应稍缓逐渐推广者"两类。

"应及时急为经营者"诸务如下。收回三瞻,改设定瞻直隶厅,隶于建昌道,移建昌道于打箭炉。打箭炉也改为直隶厅,径归道辖。章谷、朱窝两土司则仿金川五屯之制改设屯官。并辖麻书、孔撒、白利三土司,统隶于瞻对同知。添设游击一员。德格土司设屯官一员、都司一员,隶于瞻对。派员分别查勘瞻对、章谷、朱窝等处疆域、赋税、户籍等项,造具图册呈核;加意抚绥羁縻各土司土民,使之益亲汉官,以收人心,而便后图。

"应稍缓逐渐推广者"如下。在里塘或巴塘添设总兵,管辖阜和协及巴、里两塘的都司、新设的瞻对游击、德格都司。为声势联络起见,以后还可以添设佐贰塘汛。鹿传霖设计的具体经营次序是先瞻对,次章谷、朱窝、渐德格,再巴里两塘。

同时,鹿传霖向中枢呼吁:在川边"便宜从事,破格以励人才,厚赏以励将士"。②然而此时的清中枢对于"藏卫情形仍无把握"③,因而,对在瞻对设汉官也极其慎重,并不持积极态度。身处藏中的驻藏帮办大臣讷钦对收瞻与否也"语涉游离"④,无法提供可资做出决定的准确信息,只言达赖虽无服输之意,噶布伦等颇有耸动之色,允为开譬僧俗,不敢复逞兵戈。⑤清廷因此推测"达赖尚无回信,又未撤兵""已可概见""其包藏贰心"。⑥

---

① 吴丰培辑:《鹿传霖藏事奏牍·附录·高燮曾侍御禀请收回瞻对建置汉官疏并请改设文武各员片》,《清代藏事奏牍》,第1024—1026页。
② 吴丰培辑:《鹿传霖藏事奏牍·复奏统筹川藏全局增移镇道并瞻对等处改流疏》,《清代藏事奏牍》,第1023页。
③ 《清德宗实录》卷399《光绪二十二年十二月庚辰条》。
④ 《清德宗实录》卷400《光绪二十三年正月癸巳条》。
⑤ 《清德宗实录》卷403《光绪二十三年三月庚戌条》;另参见吴丰培辑《讷钦驻藏奏牍》,《清代藏事奏牍》,第867—966页。
⑥ 《清德宗实录》卷399《光绪二十二年十二月乙酉条》。

这时候清政府极需要讷钦关于西藏情形"毋托空言"的真实报道。① 讷钦于正月十二日上了一道"察看达赖情形及现筹拟办法折"②，表示"瞻对归川属无可疑虑"③，同意鹿传霖、文海将瞻官撤回、量为加赏的想法："若仍将瞻地赏给，不独劳师动众，无以拯瞻民于水火之中，而取而复还，似亦有伤政体。……当此军威大振，籍势将该处收回，未始非一劳永逸之计。"④

清廷得到讷钦关于西藏情形的最新报道后，综合了各方面的意见，最终下定决心"宜妥筹善后，未便再有游移"⑤。在清朝廷正准备做出最后决定时，驻藏大臣文海却改变了态度，于光绪二十三年（1897）二月上书朝廷表示反对，并言达赖已派人赴京控诉。⑥

文海在上一年九月还专门上过一道"瞻对收复宜筹办法折"，支持

---

① 《清德宗实录》卷400《光绪二十三年正月癸巳条》。
② 吴丰培辑：《讷钦驻藏奏牍》，《清代藏事奏牍》，第944—947页。
③ 同上。
④ 同上。
⑤ 《清德宗实录》卷403《光绪二十三年三月庚戌条》。
⑥ 光绪二十二年二月文海以贵州按察使升为驻藏大臣，五月到成都。这时因川藏道路梗阻仍在赴藏途中的打箭炉。参见吴丰培辑《文海驻藏奏牍·上瞻事尚无端倪碍难入藏折》，《清代藏事奏牍》，第1046页；文海于光绪二十二年五月抵成都后，请招五百名勇丁以自卫，才能入藏。经清政府批准，每月需饷银两千两，由川照拨，时川督鹿传霖正有事于瞻对，筹款不及，而驻藏大臣赴藏履任，沿途费用均须向川省借支巨款，鹿传霖勒而未拨。因而与鹿传霖产生嫌隙。再文海在光绪二十三年二月上书说达赖将派人赴京申诉，而同时期，近在达赖身边的讷钦却并未向朝廷表露这一信息，文海远在四川对达赖的动向如此深知，连清中枢也对此事表示奇怪，在光绪二十三年三月二十日的上谕里："前据讷钦奏称，'达赖虽无服输之意……噶布伦等颇有耸动之色，允为开譬僧俗，不敢复逞兵戈'等语，并无达赖来京控诉，请派大员查办之说，与此次文海所奏，词意不同。"再吴丰培先生又根据五十年前（相对于八十年代末九十年代初而言）熟悉清末掌故的延增老人面告：当时成都将军恭寿也因鹿办事专断，与之会衔之奏不预先知会，即代具名，因而有隙，文海、恭寿两人遂相勾结，扬言要给鹿以难堪。同时二人又受到藏人重贿，奏请将瞻对仍还藏管辖，使鹿传霖筹划多时、派兵收复瞻对之功毁于一旦，并将德格、章谷、朱窝各土司的改土归流全案推翻。联系以上的情况可以推知达赖贿赂文海、恭寿之事极有可能。鹿传霖认为是"文海惮于入藏，逗留经年，乃借土司滋事，张大其词，乃遂其迁延之计"。《鹿传霖藏事奏牍·详陈筹办德格土司请饬新督查明妥办疏》，《清末川滇边务档案史料》（上），第33页。鹿传霖等人关于川边的规划、设想因个人的原因而前功尽弃。不过也说明当时对于川边的认识没有普遍，还没有成为人们的共识。吴丰培辑：《清代藏事辑要续编》，西藏人民出版社1984年版，第105页，《清德宗实录》卷403《光绪二十三年三月庚戌条》；吴丰培辑：《文海驻藏奏稿跋》，《清代藏事奏牍》第1061页；《成都将军恭寿为德格改流未先会商请旨嗣后边务即着川督办理折》光绪二十三年七月十六日，载《清末川滇边务档案史料》，第21页。

鹿传霖的收瞻主张。"现在既经官兵克复，瞻对自应及时收回，仍归川属，以免我瞻对百姓再受酷虐也。酌赏银两，以去其疑贰之心，以化其不平之气，自不致驱之外向，而隐患亦可以消融。"① 这时倒戈一击不仅不再支持鹿传霖，反而意味深长地说："近日瞻事似较界务尤有关系。界务不过向英人争论，瞻事则直与川督为难。达赖近日动谓川督办事不公，不肯甘服，川督则谓用兵威服，决无他虞。彼此相持，迄无了日。"②

随后，成都将军恭寿也上书抱怨鹿传霖在奏陈德格土司献地归诚改流设官时并未事先会商，"竟将衔名列入折内，事后始行移知，从来无此办法。""该督办理边务事，或当别有深算，非奴才榛昧所能窥测"③。并建议由驻藏大臣文海（这时在打箭炉，于七月二十九日再次抵达）就近接办德格土司献地案和章谷、朱窝土司改流案。

接办德格案的文海于八月初八上书说明德格土司改流之议完全是川督鹿传霖的"将错就错""略有悔意，而决不认过"的结果，将"大有后患"④。随后表示鹿传霖和京官所条奏的在"巴塘设立总兵，打箭炉移驻道员"，是"好尚纷争，毫无深谋远虑"之见，三岩抢劫案和桑披之命案也皆是督御无方所致。⑤

文海、恭寿的交相毁誉，动摇了清政府采纳鹿传霖建议、经营川边的信心，原本就对收瞻游移不定的清中枢，这时更打消了收瞻的念头。并由此转变了对鹿传霖的态度：认为"鹿传霖偏执己见，以致难以约

---

① 吴丰培辑：《文海驻藏奏牍·瞻对收复宜筹办法折》，《清代藏事奏牍》，第1045—1046页。
② 吴丰培辑：《文海驻藏奏牍·以瞻事尚无端倪碍难入藏折》，《清代藏事奏牍》，第1046—1047页。
③ 光绪二十三年七月十六日《成都将军恭寿为德格改流未先会商请旨嗣后边务即着川督办理折》，《清末川滇边务档案史料》，第21—23页。
④ 吴丰培辑：《文海驻藏奏牍·德格土司改流一节请作罢折》，《清代藏事奏牍》，第1051页。
⑤ 吴丰培辑：《文海驻藏奏牍·请将章谷朱窝两土司改流俟瞻对事结再行核办片》，《清代藏事奏牍》，第1053页；桑披寺与里塘一直发生僧俗仇杀，鹿传霖派提督夏毓秀到巴塘踏勘地势，里塘土司控告桑披寺之案，夏毓秀和巴塘教案委员稽志文会同查办，派候补守备李朝富前往查办，李冒险深入，严词诘责，致激而被戕。三岩在金沙江边，因未设土司管理，也不属于呼图克图管辖的范围，因此当时都称之为野番。当入藏大道，常出而劫掠，是川边的不稳定因素。鹿传霖派人"慑以兵威……剿抚兼施"，本来"不日即可告竣"，鹿被弹劾，未能及时剿抚即成为受指责内容之一。后来赵尔丰经边时专门采取措施收服了三岩。

束",不合朝廷的"从来办理边疆重务,总以持平稳慎为主"的一贯作风。① 没过几天,达赖也通过理藩院直接向中枢奏请赏还瞻对地方。其所持的理由与文海基本一致。② 清廷更无话可说,九月,中枢下令"改土归流一节,着毋庸议"。调令鹿传霖回京,以李秉衡为四川总督。

鹿传霖在返京前对中枢的这样决定深表痛心,专门上书申诉筹办德格土司实情,请求让新任督臣继续查办。③

然而清中枢让成都将军恭寿代署川督职,文海负责调查瞻对和德格、朱窝、章谷等土司情况,这无疑等于宣判了鹿传霖的所有关于川边计划的"死刑"。

果不其然,文海调查得出的结论是:"德尔格忒无故改土归流,德部不服,各土司疑虑,达赖也代为不平,隐患日深,潜消为尚。至于朱窝、章谷、瞻对三处均不必改土归流。请照懋功五屯章程设立屯员。"④ 恭寿于十一月上书"查明瞻对用兵缘由请将瞻对赏还",再次否认鹿的收瞻之议:自倡议改流,关外人心为之骚动。瞻对并不当川藏大道,而是入藏干路的旁支,鹿传霖误以为收瞻可以稳定川藏大道,加强边境的屏障;其地也无矿苗,间有沙金之处,即竭一人一日之力,不足一人一日之食,根本不像鹿所误认为的那样该地产五金,可以开利源为富强之本。兵端由疑思而起,达赖并无叛逆情形,为广皇仁,最好筹议赏还。⑤

光绪二十三年十一月十一日,中枢批示:"所有三瞻地方,仍着一律赏给达赖喇嘛收受,毋庸改土归流。……着慎选番官,严加约束,毋得再有酷虐瞻民、侵扰邻境事……其一切善后事宜,着恭寿妥为经理,以期永远相安。至德尔格忒、朱窝、章谷、里塘各案,仍着该署督尽心妥筹,次第办理。"⑥

第二年七月,中枢再次批示:"至章谷、朱窝、瞻对三处屯官,应

---

① 《清德宗实录》卷410《光绪二十三年九月辛卯条》。
② 吴丰培辑:《文海驻藏奏稿·附录·经筵讲官东阁大学士管理理藩院事务都统宗室崑冈等奏据情代达赖乞还瞻对折》,《清代藏事奏牍》,第1049—1050页。
③ 《鹿传霖详陈筹办德格土司请饬新督查明妥办疏》光绪二十三年十月,《清末川滇边务档案史料》,第29—33页。
④ 《文海遵旨查办德格土司献地案办理情形及朱窝、章谷、瞻对改设屯员折》,《清末川滇边务档案史料》,第27—29页。
⑤ 《川督恭寿查明瞻对用兵缘由请将瞻地赏还折》,《清末川滇边务档案史料》,第33—36页。
⑥ 《清德宗实录》卷412《光绪二十三年十一月甲午条》。

即一律撤去，用示开诚布公抚绥藏卫至意。"①

至此，鹿传霖等人围绕瞻对的归属问题而引发的川边经营计划宣告终结。

分析其终结的原因表面上看是"同官籍词倾轧"的结果，其实质正如恭寿曾经诋毁鹿传霖时所说的："该督办理边务事，或当别有深算，非奴才榛昧所能窥测。"身处西南最高位的恭寿尚不能明白鹿传霖经营筹划边务的深意，其他人就难以了解、理解并给予支持了，鹿传霖等人的历史远见就这样在短短的两三年内变成了历史，其留下的印记在六年后（光绪二十九年）又逐渐变得清晰了。

三　吴光奎的经边建议

鹿传霖作为封疆大吏，尚未能力揽狂澜实现宏图大略，而作为一般的官吏更不可能有这样的机会和魄力了。相比之下他们的声音显得更加微弱，虽然在某些方面他们甚至有比川督鹿传霖更为远大的目光和卓识。在鹿传霖力主收瞻时，也即光绪二十二年六月，川省给事中吴光奎上了两道奏折：一是"藏事孔亟宜筹备御折"，二是"开办藏务片"；十一月，京官高燮曾侍御上了"禀请收回瞻对建置汉官并请改设文武各员片"②。

吴光奎在"藏事孔亟宜筹备御折"中倡议在里塘巴塘一带，设立汉官，假以事权，招徕川省商民前往垦荒，并开采矿产。在"开办藏务片"中提出：每年在边防经费等项内划银二三十万作为开办藏务费用。对于吴光奎的这个建议清廷认为"洵于时局有益"，目的在于"预杜窥伺"，但对该不该采纳、如何采纳、如何运用于实际则没有定见，就发给身处西南、了解情况的封疆大吏们筹商。军机处把吴光奎的折、片分别抄送给鹿传霖、文海、讷钦阅看。让他们确查情形，会商妥办。③

鹿传霖对于吴光奎的建议以"藏番赋性愚顽，罔知时务，划界行茶，不遵开导。加以达赖用事群小煽惑，顽梗尤甚"为理由，一一进行了驳斥。

---

① 《清德宗实录》卷423《光绪二十四年七月丁巳条》。
② 讷钦于光绪二十三年正月十二日上了"请于打箭炉中甸等处增设官员派兵镇守片"（对此作者存疑，因为在吴丰培《清代藏事奏牍》里两次出现这个奏折，即高的奏折的后半部分与收在讷钦的奏牍里内容完全一样，不知到底是谁的见解。讷钦的奏片在第947—948页；高的奏片在第1026页。多方考证此奏折应出自高之手）。
③ 《清德宗实录》卷392《光绪二十二年六月癸酉条》。

一是设官不可行：里塘、巴塘各土司，皆原有粮员营弁管辖镇抚。今再设汉官，势必改土归流而后可。只是各土司世守之地，非其十分苛虐，土民怨愤，急思内附，断难无故更张，致令群相惊疑，辗转勾结，反开边衅。除有罪可讨、有隙可乘的土司可改流外其他各土司殊难概论。其地皆土番杂处，绝无汉民。又素崇信佛教，喇嘛寺院林立，不易革除旧习设立汉官。

二是开垦不可行：里塘一带跬步皆山，地气寒冷，五谷不生，仅产青稞，仅巴塘一区在两山之间，地气较暖，可种五谷，余地实难种植。五谷既不能生，何能招民垦种。

三是开矿不可行：关外各土司地方，皆以五金矿产为宝山，决不许人开采，即内地土司及四厅夷支，凡产矿之区，其性大抵相同。在打箭炉开办的矿厂，还是再三开导明正土司才勉强同意，内地如此费手，关外之民顽梗更甚。

四是驻兵不可行："调勇驻扎雪山，尤有难焉者。"于此而欲修道路，设立村店，艰难万分，难施工作。而勇丁之僵冻，粮运之劳费，徒苦士卒，耗弩饷，难有济也。①

鹿传霖更担心："现在藏事孔亟，祸机已伏，藏番冥顽倔强，隐有所恃，致有轻蔑抗拒情事。"② 若在川边屯垦、开矿、驻兵、设汉官可能会引起川边不稳定，从而影响并激化藏中的矛盾。若想改变川边现状必须要师出有名即"其必有罪可讨，有隙可乘，然后慑以兵威"。③ 在这一点上，鹿还没有脱出传统的也即在当时占主导意识的对土司采取羁縻措施的臼套，或者说以鹿传霖为代表的清中枢还没有认识到除兵威之外，"藏事棘手"的问题还可以通过其他的途径或方法来解决。

清中枢"既据鹿传霖等查明事多窒碍，即着毋庸置议"，④ 使吴光奎在当时有点超前的意识未能充分显现，更未发挥作用。

虽然鹿传霖不同意在川边屯垦、开矿、驻兵、设汉官，但无疑吴光奎的建议对鹿传霖产生了极大影响，且自觉不自觉地加以采用并进行发挥。鹿传霖曾于光绪二十三年五月（1897年6月）奏陈清政府乘德格土司献地归诚之机进行改流设官，力陈改流设官的好处，并认为改土归

---

① 吴丰培辑：《鹿传霖藏事奏牍·会筹保川图藏并议复吴光奎疏》，《清代藏事奏牍》，第992—995页。
② 同上。
③ 同上。
④ 《清德宗实录》卷394《光绪二十二年八月己巳条》。

流是保川经边措施中最关键的一步:"打箭炉关外诸土司,以德尔格忒为最大……袤延于川藏之交,南北五百余里,壤接西宁,东西约二千里,界联三十九族,乃茶商入藏之北路,路较捷而地势极要,又据金沙江上游,若扼险设防,则边疆愈固。"① "若收抚其地,添设汉官以镇之,则威令行于藏中。"② "若不早为规划,将来事变堪虞。"并设想在德格"兴筹官厂""讲求牧政":"是不独量其赋税,以供俸饷,无烦协济";又可以"拓利源,似与劳师糜饷,勤略而鲜实际者,不可同日而语"③。再"由此展修电线,次第经营,俾声息灵通",最终可以达到"固川藏之藩篱,杜外人之窥视"④ 目的。

可能是在瞻对用兵过程中,鹿传霖有机会对川边情况有了更进一步的了解,逐步接受在川边拓展经济的主张,并计划付诸实施。只可惜当鹿传霖有了新的思考后,却要"奉诏解任",未及把想法付诸实施。因而其谋求瞻对内属设官的种种努力也因此"前案全翻","前功尽弃"。吴光奎的设想及鹿传霖的规划也就因此而暂时搁置。

吴光奎在奏折中又明确地指出加强川边土司的经营是"保藏"的根本。"英人占据树浆厂,在云南西北境,与藏地相接,物产之饶,每岁榷税十万"是前车之鉴,担心英人会"利诱诸夷,直来巴塘、里塘求请口岸",到时候"恐许拒两难,不如早为经营,以期保藏"。而且国际规则是"外国各岛一经树旗,他国即不过问"。⑤ 对英人有借藏、川边进入四川的野心,早在丁宝桢任川督时就已有清晰的认识,并对此有所警觉,而且丁宝桢有过"经边保川"的思考。相比较而言,川省给事中吴光奎对于西南边疆的忧患思考,对川边可能出现的危急有更强、更远的预见,超过了当时鹿传霖的认知。

鹿当时沉迷于自己对川边经营问题的考虑,即收回瞻对,设汉官,"瞻对若归内属,各土司亦必闻风震慑。再为随时酌量情形,相机办理,以防边患,而固藩篱"。"收瞻以固边",才是鹿传霖认为的"刻不容缓

---

① 光绪二十三年五月十三日《鹿传霖奏陈德格土司献地归诚请改流设官疏》,《清末川滇边务档案史料》,第19—21页。
② 吴丰培辑:《鹿传霖藏事奏牍·序》,《清代藏事奏牍》,第968页。
③ 《清末川滇边务档案史料》,第21页。
④ 光绪二十三年五月十三日《鹿传霖奏陈德宗格土司献地归诚请改流设官疏》,《清末川滇边务档案史料》,第19页。
⑤ 吴丰培辑:《鹿传霖藏事奏牍·会筹保川图藏并议复吴光奎疏》,《清代藏事奏牍》,第992—995页。

而又力所能及之事"①。

对于吴光奎的建议,鹿传霖却没有充分的认识,以极力经营巴塘、里塘也无足以杜英人窥视之心为由驳斥了吴光奎的看法。认为有公法在,若"英人果遵公法,自不能无端占据","巴、里两塘固明明中国之地,各国皆知,较树旗者为尤确"。若其"肆意侵凌",即使进行"极力经营",也难以"禁彼不来","且内地尚请通商,何有于边外。是亦未足以杜英人之窥视也"。比如,"阿萨密一区,本属野番之地。英人近内收服番众,辟地种茶,颇称繁殖。其地狭而长,绵亘数千里,西近大吉岭,东抵云南维西厅界,南近云南野人山,北则遥对江卡,惟隔珞瑜、杂瑜诸野夷"。而江卡在巴塘以西,察木多以东,"英人若于彼地逐渐诱胁野夷,以窥江卡等处,不惟藏地堪虞,即滇南亦属可虑"。②

吴光奎关于拨边款的建议也被拒绝,鹿传霖认为:"至该给事中所请拨甘肃新饷防边经费,均系要款,势难挹注。即川省正值添拨巨款之际,亦实别无可筹。关外既难于垦荒驻营,自可无须巨款。"③

清政府当时本来是急于想找到一剂灵丹妙药来解决"藏事孔棘,祸机已伏"的棘手问题。因此,当接到吴光奎的奏折后,就迫不及待地以五百里的急件速度把吴光奎的折片发送给鹿传霖、文海等,让这几位主持藏务的边疆大吏们议复。虽然鹿对吴的批驳只能说明他们在经边问题上的看法角度不同,两人目的是一致的。然而,这无疑像是在清政府"图藏"的热情上泼了一瓢冷水,鹿把吴光奎的意见和建议进行"合情合理"的批复后,清廷"既据鹿传霖等查明事多窒碍,即着毋庸置议"。对于吴光奎开出的这剂良药热情骤减,急于经营川边的想法也有所冷却。把最后的决定以四百里的速度"谕令"鹿传霖、文海等知之。

光绪二十二年和二十三年,在清政府内部"保川""保藏""经营川边""固川图藏""固川安藏"诸观点中,"保藏"以固西南边防的观点是毋庸置疑的,上上下下意见一致,认识也一致,不一致的只是途径、手段、方法的不同,并且围绕着这些不同,展开讨论,而这其中争论最激烈的就是川边经营问题,其中又以瞻对问题为争论的焦点。争论的实质反映了清政府对川边地位认识的程度。

---

① 吴丰培辑:《鹿传霖藏事奏牍·会筹保川图藏并议复吴光奎疏》,《清代藏事奏牍》,第992—995页。
② 同上。
③ 同上。

清政府对于川边的认识围绕着瞻对问题展开，收瞻内属与否的犹豫和争论，充分显示了当时清王朝对川边的认识程度。其中鹿传霖是站在主张收瞻的前沿阵地，认为"中国若自行整顿藏务，英俄皆不能干预，则画界早定，尚可以暂时相安"。① 这也是当时清政府对西藏边防问题较一致的认识，寄希望于有约可守，有约则会有安定。有一些人为他呐喊助威，与此同时又有一些微弱的声音发出，不乏远见卓识。相比之下，鹿的收瞻建议和筹边办法要稳妥一些，更符合当时政府的口味。然而他的这种考虑和行动也未能最终实现，最终因为力量的弱小和清政府对川边地位认识程度问题而失败了。

由这些争论可以看出清政府内部对于西南边防尤其是对川边的防御和经营有了一定程度的认识。主张从不同的角度入手以求挽救藏局，其中又以鹿传霖的观点为核心。在当时朝野上下，鹿传霖、吴光奎、高燮分别代表了封疆大吏、地方官、京官，说明清王朝从上到下都已产生了关于西南边防、关于川边的新认识，只是还没有达成共识。鹿传霖等人对川边认识与经营的思考属于曲高和寡。虽然鹿传霖等人的主张最后以鹿传霖的"奉诏解任"而"前功尽弃"②。但他们的主张被随后发生的事实证明基本上是正确的。"保川图藏""安边保藏""固川保藏""保固川边"的观点日益被更多的人所接受，尤其是被后来的封疆大吏们所接受，并付诸实施。比如在光绪三十二年（1906），专门设立川滇边务大臣；赵尔丰经营川边时的实践，也基本上是沿着鹿传霖等人的思路。而按照鹿传霖等人经边思路采取的各种措施，其效果也被光绪三十三年（1907）英俄签订协约所证明。

第三节　清季川边初步经营

一　再议经边

经过了甲午战败之痛，光绪二十四年（1898），以康有为为代表的一批维新派说服光绪帝采取维新变法措施，以图维新自救，可惜只历时百天就夭折了。维新图强不能，内外压力却日益迫近，西方列强纷纷在

---

① 吴丰培辑：《鹿传霖藏事奏牍》，《清代藏事奏牍》，第1015—1017页。
② 吴丰培辑：《鹿传霖藏事奏牍·序》，《清代藏事奏牍》，第968页。

中国境内划分势力范围和强占租界。后起的美国为了分享在华利益提出门户开放政策。而同时清政府经边尝试失败，瞻对重新赏还达赖。西藏方面在进京陈述收回瞻对的要求得到满足，从而想更进一步挽回在《哲藏条约》和《中英会议藏印续约》中失去的利益。因此第二年（1899年）年初，十三世达赖喇嘛通过蒙古哲布尊丹巴向理藩院呈递奏折，再次请求向中央直接汇报情况的权利："伏乞天恩，嗣后如有紧要事件及调兵等情，请由本达赖喇嘛径报理藩院求为代奏。"并要求限制驻藏大臣的权力，"嗣后如有查办事件，请旨派京员来藏，会商持平办理，若不专靠驻藏大臣，或不致偏护外国。"① 认为1886—1888年西藏地方和英国人之间的军事冲突，是由于驻藏大臣的多次阻挠，才使藏族僧俗民兵战败和英国人占据了西藏部分地方，并将巴赖忠（锡金）葬送给英国人。② 经筵讲官东阁大学士管理理藩院事务部都统宗室昆冈上奏，建议饬令驻藏大臣团结达赖喇嘛，让驻藏大臣联络"川滇督抚，统筹全局，同力维持西藏"③。不过西藏的现实情形、总理衙门的意见、昆冈的建议等都使清中枢感到在藏事问题上举步维艰。

光绪二十五年七月初五日（1899年8月10日），光绪帝发出"时局艰难"的慨叹，在给军机大臣敕谕中说："现在时局艰难，强邻环伺，闭关绝约，势所难行……藏卫为川、滇屏蔽，应如何未雨绸缪，豫为防范之处，并著奎俊崧蕃、丁振铎统筹全局，协力维持。勿得稍存观望，以期外绥藩服，内固边防。"④

迫于时局的威逼，逃难西安的慈禧太后下令在全国范围内实行"新政"，寻找自我解救的改革道路。光绪二十七年年底还都北京，内外压力日益迫近。

这一时期，纷纷传闻就西藏问题，中国与俄国签署了一项秘密协定，英国十分重视秘密俄中条约的传闻，并决定采取措施以保护英国的利益。因此就有光绪二十八年（1902）五月，英国驻哲孟雄官员惠德"欲改关帕克里通商"，藏人坚持不允，惠德就带兵百余名，弛赴甲冈，

---

① 中国第一历史档案馆藏，光绪二十五年三月十六日大学士昆冈等奏折中所附达赖喇嘛奏折，转引自中国藏学研究中心等编《昆冈等奏八世哲布尊丹巴会同喀尔喀四部盟长王公等会报英国侵犯西藏情形折》，《关系史料汇编》，第1368—1374页；达赖喇嘛曾在光绪二十三年九月由驻京堪布通过理藩院上书要求还瞻对时提出了这一愿望，《清德宗实录》卷410《光绪二十三年九月甲辰条》。
② 同上。
③ 《清德宗实录》卷448《光绪二十五年七月庚戌条》。
④ 同上。

"有意争界，藉以挟制商务"事件。① 六月，亚东税务司巴尔转来英印政府欲与西藏直接订约的八条意见，这八条意见直接威胁到清在西藏的主权。②

此后不到一个月时间，英人就派人抵达西藏边界，要求派员会勘界务。③ 英人又以光绪十九年（1894）所订之约已过该修订之期，力求修约，以谋新利，步步紧逼。而同时，藏人想反悔升泰与英人所划之界、所订之约，坚持达赖在光绪二十五年（1899）的具奏，认为"从前隆吐之役，因升大臣力阻战争，以致失地。此次若再阻用兵，藏臣又将误事"。④ 为此，不遵阻战，致藏臣开导无法。

清政府内外皆不能周全。

九月，进藏游历的俄人在察木多枪杀21条人命，俄在藏地恣肆骄横。⑤ 藏地情形日益危急。越来越多的人开始关注西藏，图维藏地。各地新办的报纸传播着西藏或西南边地的报道。如《四川官报》《蜀报纪事》《外交报》等。《外交报》曾发表社论，呼吁"藏务亟宜留意"⑥。

一些学者文人开始关心、讲求边政，尤其是藏务。如光绪三十年（1904）浙江镇海人范铸编《三省入藏程站纪》，详考从四川、云南、西宁入藏的途程里站。他在自序中明确指出其编撰的目的："今两藏南至泥婆罗，北通波米罗"，南北强国，"咸思攫取"，"夫彼之窥藏也，有入藏之道，此守藏也亦然，然而此之道，较彼为尤要，于是乎纪。"⑦

为加强西藏的防御，光绪二十八年（1902）十一月，赏鸿胪寺少卿有泰副都统衔，为驻藏办事大臣。两个月之后，也即二十九年（1903）正月，赏贵州贵西道桂霖副都统衔，为驻藏帮办大臣。随后把在山西卓有成就的巡抚锡良调署川督，并对之寄予重望。

光绪二十九年（1903），李渭潢"上川督移民实边书"，重提七年

---

① 《裕钢等奏英员带兵到边意将守军驱逐折》，转引自《关系史料汇编》，第1389页。
② 吴丰培辑：《裕纲奏牍·据巴尔来函密陈税司所见边务情形片》，《清代藏事奏牍》，第1118页。
③ 西藏研究编辑部辑：《清实录·藏族史料》（九），西藏人民出版社1982年版，第4625页。
④ 吴丰培辑：《裕纲驻藏奏牍》，《清代藏事奏牍》第1118页。
⑤ 吴丰培辑：《裕纲驻藏奏牍·俄官枪杀察番请旨结案折》，《清代藏事奏牍》，第1124—1125页。
⑥ 转引自《四川官报》1904年第2册。
⑦ 吴丰培辑：《川藏游踪汇编》，四川民族出版社1985年版，第415页。

前吴光奎的经营川边主张。指出"居今而筹藏，求其固藩篱，绝窥视，除移民实边，岂有善策耶？""所有巴塘、江卡西南一带空虚旷地，总宜移民实边，诚安边保藏之善策也。"移民实边，发展农业，兼蓄牧养，"次第开矿，大辟利源"；寓兵于农，农闲时练兵讲武，在边地建立军事重镇。这样可以"利益我国家，保全我疆土，繁殖我人民，巩固我边防"，"一举而数善足备"①。

七月十五日（1903年9月6日），军机处奉光绪帝上谕："有人奏：'川藏危急，请简员督办川边，因垦为屯，因商开矿。'著锡良察看情形，妥筹具奏。"而此时英国正在为派遣入藏的特殊使团而准备着。

军机处转发光绪的这道上谕时，锡良还未到川督任上。锡良于三月间奉旨调署四川总督，七月十六日才行抵四川省城成都，二十日接署督篆。刚接四川督任的锡良还不很了解川边情况。于是把上谕及原折片抄给四川布政司、商务总局、通省盐茶道、按察使司、成绵龙茂道、洋务总局、矿务总局，让他们会商，提出对策。

各司道认为"因垦为屯，因商开矿"，虽"属筹边至计，尤为今日要图"②，然而川边情形特殊，并不一定能够施行。经过一个多月的会商，基本上否定了奏折所请的内容，他们首先认为筹划屯垦不易：边地即不能产谷，又属土司游牧之所"并非弃地"，比贵州、云南、陕西偏远，募民往垦较难；再就是开矿不易：川边土司地面，"彼则自称风水神山，固守极严，素不肯动，己且不取，岂易与人"。"间有商人议明开采，未见明效，辄起衅端，旋允旋翻，忽开忽止。"③第三是商务无从扩充："边外商务，出口以茶务为大宗，布匹次之；入口以牛羊皮为大宗，药材次之；此外，别无出品可以扩充商务。"④

然而形势所迫，"边务所关重要"，只有"力为其难"先在巴塘试垦，然后次第讲究商矿各务。巴塘试办垦务，也要先"于川省人员中，择朴实耐劳而又熟事者派充粮务委员，久驻巴塘，日与土司夷人相接，渐能言语相通，情意相洽，然后谕之以理，饵之以利。……威惠并行……渐次推广"，绝不是一朝一夕所能见效的。这也只是"特指巴塘一隅之地"而言，开办得宜，所垦之地也"不过一州邑大小，其利甚

---

① 李浓湘：《康藏辑要》子集。
② 《四川布政司、商务总局、通省盐茶道、按察使司、成绵龙茂道、洋务总局、矿务总局详复川边开办屯垦商矿情形》，《清末川滇边务档案史料》，第1—2页。
③ 同上。
④ 同上。

微"。根本不值得专门派大员前往督驻。至于把边地的农工商矿与四川商务并归兼理更是不可能。因为"打箭炉以外,偏在西隅,离内地太远,合并为一",恐怕会鞭长莫及,"反滋贻误";另外四川省商务局不可能拨给经费。①

锡良透过四川各司道分析得出结论"川藏急务非屯垦商矿所能解其危迫"。② 在奏复中枢时,引用了四川各司道分析的理由,并强调在川边"因屯为垦,因商开矿"的不现实性。由此,为"安边筹藏""保藏固川"目的,在川边屯垦、开矿的讨论就此终结。

二　经边初步

无论是清中枢还是边疆大吏都不可能对英人的步步紧逼、俄人的滋事骄横熟视无睹,放弃谋求川边经营之法。清中枢让驻藏大臣有泰和帮办大臣桂霖体察西藏情形,与川督锡良会商办法。三位负责西藏及川边经营筹划的大吏分别从各自的任所赶到成都,会商解决西藏危急的良策。一起探讨的结果是计划从三个方面入手,一是练兵,二是分设重镇,三是在川藏之间添设大员。为实现这样的规划,桂霖暂时留在四川练兵,有泰由川起程赴藏。

有泰在赴藏途中察看了川藏交界情况,向清中枢正式提出"筹商藏务首在练兵","今日之急务"是把驻藏帮办大臣移驻察木多,即在川藏间添设大员以"居中策应,筹防练兵",既"外可以慑番服,内可以靖蜀疆"。③

留川练兵的桂霖上书奏陈拟仿湘军营制募勇入藏,"分起扼要,轮流换防"④,并请两大臣分驻要地。九月二十日上谕,评价桂霖"所陈办法,不为无见"。并让锡良、有泰、桂霖立即详细会商、妥善筹划,奏明办理。桂霖则开始准备"仿湘军营制、饷章"制度募勇进行训练,"俟统帅入藏再行加给盐折银两"⑤。

---

① 《四川布政司、商务总局、通省盐茶道、按察使司、成绵龙茂道、洋务总局、矿务总局详复川边开办屯垦商矿情形》,《清末川滇边务档案史料》,第1—2页。
② 中国科学院历史研究所第三所编:《锡良遗稿·奏稿·议复川边屯垦商矿各情形折》,中华书局1959年版;另《清末川滇边务档案史料》,第4页。
③ 《有泰奏牍·奏陈川藏交界地方情形折》卷1,第9页;吴丰培辑:《有泰驻藏奏稿·川藏交界情形及藏印近事折》,《清代藏事奏牍》,第1186页。
④ 《清德宗实录》卷521,《光绪二十九年九月庚子条》。
⑤ 西藏研究编辑部:《清实录·藏族史料》(九),西藏人民出版社1982年版,第4633、4635页。

在练兵、于川藏间添驻大员的同时，改革川边行政建制，提高川边驻官——打箭炉同知地位。同年十月二十九日，川督锡良、成都将军苏噜岱上奏，请将打箭炉同知升为直隶厅，与雅州府划界分理，同属建昌道，依旧管辖关外各土司。① 打箭炉升级后可以使"权责较专，粮员之表率有人，边陲之倚办益力"；同时解决"川藏相距七千余里，川之察缓急于藏与藏之资馈运于川"的矛盾。而采取这种措施既"无增改建置之烦，而深有益于边务"；"该同知廉俸等项，概循旧数，仍作为冲、繁、难三项要缺，查照……成案，以后该厅缺出，无论候补、试用各班人员，皆准请补试署……平时委署，则知府、直隶州、知州并充其选，以广取材之路"②。

升为直隶厅后的打箭炉就成了设在川边的最高行政区，直隶厅长官的人选也就至关重要。这位边才必须符合"权略足以应变，精力足以任劳，操行足以孚众"三项要求，"三者弗备，未易副其选也"③。正如锡良所分析的"方今藏务紧要，关内外教堂常有交涉，巴塘一带尚拟经营垦辟，事绪正宏。电线至炉即止，边藏文报稽缓"。④ 这些都需要川边大员具备应付川边复杂形势的才干，即具备"料远侦实""宣德达情"、勇于承担重任的才能和责任心。⑤

而这样的边才却不易得，锡良多方考察川边任职人员，发现打箭炉同知刘廷恕很符合这个选材的标准。刘廷恕曾在松潘、江北、石柱等厅任职，每任都有功绩。光绪二十三年（1897）十一月十二日被前任四川总督鹿传霖调至打箭炉。在川边已经数年，"文武协和，番夷悦服"，口碑很好；"深以趋利避事为耻"，屡"历险阻，而不以为苦"，"威廉素著"。锡良调出刘廷恕在川边所处理的几个案件卷宗，逐一审查，得出的结论是"该员之谋勇兼优，确有成绩"。若仿旧例的话按刘廷恕的功劳应该调署内地升迁，以"酬其勤劳"。锡良也曾有这个打算，但"因边事孔殷"，仍然让他留在川边任上。对于这样一位难得边才，锡良认为用直隶厅的建制恐怕不能充分发挥其治边的才干。因此在上奏朝

---

① 《锡良、成都将军苏噜岱请升打箭炉同知为直隶厅折》，《清末川滇边务档案史料》，第5—6页。
② 同上。
③ 光绪二十九年十月二十九日《敬举边才以备任使折》，《锡良遗稿·奏稿》第1册，第371—372页。
④ 《锡良、成都将军苏噜岱请升打箭炉同知为直隶厅折》，《清末川滇边务档案史料》，第6页。
⑤ 同上书，第5—6页。

廷荐举刘廷恕继续留边叙任时，建议朝廷对他"破格擢用，授以川边道府之任"，否则"现又当藏卫事端未已，边陲筹布正难"时，若"炉厅权位较轻，无以为国家规模宏远"。再次强调边才难得，刘廷恕"晓畅军事，熟悉夷情，必于边务大有起色"。①清中央政府采纳了锡良关于升打箭炉为直隶厅建议，而对授刘廷恕以"川边道府之任"的建议未置可否，只是让刘廷恕以同知衔继续留任厅事。②

同年，巴塘垦务也开始筹备。四川矿务局委派直牧杨兆龙为正委员，候补县丞田从周为副委员，前往会同巴塘粮务委员吴锡珍、都司吴以忠"和衷商议，宣谕土司，教牖番民"，对即将开展的垦务工作进行规划。③

第二年正月（1904年2月）吴锡珍禀呈锡良《开办垦务六条清折》，对开办垦务提出六条建议。第一，垦务委员速赴巴塘，"示以事在必行，则土司无可推诿……又免辗转延宕之虞"。第二，应该事先筹备垦务经费，"因开垦之初，所有工食器具、牛、粮、籽种等项，在在皆须制备"。第三，具体屯垦办法要分轻重缓急，先从官垦入手，等见成效后则可以实行民垦，以求"愈推愈广"。第四，"募民宜示以区别"，从雅州府一带募集川民垦种，因为当地民众"不谙耕种"。第五，选派营兵垦种，巴塘统辖三处，有营兵三四百名，"尽可酌拨精壮从事垦田"，但要筹拨营兵费用，"稍为津贴，以示体恤"，不致使营兵们"谋生日绌"。第六，先安设打箭炉至巴塘的电报线路，因"将来举办垦务，呼吸尤贵灵通"，且"垦务既开，商旅自集，电费亦有所取偿，似宜量为安设，以资便利"④。

之后，巴塘粮员吴锡珍、都司吴以忠又具体拟订了《办垦章程十二条》。⑤

八月，锡良提出应采纳前任川督鹿传霖建议，对朱窝、章古改土归流，分派屯员管理。霍耳五土司中，章谷土司地当"霍耳适中要隘，上至德格，下至革什咱，为进藏北路"。接近三瞻所属的任达，距离道坞

---

① 光绪二十九年十月二十九日《敬举边才以备任使折》，《锡良遗稿·奏稿》第1册，第371—372页。
② 《打箭炉同知刘廷恕禀报锡良遵任直隶厅事》，《清末川滇边务档案史料》，第11页。
③ 《四川矿务局委员前往巴塘查勘垦务情形》，《清末川滇边务档案史料》，第7页。
④ 《巴塘粮员吴锡珍禀呈锡良开办垦务办法》，《清末川滇边务档案史料》，第9页。
⑤ 详见光绪三十年五月《吴锡珍、都司吴以忠会禀锡良拟订办垦程》，《清末川滇边务档案史料》，第11—13页。

也不远,"尤川、藏出入之要津,而瞻对通炉之咽喉"。又"早无应袭之人,土职虚悬,民无统摄",改设屯员由打箭炉同知委员管理,仿照乾隆年间在懋功设五屯的旧制,派委候补州县接管,更名炉霍屯务,兼管朱窝、麻书、孔撒、白利及东谷等土司,仍归打箭炉厅统辖。派候补知县李之珂前往查明户口,勘定赋税,绘具舆图。废除从前的"重徭苛敛",减少科税。"一切土规岁需官薪兵饷、书役口食、杂项经费"都在所征的款项下开支,不动库储。①

这一时期,清朝野上下不仅已注意到提高川边行政地位的重要性,也把对在川边任职人员进行鼓励和特殊奖赏作为主要措施。如对于打箭炉直隶厅和炉霍屯员都采取了一定的奖赏措施。炉霍屯员"援照懋功等五屯成案,俟三年期满,撤回内地,分别给以升缺、即升、尽先补用等项奖叙"②。对打箭炉直隶厅"请照马边、越西等厅,该同知三年俸满,如果才绩卓著,奏请以知府在任候升,应无论题、调、选缺,并请毋庸先行撤回内地,借资熟练"。"以后该厅缺出,无论候补、试用各班人员,皆准请补试署,或于实缺通判、知县等官请升。"③

锡良等人商讨并采取的这些措施,正如锡良本人对于"因屯为垦,因商开矿"并非"能解藏务之急迫"的批驳一样,远远不能适应藏事急迫的需要。

三 凤全经边

此时藏情日益紧急,荣赫鹏所率的"特殊使团"已越过春丕河谷、帕里宗,正在向江孜挺进。已到了西藏的驻藏大臣有泰对这种危急情形无能为力。清廷虽早已采纳了把驻藏帮办大臣移驻察木多的建议,并多次催促桂霖由成都赴藏就任,就藏情随时与有泰会商妥筹办理。④ 四月初七日(1904年5月21日)桂霖称病请求解职。⑤ 经岑春煊推荐,令四川候补道凤全代替桂霖为驻藏帮办大臣,赏副都统衔。

---

① 《改设炉霍屯务片》《锡良遗稿·奏稿》第1册,第425—426页。
② 同上。
③ 《锡良、成都将军苏噜岱请升打箭炉同知为直隶厅折》,《清末川滇边务档案史料》,第5—6页。
④ 《军机大臣电寄锡良驻藏帮办大臣移驻察木多》,《清末川滇边务档案史料》,第10页。
⑤ 《清德宗实录》卷529《光绪三十年四月乙卯条》;吴丰培辑:《清代藏事辑要续编》,第171页。

驻藏帮办大臣凤全还在赴任途中，① 英军上校荣赫鹏率军早已于六月二十二日（8月3日）进入拉萨城，达赖也已逃离布达拉宫，"城下之约"——拉萨条约也于七月二十八日（1904年9月7日）签订。内地舆论哗然，许多报纸连篇累牍地揭露英军入藏的阴谋，报道清政府与英国交涉的情况。形势的发展令清政府愕然、措手不及。驻藏大臣对这种情形的发展无计可施，无能为力。

清中枢绝不可能坐视西藏的丧失，必须采取强有力的措施。首先设法挽回英与西藏地方政府签订条约所丧失的主权。八月十七日（9月26日）命直隶海关道唐绍仪以三品京堂候补并赏副都统衔，前往西藏查办事件。同时，经营藏边、图维西藏也不容许仍停留在商讨阶段了。一个星期之后（10月3日），中枢颁发诏书激励并督促边疆大吏们采取积极措施，全力经营西藏和藏边，谋求补救办法，"期挽利权而资抵御，方以自固藩篱"。而补救的办法何在？清中枢认为"筹维端在开垦实边，练兵讲武"。令凤全移驻察木多，对西藏东南至四川、云南界一带"著凤全认真经理"，全权负责川滇边藏区的边务。简放延祉为西宁办事大臣，西藏"北至青海一带，著延祉认真经理"。让凤全、延祉"各将所属蒙番，设法安抚，并将有利可兴之地，切实查勘，举办屯垦畜牧，寓兵于农，勤加训练，酌量招工开矿，以裕饷源"。令川督锡良、云贵总督菘蕃联合会奏妥筹开办经费，做好后备支持工作。鞭策、激励并刺激凤全、锡良等人要对边务尽心筹划。②

至此，清王朝已明确地意识到西藏的岌岌可危，西南边防的前沿阵线不得不向内地缩进，不能继续对西藏作为西南边疆的藩篱抱过高希望，就像十多年前不得不对西藏南边诸小国的藩篱作用失去信心一样，这时清王朝对西藏的藩篱作用也显示了信心不足。光绪帝在他八月发给军机大臣们的上谕中已明确了这层含义：退守藏边，而不能像一百多年前的清盛世时那样发天国之兵威，迅速涤清边患，使藏地速归平静。只有将把守西南边疆的前沿战线由西藏退守到西藏与内地各省的交界地带，即川滇边、青海与西藏的交界。把西南边防全权交由驻藏大臣、川督、云贵总督、西宁大臣负责。他们负责的内容不是去收回利权和土

---

① 凤全，字弗堂，满镶黄旗人，荆州驻防。《凤全驻藏奏稿》中由成都起程折和酌募士勇克期出关折奏报，凤全于八月八日由成都出发，二十六日到打箭炉，十月二十二日准备出关，十一月十八日行抵巴塘。在巴塘扩大屯垦，限制喇嘛寺院，练新军。光绪三十一年三月甲戌日在巴塘被杀。
② 《清德宗实录》卷534《光绪三十年八月庚午条》，中华书局1987年影印本。

地，而是保守即将或有失去危险的利权和土地。对此，无论是清中枢还是地方督臣锡良、凤全等都乏"回天之力的良药"，所能采取的措施及行动，也只能是从光绪二十二年（1896）就已开始讨论的在川边进行屯垦和开矿。锡良在一年前根据川边情况而做的分析即"藏之急务，固非屯垦商矿所能解其危迫"的论断也被清中枢彻底否认。川边的作用、屯垦的意义到这时才被认识清楚。

屯垦等川边诸务落在起"居中策应"作用的驻藏帮办大臣身上，也即正在赴任的凤全肩上。力当大任的凤全这时雄心勃勃，在受命四个月后，遵从清中枢的旨意，全力进行筹划。凤全筹划的第一件事是招募土勇。八月二十六日，凤全一到打箭炉就"接悟同知刘廷恕……叠商招募事当"，两人都"深以招募土勇为然"。认为"土勇质朴耐劳，向化有年，性耐冰雪，食甘青稞，生长边地，险要周知"。而该处的客民多是商贩，无人愿意加入军旅。因此，凤全先让明正土司保送二百名劲干结实的番民，亲自查验注册后选充派随，专派管带一员、武备学生二人，"明白通事"二人，由刘廷恕督率进行训练。另在打箭炉留驻卫队勇丁五十名，"示以军法"，表演新式西操口号步伐，让土勇每日观摩以求"逐渐领悟，久自娴熟"①。

随后又让"巴塘、里塘各台员转饬各土司，各选送土勇一百数十名"，准备亲临查点验充，"一律致派学生，通至协同训练，给发饷项军装"。够一百五十人之数就由学生等派充管带哨弁，限令在一定时间内就地操练娴习，然后"再行合操"。凤全计划等他到察木多部署就绪后，于来年春天返回打箭炉"带领新练土勇，调集续备两营同时合操，以壮声威而资联络"。合操训练后把土勇"分扎各阴隘，查拿夹坝"②。按凤全的设想，募勇训练，分驻各地可以达到"无事则商旅无惊，有事则守防兼备"的目的，真正起到"居中策应"的作用。③

凤全在打箭炉招募土勇进行训练，准备按班就任于察木多并做以上规划时，还没有真正深入川边。等他离开打箭炉行进到巴塘后，他的有些想法发生了改变。十月下旬离开打箭炉的凤全，于十一月十八日到达巴塘，在巴塘查看情形后，决定留驻巴塘"督率屯垦训练"，并奏请变通锡良、有泰、桂霖在上年会商并被审批的让驻藏帮办大臣驻守察木多

---

① 吴丰培辑：《凤全驻藏奏稿·酌募土勇克期出关折》，《清代藏事奏牍》，第1274页。
② 夹坝：藏语音译。藏人称盗匪为夹坝。
③ 吴丰培辑：《凤全驻藏奏稿·酌募土勇克期出关折》，《清代藏事奏牍》，第1274页。

的既定计划。凤全在奏折中陈述留驻巴塘的理由。第一，察木多"素号瘠区，既少可开之地"，也"无可募之人"，缺乏必要的物质基础，不能作为行政驻地。第二，"巴塘盗风未戢，亟应设法整顿。"第三，"收三瞻内属，事机亦刻不容缓"，因为"巴塘距瞻六百里，旬日可达，"而"察台距瞻一千数百里，遇有因应机宜，动多滞碍，饬办各件趋重川瞻，均非远驻察台所能遥制"。第四，"炉霍屯防，关系綦重，收回瞻地，时会当乘"，而且应该"次第设施善后安防，联属临边各土司"。第五，即将"试办泰宁金矿"。收瞻安防等事"在在均关紧要"，要想呼应灵通，"尤宜驻炉筹办"。请求"以后留驻巴塘半年，暂驻炉厅半年"，"庶事事应手，免滋贻误"。特别指出"株守一隅与分弛两地，劳逸迥殊"，"实不敢徇划疆而理之虚名，致忘鞭长莫及之后虑"。希望清中枢能"俯念边远孤悬，势难兼顾"，允许"变通移驻，以期尽利"①。

实际上，凤全请求留驻巴塘是想为自己找一块施展抱负的权力空间及自留地，担心到察木多后诸事要与有泰会商，可能受到牵制。②凤全的提议并未获得通过，清廷"著仍驻察木多，妥筹办理"。然而，凤全抗旨不遵留在巴塘。③

凤全留驻巴塘准备在川边开展进一步的"新政"工作，即扩大垦务，限制喇嘛寺庙势力，筹收瞻对。认为"筹办川藏事宜，屯练实为急务"④。

第一步是扩大垦务。在督查了巴塘粮员吴锡珍等人试办垦务的成果，即"一年以来，计开成熟地三百余亩"后，认为垦务规模太小，又叫吴锡珍招聚内地垦民多人，在桃园子、载石洞、独足龙等地开垦。凤全准备在此基础上加派委员"拨勇加工"、扩充垦务，设想"将来以岁入之租，养防边之勇"，而达"一劳永逸"之效。为了"屯防并重"，同时减少办理筹款的难度，与川督锡良"往复函商"，裁汰关内防军两营，归并为一营，合"前募之军，足一千人"，仿照曾国藩所练湘军的饷章营制，令打箭炉、里塘、巴塘和察木多，实行"七防三垦"⑤。又与锡良呼应，上书强调炉霍屯的重要性："炉霍适当川藏之冲，欲保前

---

① 吴丰培辑：《凤全驻藏奏稿·筹办屯垦并请变通移驻折》，《清代藏事奏牍》，第1274—1275页。
② 吴丰培辑：《凤全驻藏奏稿·跋》，《清代藏事奏牍》，第1284—1285页。
③ 《清德宗实录》卷541《光绪三十一年正月壬寅条》。
④ 《清德宗实录》卷537《光绪三十年十一月丁亥条》。
⑤ 《凤全勘办屯垦并请变通移驻折》，《清末川滇边务档案史料》（上册），第38页。

藏来路当自经营达木三十九族始,欲保川疆后路,当自经营炉霍屯始。"① 炉霍屯不仅"地关紧要",同时又多"沃衍可耕之地"。凤全派人前往与先行到达的刘廷恕"妥筹办法"②。计划在第二年春天回到打箭炉合操时亲自到"该屯切实查勘,分地举办"③。据当时《四川官报》报道:"驻藏凤钦使拟饬所带靖边汉土两营于训练之暇督办矿务兼办屯垦事宜,期于巴塘地方三四年内开出水旱田地五万余亩。并招民垦办炉霍屯务,至泰宁金厂闻已饬炉厅于开篆后招集金丁先试办。"④

第二步就是采取措施限制喇嘛寺庙势力。凤全分析了边地情况,认为喇嘛寺庙是川边各种祸患的根源。"里塘地方土司积弱,日以捐削番民为事,十室九空。僧多民少,大寺喇嘛多则四五千人,借以压制土司,刻削番民,积习多年。驻防营讯单薄,文武相顾,莫敢谁何。抢劫频仍,半以喇嘛寺为逋逃薮,致往来商旅竟向喇嘛寺纳贿保险,即弋获夹坝,辄复受贿纵逸。""上年聚众撤站","不久前发生法国司铎蒲德元被劫一案"⑤。边地要想安靖"非使喇嘛寺有所限制"不可,否则不足以"尽绝根株"。如果"即此不图,相率效尤,恐以后办事亦多掣肘"。因此凤全在"严饬该土司、堪布奉公守法,清查夹坝,拿获重惩"以及让土司选募土勇百名、训练协防的同时,奏请清中枢限制喇嘛寺人数,"申明旧制,凡土司地方,大寺喇嘛不得逾三百名"。

凤全拟订了限制喇嘛的几条措施:(1)"以二十年为期,暂缓剃度";(2)"嗣后限以披单定额,不准私度一僧";(3)年龄在十三岁以下的喇嘛,"饬家属领回还俗";(4)让土司、堪布将大寺喇嘛"各归部落,另建小寺,散住梵修,以分其势"。凤全设想如果按照这个办法实行,"二十年后,喇嘛日少,百姓日增",彻底改变"比户流离,锱徒坐食"的局面,"有土有人之效可立睹也"。⑥

第三步是筹收瞻对。凤全在赴察木多任途中(光绪三十年十月二十七日)收到军机大臣寄奉光绪上谕筹收瞻对的指令。到了巴塘后,凤全

---

① 《清德宗实录》卷537《光绪三十年十一月丁亥条》。
② 《凤全勘办屯垦并请变通移驻折》,《清末川滇边务档案史料》(上册),第38页。
③ 《清德宗实录》卷537《光绪三十年十一月丁亥条》。
④ 《四川官报》1904年新闻。
⑤ 《凤全奏请限制喇嘛寺人数片》,《清末川滇边务档案史料》(上册),第40—41页。
  撤站:清代川藏间设置的台站,除递送来往文报外,亦为驻藏大臣过往的行台和公务人员及行军的站口。凡官员或军队过往,当地人民需到站支应骑驮乌拉、柴草、汤打役等差,拒绝支应的叫"撤站"。
⑥ 《凤全奏请限制喇嘛寺人数片》,《清末川滇边务档案史料》(上册),第40—41页。

考察了瞻对及川边的情况，于第二年正月（光绪三十一年，1905年3月4日）就对三瞻内属的问题进行了回复。

再一措施就是遵旨就近剿办泰宁寺喇嘛阻拦开矿，借端煽乱事。

四 凤全之死

凤全陶醉于他对川边的总体设计中，却不知他提出的限制喇嘛寺庙的措施触动了川边的神经，不久凤全就意识到事态的严重性。他两次致函打箭炉同知刘廷恕催调营勇到巴塘驻守。[①] 在他二月十九日飞报打箭炉同知刘廷恕将留在打箭炉的卫队率赴巴塘以壮声威而资震慑时，巴塘的形势已经十分的紧急。二月二十一日、二十二日，巴塘正副土司及丁林寺喇嘛所属之地，有土番五百余人，先在各处抢掠，继至茨荔陇垦场骚扰。凤全闻讯，即行派兵弹压。但该项番民人多势众，又有土司及喇嘛从中煽动，不仅不肯解散，反而越聚越多。到二十八日，已达三千余人，当晚分头行动：一股将法国教堂烧毁，司铎牧守仁下落不明；一股封锁街道，使各散驻之官员士兵等不能集中；一股径扑凤全住所，与护卫官弁发生冲突。署巴塘督司吴以忠，随员秦宗藩及若干官兵阵亡。凤全以双方众寡悬殊，只有退居正土司寨内，暂避其锋。该土番又包围土司官寨，久仍不解。所练土兵逃散，卫队势孤。喇嘛及土司往见凤全，让凤全移驻里塘，凤全在迫不得已的情况下，只好接受土番的条件，率各随员及兵丁离开巴塘，准备返回打箭炉。

三月一日，凤全带领随员及兵丁五十余人从大营官正土司寨内出来，起程回炉，粮员吴锡珍拦舆痛哭，担心有诈，挽留而不放行，凤全不允。土司堪布假借护送之名，率马队前导，但一出城后即各自逃离。

[①] 凤全由成都出发赴任，只带了随身卫队二百名，随员三十人，到达炉城后，以边外粮饷补给不易，乃将其大部分卫队留在打箭炉操练，出关至巴塘只带数十名卫队及委员数人先行赴任，见《锡良遗稿·奏稿·遵旨查明巴塘启衅缘由派兵剿办折》；吴丰培的《记光绪三十一年巴塘之乱》：凤全在光绪三十年（1904）十二月二十一日奏请限制喇嘛寺人数，不久就意识到问题的严重性。三十一年（1905）正月二十六日给打箭炉同知刘廷恕写信，催请管带张鸿升选带营勇二百名，随带军装，分作两起于二月初旬出关，以百名留驻里塘，其余到巴塘听候分扎。二月十九日又派人飞驰递函刘廷恕，催调张鸿升督率精壮汉勇两哨，星赴里塘驻防。告知巴塘番民亦啸聚三四百人，日肆劫掠，声言打毁教堂，围攻衙署。虽全持以镇静，而兵力单薄，无能为力。让刘廷恕即刻选派熟悉夷务能事哨弁，将全留炉卫队勇丁五十人率领驰赴巴塘，以壮声威，而资震慑。并让刘廷恕多备枪械弹药，以资应用。参见《凤全致刘廷恕请催管带张鸿升选带营勇出关》《凤全致函刘廷恕催调卫队赴巴塘驻防》，《清末川滇边务档案史料》（上册），第42—43页。

凤全等人行至巴塘以东二十里鹦哥嘴（一名红亭子）地方，遇到土番的设伏阻击，凤全及随带委员陈式钰、王宜麟、赵潼，管带李胜贵、绘图学生何藻臣及卫队士兵共五十余人，全部被害。① 粮员吴锡珍因奉命取官帽未及追上而幸免一难。②

第二天（三月二日），巴塘百姓（土司及喇嘛）飞禀打箭炉颇本（管理粮秣官员，也即文武职员）已将凤全及洋人一并诛戮，进行辩释威胁，认为是他们咎由自取，"凤全教练洋操，袒庇洋人，应即加以诛戮"，并表示百姓自甘认罪，但"若川省派兵压境，惟有纠合台众，聚联边番，以死抗拒"。③ 随后吴锡珍又把凤全及法司铎遇害的详细情况从打箭炉电传成都，向锡良禀报。④ 凤全遇害之前，已派人将巴塘番民聚众暴动事件开始时的危急情况转电成都将军绰哈布、四川总督锡良，并请求救助。三月十五日，巴塘事变的消息一传到成都，锡良就立即向北京汇报。⑤ 同时上书请求派兵镇压，认为若不如此边将"不堪过问"。⑥

巴塘事件引起清朝廷的极大震动，军机大臣奉光绪帝上谕，电令川督锡良"迅即遴委明干晓事大员，添派得力营伍，飞驰前进，查察情形，会同马维骐剿办，所有被围之法教士等，务即严饬各员，赶紧设法出险，认真保护，是为至要"。⑦

锡良派正在炉城剿办阻止开采泰宁寺金矿的提督马维骐飞速弛往巴塘。另派建昌道尹赵尔丰为炉边军务督办，添募营勇迅速弛往会同马维骐相机妥办。又因巴塘、里塘一带均隶属于建昌道，而运粮亦建昌道所属的邛崃、雅州等处，为了便于调度，让赵尔丰先赴建昌道本任接篆，

---

① 《四川官报》光绪三十一年十月新闻报道凤全"忠枢入城，巴夷戢定"的情况，"凤全大臣之忠枢运至打箭炉，凤夫人启棺审视，遗骸僵而不腐，惟脑后及足趾为洞丸穿过，项下复有刀伤"。
② 《锡良遗稿·奏稿》，第477—479页；吴丰培：《记光绪三十一年巴塘之乱》，《禹贡》半月刊，第六卷第十二期；《吴锡珍禀报锡良凤全及法司铎等遇害情形》，《清末川滇边务档案史料》（上册），第49—52页。
③ 《巴塘百姓禀打箭炉颇本已将凤全及洋人一并诛戮》，《清末川滇边务档案史料》（上册），第43—44页。
④ 《吴锡珍禀报锡良凤全及法司铎等遇害情形》，《清末川滇边务档案史料》（上册），第49—52页。
⑤ 《四川官报》1905年第八册新闻。
⑥ 《锡良、绰哈布致电军机处、外务部巴塘肇乱情形》，《清末川滇边务档案史料》（上册），第49—52页。
⑦ 《清德宗实录》卷543《光绪三十一年三月辛卯条》。

掌握了建昌道的事权后，即日起程赴打箭炉。①

同时，又派留川当差的已革广西候道钱锡宝随往襄助。为保证军粮的供应，专门委派试用道文纬等在雅州、打箭炉设局购运粮食。②当时《四川官报》报道"转运米石络绎于途，足敷出关各军之用"③。为使出关军士足够敷用，除让赵尔丰招募营勇外，锡良又援引鹿传霖任川督时为防范甘肃窜回，每营招募熟悉山径土勇一百五十名，照川勇章程发给口粮的旧例，每营招募土勇。④为鼓舞士气，每名出关的兵勇除银饷外，又"酌加一两以资饱腾"⑤。为筹军饷，锡良上书请求允许劝谕官绅捐银助饷赏官。⑥得到了清廷的同意，准许锡良按照广西等省的成案，开办实官捐一年。⑦

巴塘土司喇嘛誓众祭旗，布置坚守抵抗。并联结察木多、里塘、瞻对、三岩等处的番人，以壮大声威。主谋倡乱的丁林寺喇嘛，举火燔寺，⑧潜渡到金沙江北岸，卯溪七村沟番民散伏象山，截阻军路。马维骐于五月十八日从打箭炉出发，六月十一、十二、十三等日，自里塘次第开拔。马维骐进入巴塘后，"博宽厚名，一意招抚，未分别首从，欲

---

① 本处采用陈渠珍《艽野尘梦》附录的赵尔丰之说。很多书都认为赵尔丰是在巴塘之乱后，锡良才派他为建昌道，会同马维骐剿办巴塘。从《锡良遗稿·奏稿》第489页《建昌道北川道各回本任片》及第477—479页《查明驻藏帮办大臣凤全死时情形折》或《清末川滇边务档案史料》（上册）第52—54页《锡良遵旨查明巴塘启衅缘由派兵剿办折》可见锡良是在巴塘之乱后任赵尔丰为建昌道，因打箭炉厅与巴、里粮台都隶属于建昌道，为便于办运粮械，只有川边最高行政官职才能酝釀筹调自如，因此锡良让赵尔丰在赴本任后，即到建昌接篆后才驰赴巴塘。

另外为了在前敌事专于一人，而加委赵尔丰炉边军务督办的头衔，以便督调提督，免至滞留（巴塘叛乱时，马维骐在泰宁未及时驰援），作为赵尔丰率军的直接下属和一名军人，陈渠珍或许习惯性地只称赵尔丰为军务督办，反而把赵尔丰的另一职衔——建昌道道尹不常提及，这应是正常情况。实际上，当时是赵尔丰主持进攻，故马维骐攻克巴塘后，即率军回川，赵尔丰因马维骐是提督，对之相当客气。参见任乃强先生手稿《川边历史资料汇编》。

② 《锡良遵旨查明巴塘启衅缘由派兵剿办折》，《清末川滇边务档案史料》（上册），第52—55页。

③ 《四川官报》1905年5月第十六册新闻。

④ 《锡良遗稿·奏稿》，第494页。

⑤ 《四川官报》1905年5月第十六册新闻。

⑥ 《锡良请劝谕官绅捐助炉边军饷奖给正佐各官折》，《清末川滇边务档案史料》第58页。

⑦ 《西藏研究》编辑部：《清代藏事辑要·续编》，西藏人民出版社1984年，第172页。

⑧ 刘鼎彝：《赵尔丰经营川边闻见记述》，载于中国人民政治协商会议四川省委员会编《四川省文史资料选集》第6辑，认为是"因'打起发'互争财物，结果竟将丁林寺烧毁"。

含糊藏事，夷匪观望，亦不投诚"。"前敌并未开战，后方缓步深入。"①

赵尔丰到巴塘后，即清剿叛乱的余党，尤其是麻多哇等七村，认为他们听从喇嘛驱使，是形成巴塘乱事的重要根源之一，如不加以清理，随时有肘腋之扰，另外，里塘所属乡城的桑披寺，一向顽梗，蔑视法度，如果不除，也使关外有腹心之患。②

赵尔丰于光绪三十一年九、十月间，派兵进围七村，严行搜捕马提督攻剿时漏网之僧、番及其相通之党羽，悉予正法。搜索卯溪七村沟番民，杀戮数百人，捕获年过七八十岁的村老耆民，认为是其倡导的巴塘杀凤全事件，投入金沙江中。并将为首的七人，"剜心沥血，以祭凤全"。③

在云南边境也有寺庙响应巴塘叛乱滋事，锡良电告马维骐派李克昌带营赴边，为了"既防滇匪之阑入川境，又为滇军厚其声援"。令钱锡宝弛往接防滇边。④ 云贵总督丁振铎被命令"速饬兵团扼要严防，合力围剿"⑤。丁振铎派提督张松林督军进剿响应巴塘叛乱的羊巴井、东竹林两寺。张部于七月二十八日行抵鲁甸，审度情势，分三路剿办。"于八月十九日攻克羊巴井寺，九月初六日，进抵东竹林，未及两月，全部平定。"⑥

"全巴遂告底定"后，因粮食补给困难，马维骐调兵东返，由赵尔丰接替善后工作，进行长期的经营规划。

凤全从光绪三十年八月八日（1904）由成都出发到川边至第二年三月初二日（1905年5月）被杀，在川边前后不到半年时间，主张的三件事：招勇练兵、屯垦、限制喇嘛势力，虽然都不过是刚刚开了个头而已，却开了川边"新政"的第一刀。如果在此之前鹿传霖、锡良等人的建议及措施是徐徐拉开的序幕的话，那么凤全在川边实行的一系列措施就可以视为快速撩开了清末在川边改革的幕布，只可惜还未来得及表演就被迫匆匆谢幕，但却为后来的赵尔丰在川边的活动准备好了舞台。

---

① 此说采用当时为里塘粮务的查骞著《边藏风土记·赵尔丰轶事》的说法。
② 《汇报攻克巴塘泰宁出力员弁折》，《锡良遗稿·奏稿》，第589—591页。
③ 此说采用查骞所著《边藏风土记·赵尔丰轶事》；时官方的记载也即锡良的奏稿对这次巴塘平叛的情况与查骞的记述不太相同，锡良认为："马维骐毅然以前敌自任，赵尔丰提兵继进，保其归路。"又曰："马维骐立功绝徼，忠勇冠时，赵尔丰声援自壮，推美让功。"
④ 《锡良奏派钱锡宝接防滇边片》，《清末川滇边务档案史料》，第64页。
⑤ 《清德宗实录》卷547《光绪三十一年七月甲戌条》。
⑥ 《光绪朝东华录》《光绪三十二年二月戊戌条》。

凤全在川边主办的三件事是多年来清朝野上下对于川边经营议论的初步实践，也是一次较为彻底的实践。凤全抓住了川边问题的实质：对于边疆的守卫首先要以武力作为后盾，招兵练勇；实行屯垦，发展经济，准备物质基础；喇嘛寺在川边起着主宰作用，喇嘛寺院的势力是影响川边局势的最不容忽视的因素，必须实行改革才能推进川边的进一步发展。而正是因为他触及川边最敏感而又本质的东西，才导致了毙命于异域。

巴塘之乱的发生，震惊了清政府，时人及后人都认定是凤全性情操切急进在巴塘大兴不适时宜之事所致。①

从表面上看凤全身死的直接原因是他不尊重当地土司、喇嘛。② 从巴塘土司及喇嘛的观点看，是因为"凤全教练洋操，袒庇洋人，应即加之诛戮"③。

凤全带卫队进藏时，已是清政府下令"新政"的第四年了，因此，凤全的卫队也是"新政"训练出来的"新军"，即教习洋操喊口号，使用洋枪，穿短服、行洋礼、打洋鼓，而以前进藏的清军穿的都是红色号褂和战裙，军前吹的是莽筒大号；凤全为了在巴塘进一步开展工作，派人清查汉藏百姓男女老幼人丁户口名册，当时巴塘正值天旱不雨，凤全在平顶藏房顶上手舞足蹈，仰天呼气（大概是练拳和进行深呼吸），寺庙僧众和土司头人就煽动民众，说凤全所带的兵不是大清皇上派的，而是洋人；凤全咒天排云，不让降雨，贻害巴塘人民；加上凤全胡须金黄色，与法国神父相似。卫士所携带的枪全是德国制九子快枪，不点火就能打响，巴民尤为骇怪，一时互相耳语，传遍城乡，都以为凤全与往昔过巴钦差不同，必是西人遣来报仇者。更认定凤全是洋人冒充钦差。而当时巴塘已发生过四起教案，反对洋教、反对洋人在巴塘传教、设教堂，对洋人之仇视可想而知。当时所有的驻藏大臣及川滇、西宁、新疆等处封建大吏贯彻清政府不轻易起洋人事端，免得在外交上丧失更多的

---

① 四川省近百年大事记述编辑组撰《凤全与巴塘事件事本末》，《四川文史资料选辑》第10辑；《巴塘志苑》1986年第3期；关于持凤全因性急而致身死的观点，具体情况详见张秋雯《清末巴塘变乱之探讨》，台湾《近代史研究集刊》第10期，第52—54页。
② 详见四川省近百年大事记述编辑组《凤全与巴塘事件本末》，《四川文史资料选辑》第10辑。
③ 光绪三十一年八月十三日，《锡良、绰哈布会奏巴塘平定请奖折》，《清末川滇边务档案》，第61—64页；光绪三十一年三月初二日《巴塘百姓禀打箭炉颇本已将凤全及洋人一并诛戮》，《清末川滇边务档案史料》，第43—44页；《巴安之天主堂与基督教》，《康导月刊》第2卷第8期。

权利，因而采取劝阻保护洋人等措施，凤全也是具体落实清中枢这一政策的执行者，为了避免再出现马嘉理事件，而对在巴塘的司铎及教堂施行保护，却被巴塘土司、喇嘛煽动为看透实情，进而有"不过一刻工夫险被凤大人与吴统领商办将巴塘汉夷百姓僧俗尽归与洋人管辖"的说法。当地的僧俗民众信以为真，主张驱逐凤全。大营官本来对清王朝是效忠的，但受了凤全侮辱后，也决心对他施以报复，他们一面借故拖延凤全所需要的乌拉牛马，一面又同喇嘛配合，为杀凤全而秘谋。同时又以凤全在巴塘逗留四月之久，难以供应为辞。①

川督锡良在事变发生后，充分调查事件发生的全部过程，结合凤全死前曾多次就筹边问题晤商及函商的情况，得出的结论较为公允，他指出巴塘之乱的实质与根源并不是凤全性情操切、急功近利而引发的。"凤全遵旨筹办边务，虽欲振兴屯垦，亦未尝以峻急行之。"②"于巴垦、炉矿以及筹议瞻对诸事，莫不殚精区划。唯喇嘛骄玩日久，骤欲分其势以恤番民，无如番欲素崇释教，不明凤全保爱之意，转予喇嘛以煽动之端。"只因拟请限制寺僧人数，二十年内暂停剃度，"喇嘛闻知，中怀怨怼，飞诬构谤，鼓惑愚顽。"③

由此分析认为，巴塘事件完全不仅仅是由凤全操切急进的个人原因导致的结果，凤全作为清政府川边政策的执行者，其执行的是清王朝在川边的既定政策：屯田、开垦、为谋经济发展而限制喇嘛势力、筹收瞻对等。这些既定的政策由凤全来实施，对该地土司喇嘛等个人权力利益造成威胁，因此产生冲突，喇嘛与土司坚决反对与抗拒此项政策的推行。凤全之任命，正当此项政策实施的开端，自必首当其冲。除非不推行或敷衍塞责，不然，任何人当此任务，亦难与土司喇嘛等和谐相处。更何况"巴塘一隅……各寺喇嘛，恣睢悖戾，久已蔑视大臣"④，再加

---

① 《西康纪事诗本事注》；《巴塘百姓禀打箭炉颇本已将凤全及洋人一并诛戮》《清末川滇边务档案史料》，第43—44页；另外荣赫鹏《英国侵略西藏史》又说凤全部下多劫掠行为，尤为巴民不满。以观清所派官员禀报巴塘情况，及巴塘人自己汇报的情况看都没有凤全部下劫惊事件发生，也许荣赫鹏是根据巴塘杀凤全事件后，巴塘百姓禀打箭炉颇本早已将凤全及洋人一并诛戮的情况妄推臆测得出的这一说法。
② 《锡良、绰哈布会奏巴塘平定请奖折》，《清末川滇边务档案史料》（上册），第61—64页。
③ 《锡良遵旨查明巴塘起衅缘由派兵办折》，《清末川滇边务档案史料》（上册），第52—54页。
④ 《锡良遗稿·奏稿》，第538—540页。

上"军行倍苦，兵食难支，因而蔑视王师"①。因此，凤全性情操急，就个人利害而言，或为事实，然就大局筹谋，则无多少相干。巴塘之乱，是清王朝的威信在川边土司、喇嘛区日益下降，甚至"俨同化外之域"形似于无。

1904年英军侵入拉萨，致中国人威望顿失，此事亦足以增加巴塘之骚动。②凤全在川边经营筹划中，要说有缺失，也就是他未料及政府之威信，已如此薄弱，地处西藏与川省间之土司喇嘛，在尚未着手改土归流之先，即敢公然暴乱，因此没有装备充分的武装力量，所带200名卫队，大半留在打箭炉操练士勇，只带50名的卫队随身（仅就从这一点而言，也可以证明锡良所说凤全为川边殚精竭虑并非溢美之词）。从后来提督马维骐的讨伐及赵尔丰之扩大经营时所率军队，均不过数千人来看，假若凤全能统带一、二营兵力随行，其所推行之各事，当不致引起如此重大变故。

第四节 筹边援藏

一 川边的升级

凤全之死，巴塘之乱，让清廷震惊，也刺激了清政府。③诚如锡良所发出的慨叹："自乾隆十五年前藏朱尔墨特之变，至今百余年，诚西陲所未见。"④清政府震惊之余，开始考虑如何采取措施平定叛乱，其必要性正如锡良上书所言，若"丑虏不灭，则藏卫道梗，边事将不堪问"⑤。"不申天讨，终无以剪凶逆，而昭法纪。"⑥因此派马维骐前导，赵尔丰殿后，钱锡宝襄助带兵开赴川边，直抵巴塘。

赵尔丰在平定了巴塘叛乱后，趁机在巴塘查户口，征粮赋，收归中央直接统治。因赵尔丰的借口充分，且武力雄厚，很快稳定了巴塘的局

---

① 《锡良、绰哈布会奏巴塘平定请奖折》，《清末川滇边务档案史料》（上册）第61—65页，《四川官报》1905年第28册，10月下旬奏议。
② 〔美〕台克曼：《西藏东部游记》，《西政》第9期。
③ 张秋雯：《清末巴塘变乱之探讨》，台湾《近代史研究集刊》第10期。
④ 《锡良、绰哈布会奏巴塘平定请奖折》，《四川官报》1905年10月下旬，第28册奏议。
⑤ 《锡良、绰哈布会奏巴塘平定请奖折》，《清末川滇边务档案资料》，第61—64页。
⑥ 《锡良遵旨查明巴塘起衅缘由派兵剿办折》，《清末川滇边务档案资料》，第52—54页。

势。接着又借口里塘土司在清军路过时"暗不支差","以为牵制大兵前进之计",①派兵将里塘土司管押,后来副土司自杀,正土司四郎占兑逃往乡城桑披寺。赵尔丰认为"筹边固圉,若作久远之图,必先清肘腋之患",而巴塘距边千数百里,非先经营里塘,声势必致隔绝"②。因此,赵尔丰乘机在里塘驻兵并派汉官代理里塘一切事务,把里塘也收归中央一统政令。

里塘土司四郎占兑所逃薮的桑披寺"曾恃众逞凶,恣打残杀,先则抗纳夷赋,继则迁怒焚毁纳赋之夷村,并袭杀里塘僧众"。寺僧普仲乍娃曾在光绪二十三年抗差劫台站,杀害前去查办的里塘都司李朝富父子三人,鹿传霖曾派施文明前往剿办,又因寡不敌众被俘后剥皮实草犯下积案没有彻底剿办。赵尔丰认为该寺"悖逆逞凶,而掳掠劫抢,任意纵横。数年以来,人民受其害者不知凡几,以致商旅裹步","今敢胆大妄为,助逆为匪,违法肆行。且巴、里两塘新定,地方未附,倘被摇动,诚为边患"。因此,赵尔丰认为不如"乘匪初起,人心未固,即派兵前往驱剿,以免后患"③。巴塘事变,促使川督锡良改变一直稳重审慎对待川边经营的态度,不仅不再犹豫,而且支持并主持着清官军在川边的行动,力主剿办巴塘叛乱后,又密电赵尔丰乘胜追击剿抚里塘土司四郎占兑及桑披寺等。④

在川督锡良的支持与直接督令下,赵尔丰于十一月移师乡城攻打桑披寺,分六路并进。⑤然桑披寺"因寺外围墙形如城郭,故名乡城,墙厚四五尺,高二三丈……攻之不易"⑥。历时半年,于光绪三十二年闰四月攻克。"铲除首恶,令傅嵩炑办理善后"。⑦派员赴稻坝、贡噶岭一带招抚。⑧后锡良又令赵尔丰移师贡噶岭剿办"勾串迫协暗中助逆构

---

① 《赵尔丰致电锡良、绰哈布陈报里塘土司暗不支差情形》,《清末川滇边务档案史料》,第 59 页。
② 《锡良、绰哈布会陈剿办桑披寺逆僧片》,《清末川滇边务档案史料》,第 74—75 页。
③ 《赵尔丰致电锡良、绰哈布陈报里塘土司勾结桑披寺喇嘛作乱》,《清末川滇边务档案史料》,第 65 页。
④ 《锡良电复赵尔丰四郎占兑等作乱相机剿抚》,《清末川滇边务档案史料》,第 68 页。
⑤ 吴丰培辑:《四川总督锡良将军绰哈布奏克复乡城请奖折》,《赵尔丰川边奏牍》,第 26—30 页。
⑥ 吴丰培辑:《禀川督锡良收复火竹乡近逼乡城电》,《赵尔丰川边奏牍》,第 24—25 页。
⑦ 吴丰培辑:《四川总督锡良将军绰哈布奏克复乡城请奖折》,《赵尔丰川边奏牍》,第 26—30 页。
⑧ 同上。

兵"的贡噶岭喇嘛。①

"天假时机"使清政府得以武力进入川边，并取得平巴塘、定里塘、克乡城的胜利，使"土司自灭"②。这个"天假时机"成为清王朝对川边政策及认识的转折点，也是清政府在川边采取武力的借口或曰突破口。

锡良在赵尔丰攻克乡城桑披寺后，总结以前治理川边的经验教训："伏维攻心为制夷之策，而养痈实致乱之由。川、藏号为毗连，相距六千余里，形势之足以控藏而固川者，厥惟巴、里两塘，故其地仍隶川属，等诸郡县。自边员强半阘茸，戍兵几同虚设，坐视凶僧、悍匪之鸱张，不一过问。事出则相率弥缝粉饰，于是莠番日益披狂，良番亦日以藐玩。数年以来，里塘寺有堪布品初朗吉之乱，泰凝寺有据矿戕官之事，巴塘堪布、土司竟敢谋害大臣，公然叛逆。其他附近三瞻诸番，只知有藏卫，不知有国家，而藏番亦遂夜郎自大，顽梗于先，专擅于后"，而这些情况发生在"际兹时艰"之时，若不"惩前毖后"，隐患必致无穷。③ 直到光绪三十二年（1906），一直在等待时机和借口的川督锡良，彻底改变了对川边的态度或曰澄清了对川边的模糊认识。

锡良态度的转变或曰对川边问题认识的逐步深入，在一定程度上代表了当时清政府中枢的意见及态度。中枢转饬锡良派重兵出关，平巴塘，克桑披，充分表明清政府中央对川边的认识已逐渐与边疆大吏锡良等人趋于一致，并变得清晰：以往治理川边所存问题的实质是"攻心而致养痈"，必须改变千年来既定的攻心制夷之策。④ 而这种政策的转变不仅没有引起川边更大的混乱，相反却取得了积极效果，初步实验也屡屡告捷。促使清政府转变对川边治理政策的借口被川边政策的主持者锡良和具体实践者赵尔丰等人充分而又完全地运用着，并由此成为清政府改变对川边治理政策的开端。

从此以后，用武力做后盾或剿或慑开始了对川边治理经营的大行动。

---

① 《四川官报》1906年9月中旬，第27册。
② 吴丰培辑：《申请保释胁从良民并派员经营巴塘等处》，《赵尔丰川边奏牍》，第19—20页。
③ 光绪三十二年五月二十八日《官军攻克桑披逆番折》，《锡良遗稿·奏稿》，第584—586页。
④ 同上。

第一章 清季西南边疆危机及举措 51

兵威剿服过后,如何加强对已被改土地区的治理,尤其是"地方辽阔,北由瞻对,南至云南中甸,东西各千数百里,人烟稠密,土地沃野",形势足以控藏而固川的关外奥区①,也即对巴理两塘的治理经营问题,立即摆在封疆大吏和清中枢的面前。

这看似一个新问题,但也是多年来困扰着筹划川边经营的前任川督们所思谋的旧问题,早在十年前就有曾侍御高燮和前任川督鹿传霖提出在川边采取"增移镇道"措施;此前,川督锡良奏请将打箭炉同知升为直隶厅;有泰、桂霖、锡良等提出将驻藏帮办大臣移驻察木多。这些建议中,被采纳并唯一实施的是把打箭炉由同知升为直隶厅,但厅属长官仍以同知职任,位崇而职不高。在短短一年内,对川边治理与经营还未起到明显的扭转乾坤、影响大局的效果。这些措施及建议都充分说明晚清政府一直在努力改变川边的现状,图谋加强对川边的治理,以切实发挥固川保藏的桥梁作用。不过,因一直缺乏合适的切入点,在实践上也难以有切实可行的操作性,因此,议而未决或决而不果、果而不断。

巴塘事件使清廷更加慎重和清醒地看待川边地位及其在川边的经营,促使清政府加强了对川边地区战略地位的认识。因此光绪帝在三十二年七月谕令军机大臣:"四川、云南两省毗连西藏,边务至为紧要。若于该两处边疆开办屯垦,广兴地利,选练新兵,足以固川滇之门户,即足以保西藏之藩篱,实为今日必不可缓之举。"② 光绪帝的这道谕令足以说明清中枢坚定了原本在川边还有所犹豫和保守的经营措施,并决定加快在川边经营的步伐。决断之后,所采取的治理措施也更加全面果断。

首先是快速填补川边这一广大区域的权力空间,在凤全事件传到清中枢的当天,在雅州做知府的联豫就被任命为继凤全之任的驻藏帮办大臣,赏副都统衔。同时,总结近几年在川边设置治理的经验教训:尽管川省将打箭炉升为直隶厅,由建昌道管辖,但所起的作用十分微弱,巴塘事件也充分暴露了这一建制上的缺陷。因此清中枢内部就又围绕川边建制问题展开广泛的讨论。光绪三十一年五月(1905年6月),内阁代奏中书尹克昌上奏条陈"酌收川滇土司,添设建昌行省,以固西境边防"的建议。③ 九月,光绪帝在接到锡良、绰哈布奏报巴塘平定消息的

---

① 吴丰培辑:光绪三十二年八月初九日《申请保释胁从良民并派员经营巴理等处》,《赵尔丰川边奏牍》,第19—20页。
② 《清德宗实录》卷562《光绪三十二年七月戊戌条》,第1—2页。
③ 《清德宗实录》卷545《光绪三十一年五月壬午条》。

第二天，令锡良、绰哈布"妥为筹办所有善后事宜，毋稍松懈"①。并谕令军机大臣们："巴、里两塘距省过于辽远，究属鞭长莫及，宜有文武大员常川坐镇，方足以资控制而固藩篱。若于该处一带添设镇、道各一员，并将四川提督移驻川西，庶几消息灵通，声威自壮，地方屯垦、工艺诸事，亦可次第振兴。寓兵于农，整军经武，以期一劳永逸，边圉磅安，实为未雨绸缪之要义。"②这道上谕表明光绪帝对川边的认识提高到一个新的阶段，并著锡良"统筹全局，悉心详覆"③。同时就这一问题展开讨论，以确定提镇、道员的驻扎地及拨调经费数目等。

前几年所确定的以驻藏帮办大臣驻察木多"居中策应"的计划，这时看来也需要进行重新调整。必须专派大员驻巴、里塘一带，才能控制住川边局势。正在清中枢让川督锡良就此问题"速行妥议复奏"时，驻藏帮办大臣联豫（时仍在成都还未赴任）于九月二十二日（即光绪诏谕准备在巴、里两塘各设镇、道一员的第二天），上书奏请将驻藏帮办大臣恢复旧制仍驻前藏，而练兵各事则由川督办理，帮办大臣专理藏务。理由是藏事日益孔亟，现在最关紧要的是开导藏番，辑睦强邻，而让驻藏帮办大臣驻察木多是"舍彼就此"之策，有失轻重。联豫进一步分析指出：察木多地方本是一个小的台站，而且孤悬于川境之外，距川距藏，均有三十余站之遥。其地也只有烟户数十家，远远比不上巴塘和里塘两地。如果"以弹丸之瘠壤，练三千之重兵，无论运粮运饷运械，道途辽远，动须累月，时恐有匮乏之虞"。"即使藏外有事，依然鞭长莫及，且亦非此数千人所能力敌。若谓镇慑川境番夷，则又无烦重兵。"④

而对于在川边练兵、开垦、开矿等事宜，联豫又认为出于事权专一、呼吸灵通的考虑，还是应该责成四川督臣规划办理。或者把建昌道移驻打箭炉，就近调度诸等事宜。驻藏帮办大臣"则复旧制，仍驻前藏，遇有应办事件，会同办事大臣有泰和衷商榷，庶几寸长尺短，藉可仰达高深，似于藏务不无裨益"。⑤

---

① 《清德宗实录》卷549《光绪三十一年九月辛未条》。
② 同上。
③ 同上。
④ 吴丰培主编：《联豫驻藏奏稿》，第2—4页。联豫关于不宜在察木多驻重兵的考虑不仅被清中枢接受，且被宣统元年至宣统二年赵尔丰短暂驻察所证实。赵尔丰驻察半年后，因粮饷等物质难继而移驻乍丫。
⑤ 吴丰培辑：《联豫驻藏奏稿》，第2—4页。

第一章 清季西南边疆危机及举措

对于联豫的这份奏折，清廷认为"不为无见"，因而也就采纳了联豫的建议，著联豫"即仍行驻藏，迅速驰往，会同有泰，将应办事宜悉心经理，毋失机宜"。对于"所请将建昌道移置打箭炉，及派兵驻扎察木多等处各节，著锡良归入前次寄谕，一并妥议具奏"。①

驻藏帮办大臣联豫远赴西藏就任，清中央政府对川边的鞭长莫及之势仍然存在，川边又恢复到从前归四川总督管辖的状态。该地区的权力空间依然无法填充，而此时的察木多及巴、里塘一带作为川藏交通要道更显得日益重要，迫切需要及时地添派大员来坐镇经营。

光绪三十二年（1906）二月，陆军部左丞姚锡光在致军机处"规画藏说帖"中强调经营川边的必要性和急迫性，建议比照西北边防大臣或江北提督的成案，在川西边设置大臣或提督，督垦练兼营兵财、开办路矿诸事。所设大臣或提督应驻巴塘和察木多（各驻半年），间年分巡东、西两道（东道巡至打箭炉，西道巡至洛隆宗）。如此设置"则明正瞻对诸土司皆处我腋下，方能以夺其气而莫敢或动"。② 姚锡光致军机处的说帖，为清中枢随后听取并采纳锡良等人的建议打下了一定的认识基础。

肩负筹边重任的川督锡良，并未就在川边设镇、道或建昌道移驻打箭炉等问题上，及时回复清中枢，他一方面在观察川边形势的发展，另一方面着手进行收复瞻对、攻克乡城桑披寺等历史遗留的善后工作。

在乡城桑披寺被征服，川边逆乱被剿办暂告一断落时，以前关于川边行政建置的种种设想得以在这些武力征服区内实践和实施。川边前线指挥赵尔丰经过在川边的两年转战和具体经营规划实践，得出经验，建议"早应收回"巴、里两塘，"擘划经营，设为重镇，以备治边援藏之基础"。③ 基于这种考虑，赵尔丰令巴塘粮员吴锡珍代理地方一切事宜，清查户口，规定粮税，疏通大道，以便转输；以贵州候补知县王会同为盐井委员，前往招安，兼征盐厘；委四川候补州判姜孟侯赴乡城一带晓谕，抚绥地方，以待将来设治。在赵尔丰看来，巴塘、里塘原为属川管辖，今改流设官，仍为川属，"犹非拓土辟疆者比"，更何况"百姓皆

---

① 《清德宗实录》卷549《光绪三十一年九月癸酉条》。
② 姚锡光：《筹藏刍议》，光绪三十四年（1908），刊于京师廛斋，载沈云龙主编《近代中国史料丛刊》第39辑，文海出版社。
③ 吴丰培辑：《申请保释胁从良民并派员经营巴塘等处》，《赵尔丰川边奏牍》第19—20页。

愿设置汉官，再不愿土司管辖，诚恳至切"。①"土司既除，无人分理。"拟将巴塘改为巴安府，盐井改为盐井县，三坝改为三坝厅，乡城改为定乡县，同属于巴安府。理塘改为稻城县，贡噶岭设县丞，同属于理化州。中渡改为河口县，打箭炉改为康定府，以河口县隶之。设炉安盐茶道，驻扎巴安府，统辖新设各府州县。"在未定以前，已委员赴各地分理，勘界分疆，清查户口，并发给木质关防一颗，以昭信守。"②

赵尔丰对于川边"擘划经营"的设想和所采取的具体措施，姚锡光的建议等，对于锡良而言，为其开启了有关川边治理良策新的认识。因此，在其回复就川边设道或移建昌道于打箭炉问题时，改变了初衷，他几乎完全超脱了清政府中央所既定的设想框架，而是提出趁赵尔丰在川边进行改土归流的时机，仿照宁夏、青海的先例，设置川滇边务大臣，驻扎在巴塘练兵，一方面整顿地方事务，作为西藏的后盾，另一方面又可以声援西藏。从而达到使川、滇、边、藏声气相通、连为一体的目的，并认为这是使整个西南地区"一劳永逸"之计。③

锡良详细分析了在川滇边设置边务大臣的意义及可行性：打箭炉西至巴塘、贡噶岭、北至霍尔五家，纵横各数千里，设官分治，事理极繁。如果仍隶属于川省，而在该地设一道员，如此广大地区"断非设一道员所能统治"。现在可以先于已改流的地方，设民官，管理政教事务。未收而待设治的地方仍很广阔，"非有明晰政治、熟谙边情专阃大员，随意措置，必不能悉合机宜"。若以道员分巡，一举一动均须于数千里外远承总督命令，深恐贻误边计。"边事不理，川藏中梗，关系至大。"因而才会出现"藏侵瞻对，川不能救，英兵入藏，川不闻战，藏危边乱"的情况，这些都是"边疆不治，道途中梗之所致也"，牵制全局不安。④

在奏设川滇边务大臣之前，锡良就已专奏密保赵尔丰，极力推荐赵尔丰的才能与卓识。锡良谓赵尔丰"坚忍卓绝，忠勇无伦，而尤能开诚

---

① 《赵尔丰奏报锡良巴、里塘改流设官情形》，《清末川滇边务档案史料》第92页。此奏折推算应是光绪三十一年平巴塘叛乱后，赵尔丰所禀，但《清末川滇边务档案史料》，第92页和吴丰培编《赵尔丰川边奏牍》，第19—20页，都明确标为"光绪三十二年八月初九日"。本书采用推算的日期；因攻桑坡寺时，赵已用河口电局转发前方进兵情况，用"河口电局"字样说明"中渡改为河口县"当在攻破桑披寺之前。

② 吴丰培辑：《请设巴理两塘府厅州县折》，《赵尔丰川边奏牍》，第21—22页。

③ 《锡良、绰哈布奏设川滇边务大臣折》，《清末川滇边务档案史料》，第90页。

④ 光绪三十二年六月《锡良、哈布奏设川滇边务大臣折》，《清末川滇边务档案史料》，第90页。

布公，信赏必罚，于士卒则甘苦与共，于寅僚则谦让弗遑"。"手书条陈边事，洋洋千言，洞中肯要。"胆识特出，精力兼人，才识不仅能在前线克敌制胜，且远出道员之任。并说"如该道之忠勤纯悫，果毅廉明，公尔忘私，血诚任事，若畀以艰巨，可保其卓有干济，历久不渝"①。锡良的密保对清廷最后确任川滇边务大臣人选起到了决定性作用。清中枢考察赵尔丰由建昌道而为炉边善后督办，平定巴塘、乡城，改土归流、设官分治各端，甚合机宜。而同时又没有对川边情况熟悉的其他可用人才。因此就任命赵尔丰为川滇边务大臣，进驻巴塘练兵。

光绪三十二年六月（1906）清中枢准予锡良所请，设川滇边务大臣，并令炉边善后督办、建昌道员赵尔丰任川滇边务大臣职。②

在此，回顾晚清政府围绕提高川边行政地位而采取筹划川边的实质性措施及建设性意见演变情况，将有助于我们更为全面看待和厘清清王朝在川边统治的发展情况。

1. 川边行政地位实质性改变如下

光绪二十九年（1903）十月以前

四川省—建昌道—雅州府—打箭炉同知 { 川边沿川藏大道 / 各地粮员 / 各土司喇嘛

光绪三十年（1904）二月始

四川省—建昌道 { 雅州府 / 打箭炉直隶厅 { 川边沿川藏大道 / 各地粮员 / 各土司、喇嘛

光绪三十年（1905）四月始

四川省 { 建昌道 { 雅州府 / 打箭炉直隶厅 / 川边各地粮员各土司、喇嘛 / 炉边善后督办

---

① 光绪三十二年六月初二日《锡良密保建昌道赵尔丰折》，《清末川滇边务档案史料》，第87—88页。
② 《锡良、绰哈布奏设川滇边务大臣折》；《军机处遵旨交部议复锡良等奏设川滇边务大臣请以赵尔丰充任》；《赵尔丰致电军机处奉旨任川滇边务大臣》，《清末川滇边务档案史料》，第90—91页。

光绪三十二年（1906）六月
{ 四川省
  川滇边务大臣—川边各土司、喇嘛及设治县府

2. 拟提高川边行政地位，加强防御的建设性意见如下

光绪二十二年（1896）六月
吴光奎请于里塘、巴塘设汉官，川边各地分驻防营。

光绪二十二年（1896）十一月
高燮奏请于瞻对设汉官、撤番官；打箭炉城设巡道一员，理塘以南与云南中甸接壤处设文武官一、二员；阜和协副将设总兵，或移扎里塘。

光绪二十二年（1897）十二月
鹿传霖奏请设定瞻直隶厅，设直隶厅同知一员，下接章谷、朱窝两土司设屯官，分管麻书、孔撒、白利三土司，并添设游击一员，隶属建昌道。德格土司地设屯官一员，都司一员，也隶于瞻对。

光绪二十九年（1903）七月
李渭潢奏请简员督办川边。

光绪二十九年（1903）十月
锡良奏请打箭炉同知升为直隶厅。

光绪二十九年（1903）十二月
有泰奏请驻藏帮办大臣驻察木多；赵尔丰呈文锡良，建议在巴塘设西三省总督，成都和拉萨各设巡抚。

光绪三十年（1904）十月
凤全奏请驻藏帮办大臣留驻巴塘。

光绪三十一年五月（1905年6月）
中书尹克昌奏请添设建昌行省。

光绪三十一年九月（1905年9月）
锡良、绰哈布奏请文武大员常川坐镇巴、里两塘，添设镇道各一员，并将四川提督移驻川西。

光绪三十一年九月（1905年10月）
联豫奏请将建昌道移置打箭炉，派兵驻察木多。

光绪三十二年六月（1906年6月）

锡良、绰哈布奏请设立川滇边务大臣,驻扎巴塘。

川滇边务大臣的设置,是晚清政府从行政上完成对川边的最高建制,最终把川边视为与宁夏、青海等边疆大臣同等重要地位。从此,清政府给予川滇边务大臣种种优厚的条件,有时甚至是超越祖制的支持,使位高权重的川滇边务大臣得以全力进行川边经营规划,各项措施也才得以全面铺开。

川滇边务大臣的最终设置,是清政府对西南边防策略的主动调整和采取的重大措施,这与当时国际环境变化密切相关,清政府派出的议约专员唐绍仪到印度就《藏印条约》问题与英国再议,拟收回已失去的主权,然而并没有达到目的。议约遇阻后,不得不采取迂回措施,在与英和议上,设计招议约专员唐绍仪回京,留张荫棠在印度接唐续议,故意与英磋磨,在与英的磋磨及最终于北京议定《中英条约》过程中,清政府意识到英谋藏的阴谋及藏政之不可收拾,转而筹谋设防,希望通过提高川滇边的地位,"着力经营",以援藏固川,借此筑起西南大门的第二道防线:"现西藏纷乱未靖,边境多事,所拟设置边务大臣驻扎巴塘练兵,以为声援",[①]"整理地方为后盾,川、滇、边、藏声气相通,联为一致,一劳永逸,此西南之计也"。[②]

至此,川边建置工作告一段落。川滇边务大臣的设立,体现了清政府治理川滇边的决心,也标志着清政府对川边的治理开发进入新阶段。

光绪三十二年(1906)七月初三日,赵尔丰接旨就任川滇边务大臣,销毁善后都办关防,暂刻川滇边务大臣木质关防备临时启用,专理边事。在其感恩致电文中,寥寥数语,则清楚地点明清王朝对川边的认识过程和设边务大臣的根本动机:"第念时局方殷,边事尤亟,朝廷眷怀西顾,特设重臣,筹边援藏。"[③]"特设大臣督办川滇边用以综画全边之政治,慎固内地之藩篱,且为经营藏事之根本。"[④]

为了切实发挥川滇边务大臣的作用,清政府给边务大臣赵尔丰加崇

---

① 《军机处遵旨交部议复锡良等奏设川滇边务大臣请以赵尔丰充任》,《清末川滇边务档案史料》,第90—91页。
② 光绪三十二年六月《锡良、绰哈布奏设川滇边务大臣折》,《清末川滇边务档案史料》,第90页。
③ 《清末川滇边务档案史料》,第90—91页。
④ 姚锡光:《筹藏刍言》,附"赵尔丰奏边务大概情形折",光绪三十四年(1908),刊于京师廎斋,载沈云龙主编《近代中国史料丛刊》第39辑。

衔"赏给侍郎衔",让他"居中擘画,将一切开垦防练事宜,切实筹办。并让锡良、丁振铎会同赵尔丰通盘筹划,详细具奏"①。其中迫切需要解决的是落实新设行政区域的经营费用和行政职权的疆域范围问题。清中枢著川、滇两督就此问题从"呼应灵通"的角度进行会商解决。

赵尔丰回成都后与川督锡良面商,同时又与滇督丁振铎反复电商,会商的结果准备在川边开办六件事,即设官、练兵、屯垦、开矿、通商、建学。向中枢申请开办经费银二百万两,常年经费银三百万两。②赵尔丰把这些情况上报中央,当时清廷财政已十分困难,从其他关税中腾挪一部分资金。先拨开办经费一百万两,另批准川省把征收的油、糖税,每年约五十万两作为经边的专项资金。由川省负担川边数营防军和边务大臣办公费用,每年约需银四十万两。③

除此之外,锡良还以"炉边需饷浩繁"为由奏请展办赈捐再延二年。④ 在四川为赵尔丰经边提供了有力的支持。

二 固结川—滇—边—藏

为了更好地使四川、云南携起手来共同支援川滇边务的经理,改变川边遇事需滇协力时"滇兵太懦"⑤、不能像四川省那样给予边务全力配合的局面。清中枢决定对云南、四川、川滇边进行部署调整,即重新调整川、滇、边的最高官员的职权和管辖范围。⑥

几乎在设川滇边务大臣的同时,清政府特地调派熟悉滇情并曾任过川督且深得慈禧信赖的岑春煊主政云贵,以配合川边。调派的谕令中特别强调:"云南地方紧要,该省铁路交涉尤繁,毗连西藏等处,亟宜开垦防边,藉以保藏。"⑦

第二年正月(光绪三十三年,1907年),又对此部署进行调整,让

---

① 《清德宗实录》卷562《光绪三十二年七月戊戌条》。
② 姚锡光:《筹藏刍言》附"赵尔丰边务大概情形折",光绪三十四年(1908),刊于京师寓斋,载沈云龙主编《近代中国史料丛刊》第39辑,文海出版社。
③ 佚名:《四川款目说明书》,《近代史资料》64号。
④ 《四川官报》1906年11月下旬,第27册,《督宪炉边需饷浩繁拟请展办赈捐折》。
⑤ 《赵尔丰致电云贵总督锡良请派兵认真剿办逃勇》,《清末川滇边务档案史料》,第133页。
⑥ 关于人员的调整,S. A. M. Adshead 认为是清中枢权力斗争的结果。见 *Province and Politics in Late Imperial China Viceregal Government in Szechwan*, 1898 – 1911. SIAS. 50, 1984。
⑦ 《清德宗实录》卷562《光绪三十二年七月己未条》。

岑春煊出任四川总督，现任川督锡良调至云南任云贵总督。并让他们"迅速赴任，毋庸来京请训"①。仅仅时隔两日，又进行调整，调岑春煊为邮传部大臣，调赵尔丰之兄赵尔巽为川督，因赵尔巽一时不能赴川就任，又立即改变策略，令在成都的赵尔丰暂行护理四川总督，"以便锡良迅速起程"②。

锡良于光绪三十三年（1907年）正月二十七日卸川督任，四月十日抵云南省城昆明接替丁振铎署督篆。

就任伊始，锡良就着手整顿滇务，提出编练新军、整顿吏治推行新政、开办学务启民智等办法，并请求各省协饷以解决滇省的财政困难问题。③ 同时为了更直接地与川边、西藏联手处理好缅甸北段的界务问题，在边务上与西藏联通，锡良提出与英人关于缅甸边务"必不可许者七、可争者六"的见解和要求。④

锡良在滇省采取的各项措施与行动，证明了清政府关于行政大员调整的正确性，也有力地支援了川边的经营与西藏的对外抗争，由此，川边、滇、藏共同形成了西南边防中的三足互掎之势。然而，滇、川边与西藏的三足互掎之势的形成，必须有赖于内地大省——四川省的人力、物力、财力的支持，为了获得这一强有力的后盾，必须改变川省的最高领导层，才能使川省突破自我意识、顾全大局倾力相助。第二年（光绪三十四年正月，1908年），清政府断然取消对陈夔龙的任命，再次将赵尔巽换任四川总督。同时，特加赵尔丰以崇衔，"以重事权"，任赵尔丰为驻藏办事大臣兼川滇边务大臣，希图借赵氏兄弟之间的手足情深加强川藏联系而免"扦格"。

这样部署既加强了西藏在三足互掎之势中的力量，也同时得到了四川省这个强有力的后盾，免除了后顾之忧。

清政府把西南的四川、云南、川滇边和西藏连为一体进行整体的部维筹划，使川滇边、滇、藏三地形成互为掎角之势，四川这个"菁华聚集"的大省则成了三角的支点，更成为川滇边和西藏强有力的后盾。为了保证川督在这个支点上有效发挥作用，第二年也即宣统元年十月

---

① 《奏报交卸四川督篆日期折》，《锡良遗稿·奏稿》，第659页。
② 同上。
③ 《滇省应办事宜大概情形折》，《沥陈滇省困难亟宜通筹补救折》，《锡良遗稿·奏稿》，第661—663、677—680页。
④ 《密陈滇缅北段界务折》，《锡良遗稿·奏稿》，第697—699页。

(1909年)军机处专门明确了成都将军的权力范围,扩大川督的职权。①对于如此部署的意图,光绪帝在(光绪三十四月二月即1908年3月1日)谕令军机大臣们时明确地表示:"西藏为川蜀藩篱,与强邻逼处,而地方广漠,番民蒙昧。举凡练兵、兴学、务农诸大端,均应及时规画,期于治理日益修明。现经降旨派赵尔丰为驻藏办事大臣,特加崇衔,以重事权,并调赵尔巽为四川总督以免扞格,而便联络。应即责成赵尔丰会同联豫,察度情形,将藏中应办各事,通盘筹划,详拟章程,次第奏请施行。需用人员准由四川省慎选调派,厚给薪资,优定奖励,均准其携带眷属,各令久于其事。应需款项,著度支部按年筹拨的款银五、六十万两,俾济需要。并由四川总督无分畛域,随时接济。赵尔丰、赵尔巽同受国家厚恩,公义私情均应合衷筹办,共济时艰。"②

颁布此诏谕不到一个月,光绪帝又颁旨进行申明和强调:"西藏地方紧要,前已特简赵尔丰前往经理。兹据张荫棠条陈兴学、练兵、整顿实业、统筹经费各节,颇多可采。著赵尔巽、赵尔丰、联豫、张荫棠按照单开各条,体察情形,会同悉心妥议,随时奏明,请旨办理。……仍责成赵尔巽等就现有人力、物力,分别缓急,次第筹办,以收循序渐进之效。"③更明确地表明清中枢如此安排的深意。

清政府之所以在短短的时间内,频繁调整和部署西南各省的行政规划,与这几年内国际国内形势的风云迭起、变化剧烈有密切关系。外部环境上,英人自1904年入侵拉萨,订立《藏印条约》后,虽然清政府并未承认其合法性,并派议约大使唐绍仪专门赴印重新议定,但却在一定程度上动摇了清王朝在西藏的主权地位。同时,显示了一向被视为内地天然屏障的西藏,已不再是固若金汤,因此必须考虑在西藏之外筑起第二道防线。而与此同时,日、俄在中国的国土上竞技,使清皇族的神圣发祥地变成了日、俄争斗的战场。日、俄缔约,彼此和好,却是以交换在中国的利益为条件,俄国专心中国北部及西北部利益的攫取,日本则在东北窥视。英、俄为了协调在中东及在中国西北、西南的利益,1907年8月18日签订了《英俄条约》,两国政府就西藏问题专门协定

---

① 《政务处议复赵尔巽奏请划分四川总督、成都将军权限折》,《清末川滇边务档案史料》,第451—452页。
② 《清德宗实录》卷587《光绪三十四年二月癸亥条》;《清末川滇边务档案史料》,第166—167页。
③ 《清德宗实录》卷588《光绪三十四年三月戊子条》。

了五条条款。①英俄条约的签订，"貌似和平"，在当时英俄看来是互作让步的结果："实则英要求俄承认其藏约，英以波斯权利让俄，俄以西藏、阿富汗权利让英。"②英国为了与俄国在阿富汗问题上的协调，而暂时地放弃或曰放慢节奏对西藏的要求，英国人认为这笔交易很划算，只是便宜了中国政府和西藏地方政府。正如当时英国《泰晤士报》国际部主编瓦·姬乐尔所说："至于西藏，那已经是'不可救药'的了，只能让它在神圣的宗主国中国统治下自作自受。"英国前届政府和现届政府牺牲了荣赫鹏远征所取得的一切政治成果。③

英俄协约的签订，尤其是英俄协约签订对藏局的影响，时在西藏查办西藏事件大臣张荫棠则有深入的分析："中英新订藏约，虽有不占土地，不干预内政之语，非有实力以自盾其后，万不足恃。""前日尚赖英、俄互相牵制，今协约既定，藏局益危。"提出必须在藏"固结人心""破除汉番畛域"，"以收回政权"，举办兴学、练兵、开矿、架电线等十六项新政措施。④

清政府在西南所做部署调整也与当时国内的形势变化有关：此时，边疆问题已引起朝野上下的普遍重视。光绪三十年（1904）荣赫鹏率英军进入拉萨后，内地舆论大哗，许多报纸连篇累牍地报道清政府与英国交涉的情况，大声疾呼，要求清政府加强对西藏的经营。清中枢曾一度对西藏地区的严峻形势感到一筹莫展。据姚锡光在《筹藏刍议》的序言中所记，当时"朝命唐少川侍郎绍仪赴印，诣英人谋改约，继以张憩伯星使荫棠，讫无成说。朝廷忧之，始议经营卫藏，固西圉，于时枢府以藏事垂询锡光"。⑤

光绪三十二年（1906）二月，正在印度与英国谈判的张荫棠，在给清政府外务部的电报中，详细陈述了英俄侵藏的阴谋和西藏地区局势的危险，并指出，整顿藏务、推行改革已是刻不容缓。此后，清政府派

---

① 其中关于西藏之规定：英、俄政府承认中国在藏之主权，又以事实上大不列颠帝国因地理关系之故，对于保持西藏外现状一事，特别注意。王光祈译：《西藏外交文件》，上海中华书局1930年版。
② 一史馆藏军机处录副奏折：《张荫棠奏陈西藏内外情形并善后事宜折》，转引自《关系史料汇编》，第1554—1564页。
③ 1907年9月2日，瓦·姬乐尔致函莫里循，《清末民初政情内幕》，第520—522页。
④ 一史馆藏军机处录副奏折：《张荫棠奏陈西藏内外情形并善后事宜折》，转引自《关系史料汇编》，第1554—1564页。
⑤ 姚锡光：《筹藏刍议》，载沈云龙主编近代中国史料丛刊之《清代中国史料丛刊》第39辑，台湾文海出版社1988年版，第1页。

张荫棠以五品京堂的身份进藏查办藏事。张荫棠受命后，于同年四月电调外务部主事何藻翔前往西藏襄理事务。何藻翔在赴藏之前专门拜访了当时清中枢机关的核心人物奕劻、那桐、唐绍仪等人，想从他们那里得到关于如何整顿藏政的授意或指示，奕劻等人对藏政尚没有整体构想，但表示对张荫棠到西藏查办事件将尽力给予支持。①

在张荫棠受命入藏查办事件后，由于清廷已决定加强对西藏的经营，因此全国上下，朝野之间，迅速掀起了一个关于西藏问题的讨论热潮。光绪三十三年（1907），徐鼐霖出版了《筹边刍言》一书，提出了对藏政改革的一些看法；光绪三十四年（1908），姚锡光把自己过去受中枢咨询藏事时所写的奏折汇集成书，在北京出版，对当时关于经营西藏问题的讨论起到了推波助澜的作用。宣统元年（1909），蔡汇东出版《筹藏刍言》。此外还有不少文章或发表于报刊，或收诸文集。当时争论的热点是西藏设行省问题。

有人认为西藏局势危殆，"不若收入版图，改为行省，徐策富强，既可杜旁伺之心，复不至前功尽弃。时哉，勿可失，庶几先发制人欤？"而有人认为西藏边防巩固关键所系不在于官之多寡，人之有无，"使行省即可长治久安，台湾不以资日本而奉天边县不失矣。若藩部之邻敌者皆须改制，彼外蒙古岂能尽改耶？新疆至今未沦陷者，恃左列旧部兵力，非行省足以慑俄人也"②。

岑春煊在光绪三十三年四月奏请"统筹西北全局，酌拟变通办法，以兴本利，而固边圉"③。不几，又奏请在"各边拟设民官，亟应变通旧例"④，同时又提出在西北设行省。东三省已于四月成立；在西南就西藏或川边设行省问题的议论也是纷纷扬扬，众说不一。光绪帝把有关边疆治理的奏折分别责成转抄递送给各地大员议论回复，仅岑春煊的统

---

① 何藻翔赴藏前拜访的情形："十四日黎明赴颐和园军机处门外，谒庆邸，询张荫棠平日相熟否，翔答是旧交，邸谕：到藏后与张荫棠体察情形，详细商酌，好为办理。十五日署见那相，禀称奉张大臣函嘱，请示到藏办事宗旨，那相云：此事极不易办，藏众蠢顽，不可理谕，将来办到如何地步，亦难预计，到藏后体察情形，条陈到部，如可为力，必力与维持，诸事可禀唐侍郎遵行，我宗旨与唐同，帮办大臣联豫是舍亲，人亦明达，惜体太弱，有大臣大约须调回京矣。三十日到津谒袁宗保未获见。"那桐时为外务部会办外务部大臣。何藻翔：《藏语》，广智书局1910年版，第4页。
② 王锡祺：《西藏建行省记》，《小方壶斋舆地丛抄》第三帙，光绪十七年（1891）上海著易堂铅印本，第96页。
③ 吴丰培辑：《联豫驻藏奏稿·遵旨复岑春煊奏陈统筹西北全局折》，《清代藏事奏牍》，第1496页。
④ 同上书，第1496—1498页。

筹西北全局折就分别分发给中枢军机处、外务部等部门和东北、西北、京津、东南、西南等各地要员，让他们妥议具奏，这些人包括上至军机处、外务部，下至地方总督、巡抚，其中有徐世昌、袁世凯、升允、赵尔巽、锡良、唐绍仪、恩寿、联豫等22人。①

作为驻藏大臣的联豫则反对在西藏设行省，光绪三十三年（1907）十一月，在议复岑春煊的统筹西北全局折中，认为在西藏骤将大臣改为总督巡抚，会造成西藏地区的人心混乱而于事无补。可以不改行省之名而以行省之实治之。②建议另派经济夙优、声名素著的大员进藏。随后，查办藏事大臣张荫棠条陈应收回政权，建议清廷"特简亲贵为西藏行部大臣"，"另设会办大臣一员，统制全藏"，"趁达赖未回"之前，全力经营西藏。③清政府也意识到外国列强，尤英、俄密切注视并随时准备干涉清在藏的行动，尤其是西藏建省更易引起干涉，因此不再提西藏建省之事。各地关于西藏建行省之议才渐趋消失。

从1904年开始，国内都把西南边务的关注点放在西藏，清政府对派张荫棠入藏查办事件也寄予了相当大的厚望。因在与印英议约中收回西藏部分利权，张荫棠本人也因此深得藏人欢迎。不过前后时间加起来，张荫棠真正在藏时间只有几个月，他只有机会详查并看到了弊端，采取了一些措施，力图摒除但未及落实，就离开了西藏。

在藏的联豫，虽然继续推行张荫棠时已启动的"新政"，然"新政"在藏之推行难乎其难，效果也就微乎其微。联豫奏称，藏之"不欲受命于汉官，而急思自立之意益甚"。④

为了加强西南边防，必须首先在西藏有所作为，而要加强对西藏的控制，必须要有川省的人力、物力作后盾；川边各地不收复，川藏梗阻，中央很难改变西藏现状。打通川藏大路、保证筹藏物质运输及人力交往的畅通显得尤为重要。只有把西南的川、滇、川边、藏连成一气来考虑，把川边纳入西南边防的整体布局中，才能形成稳固的西南边防。因此，就有了以上的人事变更和总体部署。

---

① 吴丰培辑：《联豫驻藏奏稿·遵旨复岑春煊奏陈统筹西北全局折》，《清代藏事奏牍》，第1496—1498页。
② 同上。
③ 参见《查办事件大臣张荫棠收回政权经营西藏条陈》，《清末川滇边务档案史料》，第167—169页。
④ 吴丰培辑：《联豫驻藏奏稿·遵旨复岑春煊奏陈统筹西北全局折》，《清代藏事奏牍》，第1497页。

以道员出身的赵尔丰在川边表现非凡，使清政府在川边藏区的势力逐步得到巩固，委任赵尔丰为川滇边务大臣，借赵尔丰的个人锐利之气把川边与西藏联为一体，亟图以巴塘为根据地进而"经营"西藏。又借赵氏兄弟手足情把川、川边、西藏联为一体，再由对赵尔丰有多年栽培提拔之恩的老领导——锡良在云南给予支持，则西藏这道藩篱就布置完固，整个西南边防也可望稳守。

这样的人事安排充分表明清政府已完全把川边纳入西南边防的整体部署中，不再把川边仅作为川藏大道的一条交通线，并通过给川滇边务大臣加崇衔来强调川边在整个西南边防中的重要性。川边位置的重要性和在西南边防中的作用至此被充分重视。

这样的人事安排也是在西南边防尤其是西藏边防上做出的最佳部署。清政府对赵尔丰入藏重整藏政曾抱有极大的希望，一方面不允许赵尔丰推辞不就驻藏大臣，另一方面多次催促赵尔丰及时入藏。因此在赵尔丰卸川督任后不到一个星期，光绪就朱批颁旨"着懔遵电旨迅速赴藏，倘再延玩，定予重惩！"[①] 随后又屡次严旨催促。清政府接受张荫棠的建议：全力经营西藏，"必趁达赖未回"[②]，即乘达赖回到西藏之前，希望赵尔丰能入藏把藏政布置妥帖。

这样的宏伟规划最终并未能实现。一方面是因为被加封尚书崇衔的驻藏大臣赵尔丰一直不放心川边的经营治理，为川边的稳定和长治久安进行最后部署，耽误了进藏的时机。另一方面，西藏噶厦政府竭力阻止赵尔丰入藏：一是公同禀请在藏的驻藏大臣联豫请其代奏；二是直接持公禀到赵尔丰驻处表明不欢迎他入藏；三是选派专差晋京进陈，"恳大皇上照准"，裁换赵尔丰。[③] 与此同时，联豫在藏不愿权力被分或被完全替代，暗中托人（联豫是那桐舍亲）阻止赵尔丰进藏。联豫的不合作态度，也让赵尔丰唯愿放弃进藏。

在这种情况下，清中枢内部对派赵尔丰入藏是否合适也产生了怀疑，为避免操切肇乱，"致失藏人之心"，不得已命赵尔丰在川边"择

---

① 《奏报启程赴藏日期折》，《清末川滇边务档案史料》，第211页。
② 一史馆藏军机处录副奏折《张荫棠事奏牍》，转引自《关系史料汇编》。
③ 西藏地方政府从三方面阻止赵尔丰入藏情况，参见吴丰培编《赵尔丰川边奏牍》，第435—450页。《藏呈筹奏请勿派赵大臣入藏禀》，三十四年十月初二；《藏呈赵大人若进藏将逃国外川军无须入藏及程凤翔烧庙抢物请加严惩禀》，三十四年八月初四日；《外部转来联豫报藏员阻挠入藏电》，宣统元年十月初二日《藏呈请撤赵尔丰进藏折》。

地暂住,以待后命"①。

　　赵尔丰最终未能进藏就任。宣统元年(1909)三月,令赵尔丰专任边事,"遥为藏中声援"。清政府放弃了这种非同寻常的任命,但并未放弃把西藏作为川滇屏蔽的战略思考。只是改革了一下战略部署:留赵尔丰在川滇边巩固并扩展势力,由川边逐渐向西藏推移,最终目的是保西藏完固并成为川滇屏障。因此,在解除赵尔丰驻藏大臣职务的同时,将察木多、乍丫拨归边务大臣管辖;派四川新练军二千人入藏,加强驻藏大臣的地位。赵尔丰派边兵护送四川新军入藏,乘机把边军所到之地,改土归流,派官置县。并获得军机处的同意"于占领之处随宜处置,不言收亦不言还"。②

　　赵尔丰先后奏请将察木多改为昌都府,乍丫改为察雅县,恩达改为恩达县,贡觉改为贡县,江卡改为宁静县,桑昂曲宗改为科麦县,杂瑜改为察隅县,均隶于昌都府。并派员招抚察隅沿边各部落,奏请将原梯龚拉改为原梯县,妥坝改为归化州,木牛甲卜设县丞,隶于归化州。川滇边势力逐步推及西藏东部地带。

---

① 《清德宗实录》卷596,中华书局1987年影印本,第9—10页。
② 《军机大臣庆亲王等函复赵尔巽酌收藏地须兼顾统筹》,《清末川滇边务档案史料》,第645—646页。

第二章 赵尔丰的川边经营（上）

光绪二十九年（1903）七月，赵尔丰到四川，正是边藏亟亟之时，面对英兵已入拉萨，并订立城下之盟，清政府竭力图谋经边保藏、挽回利权。清廷调派锡良赶赴四川任总督，筹划实施固川经边、援助西藏。面对西藏危险局势，锡良上任的第一件事就是急于筹谋固川保藏之策，作为川督锡良主要幕僚的赵尔丰提出了"平康三策"，三策中的关键是在川、川边、西藏设立西三省总督，以总揽三地、谋求西藏稳固。

赵尔丰从光绪三十一年六月为炉边善后督办开始他的川边经营计划，先后被委任为川滇边务大臣、边务大臣护理川督、驻藏大臣兼边务大臣、川滇边务大臣。前后七年时间中，有四年是亲历川边，即光绪三十一年（1905）六月至光绪三十二年（1906）七月，光绪三十四年（1908）八月到宣统三年（1911）六月。在这七年当中，赵尔丰基本上是围绕着他的平康三策进行筹划并采取措施，逐步实践着并发展着他有关建行省、保疆圉的战略思考。

为配合清政府实现西南边防的总体部署计划，赵尔丰在经营川边实践中，一方面对川边进行改土归流，另一方面围绕着平康三策提出经边六事，同时向清政府提出划清边务大臣的权限、派官设治、拨边务经费等经边建议。在被任命为驻藏大臣兼边务大臣后，赵尔丰更计划把他在川边的设想及各项措施进一步推及西藏，以武力为前导和后盾，在西藏实施类似川边的改革。在进藏受阻后，不得不转变对策，以扩大川边范围和收回藏地归边属的方式，实现"预杜外人窥视"和恢复清中央对藏有效统治的最终目的。限于内外压力，清政府并未能给予赵尔丰在边藏改土归流等计划和措施以强有力的支持。尽管没有清中枢的全力支持，赵尔丰在经边的几年内也从未放弃过经边努力，并在最终提出了在川边建省计划。

第一节　从平康三策到经边六事

光绪二十九年七月，赵尔丰随锡良到四川，一直随任锡良并深得锡良赏识的赵尔丰针对西南边防的危急局势提出"平康三策"。"平康三策"的第一策是将四川腹地三边的"倮夷"，收入版图，设官治理，使"一道同风"；第二策是针对以往驻藏大臣及六诏台员每次出关时，都在炉城奏报某月某日自打箭炉南门或北门入藏，相沿成习，致使外人认为打箭炉以西都是西藏辖地，界限牵混给外交造成不必要的麻烦甚至"理屈词穷，堂奥洞开"的情况，主张"改康地为行省，改土归流，设置郡县，以丹达为界，扩充疆宇，以保西陲"。第三策则提出仿东三省之例，设置西三省总督。"改造康地，广兴教化，开发实业，内固蜀省，外扞藏疆，迨势达拉萨，藏卫尽入掌握，然后移川督于巴塘，而于四川、拉萨，各设巡抚……藉以杜英人觊觎，兼制达赖之外附。"①

相对于当时清朝野上下关于川边和西藏问题的普遍思考与一般性认识而言，赵尔丰的"平康三策"则跳出了旧窠，得到川督锡良赞许："据以入奏，廷旨报可"②，赵尔丰本人也因此受到川督锡良的更加赏识与倚重，并得以在光绪三十一年（1905）三月的巴塘事件后被委派为炉边善后督办。

光绪三十一年六月，赵尔丰以炉边善后督办的身份前往巴塘，在平复巴案、荡平乡城桑披寺、收里塘之后，开始了在川边设治建省的第一步：建议把"关外之奥区"巴、里两塘"早应收回，擘划经营，设为重镇，以备治边援藏之基础"；"令巴塘粮员吴锡珍代理地方一切事宜，清查户口，规定粮税，疏通大道，以便转输。以贵州候补知县王会同为盐井委员，前往招安，兼征盐厘。委四川候补州判姜孟侯赴乡城一带晓谕，抚绥地方，以待将来设治"。③

赵尔丰出关后以武力为前导，对收复地区进行初步规划和采取有力

---

① 赵尔丰平康三策未入史档，只在傅嵩炑《西康建省记》（中华印刷公司1932年版）及陈渠珍《艽野尘梦》（任乃强校，重庆出版社1982年版）中有记。另参见吴丰培辑《赵尔丰川边奏牍·赵尔丰传》，四川民族出版社1984年版。
② 参见吴丰培辑《赵尔丰川边奏牍·赵尔丰传》及陈渠珍《艽野尘梦》附录的《赵尔丰传》。
③ 《赵尔丰申报锡良巴、里塘改流设官情形》，《清末川滇边务档案史料》，第92页。

的治理措施，获得了川督锡良的进一步赏识，同时也启发并推动锡良在川边设重臣的想法，锡良因此一面密保赵尔丰的文治武功，一面奏报清中枢提出在川边设川滇边务大臣。①

光绪三十二年（1906）六月，清廷正式在川边设立边务大臣，并委任赵尔丰为边务大臣。赵受命后将关外善后的一切事宜移交给补用道赵渊接办。即刻赶回成都，就如何在川边实施"以军府之制，任地方之责"的大臣权限等问题与川督锡良、云贵总督丁振铎会商。十二月，他在平康三策基础上提出了"经边六事"，先从川边入手，在川边开办设官、屯垦、兴学、练兵、开矿、通商六事；并请拨川边开办经费银二百万两、常年经费银三百万两作为川边经营、开办六事之资。② 经边六事是赵尔丰平康三策在川边的具体化，是使空泛的设想变为现实可操作性的具体实施步骤。

然而清政府限于财力没有完全采纳赵尔丰的经边主张，批示"筹办边务，规模虽不可不宏，而见诸施行，要不可不分缓急，漫无次序"。让赵尔丰先在巴塘、里塘水土沃美之处，招致内地中户农民，由官资遣，并给籽种，自备庐舍、农具等项前往试垦。同时选练新军三营，分布巡防，并先量设流官数员，借资抚宇。在"垦辟日广，户口繁盛"后，再随时相度机宜就地逐渐举办兴学、通商、开矿等事。③ 从部款腾挪出一百万两银作为川边开办经费，而对于"初年常年经费银数"，让赵尔丰"均各逐款核实酌定，详细开单具奏"，以备拨款之凭资。④

接到中枢有关经边六事的批复时，赵尔丰已被委任兼署护理川督，只得因此留驻成都。但他并未放松对经边的考虑，并于五月十七日再次奏报川边经营六事是"互相牵制，不容稍事迟回""似可缓而实不可缓"的必办之事。对被中枢认为可以缓办的开矿、兴学、通商等事进行申诉，指出"川滇边地，实系獠狨初开，与西北情形不同"：兴学"实为收拾边地人心第一要务"；通商则可以使"边荒物产输灌行销，不至弃材于地"，将来屯垦成熟后，"农民所获粮谷，自食之外，必赖变价充用，若非商贾日多，粮谷销路亦不能畅"。因此"通商实与设官、练

---

① 详见光绪三十二年六月初二日，《锡良密保建昌道赵尔丰折》；光绪三十二年六月，《锡良、绰哈布奏设川滇边务大臣折》，《清末川滇边务档案史料》，第87—88、90页。
② 姚锡光：《筹藏刍议》，附"赵尔丰原奏边务大概情形折"，光绪三十四年（1908年），刊于京师寓斋，载沈云龙主编《近代中国史料丛刊》第39辑，文海出版社。
③ 《复陈川滇边务应办事宜并拟具章程折》，《清末川滇边务档案史料》，第118—125页。
④ 同上，另参见《清德宗实录》卷562。

兵、屯垦相为表里"，似可缓而实不可缓。开矿是"自筹利益"，是除屯垦之外的"兴利之方"，"早开一日，即可早收一日之用"。且"川滇边地矿产富饶，久为中外共知，垂涎者众，若不先行由官创办，必将群思染指，易启窥伺争竞之端"。因此开矿也是似可缓而实不可缓之事。

对部议的屯垦、练兵、设官三事，赵尔丰也一一据理剖析：认为川滇边地辽阔，宜分设行省，虽然在"开办之初不敢遽议及此，稍涉铺张"，但不能不预先筹定权限疆界；划定川边、滇边地界，明确边务大臣的管辖范围；要求"此后地方各事及差缺各官升迁更调，均归边务大臣主政"；川滇在籍人员均准边务大臣通融委用，随时会商办理，以收"责任既专，整顿自易"之效。①

赵尔丰重申在川边开办六事的重要性之后，拟定经边六事章程，确定了经营川边的具体指导方针和步骤。如设官，计划在巴塘设巴安直隶厅，里塘改设顺化县，乡城改设定乡县，均属巴安直隶厅管辖；巴安设直隶同知一缺、昭磨一缺，所属盐井设分防经历一缺，定乡拟设知县一缺、典史一缺，所属稻坝拟设分防县丞一缺，贡噶岭拟设巡检一缺，顺化拟设知县一缺、典史一缺，所属中渡河西拟设巡检一缺，均拟按月定给公费。关于练兵，计划除在川边现设巡防五营、滇边须设巡防三营外，先练步队两营，再练炮队一营、马队一营。数年之后，练新军撤防营，增练步队及工程、辎重各队，以符混成协之制。同时逐渐添置营房、军装、枪炮等项。章程对于屯垦、兴学、通商、开矿等都有详细的规划和具体实施步骤。②

从光绪三十三年（1907）二月奉旨护理川督，到第二年即光绪三十四年（1908）五月新任川督赵尔巽接篆，即在护理川督任内十五个月时间，一直到光绪三十四年八月出关之前，赵尔丰都留在成都，遥控指挥川边应办六事在川边的具体落实：修建关外旅店，招募关内农民出关开垦，奏派吴嘉谟出关办学，聘人勘探金矿，拟办巴塘制革厂等川边实业，筹划在中渡（河口，今雅江县）修建纲丝桥，招医出关设医药局；筹措川省经费，抽拨川省油捐为边务开办经费；就已改流地区制定改革章程，征收粮税，订立征税章程，等等。

赵尔丰在护理川督期间对于川边的遥控经营，为他再次出关经理边藏奠定了基础。因此，赵尔丰在护理川督期间的最显著的成绩或曰成效

---

① 《复陈川滇边务应办事宜并拟具章程折》，《清末川滇边务档案史料》，第118—125页。
② 同上。

不在于对四川省的禁烟或税制改革上，而表现在对川边的经营治理上。①

就在赵尔丰把他的平康三策具体到经边六事，并在川边实施时，两广总督岑春煊于光绪三十三年（1907）四月奏陈中枢，提出应统筹西北全局、酌拟变通办法，综维全国边疆情况，把"兴屯实边"作为"保疆之至计"。岑春煊的统筹西北全局建议与赵尔丰对于川边经营、平康三策与经边六事之主张和策略思想不谋而合。岑春煊在奏陈中指出：现在"时局日艰，新机日辞……界约屡更，事变日迫"，应及时设法补救，"先图近边之树立，再议远塞之恢张，分次第以推行，期根本之渐立"。而具体到西南边防来说，因西藏交涉极重，商埠将开，更"宜及早议办"。建议在川滇边务大臣基础之上"拟以原来察木多地，东括打箭炉，南至乍丫，西至宁静，属滇蜀大臣"，设川西省；"布达拉及扎什伦布、阿里，则仍属之驻藏大臣"，设西藏省。并指出"今东省既经变通政治，西藏亦宜认真整顿"。② 另奏专门提出应在各边设立民官，变通旧例。③ 当时朝野上下皆以边地建行省保固边疆为议论中心，岑春煊此折引起中枢高度重视，抄发给各主要臣僚及边疆大吏商讨议复。

然而驻藏大臣联豫向中枢提出"西藏地方，则有未可同日语者"，不可骤改行省。认为"若驻藏大臣忽改总督、巡抚，是徒启番人之疑惑，而于实事无益"；提议"藏中之事，唯有徐徐布置，设官驻兵，借防英、防俄为名，而渐收其权力"。④

联豫的奏说，因其身在西藏，而且强调西藏的特殊，致使清政府最终否决了岑春煊在川边、西藏设省的建议。此后清朝野上下关于川边、西藏设省的呼声日趋减弱，西藏建省之议也逐渐消失。⑤ 然而，岑春煊的统筹西北全局奏折却推动或曰激励了赵尔丰在川边设官建省计划的实施。当时赵尔丰的川边经营才刚刚起步，赵尔丰提出在川边已改流之地设官的建议还没有被中枢议复，更没有实施。巴塘、里塘等地只是由赵派委员暂时经理，还不具备建省的规模形制及建省的必要物质基础，即

---

① S. A. Adshead, *Province and politics in late Imperial China—Vicerega Government in Szechwan*, 1898 - 1911, Scandinavian institute of Asian studies monograph Series, No. 50.

② 《两广总督岑春煊统筹西北全局酌拟变通办法折》，《清末川滇边务档案史料》，第921—926页。

③ 《岑春煊变通官制拟设民官片》，《清末川滇边务档案史料》，第927页。

④ 吴丰培辑：《清代藏事奏牍》；《清末川滇边务档案史料》，第169—172页；《联豫驻藏奏稿》，西藏人民出版社1979年版，第46—49页。

⑤ 马汝珩、马大正主编：《清代的边疆政策》，中国社会科学出版社1994年版。

川边之地还不足以养民，民更不足以养官。再加上联豫关于西藏不能骤改行省的建议已被中枢采纳，朝廷历来视边藏一体、"事同一律"，川边建省之议也自然被搁置，不再提及。在这种情况下赵尔丰不可能再对川边建省问题提出进一步的要求，因此赵尔丰也就没有再对川边的设治建省进行议复。只是更加抓紧对川边的经营，奠定建省基础，以便尽早实现建省计划。

不过，形势的发展，有点出乎赵尔丰的意料，此后不久，他就得到了更进一步实施他关于川边建省计划的机会。

光绪三十三年（1907）正月，在西藏查办事件的张荫棠就收回政权经营西藏问题奏陈中枢，请求"迅筹练兵兴学各事宜，以图抵制，而杜借口"，"趁达赖未回，调用陆军真正毕业生百数十人，密为布置"，"特简亲贵为西藏行部大臣"，"另设会办大臣一员，统制全藏"。[①] 驻藏大臣联豫也在同年十二月密陈西藏情形，请求中枢速简经济夙优、声名素著的大臣前往西藏"不动声名，渐图补救"。[②]

查办事件大臣张荫棠关于西藏情形的分析及驻藏大臣联豫的屡次奏报，促使清政府下决心趁达赖返回西藏之前整顿藏政。第二年（即1908年）二月，赵尔丰再次向中枢陈述由川滇两省督臣划清边地界线的必要性："川滇边务应办事宜，拟请画清权限，以专责成"，[③]"边地距川滇省治，均各三四千里，文件往来，动需累月"；"严冬一届，峨峨层冰，人马饥疲，尤艰递送，声息阻隔，几等闭关"；而"辟治道途，安置邮舍，交通电信，时日尚需，而种种事端，殊难牵制，有时机势，或至猝乘。若俟远道相商，非必意见仍有互歧，先恐情形未能遥揣，迁延辗转，失败必多"。指出划清川滇边务界限，可以使事权归于一时，"设遇重要，仍应咨商，期济和衷，共维大局"。并让川滇两省大吏通饬地方文武员弁，"凡遇递输边件，不得畛域见存"，迅速递送；"总以一经酌划，将来于区限事限务期各极分明，行政用人具有地方性质，机关不阂，策力交资。"[④]

赵尔丰在川边的经营尤其是他关于边务应办事宜的多次奏陈，再次

[①] 《查办事件大臣张荫棠收回政权经营西藏条陈》，《清末川滇边务档案史料》，第167—169页。
[②] 《联豫遵旨覆岑春煊奏陈统筹西北全局折》、《联豫驻藏奏稿》；《清末川滇边务档案史料》，第169—172页。
[③] 《清德宗实录》卷587《光绪三十四年二月癸亥条》。
[④] 《川滇边务请划清办事权限折》，《清末川滇边务档案史料》，第176—178页。

使清中枢注意到赵尔丰不仅熟悉边、藏情形，而且对于边、藏的思考，有着特别的热情及锐意进取的精神。相对于张荫棠的急思由藏引退、联豫的自甘退缩而言，使清中枢感到除赵尔丰之外别无可拣选之人。光绪三十四年二月初四日（1908年3月6日）清中枢再次调赵尔巽为四川总督，同时，加赏赵尔丰尚书衔，任命为驻藏大臣，兼办边务。

对朝廷的这一不同寻常的施恩任命，捐纳出身的赵尔丰微感意外，同时也暗自庆幸有机会把他的建行省、固边圉主张得以在边藏更广阔的范围内推行。在此之前，赵尔丰还只是思考如何与川滇尤其是与西藏划清地界，明确权限，着力经营川滇边，以达到援助西藏的既定目的，而没想到自己能够有机会把边、藏连成一气，进行统筹规划。对清中枢的任命，赵尔丰诚惶诚恐，于接旨的第二天拟电致军机处恳请收回驻藏办事大臣仍兼边务大臣的成命，担心"藏地距巴、里两塘辽隔山川数千里，日疲奔走，遑暇恢划，并策兼营，顾此失彼"，以致"虚名徒拥，贻误必多"。①

对于赵尔丰的推辞，清中枢并没有在意与理睬，专门下旨：这是朝廷顾念西陲紧要，以期固我藩篱，苦心筹划，斟酌至再的结果，特意简放该大臣驻藏办事，是因地择人，与寻常委任不同。调赵尔巽移任四川，目的是使川边联络一气，作为西藏之后援。"舍此别无可筹之策，亦别无可简之人。"并表示，朝廷已为赵进藏办事考虑的"可谓既周且备"，"该大臣……只可居中调度，亦无需疲于奔走。遇有重要事务，不妨按时巡查，亦不必一一周历。且西藏为川滇屏蔽，藏务即是边务，如西藏布置完固，川滇边务，自开松简"；该大臣娴熟边情，奋发任事，正当力图报称，不应稍涉畏难。朝廷不可能收回成命。② 发出任命之后的第三天，也即二月初七日（3月9日）再次颁旨，让赵尔丰进藏后及时规划练兵、兴学、务农、开矿、讲求实业、利便交通以及添置官史、整饬庶政诸大端，使对藏的"治理日益修明"③。

任命赵尔丰为驻藏大臣兼办边务，并指示赵尔丰进藏应办练兵、兴学、务农、开矿、讲求实业、添置官吏等诸事，表明此时的清中枢已显然接受了赵尔丰经边六事的主张，并寄希望由赵尔丰尽快推行。

---

① 《赵尔丰致电军机处恳收回驻藏办事仍兼边务成命》，《清末川滇边务档案史料》，第159页。
② 《清德宗实录》卷587《光绪三十四年二月乙丑条》。
③ 《清德宗实录》卷587《光绪三十四年二月癸亥条》。

第二节　川边与西藏之间

赵尔丰欲辞不能，就力担重任，开始进行入藏的筹划准备。从接任驻藏大臣的二月初四日起到五月十八日卸护理川督任期间，赵尔丰仍然留在四川，一身同兼三职。不过在担任多重角色期间，赵尔丰把主要精力放在筹划进藏的准备工作上：一方面吸取联豫在藏无兵、无饷、无人，徒受困窘的教训，从人力、物力、兵力上为进藏做准备；另一方面却着重考虑进藏前川边的稳固问题。

赵尔丰筹谋先稳固川边再入藏的设想，与政府拟定的即刻进藏、解决西藏稳固的方案不完全一致：中枢计划在达赖外逃库伦四年后准备回藏的情况下让赵尔丰迅速赴藏布置妥当，稳固清中央在藏的统治后，再令达赖返回。[①] 然而赵尔丰认为保藏必先固边，只有先在川边采取措施使川边防固后才能保固西藏。因此在他接旨就任驻藏大臣职后，一方面围绕入藏的人力、物力等问题，频繁地上书请求允许他在四川招兵、在全国范围内选拔人才；另一方面又反复就川边的稳固问题提出意见和办法。

接任驻藏大臣一个月后的三月初十日，赵尔丰奏报清中枢认为"藏番强横，已非一朝，藐视驻藏大臣，梗抗命令，视为故常，非有兵力少张国威，绝不能就我范围"，提出建议，计划在四川招募军队五营及卫队两百名随带进藏，"无事则镇慑为用，有事则征调相资。而后绝域蛮荒詟于声威，易就羁勒"。[②]

仅隔一日，再次奏报中枢，请求"准其在内地各省广为选调"入藏人员，即请中枢在"西藏需用人员，准由川省慎选调派"的原旨基础上，允许他对"果系才堪大用之员，无论在川省、他省，一律奏请调边务差遣。只求其才，不限以地"。[③] 同时又以"豫筹藏务，首重外交"，请中枢委派"谙练情形，熟于交涉"的查办事件大臣张荫棠"留藏经理一切"，等他进藏后"诸事略有头绪，再请饬令回京，以免贻误，而

[①] 光绪三十四年三月十三日，《外务部告达赖喇嘛现在五台山俟赵尔丰到任后再令折回并令察看藏地情形致张荫棠电》，《关系史料汇编》，第1480页。
[②] 《招募军队三营及卫队随带进藏片》，《清末川滇边务档案史料》，第173页。
[③] 《请准在各省选调人员赴边、藏差遣片》，《清末川滇边务档案史料》，第173—174页。

资熟手"。① 在留张不成的情况下，赵尔丰又请求中枢允许他调外交人才赴藏候用，并访得江苏候补道温宗尧"曾肄业香港华洋学堂，精谙法律，为办理交涉不可多得之才"，特请中枢加以简畀，以赞襄藏卫交涉。中枢同意了赵尔丰的奏请："温宗尧著交赵尔丰差遣委用"，赏给副都统衔，出任驻藏帮办大臣。②

四月十四日，赵尔丰之兄赵尔巽由湖广总督任所武汉起程赶往成都（因藏事迫急，赵尔巽行程仓促沿途只用了25天时间，比通常所需行程减少一个星期，于五月十一日到成都，因感染了浮热病，到成都后不得不休息几天），于五月十八日接川督印。赵尔巽的到来加强了赵尔丰筹边入藏的后盾力量，卸川督任后，赵尔丰专心于料理出关进藏的募兵、招垦、运粮、修路等筹备工作和稳固川边工作，同时与其兄就边、藏问题进行反复筹商，进一步提出办理边、藏事务的具体建议及计划。赵氏兄弟筹商后达成共识，认为经营边藏的当务之急是先稳固川边。

因此，五月二十四日赵氏兄弟会陈藏务边务缓急情形时，提出首先应在边地殖民、驻守、修路建桥、划分权限；认为"经营全藏，总宜以殖民为主"，计划利用四川地少人多的优势，在四川招民出关"一面为防守计"，"一面试行垦种、牧养、开矿诸政"，化兵为民，在边地垦殖，"循环不已，渐及藏地"。其次是请求中枢允许赵尔丰不"以入藏为先务"，而是"巡视藏地情形，审察适中驻地"；把巴塘作为经营边藏的根据地，因为"巴、里乃新定之地，疑信相参，其疑者不为料理，恐复生反侧之忧；其信者不为拊循，无以为招之渐"，"全藏信服与否，皆视巴、里为转移，未可视为已治已安，置为缓图"；同时又可以解决赵尔丰在藏"恩信未孚""事倍功半"的矛盾，处理好与旧有驻藏大臣的权限关系问题；并建议清中枢责成驻藏大臣联豫照常办理"驻守之责"。

为解决入藏运饷、运械交通问题，提出应修治川边沿途道路，在川边的泸定桥、河口等处修建钢丝桥，减去入藏的阻力，认为河口的钢丝桥若成，"可除去一半阻力"。另外还提出就地筹饷、筹储军食等问题。③

---

① 《密陈西藏通商章程有失主权请饬议改并垦筹拨的款折》，《清末川滇边务档案史料》，第195—199页。
② 《清德宗实录》卷589《光绪三十四年四月戊午条》。
③ 《川督赵尔巽、赵尔丰会陈藏务边务缓急情形折》，《清末川滇边务档案史料》，第186—187页。

二十九日，赵氏兄弟又致函军机大臣陈述经营藏事情形。再次强调经营巴、里的重要性，指出"欲安藏必先安巴"。如果置巴、里于不顾，不仅会"前功尽弃，且恐后患方长"，将阻遏川藏的交通。而"安巴、安藏"又必须采取移民政策，只是"绝不可遽言迁民"，可利用带兵携眷的方式"变出关之兵为民，复招关内之民为兵，循环渐渍"，慢慢施行"移民之策"。"治巴如是，治藏亦如是，不过须次第推行。"①

其间，驻藏大臣联豫向中枢请求就近调拨四川新练陆军一混成协，由知府钟颖统带进藏，分别驻防亚东、江孜、噶大克三埠，希图以中国训练的新军接替《藏印通商章程》所规定的英国商务委员所带的卫队，以固藏卫。而西藏当时的情况是无兵可以派拨，"以前驻防队营，已瘫败不堪，而藏军涣散无几，纵有之，亦无训练，实不堪用"，如果临时调官招兵筹饷购械训练新军则需时尚久。② 联豫同时致函赵尔丰，告诫赵尔丰进藏时要多带营兵，若无兵无威，入藏后只会徒受其困。

联豫的告诫及赵尔丰在川边的经验都促使赵尔丰计划以武力为先导，正如他进入巴塘平叛时一样，他认为若对川边"不镇以兵威，即难免不萌故态"，"至于经营藏卫，亦非厚集兵力，断难干涉内政"。③ 因此必须在四川募民为兵，随带入藏。然而赵尔丰在三月上书请求中枢允准在川招募赴藏营勇的奏折，直到四月二十九日才奉旨应允，五月初开始招募时"应者寥寥，一闻进藏，皆不愿往"，赵只得"遣人回处劝募，并许以厚饷"。同时奏请陆军部把川省应练三镇军队拨一镇驻边、藏，款饷由部筹款拨用。④

在赵氏兄弟谋固川边时，清中枢屡次电致赵尔巽"严旨切催"⑤ 赵尔丰速行进藏，让赵尔丰"以驻藏为主，以藏事为重"⑥。清政府如此急切地催赵尔丰入藏，是因为当时达赖喇嘛回藏已经是势所必然，英国

---

① 《赵尔巽、赵尔丰致函军机大臣略陈经营藏事梗概》，《清末川滇边务档案史料》，第187—188页。
② 《联豫咨赵尔巽、赵尔丰奉旨由四川新练陆军拨一混成协着知府钟颖统带入藏》，《清末川滇边务档案史料》，第188—189页。
③ 《赵尔巽、赵尔丰致函陆军部请由川省应练三镇内拨一镇驻边、藏并以部筹的款拨用》，《清末川滇边务档案史料》，第211页。
④ 《赵尔丰致电军机处筹饷练兵稍有头绪即起程》，《清末川滇边务档案史料》，第200—201页。
⑤ 《军机大臣电寄赵尔巽、赵尔丰奉旨着赵尔丰迅即赴藏》，《清末川滇边务档案史料》，第199页；《清德宗实录》卷593《光绪三十四年六月庚辰条》。
⑥ 《赵尔巽、赵尔丰致函军机大臣略陈经营藏事梗概》，《清末川滇边务档案史料》，第119页。

在春丕的驻兵已经撤退，印藏议约也已完毕，英、藏暂时不会再起冲突，原来阻达赖回藏的因素已经不复存在。达赖回藏似已不会引起英人干涉。张荫棠从西藏大局出发，奏请中枢允许达赖回藏，借此"维我主权而慰藏情"①。西藏方面，噶厦政府与拉萨三大寺已经议定派喇嘛噶伦往接达赖回藏。因张荫棠在藏体察情形后汇报"达赖回藏，藏民当能相安"，清中枢原来所担心的达赖回藏"能否与藏民相安"或者藏中是否会因此更加抗阻朝廷等问题，也不再是问题。在张荫棠的建议下，清廷决定让达赖回藏，"以维我主权而慰藏情"②。但为了避免达赖喇嘛回藏后立即与西藏地方政府结合成强大的对抗清中央的势力，张荫棠又提醒清政府，应在达赖回到西藏前由赵尔丰进藏后把一切布置妥帖，不能让达赖在赵尔丰进藏前回到西藏。③

按清中枢既定计划，即赵尔丰必须在达赖回藏之前先行进藏，赵尔丰至少应在五月出关，六月到藏，而赵尔巽接川督任时已是五月十八日。而达赖若按正常行程六、七月即可回到西藏。赵尔丰在川进行系列筹备，延误了进藏事机。六月，中枢及时调整政策，召达赖喇嘛进京陛见，借此耽延达赖回藏时间，以便为赵尔丰在川边筹善后及从容进藏再创机会。④然而赵尔丰未能体察中朝的良苦用心，一心要为筹边固边入藏做充分准备，直到六月还未能确定出关入藏的准确日期，一再耽误了入藏的时机。这种情况下，清廷不得不在六月转变让达赖直接回藏的策略，令达赖进京陛见，以耽时日。

然而在赵尔丰看来，边地稳定是固藏之根本，所以全然不理清廷的多次要求速行入藏的催促和严令切责。赵尔丰在四川反复申述做好入藏准备尤其是做好川边稳固工作的重要性："藏疆区部之繁，以川省为根本，而川、藏经营之略以边务为关键"⑤，"四川之屏藩在藏，而藏卫之

---

① 《张荫棠奏牍》卷4，载吴丰培辑《清季筹藏奏牍》第1辑，第29页。
② 光绪三十四年正月十七日《张荫棠为请代为奏饬达赖喇嘛致军机处外务部电》和光绪三十四年三月十四日《张荫棠请先降谕饬达赖喇嘛回藏以慰藏人之望致外务部电》转引自《关系史料汇编》，第1480页。
③ 《清季筹藏奏牍》第1辑，《张荫棠奏牍》卷4，第42页。
④ 《清德宗实录》卷593；中国第一历史档案馆藏宫中杂档，《奏定接待十三世达赖喇嘛节略》，转引自《关系史料汇编》，第1481页。
⑤ 《赵尔巽、赵尔丰会筹边务亟待举办事宜折》，《清末川滇边务档案史料》，第205—207页。

第二章　赵尔丰的川边经营(上)　77

后路在边"①。"惟筹边乃能保藏，后路若不布置完密，中间隔绝，藏为孤悬，设有缓急，何堪设想。"军机大臣又于六月初七日电寄赵尔巽、赵尔丰，奉旨着赵尔丰迅速即进藏，"西藏事务紧要……勿得借端延宕，致误事机"。②并指示赵尔丰在四川原有的防营内挑选精锐，编伍带往，或分起进发，或分道开行，"总以迅速为妙"③。赵尔丰也表示"一俟成营，少为训练，即带出关，绝不迁延"④。甚至于为"免训练旷延时日"，决定采取折中的办法即把新募营兵带到巴塘，再替换挑选旧驻巴塘之兵率带赴藏。

尽管赵尔丰表示"将巴、里布置暂作缓图"⑤，实际上是在"一面赶速入藏，一面上紧筹边"。在他看来是"断不能俟藏事已有端倪，再行回顾边务"⑥。因此在七月初八日又与其兄赵尔巽上报中枢边务亟待划清界限、增设官属、宽筹经费、协济兵食；并指出"以上会拟四端，实为关外目前当务之急"，请求中枢从大局出发、为"固初基"考虑，给予允准。⑦

直到七月二十三日，赵尔丰收到五月二十四日（即赵尔巽接川督篆后的一个星期）所上奏折的朱批："着懔遵电旨迅速赴藏。倘再藉端延宕，定予重惩！"⑧方知朝廷对藏事的关心和焦虑程度。赵尔丰在"悚惧汗下"的情况下，当即表示"赶紧整理各项事宜，现已稍有头绪"，并定于八月初四日移营，随即亲带起程赴西藏。⑨

在清中枢屡次催促声中，赵尔丰入藏的准备工作也在紧锣密鼓地进行着，为了不使入藏之路"有艰阻之虞"，赵尔丰令从成都到打箭炉沿途各州县赶修车路；为抵制印茶入藏自保利权筹划成立川茶公司；选派

---

① 《赵尔巽、赵尔丰请由四川应练三镇内拨一镇归边、藏并请饬部分期筹拨饷项折》，《清末川滇边务档案史料》，第228—229页。
② 《军机大臣电寄赵尔巽赵尔丰奉旨着赵尔丰迅即赴藏》，《清末川滇边务档案史料》，第199页。
③ 《军机处电复赵尔丰宜取道北路入藏并在四川防营挑选编伍带往》，《清末川滇边务档案史料》，第202页。
④ 《致军机处筹饷练兵稍有头绪即起程》，《清末川滇边务档案史料》，第200—201页。
⑤ 《赵尔丰电复军机处俟兵队招齐抑轻骑先行赴藏》，《清末川滇边务档案史料》，第199页。
⑥ 《赵尔巽、赵尔丰致函度支部泽尚书拟请再拨一百万两作边务经费》，《清末川滇边务档案史料》，第233—234页。
⑦ 《赵尔巽、赵尔丰会筹边务亟待举办事宜折》，《清末川滇边务档案史料》，第207页。
⑧ 《清德宗实录》卷593《光绪三十四年六月庚辰条》。
⑨ 《赵尔丰奏报起程赴藏日期折》，《清末川滇边务档案史料》，第211页。

人勘察由巴塘至江孜的电报线路；为巴、藏筹措经费、选调人员；与赵尔巽一起奏请中枢，把发遣新疆军台人员一律改发巴、藏效力赎罪，或就近在四川捐赎，留充巴、藏经费。①密陈西藏通商章程有失主权请求议改；奏请中枢再拨西藏开办经费二百万两银、川边经费一百万两银。并表示"明知库储支绌"但"处此困难，舍此并无别法"，"以后关于边务，即不再乞款"，希望中枢各部能"鼎力成全"。②

赵尔丰入藏之前，频顾川边，其拟在川边设治建省以求川边稳固久安的思想，最终归结或呈现在与其兄赵尔巽会筹边务亟待举办事宜奏片③中。该折片是七月初八日所上，是赵尔丰为实施在川边设治建省计划最重要的折片，同时也是触及川边建制问题实质并引起清廷充分重视的奏折，该折片内容成为此后在川边设治建省的张本。

赵氏兄弟认为边务亟待举办的事宜包括四个方面。

一、划清界限。这是赵尔丰自光绪三十二年六月任川滇边务大臣以来第三次④奏请划分川边界址与边务大臣权限。赵尔丰又一次强调"欲齐一事权……俾无掣肘"，必须请将打箭炉以外属地悉归边务大臣管辖。而明正、霍尔五家、道坞、冷碛各蛮部，"则由边务大臣渐次行之，庶权界明而指挥定"。

二、增设官属。继光绪三十二年十二月奏陈川滇应办事宜和光绪三十三年五月复陈川滇边务应办事宜并拟具章程折之后，这是赵尔丰第三次奏请增设官属，以便直接为建行省奠定设治基础。认为若在川边"遴员分理，政权之散漫堪虞，非设一二统治之员，不足以资考成而防隔阂"。请仍以内地制度行之边地，改巴塘为巴安府，打箭炉为康定府，里塘为理化厅，三坝为三坝厅，盐井为盐井县，中渡为河口县，乡城为定乡县，稻坝为稻城县。设兵务兼分巡道一员，并加按察使衔，兼理刑名，名曰炉安道，驻扎巴安府，统辖新设各府、厅、县。康定府设知府一员，管理地方钱粮词讼，以理化一厅、河口、稻城二县隶之。巴安府设知府一员，管辖三坝厅、盐井、定乡二县；贡噶岭设县丞归稻城县管

---

① 《赵尔巽、赵尔丰会奏嗣后发遣新疆军台人员请一律改发巴、藏片》，《清末川滇边务档案史料》，第207页。

② 《赵尔巽、赵尔丰致函度支部泽尚书拟奏请再拨一百万两作边务经费》，《清末川滇边务档案史料》，第233—234页。

③ 《赵尔巽、赵尔丰会筹边务亟待举办事宜折》，《清末川滇边务档案史料》，第205—207页。

④ 前两次分别是光绪三十三年五月《复陈川滇边务应办事宜并拟具章程折》和光绪三十四年二月《专奏川滇边务请划清办事权限折》。

辖；理化设同知一员，三坝设通判一员，四县各设知县一员，兼管监狱。除康定府外统由边务大臣奏请由外补用，并优给公费。

三、宽筹经费。指出经费是"筹边切要之图"。请部添筹款，以资接济。如果没有足够的经费"兵则虞其哗溃，官则人皆裹足"。

四、协济兵食。继续在巴塘一带招垦试种稻米，争取在一两年后兵食之米粮能够自给。在此之前由公家优给驻兵饷银，"以恤兵艰"。并请由四川省照常协拨米粮入关"以协济兵食"。①

清中枢终于接受了赵尔丰治藏必先安巴的建议，于八月谕军机大臣等："著赵尔丰、赵尔巽妥慎会商，节节布置，步步稳进。其后路巴塘、里塘一带，著赵尔巽遣驻重兵，以壮声威。"② 然而就在赵氏兄弟就边、藏诸事筹划稍有头绪，赵尔丰也于八月十日（比他预期的启程时期推后几日）带着新招募来的三营及临时凑集的旗兵一营启程前行赴藏时，却受到来自西藏方面阻止赵尔丰进藏的压力。西藏方面在得知赵尔丰被任命为驻藏大臣时就极力反对赵入藏，西藏三大寺几次公禀驻藏大臣联豫转呈阻赵入藏的禀件，并派兵到巴塘附近、盐井一带做阻赵的准备。

赵尔丰被任命为驻藏大臣即将赴藏的消息，早已引起西藏方面的反对及恐慌，赵尔丰在成都时就收到中枢转来驻藏大臣联豫递呈的西藏方面反对他进藏的函件，他对此并不以为意，一一给予批驳。未把藏人的反对看作他进藏的阻力。然而朝中也有人反对他以武力进藏的主张，赵尔丰在离开成都赴藏途中得知中枢的意见，此时的赵尔丰对以武力进藏做好了充分的思想准备，因此上了一道文辞激荡的奏折。这也是赵第一次全面地、公开地阐发他武力入藏的思想。联系联豫在藏受困窘的情况、张荫棠的筹藏方略及他本人主持边政的经验，赵尔丰认为对藏必须采取"先威后德"策略，即必须以武力入藏。对朝中的反对意见也予以驳斥："尔丰至边已有数年，素知野番成性，尚无理想，推心置腹，彼亦怀疑；反复开导，破釜沉舟，益不入耳。势必威以兵力，犁庭扫穴，然后抚之以恩，归心向化。"以之推藏，"治藏亦然，藏之横肆，胜于各部，而其混沌，无异野番"。"若再不及早图维，藏必终为他人所有。图维若何，惟乘此一战。""今正其时，若再迟疑，则不惟费时，且恐不及。"并进一步分析了必须武力进藏的理由："今日彼之器械不

---

① 《赵尔巽、赵尔丰会筹边务亟待举办事宜折》，《清末川滇边务档案史料》，第205—207页。
② 《清德宗实录》卷595《光绪三十四年八月丙辰条》，第3—4页。

利，训练未精，政治不备，苛虐百姓，差徭繁重，淫刑滥罚，无人可恃。彼虽言于外，尚属虚词，外人虽欲牢笼，亦无实际。更何况此时主权在我，各国周知，英纵欲得之，亦须几费踌躇。彼即欲投英，我尚能与之争执。再若迟久，不惟彼兵精器良，胜负未知。而英之诡计阴谋，必有愈侵愈进，由江孜及于拉萨之势。始则借口游历，暗中通彼殷勤，继则协济械粮，显以示其亲睦，渐以立教堂，通贸易，甚且设领事，兴建筑。藏人既畏其威，再贪其利，未有不心悦诚服，其地已非我有。彼时若以兵争，英之暗助，固不待言，即明出干预，不曰有碍商务，即曰保护教堂，试想我兵能到藏一步耶！今奉谕旨出兵，竟敢抗命，乃不知破竹之势，已入堂奥，更非与论者知其底蕴。""此时进藏，瞬息可至，英人无从干涉，迅速图治，复以雨露之恩施之，去其苛政，苏其民困，兴学以破其愚，垦田以养其生，通商以裕其利，兴工以富其业，而后建筑铁路以通内地，百废俱举，此诚难得之时也。"认为这是"西康建省援藏，以匡新政，审时度势"，不可坐失的机会。①

赵尔丰如此义正词严地驳斥和分析武力入藏的重要性，但并不能说服中枢采纳他的意见。赵尔丰入藏受阻（西藏三大寺的公禀要求撤换赵尔丰，重惩赵的部下程凤翔②）也颇出清中枢意外。朝廷本意派赵驻藏，"假以事权，厚集实力"，保护西藏"杜绝窥伺"。而藏众联名呈诉赵尔丰枉杀多命，毁寺掠财，又有朝臣指责赵尔丰"办事操切，致失全藏僧番之心"，这些都让中枢对任命赵为驻藏大臣是否合适产生了怀疑，因此在赵尔丰被屡催最终出关后，清廷并未明确指定他入藏的具体驻地，只于八月十九日电旨赵尔丰："择地暂驻，以待后命。"③并在光绪三十四年八月二十四专门派马亮就藏众"所诉各案，摘要确查，详细复奏"，对"赵尔丰与藏众仇隙甚深，将来入藏任事，能否相安"等情形进行体察。④

马亮奉旨密查到成都时，赵尔丰已在赴藏途中。至此以后，赵尔

---

① 《赵尔丰电复军机处略陈筹藏方略》，《清末川滇边务档案史料》，第226—227页。
② 光绪三十四年七月初二日《西藏僧俗员弁禀请撤回赵尔丰以堵糜乱》，光绪三十四年七月初二日《西藏格登池巴等禀请赵尔丰请勿带兵进藏并惩办程凤翔》，《清末川滇边务档案史料》，第215—219页。
③ 《清德宗实录》卷596《光绪三十四年九月己亥条》，第9—10页。
④ 《成都将军马亮遵旨查明赵尔丰被控各节据实密陈折》，《清末川滇边务档案史料》，第340—345页。

丰在朝中留下了"操切冒进""贪功""黩武"①的名声。朝中上下对赵尔丰的评论虽未令他改变主意，但也给他一个教训，使赵尔丰不得不开始注意策略问题。此后奏折基本上是先商于兄，让赵尔巽改拟后再上奏朝廷。同时朝廷上下的"物议"也颇令赵尔丰灰心，这虽不至于改变他对于边、藏的继往热情和既定的思考，却无形中牵制了他在边、藏的行动，谨言慎行地处理着上奏中枢的言辞及与同僚的态度。幸而有其兄赵尔巽为他的激荡言行做过滤器，赵尔丰对川边的设想及思考几乎是毫无保留地先告知赵尔巽，然后由乃兄上奏朝廷或直接消萌于无形；中枢及其他同僚也几乎毫无例外地运用赵尔巽这个中介，以达到最终的平和。赵尔丰则常常因"恐遭物议"而对"坐失良机""抚膺长叹"。②

第三节　固边图藏

虽然赵尔丰把此次进藏看作巩固对藏统治的良机，但他自己却一再错失入藏机会。因未能按计划入藏，错失清廷早已筹划好的入藏时机，也因此丧失了收回西藏政权的机会，甚至打乱了中枢对于西藏的整体规划。唯以固边为是的赵尔丰虽于八月十日起程赴藏，但为稳固川边，途中滞留边地，解决德格兄弟争袭案。

在川边改土归流设治，是赵尔丰出关前对边、藏思考后既定的计划。对德格的改土归流，也是赵尔丰经营边、藏，拟建行省计划中的一个重要步骤。出关后，边地的情形更促使赵尔丰自愿留在川边，乘德格土司兄弟争袭之机收复德格、乘达赖喇嘛进京觐见之机收回瞻对，然后再行进藏。这样的计划与行动使他再次延误和错失了进藏的时机。不过赵在川边督战征剿德格昂翁降白仁青和力主收回瞻对的过程中，也验收和进一步推动了他在护理川督期间于川边施行的各项经营措施和计划。收复德格一役直到第二年十月才告一段落。达赖喇嘛在九月二十日陛见之后，已于十一月二十八日离开北京，并在赵尔丰进藏之前先行回到西藏。

---

① 《赵尔丰致电赵尔巽拟复枢电关外早应一律改流》，《清末川滇边务档案史料》，第242—243页。

② 同上。

达赖喇嘛回藏,后来又成为赵尔丰坚持抗旨冒罪入藏的根源。于是才会有川军入藏,达赖喇嘛出逃,英人干涉,赵尔丰只能坐视等一系列情况发生。

光绪三十四年九月二十二日,赵尔丰行抵打箭炉。在行进途中陆续接到各地情况的禀呈:巴塘粮务电称藏地派来番官,初在察木多调集番兵,声言欲攻三岩,止之不听;现在该处三大寺又复调兵操练,问之则仍以攻三岩为词,致使巴塘一带民心惶惶。乍丫守备称察台寺僧在乍丫、江卡等处调兵;炉霍屯员禀称瞻对番官之弟到霍尔等处调兵,并"声言只准投藏,不准投顺朝廷"。打箭炉文武则禀称"德格兄弟争袭,其弟凶逆,番官派兵助之"。赵尔丰从这些边情汇报中认识到,边地正如他出关前所预料的那样,滋扰纷呈,并不稳固;再结合春季间藏地派兵集结盐井附近巴么绨一带借口攻打三岩"不战不退"的情形,认为"皆由达赖喇嘛从前暗中行文与各处喇嘛,谓藏中失地已久,彼必与众协力恢复,直至邛州旧界而后已"所致。接到沿途奏报,使赵尔丰更坚定把"关外各蛮地一律改土归流"的决心,并上奏中枢请求应趁其"敢兴兵攻我属地,声罪致讨"①。随后,赵尔丰又致电川督赵尔巽告之收德格计划。

为避免"拓土辟疆之议"和"黩武"及"孟浪从事"的名声,十月十一日,赵尔丰会衔成都将军苏噜岱、川督赵尔巽联名上呈"拟请派兵解决德格争袭案"奏折②。十月十四日,军机处电传谕旨:"德格土司多吉僧格之弟昂翁降白仁青怙恶不悛,一再生事,实难姑容,并着赵尔丰派兵驱捕,务获惩办。即派多吉僧格为土司,请旨接袭。一面仍严檄瞻对番官,永不准干预各土司事务,期绝纷扰而谧边陲。"③同时又指示赵尔丰:"藏番称兵,侵犯川边,安有坐视不理!但须先行开导,继以兵威,不可孟浪从事,致难收束。"④

德格是川边最大的土司,辖地范围北至西宁之番界,南连巴塘,东与甘孜、白利界,西接察木多,东西横亘五六百里,南北千数百里;

---

① 《赵尔丰致电赵尔巽拟复枢电关外早应一律改流》,《清末川滇边务档案史料》,第242—243页。
② 详见《清末川滇边务档案史料》,第245—246页。
③ 《清德宗实录》卷597《光绪三十四年十月丙寅条》。
④ 《清德宗实录》卷597《光绪三十四年十月乙卯条》。

"衰延于川藏之交……地势极要。"① 早在光绪二十二年鹿传霖就指出若在德格"扼险设防，则边疆愈固……实于川藏大有关系，若不早为规画，将来事变堪虞"②。赵尔丰出关后分析边地的形势也认为"德格不定，全藏掣肘，定德格可望收服瞻对，先去其障碍，或可事有能为"③，"若能挚挈颁画经营，成为重镇，外扶藏卫，内屏川滇……今若假此机会收回，划为州县，必可建省"。④

德格土司争袭案始于光绪二十二年鹿传霖督川时。德格老土司（宣慰使司）侧汪多尔济·罗追彭错娶玉米者登仁呷为妻，生多吉僧格，后其妻与头人生次子昂翁降白仁青，光绪十八年玉米者登仁呷勾结瞻对番官废老土司，立昂翁降白仁青为土司，老土司"迭次遣人赴驻瞻弹压委员张继行营，陈诉冤苦"，情愿献出土地印信赋税册籍等项，请求改流。当时鹿传霖正着手乘机对德格改流时，因瞻事被弹劾，德格改流也随之停止，仍让老土司统辖，然老土司夫妇在从成都回打箭炉后病故，时驻藏大臣文海负责查办德格改流事，就让长子多吉僧格领回土司印信代理土司事务，随后放回昂翁降白仁青。昂翁降白仁青借瞻兵围攻委员乔震生，逼迫多吉僧格交出印信，多吉出奔拉萨，在拉萨娶卖酒女为妻。后德格头人因昂翁降白仁青不是土司儿子，赴藏迎回多吉，拥为土司。支持昂翁降白仁青的头人们认为多吉娶地位低下女为妻，不够土妇资格，让多吉休妻后才能承继土司位。后怹惠仁青争位，诱占多吉之妻，多吉夫妇又逃回西藏。光绪三十三年，德格再次派人把多吉夫妇迎回，昂翁降白仁青又借瞻兵逼迫争夺，多吉夫妇再次逃走，递禀求救。

在赵尔丰及清王朝看来，昂翁降白仁青"既非老土司之子……乃妄欲争袭，显已违背大皇上圣旨，是为不忠，废父自立，是为不孝，逐兄屈杀，是为不仁，杀害无辜，是为不义……且自二十三年争袭以迄于今，十余年来，使德格人民牲畜，举不得安静和平"，"非将昂翁降白仁青降灭，地方永不得清静"。⑤ 得到中枢允许的第二天，赵尔丰就开始着手解决德格土司争袭案，为攻剿进行军事部署；同时出示晓谕德格

---

① 《鹿传霖藏事奏牍·查办德尔格忒土司献地归诚请设汉官管辖疏》，载吴丰培辑《清代藏事奏牍》，第1029—1030页。
② 同上。
③ 《赵尔丰致川督昂逆屡败拟督队兜剿电》，载吴丰培辑《赵尔丰川边奏牍》，第285页。
④ 《致川督德格改流各部内附请先电枢府容再会奏电》，载吴丰培辑《赵尔丰川边奏牍》，第286—287页。
⑤ 《晓谕德格剿办昂翁降白仁青等匪首外其余各安生理布告》，载吴丰培辑《赵尔丰川边奏牍》，第278—279页。

头目、百姓人等"可安居乐业，无事惊惶"，但不可助逆。①

因德格地方荒漠，北接西宁、道路遥远，不利于饷粮的运输，赵尔巽曾建议"宜以抚为上策"，赵尔丰也自称"纯用王道功夫，决无强硬手段"②。实际上赵尔丰亲赴德格，驻扎德格更庆寺，督师围剿，并增派了原驻盐井一带的后营管带程凤翔，并新添募土兵500余人。

第二年六月，昂翁降白仁青战败逃匿，赵尔丰趁机收复杂渠卡、赠科等地。其时，德格土司多吉僧格请求纳地改流，赵尔丰想乘此机会把德格、高日、春科等地收回划为州县，然后建省。就请其兄赵尔巽先致电中枢提出应收德格，赏给多吉僧格世袭都司职，仍给花翎二品顶戴，在土司呈缴土地所纳的粮赋税下，岁拨银三千两作为养赡银。多吉僧格捐出在德格的更庆、龚垭、麦学三处土寨作为收粮的仓库；赵尔丰请另赏给原巴塘正土司官寨一座，所种菜园数亩，与民一等上粮纳税。（多吉僧格在赵尔丰攻打三岩时，自请带土兵80名作为向导，立功后被赏为参将候补。）随后相继收缴春科、高日土司印信，设登科府、石渠县，留文员治理、营队镇守。

德格土司之地由赵尔丰分别派遣委员暂理，德格土司被顺利改流，奠定赵尔丰在西康建省的基础，赵为此十分欣慰。然而，在德格征讨昂翁降白仁青一役却使赵尔丰错失了入藏机会。

宣统元年正月二十七日，军机处奉上谕"赵尔丰既为番众积愤，自未便仍令进藏"，令赵尔丰"即作为边务大臣驻扎边境，仍可遥为藏中声援"③。闰二月十六日，再次谕令"即著驻扎巴塘，将察木多拔归管辖，藉为藏援"④。虽然赵尔丰对清政府急催他入藏，却又一直不指明驻扎地点曾感到无所适从，在其心目中，早已计划以巴塘为驻地，与原有的驻藏大臣联豫分工而治，更何况藏中办外交诸事也非他所熟悉，又恐与联豫权力分工不明确，反致贻误。然赵尔丰没想到中枢又会含含糊糊地免去他的驻藏大臣职务。⑤ 在清中枢命他作为边务大臣驻扎边境

---

① 《赵尔丰电复军机处略陈剿办昂翁降白仁青布置情形》，《清末川滇边务档案史料》，第248页。
② 《赵尔丰致函赵尔巽略述德格改流与收瞻诸事》，《清末川滇边务档案史料》，第406—408页。
③ 《遵旨专办边务遥为藏援乍丫可否一并归边片》，《清末川滇边务档案史料》，第329页。
④ 《宣统纪要》卷9《宣统元年闰二月乙未条》，第38—39页。
⑤ 《赵尔丰致函赵尔巽略述德格改流与收瞻诸事》，《清末川滇边务档案史料》，第406—408页。

时，赵尔丰对"内中毫不主持，总欲出以模棱"①的情况很是愤然，表示整个大局"夫此岂模棱所能了者"，再加上中枢未按他的筹帷布局进行拨款、添饷，让他"驻边缓进"，凡此种种，都令他无法接受，认为这是"示以避让之方，堕其要挟之术"，"损朝廷威重，且启藏众骄横"，可能会导致"此后政令恩施，彼更弁髦相视，既于大局多碍，更虞国体有伤"，愤而陈情，请求引退以全大局。②

与此同时，清中枢密派马亮调查赵尔丰。四月，奉命密查赵尔丰的马亮把调查结果呈报中枢，证实是藏中"托词保教，捏其公呈，越控川边事情……借口指摘，遂其要求之计"。不过建议中枢不能再派赵尔丰进藏，认为"该藏番既将赵尔丰呈控于前，必不服从听命，赵尔丰入藏办事，诚不敢谓必能相安"。③

赵尔丰对不能进藏实施他的藏政计划，心存憾然，几次欲思引退。然而他并未放弃进入藏地的想法，"遇事辄思办，仍是火气未净"。④当清中枢让他驻扎巴塘，并把察木多拨归边务时，他乘势要求把乍丫、江卡等地划归川边，"由奴才经营保护，以免暗被藏中侵占"。⑤意欲借此加强与察木多的"联络"，并拟驻扎在察木多以镇慑，作为西藏后援、据以为入藏的基础。

此时的西藏方面，由赵尔丰咨访拨调并委请任命的驻藏帮办大臣温宗尧已经到藏，然而温宗尧与联豫不能携手相合，"藏人颇以温为是，联为非"。联、温不合，藏政难以专一经理。同时达赖喇嘛已由北京即将回西藏，赵尔丰认为藏兵阻止进藏是达赖喇嘛"不知国恩，遇事要挟，图谋思逞之心"的表现，担心达赖喇嘛回藏后会精练士卒，改良政教，使民心转向，这样清政府更难在藏思图。因此他一方面拟阻止达赖喇嘛由德格在边地境内绕道回藏，另一方面又密咨西宁大臣严防达赖喇嘛再次北向投俄，更决定乘西藏兵未精、粮未足时，改革藏政。但这时

---

① 《赵尔丰电复赵尔巽商量川军进藏事宜》，《清末川滇边务档案史料》，第332—333页。
② 《赵尔丰致电军机处陈情求去以全大局》，《清末川滇边务档案史料》，第307页。
③ 《成都将军马亮遵旨查明赵尔丰被控各节据实密陈折》，《清末川滇边务档案史料》，第340—345页。
④ 《赵尔丰电复赵尔巽收瞻以计取之》，《清末川滇边务档案史料》，第600页。
⑤ 《遵旨专办边务遥为藏援乍丫可否一并划边片》，《清末川滇边务档案史料》，第327页。乍丫、江卡在察木多与巴塘之间，两地都设有粮员、营汛文武，乍丫有正副呼图克图归川管辖而非归达赖喇嘛范围。江卡：藏名麻康，在巴塘以西三百五十里，南界盐井，西界乍丫，北界武城。雍正五年，赏给达赖喇嘛为香火地，设营官管束地方。宣统三年，设为宁静县。

清中枢只希望他驻在川边遥为西藏声援,不愿让他入藏掀起更大的波澜。况且当初把察木多划归川边管辖时,察台已经有撤站阻兵的举动。因此,赵尔丰虽有进藏的想法,却万难前进西藏一步。

宣统元年六月,川军进藏给赵尔丰力图进一步筹划藏事带来了新的时机。当时正在德格督军的赵尔丰奉旨与川督一起谋求川军进藏事宜,并被指派"护送川军入藏"的任务。川军入藏之议源于光绪三十四年五月,原计划在四川省拔一协新练军,由知府钟颖统领,与赵尔丰的三营一起入藏。后因藏事紧急,中枢急催赵尔丰先行,且藏人阻止入藏的情势甚炽,就暂留钟军在川训练,一面备饷筹粮。赵因"番众积愤",未便入藏而奉旨专办边务,驻扎巴塘。这样一来藏中无兵可资,联豫在西藏需兵若渴,因此,再次奏报中枢"今日藏地情形,介在强邻之间,意存首鼠观望,必须设法经营,以保边圉……但无兵不能弹压……拟先设兵三千人,由川督挑选精锐川兵一千……并派得力统领一员,带同营哨弁目数十员,率之入藏,归驻藏大臣节制调遣即作为驻藏大臣本标之兵。其土兵二千名,由联大臣就近选募……"① 以"镇慑番情,将应行整顿事宜次第举办"②。联豫在藏需兵甚急,赵尔丰就川军进藏的途径及日期等情况与其兄赵尔巽多次往复函商。宣统元年六月,川军二千人由知府钟颖统领陆续从成都起程赴藏。清中枢不欲主战,为"免横生事端"绕开"情势汹汹"的江卡,指示川兵不能由大路进藏③,并由赵尔丰就近接应,选择经由德格到察木多至藏的北路入藏。

十月,钟颖率军先后抵达德格,为护送川军入藏,赵尔丰专门由杂渠卡回驻德格更庆。这时,察木多粮台委员转讯禀报藏地已聚兵五千余人,硕板多汛禀称藏中来人"夜暗调兵,其不出兵之僧俗,皆被围攻"。联豫致电钟颖,表示在藏购粮练兵皆无着落。④ 种种情况都使钟颖惶惧入藏,拖延不欲前进,声称"彼兵性质宗旨,只系进行,不任战斗,令边兵沿途驱战,节节护送入藏"⑤。并派遣杨凯往送厚礼以求退兵。赵尔丰见此情形,一面劝慰钟颖不必担心:表示"如类乌齐有战

---

① 《宣统政纪》卷9。
② 《宣统政纪》卷15。
③ 《赵尔丰电复赵尔巽进军由德入察可避去江卡》,《清末川滇边务档案史料》,第352页。
④ 《致川督藏兵阻途约已开战电》,载吴丰培辑《赵尔丰川边奏牍》,第420页。
⑤ 《赵尔丰致电赵尔巽顷据钟详彼兵不任战斗》,《清末川滇边务档案史料》,第456页。

事，用边兵驱剿，川军入三十九族即可无事"①；一面又赶紧电商赵尔巽谋"撤参另委"之策，打算把时为四川中路前五营统领、云贵总督李经义的外甥张继良调来代替钟颖，为此电饬张继良率军到察木多援藏，然而张继良也不愿赴藏，"屡催愈迟"，在炉霍章谷一带延宕不进，等待李经义的调动，未几即奉调至云南。②

为接应川军入藏，赵尔丰提前派两营赴察木多出示晓谕，遣散阻止的藏兵，预备川军的粮草与乌拉。见钟颖如此馁怯，赵决定亲自赴察木多送钟颖进藏，十月二十八日，赵抵察台。声言聚兵撤站、阻赵接收察木多的藏兵退至恩达一带。赵尔丰顺利入察驻扎，迈出了进入藏地拓展川边势力、深入谋求藏政的第一步。

藏中四处派调军队聚集在察木多以西的恩达、类乌齐一带阻止川军。按清中枢既定计划，川军在川边界内由赵尔丰负责接应护送到察木多，察木多以西至拉萨的藏地界内则由联豫和温宗尧派藏中新练军队沿途接应。然川军出察木多后，联豫不言派兵，只言派员晓谕开导，聚集恩达的藏军久不散去，赵推知联豫在藏所谓开导也仅是空言，因此派边军先行入藏地，由大、小路分进，"藏兵不战而退"，边军直抵类乌齐，由大道进至硕般多，以为"疑兵"，随后遣川军由三十九族间道入藏。

边军送川军到硕般多时，赵尔丰即电请联豫派兵迎头接应，然而联豫却致电军机处"请饬川督边务大臣速拨边军三四营，作为入藏川军之接应。如至拉里即与钟颖一同入藏，不必遣回"③。赵尔丰由此推知联豫在藏中所谓的"购粮练兵皆虚数"。中枢答应了联豫之请，转饬赵尔巽、赵尔丰调拨边军护送川军至拉里，只字不提让赵尔丰督率的话，担心赵尔丰入藏会激事变，反复强调边军送川军"仍应遥为声援，俾助川兵入藏之势，但须严申纪律，毋任扰害"④。同时要求川军"亦毋稍操切，致难收束"，更不能开衅。⑤"总宜申明纪律，严行约束，毋得稍有滋扰，以免藉口。"⑥

清中枢之所以不让赵尔丰随兵进藏，隐有以钟代联的设想。知府钟颖是由驻藏大臣联豫指调，联豫却意在以钟排温。赵尔丰推测到中枢的

---

① 《赵尔丰致电赵尔巽顷据钟详彼兵不任战斗》，《清末川滇边务档案史料》，第456页。
② 吴丰培缉：《赵尔丰川边奏牍》，第404页。
③ 《宣统政纪》卷25。
④ 《宣统政纪》卷26。
⑤ 《宣统政纪》卷15。
⑥ 《清宣统朝外交史料》卷11第11—13页，转引自《关系史料汇编》，第1597页。

意思甚至打算推动清中枢实施这个预想。① 然而见过钟颖之后，赵尔丰对钟的少不更事、畏葸怯懦、才能不足以堪大任的情况深为担忧，并且毫不掩饰其失望之情，同时电告其兄赵尔巽应提醒中枢打消以钟代联的念头。②

至此，赵尔丰寄托在借川军入藏重振藏务的希望也随之破灭。在赵尔丰看来，藏政是如此急需整顿，且已处在间不容发、时不可待的关键时刻。联豫在藏"只知取巧诿卸，不问事之如何"。③ 川军入藏后，联大臣不过仍用其保守主义镇慑而已，绝无旋转手段担负心思，而"此次事机与国际大有关系，失之毫厘，则谬以千里。时与势皆不可失"。④ 因此，赵尔丰决定乘送川军之机自己入藏，以求重整藏政。

如果说前此赵尔丰是因筹边而耽误了入藏时机的话，此后则是由于清中枢对西藏的过分谨慎而误了收藏时机。

清中枢对于西藏始终抱着不"轻启兵衅"的态度，朝中普遍意见是若兴兵动武，会引起外国尤其是英国的干涉，同时担心达赖喇嘛会辗转生外向之心，信奉喇嘛教的内外蒙古之地也可能会因此滋生事端，不易管制，最终导致藏地不保、蒙地不安、中国外交又将受困的不良后果。派川军入藏也只是希望"藏中僧俗可资慑服"⑤，并不打算骤改藏政。

对于清政府在藏事上的优柔寡断、欲擒又纵、不能明断的态度，赵尔丰是又急又"百计莫展"，只有极力说服清中枢采取措施，转变对藏的策略，乘"藏僧目无朝廷"聚兵抗朝旨阻川军入藏的机会"声罪致讨以保藏疆"。指出：中朝若不乘此出兵收复经营，西藏开埠，则可能会被英人施柔软手段，诱之以利，收之以心。"纵不明据其他，亦必暗移其俗"，早晚会据藏为己地，到时"瞠乎其后"也来不及了。现在进兵收复西藏"取之易如反掌"，若"失此机会"则"图之转难"，"不如当机立断。"然后采取"存其教而易其政"的措施，"使僧俗胥安，然后被以德泽，渐以教育，潜移默运，革其迷信，输以文明，强其种

---

① 《赵尔丰致电赵尔巽祈转联边军三月方能开回》，《清末川滇边务档案史料》，第560页。
② 《致川督钟颖畏葸不足以当面电》，载吴丰培辑《赵尔丰川边奏牍》，第421—422页。《赵尔丰电复赵尔巽联温不和》，《清末川滇边务档案史料》，第537页。
③ 《赵尔丰电复赵尔巽三十九族属驻藏大臣管辖应由藏接应川军》，《清末川滇边务档案史料》，第486页。
④ 《赵尔丰致电赵尔巽据云藏兵绕出拉里攻我即拟日内赴藏》，《清末川滇边务档案史料》，第510—511页。
⑤ 《宣统政纪》卷9。

族，固我藩篱"①。

这是赵尔丰第二次公开主张以武力进入西藏。然而赵尔丰在清中朝已遗人以"操切冒进""贪功""黩武"的形象，光绪三十四年马亮密查的结果或许一定程度上冲淡了中枢对赵尔丰的急进印象。然而，此时赵尔丰再一次要求武力入藏，与清政府对藏审慎态度相左，只能再次印证中枢对他"孟浪从事"的印象。虽然赵尔丰有意识地请"声名素著"的兄长赵尔巽联名会奏，不过也无足以改变中枢对他的冒进形象的认知，更不会提高对其武力进藏意见的采纳程度。

对中枢的"坐失良机"、不及时进兵西藏的战略策略，赵尔丰只能概然长叹："其实进兵并不难，所难者内中毫不主持，总欲出以模棱，夫此岂模棱所能了者！"②"不然，一战而捷，长驱直入，有何难处？"尽管如此，赵并不想就此放弃这个收复西藏的关键时机，打算不惜冒"专擅""抗旨"之罪达到进藏的目的。他为此专门电告在成都的兄长赵尔巽："此次事机与国际大有关系，失之毫厘，则谬以千里。时与势皆不可失。"并表明他打算利用督边军作川军后援的机会进藏，"将各营陆续开拔后，即拟日内赴藏，能收则收之。否则，亦必与另行约法，复回权力，遵我旧章，使外人无从觊觎，庶可息贪心。"计划到藏以后与联豫商定，等"办有头绪，再行奏陈"中枢。赵尔丰很希望他的这个策略能得到兄长的支持："如必此时先奏，只浑言督兵前进。"③一向是赵尔丰后盾的赵尔巽此次又"念手足情深"支持赵尔丰的做法，因此，在奏报上闻时只是把赵欲进藏的行动含糊为："尔丰已饬各营迅速往援，随时带病前进。"④此后又以钟军兵力尚单，备多力少，仍恐难应缓急为由，电请军机处仍让赵尔丰暂勿撤队"俾可与联豫呼应一声，随时相机办理"⑤。从而支持赵尔丰的伺机进藏行为。

川军到藏，达赖喇嘛出逃，西藏情势立即发生了变化。回藏后的达

---

① 《赵尔巽、赵尔丰电复军机处、外务部藏中阴谋反叛即此声罪致讨以保藏疆》，《清末川滇边务档案史料》，第487—489页。
② 《赵尔丰电复赵尔巽商量川军进藏事宜》，《清末川滇边务档案史料》，第332—333页。
③ 《赵尔丰致电赵尔巽据云藏兵绕出拉里攻我即拟日内赴藏》，《清末川滇边务档案史料》，第510—511页。
④ 《赵尔丰电复赵尔巽藏兵抗拒乘此进藏录致军机处电以闻》，《清末川滇边务档案史料》，第528—529页。由《宣统政纪》卷29《宣统二年正月庚戌条》可见赵尔巽是按赵尔丰的拟电发给了军机处。
⑤ 《赵尔巽致电军机处钟军兵力尚单仍电赵尔丰暂勿撤队》，《清末川滇边务档案史料》，第544页。

赖喇嘛与联豫产生闲隙，断了联豫的供应，温宗尧居中调停，在川军进抵拉萨前一天，温宗尧与达赖喇嘛约见，拟订各条规定：川军入藏不变黄教，不伤喇嘛。然川军到日因纪律松弛，枪伤喇嘛，达赖喇嘛因此连夜逃跑。①温宗尧电奏中枢陈明达赖喇嘛私逃是因与联豫意见不合所致。而赵尔巽认为温宗尧"故示见好藏番，居心尤不可问"。甚至怀疑温宗尧有"勾藏卖联"的可能。并进一步追查出温宗尧"在粤办理外交，操守难信，啧有烦言"的情况。因此赵尔巽在正月十五日致电中枢建议不能"使偏私自利不顾大局之人"再当藏政，应"仍责成联豫妥慎筹办，以昭划一"。②

清中枢接受了赵尔巽的建议，第二天就开去温宗尧驻藏帮办大臣的职务，让他迅速由藏取道打箭炉赴四川，面晤赵尔巽筹商事件。③

同一天，中枢采纳了赵尔巽的建议④革去达赖喇嘛的名号。

革了达赖喇嘛名号，驱了温宗尧，据联豫所奏，藏中安静如常。赵尔巽认为这是改革西藏内政的绝好时机，因此致电中枢"更张固应以渐，而操纵不可后时，免启戎心"⑤。但清中枢对于西藏问题仍然焦虑难下决心，虽指令联豫"练兵、兴学、垦荒、开矿以及振兴实业，利便交通，添置官吏诸大端，应及时妥筹，次第规划，固不可稍事操切，亦不可坐失事机。"⑥但同时又指示仍以"保教、安民为要"。不能骤改藏

---

① 宣统二年正月二日（1910年2月11日）达赖喇嘛与温宗尧约定条件，达赖喇嘛保证："一、将各处阻兵番众，立刻调回；二、渥荷朝廷封赏，咨请奏谢；三、仍尊重联大臣，一切供应照常规复。"温宗尧亦允许四事："一、川兵到日，自必申明纪律，维持安宁秩序，不至骚扰地方；二、诸事均和平办理；三、达赖因有教权，不加损害；四、决不杀害喇嘛，焚毁寺庙。"达赖喇嘛当时要求相互写下立据文牍，温宗尧转商联豫，联豫"以全藏为我属地，向无立约之例"为由，将约内"和平办理"四字，改为"秉公持平办理"由温宗尧单衔具文，译咨达赖喇嘛。《东方杂志》卷7第3期《纪载》；《联豫驻藏奏稿》卷2，第110页。
② 《赵尔巽电复军机处藏事应责成联豫妥慎筹办》，《清末川滇边务档案史料》，第540—541页。
③ 《宣统政纪》卷30；《军机大臣电寄联豫等温宗尧开去驻藏帮办大臣赴川筹商事件》，《清末川滇边务档案史料》，第542页。
④ 《赵尔巽电复军机处达赖逃印并应趁此改革内政》；《赵尔丰致电赵尔巽朝旨皆如兄所奏藏既无事弟亦不进藏》，《清末川滇边务档案史料》，第540、555页。
⑤ 《赵尔巽电复军机处达赖逃印并应趁此改革内政》，《清末川滇边务档案史料》，第540页。
⑥ 《军机大臣电寄赵尔巽、联豫藏中善后事宜责成联豫经理》，《清末川滇边务档案史料》，第542—543页。

政，而只可"分别缓急，次第办理"。①

此时赵尔丰督军驻守在察木多，欲进不能，欲退不甘。赵尔巽提出适时改变藏政，并把藏政的希望寄托在联豫身上，因为他不能确定中枢是否会允许赵尔丰进藏，虽然他曾以进藏钟军太弱仍需赵留队与联豫呼应为由，致函中枢以探中枢对赵尔丰进藏的态度。

然而，赵尔丰督边军送川军入藏行动引起英国的密切重视。② 英驻华公使在其政府的授意下向清政府提出照会抗议："巡警责任甚简，今以华军大队从事，英政府岂能相信。"③ 照会及备忘录对赵尔丰驻昌都意图进藏、改变西藏内政表示抗议，认为将危及英、中政府关于西藏的既定条约及现存关系。在这种外交压力下，清政府虽派梁敦彦一再申明："保证不改变西藏的现状，丝毫无意变更西藏的内部行政。"④ "中政府重视印藏条约，毫无破坏之虑，决不以达赖一人之去留于全局情形有所改动。"⑤ 即便做了如此表态，英国仍不能就此释怀。在英国的压力下，清政府更不敢也不会改变赵尔丰的权限，只让他"遥为西藏后援"，不提进藏事宜。

宣统二年二月二十一日，中枢谕军机大臣等转电赵尔巽、联豫，指示当前的藏政重在整顿而不重在改革，让他们慎筹藏政。"至土司收回内属，无论今昔情形不同，即抚绥藏番，亦不宜过事操切……近英人因他案未结，频有责言，尤恐其观衅而动。藏地关系紧要，正宜示以镇静，勿遽更张，俾全藏悉保治安，庶外交可无瑕隙。一俟藏事大定，再行相机酌办。"重申"齐其政不易其宜，明其教不变其俗，此自来绥边之良策，即今日治藏之要图"⑥。

---

① 《宣统政纪》卷33《宣统二年二月壬申条》。
② 《英国蓝皮书》帙5240，第188—190、195—196页。1910年1月31日、1910年2月15日印度总督致印度事务大臣两封电文。1910年2月23日爱德华·格雷爵士致（英国驻华代办）麦克思·慕勒电、1910年2月26日麦克思·慕勒致爱德华·格雷爵士电。转引自北京大学历史系等编《西藏地方历史资料选辑》，生活·读书·新知三联书店1963年版。
③ 《清宣统朝外交史料》卷13，第44—45页。
④ 《英国蓝皮书》帙5240，第196页。1910年2月26日麦克思·慕勒从北京致家德华·格雷爵士电，转引自北京大学历史系等编《西藏地方历史资料选辑》，生活·读书·新知三联书店1963年版。
⑤ 《西藏历史资料》第1册。
⑥ 《宣统政纪》卷32，转引自《谕军机大臣藏政目下重在整顿而不重在改革著赵尔巽等慎筹》，《关系史料汇编》，第1615—1616页。

显然，一向抱着入藏"存其教而易其政，革其俗"①主张的赵尔丰与清中枢这时对藏的主旨不合。虽然赵尔丰一度有甘冒"专擅""抗旨"罪的决心和只要"能达我目的，罪我以谢藏，因无不可"的意志②，这时也不得不平静下来。赵尔巽秉承中枢的意见也已明确地反对赵尔丰进藏行动，驻藏大臣联豫更无意于欢迎他进藏。联豫在让赵尔丰撤回由他自己请来送川军入藏驻拉里的边军时语言"冰冷无生气"，令人"索然"。赵由此更担心进藏后与联"宗旨不合，转难措手"③。与此同时，赵尔丰自己也认为达赖喇嘛外逃并已被革职，原来所担心的达赖喇嘛会"购置英俄枪械，聘请外人教习，训练既精，梗顽必甚"④的情况已不复存在；与联豫意难相合的驻藏帮办大臣温宗尧也被调离，原来所担心可能出现的"各存意见""贻误大局"的情形已然改变，温撤职后，"事权归驻藏大臣"，看来西藏不会有什么事急需他去解决的了。在这种种主客观条件下，赵尔丰从力主进藏到"徘徊无主"、举棋不定，一周后，即宣统二年正月二十六日时致电赵尔巽表明自己最后打消了进藏的念头。⑤

第四节　留边设治,筹收藏地,拟建行省

清中枢做出不轻启更张、使西藏政权在达赖喇嘛离藏的情况下"默为转移"的决定，断绝了赵尔丰直接进入藏地"据其政而存其教，抚其民而移其俗"的念头及计划。⑥赵尔丰只有退守川边、谋求边地的拓展，加紧他在川边建行省设治工作。同时改变策略，变进藏直接收回藏政为间接收回西藏属地，最终达到挽回在藏利权、抵御英人的窥视和侵入的目的。

赵尔丰在出关前的光绪三十四年七月初八日与兄联名会奏，请在川

---

① 《清末川滇边务档案史料》，第487—489页；另《清末川滇边务档案史料》，第547页"据其政而存其教，抚其民而移其俗"；《清末川滇边务档案史料》，第556页"维期教而杀其礼，执其政而抚其民"。
② 《清末川滇边务档案史料》，第510—511页。
③ 《赵李和电稿》卷6，《清末川滇边务档案史料》，第546、555页。
④ 《清末川滇边务档案史料》，第487—489页。
⑤ 《赵李和电稿》卷6，《清末川滇边务档案史料》，第546、555页。
⑥ 《清末川滇边务档案史料》，第547页。

边设官分治，获奉朱批"会议政务处议奏"，① 但直到宣统二年三月，入藏受挫，又退守经营川边时还没有收到政务处议奏的回复。清廷自然也未能依赵氏兄弟所奏请在巴塘等地设官分治。这时川边改流之地虽然已经扩展到地域辽阔的德格和宁静山以西的察木多、江卡和乍丫，然而行政建置并没有多大的变化，各改流地仍然是由赵尔丰临时派充的委员暂时管理。也就是说从清中枢朝廷的角度，川边并未有大的更张，赵尔丰在川边建行省的计划仍然没有一点起步。在这种情况下，逐渐从入藏激情及思绪中平静下来的赵尔丰，转而继续专心促进川边的设治建省工作。

而同时，赵尔丰所派边军已进驻到边南、藏东的桑昂曲宗、察隅一带。川军入藏时，藏番在江卡撤站，并在贡觉、桑昂曲宗一带调兵，为驱逐藏番保证川军的顺利入藏，赵尔丰曾派遣西军左营管带顾复庆率兵前赴贡觉，新军后营管带程凤翔前赴桑昂曲宗。程营逐渐深入桑昂曲宗、察隅一带，驱逐了调兵藏官。赵尔丰指示程凤翔沿途调查风土民情，招服百姓。程凤翔报告发现英人曾在与察隅所邻的猓猡地（今怒族、独龙族）有插旗占地的举动，引起赵尔丰重视，遂认为必须把这些地区收回才能预杜英人从缅滇边藏交界处的窥视。因此赵尔丰一方面专门委派盐井的盐务局委员段鹏瑞前往调查疆域四至户口钱粮、距离缅甸路程情况，以作为设治驻官的凭资；指示程凤翔在鸡贡、察隅一带试办实业，利用柞树造纸，选派营勇割漆、开炼银矿等；对桑昂、左贡拟分区设治进行布划筹维调查。另一方面致电军机处请饬驻藏大臣联豫乘机收抚波密设治，"以绝英人之望，俾便巩固，不陷于瓯脱之地"。②

宣统二年三月初十日，赵尔丰又与其兄赵尔巽联名会奏，请求政务处早日议定（光绪三十四年七月初八日所上奏折内容）以便设官分治。赵尔丰在这次奏请中特别指出：各处未设专官，皆以委员兼管，究竟事权不属，该委员亦形同寄处，不便十分认真。而大小词讼以及征粮章程，招民开垦，事极繁重。而且巴塘、盐井皆有教堂，现在各国教士、医士纷纷前往调查，并开设医院，因是条约所允许，未便阻拦，尤须常加保护，断非一委员所能了事。"仰恳天恩，饬下政务处早日议定，俾

---

① 《赵尔巽、赵尔丰会筹边务亟待举办事宜折》，《清末川滇边务档案史料》，第205—207页。
② 《赵尔丰致电军机处请饬驻藏大臣收抚波密》，《清末川滇边务档案史料》，第584页。

得设官分治……边务日有起色，早竟全功"①。

同一天里，赵尔丰为促进早日设治建省又上了两道奏折，一道是单衔独奏，一道是与赵尔巽会衔联奏。②挂兄衔会奏的折内赵尔丰提出应在川边新改流之地德格、春科、高日三土司地方设置道府州县。认为德格土司已经改流，现已使得川藏声息相通，无虞隔阂，"自应遵照部议，及时设官，以资钤束"。德格等地是川边的一大部落，以地势论，应建置州、县十余缺乃敷分布，因为设官管理，职务极为繁重。但是"开办之始，暂宜从简"。仅"就居民稍密之处，先行设官，以资分地管辖"。请在德格、春科、高日交界的登科设登科府，委知府一员；德格适中的龚垭设德化州，委知州一员；德化之北与俄洛、西宁毗连之杂渠卡设石渠县，委知县一员；德化之南与巴塘相连之白玉设白玉州，委知州一员；德化以西与乍丫、察木多连界的同普设同普县，委知县一员；德化以东与麻书、孔撒土司连界之处暂归德化州管理，稍缓再行设官。其地方钱粮、词讼、监狱一切事务，由各该管地方官专管。两州两县皆隶于登科府，在登科府设分巡兼兵备道一员，名边北道，统辖各府、州、县。并请求对"所设各员均请作为边疆要缺，由边务大臣奏调到边资格相当之员及四川实缺候补人员中择能奏请调补"。

在该奏折内赵尔丰又就德格改流设官、设道府州县拟了十八条章程。③

赵尔丰单衔具奏的折内则强调边、藏情形时殊势异，亟宜将波密、察隅等边南、藏东之地收回。赵尔丰分析指出："以现在局势而论，尺寸之土，皆当早为经营，不可再落人后，惟边地从未设官，久失纪理，为藏番侵占而无所稽考者，已不知凡几。而彼占去地土，除苛虐百姓，别无所事外，远者则不暇兼顾，几与弃地无异。"英人已到桑昂曲宗属地杂瑜一带重金贿赂野番，借以欲探杂瑜。英人若得杂瑜，因杂瑜与波密接壤，英人必会谋取波密。若得波密，则由工布入藏，仅数日程即与

---

① 《会筹边务案请饬下政务处早日议定以便设官分治片》，《清末川滇边务档案史料》，第591—592页。
② 即《赵尔丰致电军机处应将桑昂、察隅归边经营》，《清末川滇边务档案史料》，第602页；《赵尔巽、赵尔丰会奏德格、春科、高日三土司地方设置道府州县折》，《清末川滇边务档案史料》，第595—599页。
③ 详见《赵尔巽、赵尔丰会奏德格、春科、高日三土司地方设置道府州县折》，《清末川滇边务档案史料》，第595—599页。

印度连成一片，因此"波密一族亦万不可不令归入版图"。但藏人属地不能自有，"若为他人占去一分，我不惟失一分权利且将受一分侵害。英人未一日忘藏，将来如有利益均沾之事，必将要索前后藏，凡属藏之地，皆将入其范围之内，早收回一处，即将来少失一处"。而"驻藏大臣偏处极西，距藏远者，固有鞭长莫及之势，即距藏近者，而名系于藏，终有主客相形之虑"。因此要趁"此时将边兵所到之地，皆收归边务大臣管辖"。以乌苏江为界，划定边、藏的界线，预防并杜绝英人的进一步内侵。随即又提出应将桑昂、察隅归边经营"桑昂在波密以东，察台以南，内与江卡、盐井毗连。距藏遥远，遇事不能顾及……今既察台归边，此地亦应划入边务就近经营，以免后患"。①

虽然赵尔丰反复申述"只在保境安民"，而不是"乐于展辟地土，好为多事"②。但实际上他计划"将桑昂归边，以便经营，大局一定，可以建省"③。五月，赵尔丰又请将察木多、乍丫、类乌齐三呼图克图改流设治；拟将察木多改设昌都府，设知府一员；乍丫改察雅县，设知县一员；恩达塘改恩达县，设知县一员；与西藏未定界以前，类乌齐暂归恩达县管辖。将来桑昂、杂瑜改设县治，同归昌都府管辖，以资联络。④

这时，赵尔丰在川边的措施及行动已远远超出或曰打破了清廷对川边的既定计划。朝廷原意是为了保护川藏通道，而在"巴乱初平"之后于"炉边一隅"，"添置镇道大员，仍隶川督治权之下"。后来是在"藏卫改省之议，牵涉外交，既难举办"的情况下，才不得不仅就炉边一带设置十余郡县，而以"军府之制，任地方之责"的边务大臣统治其间，这些都只是为了保护西藏大道的权宜之计。即"亦只为通道固圉之计，非遂有斥地建省之谋"⑤。

赵尔丰接连奏请在巴塘、里塘、德格、春科、高日、察木多、乍丫、类乌齐等地设治派官并拟开办章程的情况，引起了中枢对川边建置问题的高度重视和重新考虑。清廷的主要机构军机处、政务处、理藩部

---

① 《赵尔丰致电军机处应将桑昂、察隅归边经营》，《清末川滇边务档案史料》，第602页。
② 《边、藏情形时殊势异亟宜将紧要地方收回折》，《清末川滇边务档案史料》，第592—595页。
③ 《赵尔丰致电赵尔巽将桑昂归边以便经营》，《清末川滇边务档案史料》，第601—602页。
④ 《察木多、乍丫、类乌齐三呼图克图情愿改流设治折》，《清末川滇边务档案史料》，第677—678页。
⑤ 《军机处致函赵尔巽等筹商川边设治问题》，《清末川滇边务档案史料》，第699—670页。

甚至于度支部、陆军部等都围绕着赵尔丰的屡次奏请进行反复函商，慎重地权衡着得失利弊及可行性。因此，从赵氏兄弟最早的一道关于边务亟待举办事宜的奏折（光绪三十四年七月初八日）到宣统二年三月初十日赵氏兄弟会奏德格、春科、高日三土司地方设置道府州县（赵尔丰在五月三十日奏请察木多、乍丫、类乌齐三呼图克图地改流设治折未列入讨论之列）清中枢用了近27个月的时间议商。直到宣统二年六月二十七日，军机处才第一次也是第一个就川边设治问题回答赵氏兄弟，对是否应在川边设治、拨款等项与赵氏兄弟专函会商。同时表明中枢原本没有计划在川边设治，所设立的川滇边务大臣"以军府之制，任地方之责"，是"规则已非"的权宜之计，若在边地"立行省则回旋不足"。因此对赵尔丰所请就打箭炉外地方拨归边务大臣管辖，"究于彼此行政事宜有无窒碍"，拟设炉安、边北二道，能否合并为一，或将建昌道移设，仍归四川总督管辖，仿前兼隶将军之制及新设府、厅、州县每处岁收粮赋若干，能否足支公用等情况，让赵氏兄弟"饬员绘图列表，详晰胪陈"。①

几乎与此同时，理藩部也致电询问赵氏兄弟有关边务的考虑及规划。

宣统二年七月初八日，赵尔丰在这一天里分别函复军机处、电复理藩部（这天刚好是赵氏兄弟第一次奏设官分治两周年，即光绪三十四年七月初八）。在回复军机处的信函中赵尔丰充分论述了他对川边设治问题的总体思考，把他多年来在川边苦心的经营进行了一次具体全面的总结，从赵尔丰的回函里看出清中枢对川边设治问题的态度。

赵尔丰在回函里驳斥了中枢对"关外十余州县，立行省则回旋不足"的错误看法，指出"边地所辖广袤数千里，较四川一省有过之无不及，本非十余州县所能治理"。只是因地多人少免铺张之故才请设十余州县。若从所谓"地足以养其民，民足以养其官"的角度看，还应该在江卡、乍丫、左贡、桑昂、杂瑜、察木多等处再设十余州县"方敷分布"。关于经费方面，赵尔丰抱怨中枢不能把川边视同伊犁、新疆、云、贵等省，这些地方"开辟已二百余年，至今仍恃各省协济。云、贵建省，亦仍赖川中助款"，这些省皆地不足以养其民，民不足以养其官，而先朝必建置之者，不是为了"侈开拓之功，实为固疆域之计。故年年糜费金钱，至今虽数千万而不惜"。"今关外收回才三四年，德格仅一年，而事事皆责以自谋，视之新疆各省，真不啻天渊之隔矣。""当日

---

① 《军机处致函赵尔巽筹商川边设治问题》，《清末川滇边务档案史料》，第699—700页。

请筹边地款项，户部拨开办经费一百万两"，并让把常年经费核定细数"奏报到日，再行指拨"。但之后并未指拨，因此财政支绌，边地虽竭力自筹，也无力举办"关外数大端"，还有各处需开凿山险通车轨，修理河道便船运，建造桥梁以利军行等，"在在均关紧要，而需款既巨，实为边务所不逮"。请求中枢再拨二百万两作为开办经费，并表示"只此一次，以后经常之费，即不再烦部虑"。

为请到中枢的款项，赵尔丰又以外国之例作对比："外人每得一地，皆由国家自出帑金，极力缔造，糜费在所不惜。盖其所见者，获利在远，而不顾目前小费也。"对于是否应在关外数千里之地设总权一人，赵尔丰未给予正面回答，而是列出了四种治边的办法：一种是政府所拟归四川总督兼辖；二是于蛮地另立土司，给还各地，仍按旧界管理，"此不惟与原函无斥地建省之意相合，且将边兵尽行遣撤，岁可免虚糜数十万金，而各土司感激图报，必能竭心尽力，巩固边域"；三是"即就现在办法，各处由委员暂行管理，敷衍目前，俟十余年后，查看情形，再拟办法"；四是裁撤边务大臣，使事权划一。不然必多牵掣。赵尔丰用揶揄的口吻论述了这四种治边的办法，最后指出"诚有如政府所虑，'设有不然，更将坐困'者，此必然之势也"。言下之意不设治无以治边、不设行省无以经久十分明显。

赵尔丰对中枢提出的在川边设两道员或将建昌道改并移设的建议也进行分析详呈，但很不以为然。赵尔丰并未放弃说服中枢在边地设治建行省的努力，因此他把边务大臣所辖地面四至程站、里数及钱粮税赋情况上报中枢，以作为中枢最终决策的依据。①

赵尔丰在回复理藩部的电文中首次向中枢机关正式提出建行省之事，指出筹备川边建省是目前主要应办事宜，"至边改流设官之后，须建行省，使名义早定，将边、藏地界划清，于大局前途将来免受亏损"。②

现在还没有找出足够的材料证明赵尔巽是否将赵尔丰的这封措辞激烈、语气揶揄的回复军机处的信函直接原封不动地递送到中枢。只是由宣统三年二月初六日，会议政务处议复赵尔巽等会筹边务片中推知，中枢收到了赵尔丰的这封回函并在一定程度上采纳了赵的某些建议。

---

① 《赵尔丰函复赵尔巽详陈枢府所询川边设治各节》，《清末川滇边务档案史料》，第714—717页。
② 详见《赵尔丰电复理藩部筹划改流设治情形》，《清末川滇边务档案史料》，第717—718页。

赵尔丰以边藏情形时殊势异、亟宜将紧要地方收回的具奏，虽嗣奉朱批："外务部查核办理。"但直到宣统三年正月还未收到外务部核定文件。其间，驻藏大臣联豫不想将桑昂等地划归川边，而指言属藏管辖。① 军机大臣庆亲王等曾就赵尔丰的奏请致电赵尔巽指示收藏地须兼顾统筹，对赵尔丰所请"将边兵所到之处，改归边务大臣管辖"等情以"藏本中朝土地……属边属藏原无此疆彼界之分……不宜过形畛域，转启猜嫌"为由予以拒绝，指出"似不在轻改辖地，致近更张"而"拟就边兵占领之处，随宜处置，不言收，亦不言还"。②

程凤翔等人已收复了"原梯龚拉、妥坝、狢夷、狘夷十余种，地方数千里"。赵尔丰呈请中枢择要设治"底定西南半壁，以固国防"。拟将以桑昂曲宗改为科麦县，杂瑜改为察隅县，同属于昌都府。原梯龚拉拟设原梯县，妥坝拟设归化州，木牛甲卜县丞隶属之。桑昂曲宗和察隅已派委员勘定境界户口，并刊给木质关防一颗，以昭信守。原梯龚拉、妥坝及木牛甲卜等一划清界址才派委员前往。③ 赵尔丰移驻乍丫，部署桑昂等地的治理。④

滇督李经义致电赵尔巽告知滇缅界务关系边、藏，希望"忠忱在抱"的诸帅们能"急难与同……指授机宜，协力匡救"。⑤ 并请求边务大臣赵尔丰派人查勘沿边界址。赵尔丰也表示"川滇相依，藏为藩屏，自前年英兵闯入拉萨，门户已开，出入危守，同一艰难"。希望滇、边联手，共抵英人。⑥

在赵尔丰与滇督联手准备建行省固边围的同时，却不能得到驻藏大臣联豫的积极配合。联豫曾奏陈调兵剿办波密，但不久又计划将来对波密"设法招安，再为擘划"⑦，目的是表明波密归藏属，不愿被赵尔丰

---

① 《赵尔丰电复赵尔巽已委员分往察隅沿边各部招抚》，《清末川滇边务档案史料》，第600页。
② 《军机大臣庆亲王等函复赵尔巽酌收藏地须兼顾统筹》，《清末川滇边务档案史料》，第645—646页。
③ 《收复桑昂曲宗等地设官分治并请奖出力员弁折》，《清末川滇边务档案史料》，第834—835页。
④ 《赵尔丰电复赵尔巽程营收复桑昂、察隅即移驻乍丫》，《清末川滇边务档案史料》，第674—675页。
⑤ 《赵尔巽致电赵尔丰准云贵总督李经义电陈滇缅界务关系边、藏》，《清末川滇边务档案史料》，第832—834页。
⑥ 《赵尔丰复李经义已派人查勘沿边界址》，《清末川滇边务档案史料》，第850页。
⑦ 《赵尔丰电复赵尔巽程营收复桑昂、察隅即移驻乍丫》，《清末川滇边务档案史料》，第674—675页。

收归边属。赵尔丰认为联豫的这种做法是"只知揽权，不为事实"。为了免蹈滇之片马覆辙，赵尔丰请求其兄从"波密非人私产，实为国防，不可稍有瓯脱"角度出发，"密函王公，说明此中情形"，乘兵威收复波密。担心自己出奏"犹恐误为争持"。①

赵尔丰在奏请中枢就巴塘、德格、察木多等地设治派官，筹收边南、藏东等地，并逐步把他的经边另五项计划推向各新收复地区的同时，也在设法拔除影响川边改流的钉子，即收复野番三岩。

三岩，藏语称为"撒硬"，是恶地之意。处在金沙江两岸，境内多山，地势险要，在历史上既未臣服于中央王朝得受赏封，也不接受藏中管辖，所以称为"野番"。地居巴塘、德格、江卡、乍丫、察木多之间。当地藏民有集体抢劫之风，"掠杀大道客商，汉蛮无不受害"。光绪二十三年，时任川督鹿传霖派提督夏毓秀率师征剿。夏又委记名总兵韩国秀先行前往。因以人强山险，未能深入，只招服下三岩宗巴五家、擦纳一寺，允之不纳粮，不当差，割巴塘的白降工一村并每年由兵饷内提银四百两给擦纳寺，割喜松工之地，每年青稞一百四十克给宗巴五家，称为保路钱，让他们保护大道，不出劫案。而实际上宗巴五家与擦纳不仅不保大道相反却经常出劫。察木多、乍丫、贡觉、巴塘、江卡一带百姓深受其苦"竟有素裕之家，抢劫一空，立成贫穷者，至于杀掳勒赎，犹属常事"。② 光绪三十二年五月联豫路过江卡时，有番民多人，环跪道旁，求以桑披之师，移剿三岩。当时联豫认为"非以兵力剿除而痛惩之，恐出没无常，终为间阎害也"。③

对于计划在川边建行省来说，这样的地方无疑是个必须除去的阻碍，或曰必须拔除的钉子，而且是必须在建行省之前就应该解决的问题。宣统二年三月时，赵尔丰就计划把送川军入藏驻在拉里的边兵撤回边地，以出击三岩。在做这个部署的同时，赵尔丰晓谕三岩不准再行抢劫。三岩头人撕毁文告并四处扬言"你要打三岩，我们表示欢迎，我们三岩人不多，只有一披（一升）元根萝卜种子那样点人。你尽管来"。④

---

① 《赵尔丰致电赵尔巽桑昂归边交部议复波密不收将为后患》，《清末川滇边务档案史料》，第850—851页。

② 《三岩匪众劫毁公文杀掠客商掳去防勇派兵剿办折》，《清末川滇边务档案史料》，第790—791页。

③ 张其勤著、联豫补：《炉藏道里最新考》，载吴丰培辑《川藏游踪汇编》，四川人民出版社1985年版。

④ 刘鼎彝：《赵尔丰经营川边闻见记述》，《四川省文史资料选辑》第6辑。

并在赵尔丰驻地的三十里外抢劫，将递送驻藏大臣公文的台兵劫去痛打，撕毁公文，声称杀尽汉官、汉人。①这个事件加快了赵尔丰收复三岩的步伐，于十月奏请剿办三岩。

为剿三岩，赵尔丰做了充分的准备。针对三岩的地理情况，赵尔丰特别由成都制成可以折叠的铁架牛皮船二支，由陆地运到金沙江边，并特地在进攻部队中配了德国制的"阿迷司宗"大炮，专门攻打碉堡。在江卡招募四十名土兵作为攻三岩的向导，德格土司多吉僧格也自请带熟悉地形的土兵八十人作向导。十一月，分兵五路包抄，由傅嵩炑作三岩军务督办，赵尔丰本人也由乍丫进驻贡觉孔撒村督战，并抽调钦差行辕的卫队营调往参战。不到半个月时间，即已占据三岩。三岩攻下后，派委陕西樊润（号朗廷）为三岩委员，留顾占文一营戍守。颁发章程三十条。第二年（宣三年正月）赵尔丰请将三岩改流设官。

赵尔丰收复三岩行动，引起"英领的极为注视"。

赵尔丰在川边改流设治筹建行省进行具体部署的同时，又于宣统三年正月请求提高川滇边务大臣的地位，向中枢争取与四川总督、驻藏大臣同等的"督臣有专差之便，请由驿递发"地位，改变川滇边务大臣"所有折奏及咨部公示，均附由四川督臣随文转递"的情况。②

赵尔丰在川边设治建省的行动及规划终于得到中枢的批准。宣统三年二月初六日政务处用了近三年的时间"详加核议"赵氏兄弟关于川边设治的奏请，提出建议"请准如所奏，分设各缺"。同时也批准了赵尔丰请求划清界限的要求，将打箭炉以外属地划归边务大臣管辖。③

同一天里政务处又批准回复了赵氏兄弟在德格、春科、高日土司改流设治奏请及所拟改流设治十八条章程。"该督奏陈建置事宜，均系按切形势，择要经划，实为川藏主权必不可缓之举。""应请准如所奏，添设边北道一缺，德化、白玉知州二缺，石渠、同普县知县二缺，分管地方钱粮、词讼、监狱一切事务，归边务大臣管辖，以图治理而资控驭。""所拟补缺升途各节，及俟教育普及，蛮民能习汉语、汉文，再行察看情形，仿照内地饬办地方自治及审判事宜，亦为因地制宜之要，

---

① 《三岩匪众劫毁公文杀掠客商掠去防勇派兵剿办折》，《清末川滇边务档案史料》，第790—791页。
② 《边务者奏请照藏中成案径由驿递交陆军部捷报处代为恭进片》，《清末川滇边务档案史料》，第842页。
③ 详见《会议政务处议复赵尔巽筹会筹边务片》，《清末川滇边务档案史料》，第853—854页。

并请准如所奏办理。"①

形势的发展再一次出乎赵尔丰的意料。一个星期以后，他在川边改流设治建省的计划得到了更大的推动。二月十二日，民政部奏请各省土司改流设官，以"扩充民治，教养兼施，以维治安，而广文化"，"巩固边圉，弭患无形"。特别指出"四川则未改流者尚十之六七"，应饬下边务大臣详细调查，凡有土司、土官地方，酌拟改流办法，奏请核议施行。②形势的逆转，促使赵尔丰加快了川边的设治建省工作，把察木多、江卡、乍丫、类乌齐等呼图克图及诸土司地收归设治。二月，派统领凤山率军往攻得荣浪藏寺（又名诺苴寺），该寺归诚，设得荣委员。巴塘所属冷卡石亦输诚归顺，划归三坝委员管理，于是原有巴塘土司之地，全部改流设官。

筹边几年来，赵尔丰一直是以在川边建行省为最终目的，因此当三月份被再次委任为四川总督后，为了在离开川边之前完成川边的改土归流、设治建省工作，他加快了实施建省计划的速度。拟与兄会衔出奏正式提出在川边建省，赵尔丰在匆忙提出的建省计划中，再次重申川边建省预杜外人窥视的必要性和重要性：川边"地方辽阔，堂奥规模，危在四维，势必建设行省，不足以为控制，而为藏援"。"不言收而言治，固至远谋"，然"设官分治必得先置省府从容管理"，川边建省正如朝廷在云、贵、新疆建省一样"非仅为开拓之功，实为巩固疆域之计"。"康藏以前横散，实因无人经营"。"以形势论，西藏亦当建省，提前经营，以杜外患，未雨绸缪，未见晚也。"如果川边和西藏都建行省，"连贯一致，共筹边圉，俾便国防负责有人，随时预防，以备不虞"；然后再"依其俗而导其政，练兵、兴学、采矿、开垦悉为蕴富之源，数年后，当有可观"。强调"此边、藏时不容缓之事"，也是大势之所趋。③

然而川边仍有许多未改流之地，特别是瞻对问题尚未解决，使他不能放心即行回川赴任。在即将离开川边时急忙提出川边建省计划，不愿让多年来的筹维计划功亏一篑；更担心"后来者未必肯取，取亦不能如

---

① 《会议政务处议复赵尔巽筹奏德格、春科、高日土司改流设治章程折》，《清末川滇边务档案史料》，第854—855页。
② 《民政部奏请各省土司改设流官以资治理折》，《清末川滇边务档案史料》，第878—879页。
③ 《议复岑春煊等统筹西北全局奏请川边建省折》，《清末川滇边务档案史料》，第920—921页。

是之易"①。因此与其兄赵尔巽函商分别奏请以傅嵩炑代理川滇边务大臣，以王人文暂行护理四川总督。直到五月赵尔丰才交卸边务大臣，交印之后的赵尔丰还是不能放心离去，担心傅嵩炑代理"权力未足"，继续留在边地会同傅嵩炑办理改土归流。与傅一起由巴塘至甘孜，会檄灵葱、白利、倬倭（朱窝）、东科、革什咱、鱼科、明正等土司缴印改流，并会檄驻瞻对藏官限期回藏。六月，俄洛（今果洛）各部土官派代表到甘孜，表示归顺，随后，色达三部头人亦具禀归顺，赵尔丰奏请设果罗、达威两县。

与此同时，民政部有关改流以扩充宪政的奏请，促使联豫派兵往攻波密，准备把波密改土归流。但出师不利。兵败后，联豫急电赵尔丰请派兵会攻波密。赵尔丰奏派边军统领凤山为波密督办，与驻藏清军分东西两路会攻，波密总管白马翁青逃往仁进邦，被当地头人所杀。七月，波密平定。移交驻波密参赞罗长裿接收，由驻藏大臣分设理事官管理地方事务。赵尔丰对于关切边藏大局的波密的担心也暂时解除。

赵尔丰由北路回川，路经甘孜至打箭炉，沿途会檄鱼通、绰斯甲、崇喜、毛丫、曲登等土司缴印改流，赵尔丰随即入川，途中将咱里、冷边、沈边三土司改流。

七月，明正土司所属鱼科土千户抗不缴印改流，并与明正土司密谋恢复土司旧制。傅嵩炑派兵往攻，鱼科土司降登宜错逃往上罗科被杀，鱼科遂平。赵尔丰奏请将明正土司改流，以道坞改为道孚县，九龙改为九龙县，巴底、巴旺改为丹巴县，以泸定桥巡检辖区改为泸定县，统辖于康定府。

接替赵尔丰筹划川边的傅嵩炑秉承赵尔丰的既定目标，在办理明正土司改流后，复出关至泰宁，收回乾隆年间赏给泰宁寺差民七十余户，改流其地。并檄饬察木多、乍丫两呼图克图徼印改流。九月，设乍丫理事官，并将察木多粮员改为理事官，管理地方行政事务。傅嵩炑于宣统三年闰六月十六日再次奏请建西康行省，把赵尔丰在匆忙之中的建省奏请具体化，为赵尔丰川边改土归流设治建省的筹划部署画上句号，拟名川边行省为西康省。再次强调建西康行省的重要性："边地界于川藏之间，乃川省前行，为西藏后劲。南接云南，北连青海，地处高原，对于四方皆有建瓴之势，非特与川滇辅车相依。"若在川边"建设方镇，以

---

① 《赵尔丰电复赵尔巽顺道收瞻即赴川任》，《清末川滇边务档案史料》，第954页。

为川滇屏蔽，藏卫根基"。① 拟定边务应改行省五条，全面反映了赵尔丰经边七年筹建行省最终目的——固边：将边地改设行省，编练重兵，"建威即可消萌"，"守康境、卫四川、援西藏，一举而三善备"。②

当赵尔丰、傅嵩炑在川边按他们既定的设想采取行动并将要达到目的时，国内形势却发生了重大变化，全国正处于辛亥革命前夕，四川保路运动也正处高潮，清中枢无暇顾及，遂对他们的建省之议搁置未决。西康建省就因此而如同一项后期注入不足的工程，早期虽然盛大显赫，但却在即将完工时草草收场。

第五节　收回瞻对

清季收瞻问题成了清政府对藏态度的晴雨表。继光绪二十二、二十三年鹿传霖力主收瞻之后，西南的边疆大吏们关于收瞻与否又发生了一场争论。继主收瞻的鹿传霖、凤全、锡良之后，赵尔丰自从经边之始就极力主张收回瞻对，以完成在川边建行省的大局。从光绪三十一年到宣统三年（1905—1911），赵尔丰自称一直是"暗中极意经营，数年来未尝稍懈"。③ 然而在筹议收回的过程中却出于对各种因素的考虑议而未决。从光绪三十年（1904）到宣统三年（1911）五月瞻对番官离开瞻对，七年内共出现三次收瞻之议的高潮（不算赵氏兄弟主动要求收瞻的次数，仅指清中枢明文表示收瞻）。

一　收瞻之争

光绪三十年（1904）英兵直入拉萨，引起清王朝对西藏问题的恐惧与重视。而西藏在川边的飞地瞻对必须收归内属这时显得异常重要，英若占西藏必索藏的所有属地，则瞻对必然会因此失去，而瞻对直插川边内脏，与川腹地相接，如果瞻对一失，则川省更无门户可言。收瞻未成的鹿传霖在光绪三十年八月初五日致函外务部奏请应趁早设法把瞻对收回川属，撤去番官。如若不然"一经英人请界，则瞻必属英"。而德格土司地也会因此被阻在外，势必全为所占，"是自弃千数百里之地，

---

① 《傅嵩炑请建西康行省折》，《清末川滇边务档案史料》，第1032—1035页；傅嵩炑：《西康建省记》，四川官印刷局1912年铅印本。

② 傅嵩炑：《西康建省记》，四川官印刷局1912年铅印本。

③ 《赵尔丰电复赵尔巽顺道收瞻即赴川任》，《清末川滇边务档案史料》，第954页。

逼近川疆，为患实非浅鲜"。①

此时鹿传霖已进入清中枢，成为影响中央决策的主要人物，瞻对问题一直是他的一块心病。这次的力主收瞻内属、改土归流建议遂变为朝旨，由负责筹边筹藏的凤全、有泰、锡良等人接奉朝旨具体落实。

正在川边的凤全接旨后，坚决主张收瞻内属，认为"瞻对本川省藩篱，而收还实保固根基"②。并立即采取行动，一面檄令打箭炉文武告谕三瞻，观其向背，一面函商有泰，催促有泰开导商上调回番官，酌筹昔年兵费，以便接收。已到西藏的有泰则认为"三瞻甫经赏还，不独于事理反复为不可行，后患将不可收拾"。③ 并就此凤全与有泰展开辩论，有泰认为当时"藏约尚未大定"，"若由川骤定收回之权，诚恐于藏中隔阂"，"其后恐将有不可收拾者"。收瞻时机的早迟应"以维川藏大局"为标准，且担心收瞻"会坚趋其外向之意"。"以大局而论，示以天威则可，失此大信则万万不可。"当务之急是了结边务，使外侮不来，屯田园，练兵镇慑，而不应该在此时收瞻内属。④

凤全对有泰的"收瞻之事，万万不可行"的态度，愤懑不已。⑤将"机不可失"应"早竟全功"等情形上报中枢等待朝廷的裁处。然而凤全未能等到中枢的最终裁决，当锡良于光绪三十一年（1905）三月初七日综合凤全、有泰的意见上报中枢时，凤全已命殒边地一个星期了。

川督锡良，一直是积极筹边筹藏并给凤全在川边新政以全面支持者，也认为没有充分理由和借口骤改瞻对内属（这时锡良还未得到凤全身死的消息，三月十五日才传到成都），准备采取中庸之道以偿还藏中二十万两银作为解决瞻对问题的最佳方法。他认为"有泰在藏言之，则主于安抚藏人，凤全在川言之，则主于裨益边务"；若收瞻由川省办理则不外理喻之与力取两种情况，理喻不听反徒损威重，力取虽可奋师一

---

① 《鹿传霖为速将瞻对收回属川事致外务部节略》，《清末川滇边务档案史料》，第14—15页。
② 《凤全遵旨议复收瞻折》，《清末川滇边务档案史料》，第39—40页。
③ 《覆陈筹议收瞻折》，中国科学院历史研究所第三所主编《锡良遗稿·奏稿》，中华书局1959年版，第470—472页。
④ 《驻藏大臣有泰密咨驻藏帮办大臣凤全不便收回三瞻文》，《清代藏事奏牍》，第1277页。有泰关于收瞻时机的论述虽被时人凤全等不屑一顾，也被后来者赵尔丰等人不以为然，然从瞻对最后的收复看，中枢走的是有泰所主张之路，这也说明清廷对藏事瞻对的谨小慎微是自始至终的。
⑤ 《凤全致函刘廷恕请催管带张鸿升选带营勇出关》，《清末川滇边务档案史料》，第42页。

战，瞬当蔑灭，"则无从声罪以讨之"，且与朝廷"柔远之至德、字小之深仁"一贯政策不相合。最后锡良提出由川省先偿还藏中二十万两银，明白开导，宣布"圣主绥边经远至意"，调回瞻官，等藏人遵依后再进一步地妥为筹办。①

巴塘事变、凤全被杀，一向谨慎的锡良改变了他对收瞻的谨慎态度。光绪三十一年（1905）九月初六日，锡良致电军机处要求收回瞻对以弭川边之患，锡良分析了巴塘事变的根源，认为"徼外连年多事，实缘瞻对番官侵暴川属土司，故议收还，绝其祸本"。因为"徼外措处，全视三瞻"，"三瞻之人雄长于诸番之中，其地错处于川边之内，番情向背，随之转移，而我之沿革损益，（也）莫不因之为重轻，以此计其得失"。只有先收回瞻，才便统筹全局。若不然即使在巴塘留防设戍，兵少则虑勾结为变，兵多则惮馈运难支。巴案以前收瞻恐没有借口，现瞻对番官"助巴抗逆"，可以此为据，明告商上，以保固川边，必应收回，勿稍疑贰。同时由川省檄谕番官回藏，由赵尔丰率师前往，妥为筹划，汇同巴案一并办理。锡良最后着重指出"要荒永靖，事机贵速。""驭夷之道，在威与信，必廷议定而后众志始坚"，由此请求中枢就收回瞻对问题早为议定。②

巴塘事件也确实令朝廷震惊，不仅一日两次廷寄谕令将全台善后事宜妥为筹办，而且立即同意对锡良收回瞻对以弭川边之患的建议，与锡良上奏时仅隔一天，即九月初八日，军机大臣就奉上谕电寄锡良："自应乘此机会将三瞻地方收回内辖，改设官屯，俾资控驭。著有泰、联豫即行剀切开导商上，晓以保固川边必应收还瞻对，令将所派番官撤回，毋稍疑贰，兵费仍照前筹给，以示体恤。即著锡良审度机宜，径檄番官遵照，并督饬赵尔丰通筹妥办，以遂瞻民内附之忧……其一切事宜应如何妥筹布置之处，仍著随时奏明办理。"③

清中枢终于下定收瞻内属的决心，从此收瞻的具体任务落在了赵尔丰的肩上。赵尔丰从奉命督办炉边善后，调查出"川边致乱之由"，就打算收回瞻对。从此以后赵尔丰把收瞻作为他实现川边设治建省必须彻

---

① 《锡良遵旨议复收瞻折》，《清末川滇边务档案史料》，第44—46页。
② 《锡良为收回瞻对以弭川边之患请代奏事致军机处电》，《元以来西藏地方与中央政府关系史料汇编》，第1325—1326页。
③ 《军机大臣电寄锡良奉旨着手收回瞻对并相机筹办理塘改流事宜》，《清末川滇边务档案史料》，第67页；《谕军机大臣自应及时收瞻兵费仍筹给著锡良酌办》，《清德宗实录》卷549。

底解决的问题以及必须采取的步骤。但接受了收瞻任务的赵尔丰,却屡被清中枢动摇不定的态度牵制着,收瞻行动也受到制约。直到最后全川边或曰全国土司改流已成大势所趋,才最终解决了这个毕近三十年之功的瞻对问题。

锡良、赵尔丰接旨后,着力进行川边致乱土司的平剿工作,但并没有真正采取收瞻的行动。光绪三十二年六月设川滇边务大臣,赵接任以后返回成都,接着留川护理川督,直至光绪三十四年八月十日赵尔丰再次出关,才真正着手计划解决瞻对问题。

二 赵尔丰收瞻努力

赵尔丰二次出关后,沿途各土司百姓纷纷控告瞻对番官越界滋扰索贿、派征乌拉、差银等事。赵尔丰调查德格土司争袭案,从光绪二十年到光绪三十四年都是由瞻对番官插手的结果,且其他土司也有被索地土与百姓的情况,如里塘的牙萨、哩巴、龚巴三村,章谷的一日沟村,革什革土司的一全部落;道坞、麻书、朱窝等土司百姓每年为瞻对番官从打箭炉至瞻对运送贸物数千次之多,不仅不给一钱,还常被借机勒索。各土司每年要向瞻对藏官纳守碉银两,如朱窝一最小土司也要交纳上千两银。

为收回瞻对,赵尔丰一面让各土司具体禀陈瞻对藏官的苛虐情形,以作为收瞻罪证及理由。[①] 一面严檄瞻对番官不准干预各土司事务,"亦不得向各土司勒要银两,征纳守碉、执役各项银钱"。"如有应用骑驮及食用粮草,无论何处,皆以民价和雇,不得强派供支"[②]。同时晓谕各土司百姓人等嗣后不用无偿供应瞻官乌拉;如雇用乌拉,皆须照付脚价,若食用粮草,皆照市价给银。"倘有逼勒情事,准允扭送来辕控

---

① 如德格土司等遵饬禀复瞻对藏官每年所收各处差项:有西宁所属夷民百姓五处,专收银差一项;林(灵)葱土司名下,收银差一份;拉拖(纳夺)土司名下,收酥油差三十驮;西宁所属档拉一处收盐差五百驮;多吉僧格名下,收银差三百两。此外,所有包盐巴牛皮由德格所属牛厂百姓支应三百张。凡瞻对每年派人收取差项时,顺带杂货六百驮,即于各处发卖,并调换盐巴、酥油、牛皮等项。盐巴计换一千余驮,杂货则调换五六百驮。上下一路所用乌拉,均归德格百姓分段支就,并无脚价分文。每夜还要与他们预备饮食。每年瞻对所用金、银、铜、铁器具;均由德格百姓制造,亦无工资可给;还要自备柴火。每年如遇瞻对番官收取差项过境之时,一路驮包稍有破损,则被多方敲磕,勒索赔偿。《清末川滇边务档案史料》,第 270 页。另德格昌科头人百姓禀控瞻对藏官种种剥削,详见《清末川滇边务档案史料》,第 296 页。

② 《赵尔丰札饬瞻对藏官不得干预其他土司事务》,《清末川滇边务档案史料》,第 253 页。

告"。对仍支瞻番乌拉者严究不贷。①

赵尔丰想通过"事事裁制番官，使不得逞"的方法，使瞻官"不能任意侵欺各土司"，或许会因无可恋而贪重赏退出瞻对。② 同时致电军机处请及时收回瞻对："若徒事羁縻，不计失利，恐藏既鞭长莫及，边亦腹削日深，川更防不胜防。"③ 赵尔丰提出收瞻办法：或责藏番历来多事之咎，勒令退还；或查明原议偿给兵费，酌予赏项，收回内属。如果两者均不能就范，"则宜不惜用兵"。只有收瞻川属，边事才能稍安，然后急速经营使成重镇，"川藏始有联络一气"改变"中多间隔"的情形。

随后，赵尔丰又请其兄赵尔巽会衔上奏，陈述应乘达赖在京之际饬令还瞻或者由他奉廷命相机进取收回瞻对。④ 为了加强说服力，这次的上奏不仅与兄赵尔巽联名，同时加入了成都将军苏噜岱衔。⑤ 这时鹿传霖与摄政醇亲王同奉遗诏，加太子少保，晋太子太保，拜为体仁阁东阁大学士兼经筵讲官，收回瞻对一直是他的愿望，因此在收到赵尔丰收瞻奏折后，十二月初五日他与摄政王一起谕令军机大臣电寄川滇边务大臣赵尔丰，"著赵尔丰会同赵尔巽、联豫妥为规画，谋定后动。"采纳赵尔丰所拟收瞻方案，"但须遇事审慎，毋稍疏虞"⑥。

赵氏兄弟得到中枢的指令，立即（即十二月初七日）致电联豫，请联豫与他们一起会衔限令瞻官回藏，并请嘱商上电饬瞻官退去。⑦ 赵尔丰因天寒留驻在德格更庆寺，想趁大兵压境的时机收回瞻对。但赵所主张的两种收瞻方法即要么强收（指出兵）、要么善收（指晓谕商上由藏中自退番官）都未能起作用，因强收清廷不允，怕失藏心，"善收则联豫不议"。虽然多次札谕瞻对番官，然而联豫在藏并不能对商上产生有

---

① 《赵尔丰晓谕各土司百姓人等嗣后供应瞻对乌拉不准作为差使支应》，《清末川滇边务档案史料》，第254—255页。
② 《赵尔丰致函赵尔巽略述德格改流与收瞻诸事》，《清末川滇边务档案史料》，第406—408页。
③ 《赵尔丰为沿途土司百姓纷控瞻官苛索亟应收回瞻对请代奏事致军机处电》，《清末川滇边务档案史料》，第259—260页。
④ 《赵尔丰电复赵尔巽趁达赖在京拟奏请饬令还瞻或相机进取》，《清末川滇边务档案史料》，第261页。
⑤ 《赵尔丰、苏噜岱、赵尔巽电复军机处、外务部请饬达赖退还瞻对或相机进取》，《清末川滇边务档案史料》，第282页。
⑥ 《宣统政纪》卷4。
⑦ 《赵尔巽、赵尔丰致电联豫会衔限瞻对藏官回藏》，《清末川滇边务档案史料》，第264—265页。

力的影响或施加压力，瞻对番官以未奉达赖或商上的手札为由不退出瞻对，且屡次禀请仍照旧支差并管理革什咱等地，暗中调兵，甚至调兵至已改流的巴、里两塘属地。① 看来札谕并未能起太大的作用，赵尔丰对瞻对番官的抗顽不遵、中枢"去年犹主收瞻，今年忽主不收"、不得收瞻要领，错失良机而灰心丧气。②

赵尔丰本打算奉旨之下，乘势先收回瞻对然后再行入藏，然而德格争袭案的迟迟未决及藏中的更加全力抗阻，打乱了赵尔丰的计划。

宣统元年正月，清中枢在让赵尔丰留边遥做藏中声援，也即取消了让赵尔丰进藏计划同时，改变了主意不再提收瞻对之事。赵尔丰讶异于情势变化如此之快，惊奇之下归咎于联豫的"贪功不顾大局"，慨叹"可笑，可恨，使非书仙慰我，直气死矣！"③ 并打算不惜冒获咎早去之罪致电中枢请乘机收瞻，计划采取更为强硬的措施限制瞻对番官的行动：札谕瞻对藏官所调之兵不准出瞻对境，所征调之民不得擅入德格境内抢掳；"若敢出瞻境一步，立即派兵剿办"。④ 同时又札谕藏中代理达赖喇嘛格登池巴划界息兵，"不准再以兵戈相见"。⑤ 并让瞻对番官把历次札谕送藏⑥；补交里塘所属穹坝、阿坝、噶坝三坝四十年应支道差使及修桥乌拉、应纳马价差资、茶叶银两、青稞等项，以后按年上纳⑦。

赵尔丰虽表示愿"委曲隐忍，以待朝命"，不敢"以弹丸而误全局之计"⑧。但还是致电军机处准备用"先威后恩"的方式收瞻对内属，并表示"如藏有烦言"，"愿任其咎，以谢藏人"，"总期三瞻复为我有，内足以固边圉，外可以靖狡谋，而不计自身的利害得失"。⑨

达赖此时早已离开北京在返藏途中。西藏三大寺及僧俗官员等禀复

---

① 《瞻对藏官禀请仍照旧支差并管理革什咱》，《清末川滇边务档案史料》，第265—266页；《代理瞻对藏官禀复所有地土碍难退还》，《清末川滇边务档案史料》，第283页。
② 吴丰培辑：《清代藏事奏牍》，第498页；《清末川滇边务档案史料》，第285页。
③ 《赵尔丰电复赵尔巽收瞻关系大局愿获咎早去》，《清末川滇边务档案史料》，第284—285页。
④ 《晓谕瞻民不得擅入德格境内抢掳》，《清末川滇边务档案史料》，第285—286页。
⑤ 《札谕代理达赖喇嘛格登池巴划界息兵》，《清末川滇边务档案史料》，第286—287页。
⑥ 详见《札瞻对藏官速将迭次札谕送藏并应悉遵法律》，《清末川滇边务档案史料》，第314页。
⑦ 详见《札瞻对藏官转饬三村补交应纳差银》，《清末川滇边务档案史料》，第366页。
⑧ 《清宣统朝外交史料》卷1，第42—44页。
⑨ 《赵尔丰致电军机处遵旨收瞻恐须先威后恩》，《清末川滇边务档案史料》，第295—296页。

联豫，申诉瞻对仍须归藏管理，① 并禀请赵尔丰免予退还旧地。② 赵尔丰在德格晓谕各土司不能任由瞻对番官驱使支差，不准瞻对番官越界，这些限制引起"藏番的衔恨"，在江卡一带练兵，这种情况虽使朝廷认识到藏番的"心怀叵测"，但恐因"仅关系一隅"而"致牵动全局"，不主收瞻。清中枢对瞻对态度的转变，使赵氏兄弟感到收瞻无望。这时虽在中枢的鹿传霖也因势单力薄，无能左右局势，为慰赵氏兄弟，鹿把他在光绪二十二年前后收瞻事宜编辑成《筹瞻奏疏》，并于1900年付印，各寄一本给赵氏兄弟。感叹时"收瞻之善，除川省一二人外无知之者，内中更无论矣"③。

然而赵尔丰并没有放弃收瞻的希望。德格事一经平定，即言收瞻正在其时，因藏中出兵抗拒"显然叛逆"，收瞻不患无词。瞻对百姓也暗中来投，收瞻已是必然之势。若不趁此收回，将"妨碍全边"④。然赵尔丰这次主张收瞻正值川军进藏之时，为了保证川军的顺利入藏，赵尔巽似乎并没有据此入奏。赵尔丰只有再次札谕代理达赖喇嘛不准瞻官干预各土司事务。同时札谕瞻对百姓应与各处百姓一律应雇乌拉。

宣统二年二月，达赖喇嘛出逃，川军入藏，联豫等报藏中安静如常，军机处指示赵尔巽、联豫等人酌度情形，迅速筹办藏政。赵尔巽乘此把赵尔丰收瞻的意向致函军机处，陈述现藏事略定请旨饬赵尔丰收瞻："川边……自炉关以至察木多纵横数千里，蛮民安居乐业，不复有前此战争兵革之苦，声教所及，倾心向化。惟瞻对一地仍归藏属，窟处川边中心，于统治诸多窒碍，时生龃龉，边、藏用以不安。而瞻民苦于藏官苛暴，诉请收还不愿属藏者屡矣。""请旨饬赵尔丰不限时期，便宜办理，必有无碍大局之策。"指出"若仍置而不办，将来藏中控制，一有失宜，川边必因而不靖，川藏中梗，鞭长莫及。"⑤ 军机处接到赵尔巽收瞻的奏折后与外务部会商，不同意这时收瞻，认为"就目前兵力而论，此原非难事。惟自藏中多故以来一有举动，群相瞻嘱。……若遽

---

① 《西藏三大寺及僧侣官员等禀复联豫申述瞻对仍须归藏管理》，《清末川滇边务档案史料》，第370—375页。
② 《西藏僧俗员弁等禀请赵尔丰免予退还旧地》，《清末川滇边务档案史料》，第377—380页。
③ 详见《清末川滇边务档案史料》，第392、396、403、406—408页。
④ 详见《赵尔丰电复赵尔巽德格平定收瞻正在其时请会衔代奏》，《清末川滇边务档案史料》，第411—412页。
⑤ 《赵尔巽函复军机处现藏事略定请旨饬赵尔丰收瞻》，《清末川滇边务档案史料》，第578—579页。

事更张，迫以威命，藏人或形觖望，邻国亦起啧言，又将何以处之。自不如示以镇静，且俟藏局大定，再行酌办。至藏官苛暴，似可由驻藏大臣督饬更换，以慰瞻民"①。

然而赵尔丰在暗中为收瞻做准备，但"恐蹈滋老（鹿传霖）覆辙"，采取"不动声色，以计取之"②。借攻三岩调兵之名，调张继良的军队移驻甘孜，暗迫瞻酋，令其遁去，希望能以"不居攻瞻之名，而可坐收其地"。并让毗连瞻对之昌泰、麻陇、增科三处村长认真赶办团练，联为一气抗击瞻对。就在赵尔丰认为火候已到八分时却"大功垂成"，藏中走漏了消息，商上饬瞻对番官稳住"非兵来绝不敢逃，逃亦死"③。

直到宣统三年二月十二日，民政部奏请各省土司改流设官以资治理，并特别指出川边瞻对、察木多等地宜早设治，以便治理。④赵尔丰终于从中枢那里得到了收瞻的支持（鹿传霖已于宣统二年春间发疾，七月病薨）。于三月二十四日奉到朝旨的当天即致电联豫转饬商上遵照办理。⑤此后便札谕瞻对各地头人"大兵将至投藏投汉"令其自择。⑥严令瞻对藏官交出户口粮册，并限期五日内将所带藏兵带领回藏。⑦正在赵尔丰收瞻"火候已到十分"时，赵尔巽急催他回成都赴川督任。赵尔丰不愿就此抛开数年来的夙愿，认为"弃之可惜，后来者未必肯取，取亦不能如是之易"⑧。因此赵加快收回瞻对的步伐，为迫瞻官早日回藏，在札谕藏官速回西藏的同时，派管带张荣魁督率队伍开拔到瞻对之达阶一带驻扎，明谕瞻对番官"若再推延逾限，大

---

① 《军机处、外务部函复赵尔巽俟藏局大定再行酌办收瞻》，《清末川滇边务档案史料》，第618—619页。
② 《赵尔丰电复赵尔巽收瞻以计取之》，《清末川滇边务档案史料》，第600页。
③ 《赵尔丰电复赵尔巽拟令张继良军渐入瞻界迫瞻官自去》，《清末川滇边务档案史料》，第764页。
④ 详见《民政部奏请各省土司改设流官以资治理折》，《清末川滇边务档案史料》，第878—879页。
⑤ 《赵尔丰咨联豫瞻对已奉旨收回请转饬商上遵办》，《清末川滇边务档案史料》，第918页。
⑥ 详见《示谕瞻对偷人大兵将至投藏投汉惟自择之》，《清末川滇边务档案史料》，第932页。
⑦ 详见《札瞻对藏官将户口粮册交专差携回限期回藏》，《清末川滇边务档案史料》，第933页。
⑧ 《赵尔丰电复赵尔巽顺道收瞻即赴川任》，《清末川滇边务档案史料》，第954页。

兵定于二十二日到寨"①。

瞻对番官于五月二十二日由官寨起程回藏,② 赵尔丰改瞻对设为怀柔县。③

归藏四十余年,且一直是川边梗喉的瞻对就此收回,彻底解决了拖延几十年而未能及时解决的问题。赵尔丰实现了鹿传霖、凤全的夙愿,也为他建西康行省拔出了最后一根钉子。瞻对的收回也奠定了民国时川边稳固的基础。

---

① 《管带张荣魁禀报开抵达阶情形》,《清末川滇边务档案史料》,第 965—966 页。
② 《张荣魁、傅嵩炑瞻对藏官已于二十二日起程回藏》,《清末川滇边务档案史料》,第 968 页;《瞻对藏官禀遵限回藏请派兵保护出德格境》,《清末川滇边务档案史料》,第 969—970 页。
③ 详见宣统三年五月二十八日《收回瞻对设为怀柔县折》,《清末川滇边务档案史料》,第 971—972 页。

第三章 赵尔丰的川边经营（下）

赵尔丰从光绪三十一年（1905）六月进入川边，宣统三年（1911）六月回到成都，前后经边七年，实际在边四年（光绪三十一年六月到三十二年十月，三十四年八月到宣统三年六月）。以捐纳出身，由建昌道员而炉边善后督办，升为川滇边务大臣，护理四川总督，继而又升为驻藏大臣兼川滇边务大臣，专任川滇边务大臣，最后又调任四川总督。在边因功而被清廷封为钦命头品顶戴、尚书衔、武勇巴图鲁，被当时川边人称为饮差。

赵尔丰进入巴塘平乱后，开始在川边进行改土归流的初步尝试，为清廷设立川滇边务大臣奠定了基础，赵尔丰从接任川滇边务大臣起就开始了川边的全面经营，政治上以在川边改土归流，拟建行省，巩固西南边防，预杜外人窥视为目的，把清廷对川边在西南边防中作用的思考推向最高潮，并在实践中不断地强调和突出川边地位的全局意义（详见第二章）。

为配合军事行动和实现政治目的，奠定川边改土归流、筹建行省的物质基础和思想基础，进行经济开发和文化同化等工作，具体表现在任边务大臣伊始赵尔丰就提出经边六事，所提倡的兴屯垦、办学堂、提倡实业、修治道路、架桥梁、统一度量衡等，几乎是以"新政"的形式而逐步地实施，同时这也是清季在川边改土归流不同于历史上其他地区改土归流的主要内容。

赵尔丰在川边推行改土归流，派委官员，实施"新政"，改变了川边的政治状况，奠定了设治建行省的基础，并使近代意义的川边经济开发和文化教育从空白到缓慢起步。赵尔丰七年川边治理给川边所带来的变化是该地区历史上最大、最彻底的一次改变，可以说是近代川边藏区社会、政治、经济、文化变革的起点和最高峰。在当时国力衰弱、内忧外患十分严重的情况下，赵尔丰针对川边的实际情况，采取了不同于内地其他行省的"新政"措施，有力地促进了晚清朝廷对西藏的管辖，同时也起到了抵御英俄窥视藏地的作用。

第一节 "自筹利益"[①]

光绪三十二年（1906）七月，清政府在川边设川滇边务大臣，任命赵尔丰为边务大臣。赵尔丰接旨后即刻返回成都，与川督锡良、滇督丁振铎协商经边事宜；提出在川边应同时举办设官、兴学、开矿、通商、练兵、屯垦六事，此被称为赵尔丰的"经边六事"。

在赵尔丰看来，"六事"都是"可缓而实不可缓"的必办之事，彼此之间"互相牵制，不容稍事迟回"。为使"六事"能在川边同时开办，赵尔丰上书请求中枢拨付给川边开办经费二百万两、常年经费三百万两。然时值晚清政府行将灭亡前期，国库空虚，财政十分困难，经过中枢协商后，从重庆关、镇江关、江海关洋税银中各拨三十万两，从江海关余存常税款内拨银十万两，共计一百万两银拨付给川边作为开办经费，并告诫赵尔丰"要不可不分缓急，漫无次序"；同时让赵尔丰将屯垦、练兵、设官等章程及初年常年经费银数逐项逐款核实确定后"详细开单具奏"[②]。对于赵尔丰所要求拨解的川边常年经费则没有拨下分文。而且自此以后，拨给川边常年经费几乎是一句空话，赵尔丰也曾多次向中枢机关及度支部请支款项，[③] 然而直到清朝灭亡，川边也没有得到常年开办经费。

为谋求川边稳固而达"经边援藏"建行省目的，首先必须解决经费问题。当时，川边的经费可能来源只有两个：一是由川省挹注；二是由川边自筹。其中由川省挹注是清王朝借以经营川边的最主要的经济凭资和后盾。

光绪三十三年七月，赵尔丰护理川督时，在四川已有捐税基础之上，举办川省油捐拨充边务常年经费，即在四川改设厘局卡征油税，在榨地按斤抽捐税，规定各厅、州、县将所属榨房及榨油斤数逐一查明，填表呈核作为抽捐的凭证，每榨一斤油加取数文捐税，一年约可筹足二

[①] 《复陈川滇边务应办事宜并拟具章程折》，《清末川滇边务档案史料》，第118—125页。
[②] 同上。
[③] 《赵尔巽、赵尔丰会筹边务亟待举办事宜折》，《清末川滇边务档案史料》，第205—207页。

三十万两。① 第二年，赵尔巽署川督时，为支持其弟在川边的事业、贯彻朝廷"就现有人力、物力"以为边藏挹注的旨意，又请在四川抽糖捐以助川边。这两项捐税全部用来作为川边的经营经费。

虽有川省不遗余力的支援，但毕竟有限，更何况川省也几乎竭尽所能；国家财政日绌无力拨解，而川边万事待兴，地域广阔，地方需要安抚，既需征兵到各地驻扎，又需设官派人管理，边地瘠苦既不产稻谷等粮，转输又很困难，进边之人不习食糌粑、青稞，内地运粮造价太高，而且边地苦寒，必须厚给薪资才能招到兵及员出关，即"举凡兵饷、官俸、与夫制造军装、运脚费等项，实属不敷甚巨"②。因此，经费问题一直是赵尔丰在经边过程中力图解决的问题。

赵尔丰意识到要解决川边的长久经费问题决不能"岁岁仰给他省"，而是需要"自筹利益"③，也就是说，必须由川边自筹经费，使川边达到"地足以养民，民足以养官"④。

为自筹利益，赵尔丰采取了一系列的措施，首先在川边广大地区征收赋税，强调"地亩钱粮尤为设治入手之要政"⑤。把原属川边土司、喇嘛寺庙的税收利益收归中央王朝享有；再就是广辟利源，在川边进行屯垦、开办矿厂、设制革厂等实业以求获利。

一 征赋税

征收赋税是赵尔丰解决经费问题的主要手段，同时赵尔丰也把征收的赋税作为他在川边用兵、筹划设治、建省的物质基础。因此，从进入川边开始，赵尔丰就着手调查和收取边地可能有的富源，在各地改土归流后的第一件事就是派驻粮员或委员，查户口、征粮赋，即把各地丁口、粮税查明，按照颁发的册式造报。⑥"凡投诚之区，周历察看，清

---

① 《请举办川省油捐拨充边务常年经费折》，《清末川滇边务档案史料》，第143页；另参见《四川官报》1907年12月中旬第30册奏议。
② 《赵尔巽、赵尔丰会筹边务亟待举办事宜折》，《清末川滇边务档案史料》，第205—207页。
③ 《复陈川滇边务应办事宜并拟具章程折》，《清末川滇边务档案史料》，第118—125页。
④ 同上。
⑤ 《王会同禀报盐井民间典售与法国教堂地亩数目》，《清末川滇边务档案史料》，第518页。
⑥ 由各地委员详报户口及粮税数目等函件及赵尔丰的批示可见粮员、委员的主要任务与目的。见宣统二年九月三十日石渠委员详报户口及粮税数目，《清末川滇边务档案史料》，第767页。宣统二年六月十二日，巴塘粮员详报本台丁口赋粮数目，《清末川滇边务档案史料》，第689页等。

查地庙，照章纳粮"①。

征收赋税的主要目的是为设治做准备，如宣统二年七月三十日赵尔丰批示程凤翔上报的划分桑昂、察隅等处村落征收粮税问题："该管带送札清查户口，照章征收粮税，总以能收粮千石上下，收六千元上下为一区，以使将来设治。或粮、或税须有进款七八千金之谱，方能设治。"因此，当石渠委员孙毓英报石渠无税可征时，受到赵尔丰的严厉批评。②

在颁发的改革章程中，规定原属土司、喇嘛寺庙的土地及人民收归国家所有即地"皆大皇上土地"，民"皆大皇上百姓"，不仅如此，还规定"寺庙也应与百姓一律按等完粮，不得以庙地稍有歧异"。"凡种地者，无论汉、蛮、僧俗皆应纳正粮。"③ 即变土司、喇嘛征收税租为官收粮赋。④ 为了确保粮赋的征收，专门订立了《征粮暂行章程》十二条，⑤ 征收赋税的标准是以下种的多少而定，地分上、中、下三等，上等按四成纳粮，中等三成，下等二成。但对查抄的土司、寺庙的田产，不在三等之例，由官招人佃种，纳粮五成。

各地征收的粮赋成为川边官兵丁役等员的主要资食来源，剩余的粮税变价拨充边务经费。据不完全统计，宣统元年（1909）在巴塘、三坝、乡城、盐井、理塘、河口、稻城等处仅田赋银一项收入达51992两，除支出员司夫役薪费等项银17014两外，余存库银34978两。官府粮仓充盈，贮粮、发粮成了一大问题，因此，从宣统三年（1911）开始允许各地用银元折价纳粮。⑥

而这些征税基本上都收到了预期的效果，见表3-1。除征收粮食税变银充作边费外，还通过征收盐税、畜牧税、矿税等方式筹措经费，其中盐税和畜牧税的征收取得了一定的效果。盐税主要在产盐的盐井一带征收，另外在巴塘、里塘等地也征收盐税。对盐井的盐税征收是平定巴塘之乱后，即从光绪三十一年（1905）开始的，赵尔丰派贵州候

---

① 详见《盐井委员王会同禀报恢复盐务情形》，《清末川滇边务档案史料》，第117—118页。
② 《批孙毓英详报开征日期抑按期收税》，《清末川滇边务档案史料》，第682页。
③ 详见《清末川滇边务档案史料》中《巴塘善后章程》《乡城改革章程》《察木多改革章程》《德格地方章程》《科麦地方章程》《三岩章程》《乍丫章程》等。
④ 同上。
⑤ 《赵尔丰咨度支部拟订巴塘等处征粮暂行章程》，《清末川滇边务档案史料》，第456—458页和第95—103页。
⑥ 《通饬各属准民间折价上纳官粮》，《清末川滇边务档案史料》，第935页。

表3-1　　　　　　　征收田赋拨充边务具体情况　　　　　　　单位：两

时间	地属	收入	支出	余存（折银）
光绪三十二年正月 光绪三十三年十二月 （1906—1907）	巴塘	二万五千七百九十两零九钱八分零八毫	委员薪水公费及招募事丁役、选用蛮保正应需工食等款	一万五千三百一十三两八钱九分二厘四毫八丝①
光绪三十三年十二月 （1907）	里塘	一万六千五百八十四两六钱七分二厘		
光绪三十三年 （1907）	乡城	七千七百六十九两八钱三分九厘六毫八丝		
光绪三十四年 （1908）	巴塘 里塘 乡城	三万三千五百零九两七钱九分七厘二丝		一万三千二百八十四两九钱九分零七毫二丝②
宣统元年（1909）	巴塘、里塘、德格、春科、高日五土司改流地	七万余两③		

资料来源：①《巴、里、乡城征收光绪三十二、三年租粮变价拨充边务经费折》，《清末川滇边务档案史料》，第465—466页。

②《巴、里、乡城征收光绪三十四年租粮变价拨充边务经费折》，《清末川滇边务档案史料》，第494页。

③《赵尔丰函复赵尔巽详陈枢府所询川边设治各节》，《清末川滇边务档案史料》，第714—717页。

另可参见《边务收支报销总局呈报傅嵩炑巴塘等处光绪三十四年以前粮银拨充边务经费数目》，《清末川滇边务档案史料》，第1121页。

补知县王会同为盐井委员，到盐井设局征收税银，只是所设盐税局收款不多，公务开支却繁多。为了节省公费，宣统元年（1909）十二月，改官办盐务为商办。撤官办盐务局为商办盐务局后，官方不再出资付给收盐委员人等的薪水工费，但从盐民、盐商处扣除这些费用，即用收时以库秤一百三十二斤为一驮，卖盐以库秤百二十斤为一驮，所余盐十二斤作为折耗及局中经理员司薪工的办法解决。此外不准另支公款，亦不准另立名目向盐户、商贩妄有需索。每驮盐仍（官秤一百二十斤）纳税藏元一元半。①

盐税的征收从光绪三十一年十一月初一日在盐井开局收盐税起，至宣统元年十二月底止，计收盐税三万八千八百五十四两七钱六分。具体情况见表3-2②。

表3-2　　　　　　　　盐井征收盐税情况

光绪三十一年十一月初一日起至十二月底止（1905年）	六百六十九两六钱三分七厘五毫
光绪三十二年（1906年）	七千三百一十七两八钱七分五厘
光绪三十三年（1907年）	一万一千二百七十两零六钱
光绪三十四年（1908年）	八千七百二十二两五钱六分二厘五毫
宣统元年（1909年）	一万零九百四十七两七钱五分
合计	三万八千八百五十四两七钱六分
开支	一万五千七百零一两二钱五分一厘九毫
余存	二万三千一百五十三两五钱一分零六毫

随着边功的扩大，川边畜牧草场也逐步被改流派员管理，畜牧区的赋税则按照每户所养牛、马、羊等项数目的多寡抽取。在关外最大的土司——德格土司改流后，专门于宣统元年九月十三日，颁布马、牛、羊税章程十三条，规定养牛仅十头、马二匹、羊十只者不纳税；其畜牧多者，以免其牛十头、马二匹、羊十只外才抽税。允许民间以牛皮、羊皮折算交纳税银，纳银纳皮，听从民便。大牛皮一张折藏元二元，中等牛皮一元半，小牛皮一元；大羊皮一张一元，小羊皮一张半元，不收一、二岁之小牛皮。百姓交纳税银后由地方官给予完税印票。③ 牲畜税征收的情况可由宣统二年三坝征收牲畜税银数目窥见一斑：三坝所属十九村，共收牲畜税藏洋四千三百三元整，牲税铜元并酥油折合铜元共二千四百六十九枚整。另有七村属三坝、里塘同辖，里塘管四分之一，三坝管四分之三；七村共收藏洋二千五百九十四元一角，又共收铜元九百四

---

① 《札王会同盐井征税改归商盐局按照定章办理》，《示谕官商军民人等盐务改归商办各宜懔遵章程》，《清末川滇边务档案史料》，第513—517页。
② 《王会同造报盐井经收盐税及开支数目》，《清末川滇边务档案史料》，第573—574页。
③ 《札发各属牲税章程仰即查报立案按年征税》，《清末川滇边务档案史料》，第436—437页。

十二枚，折成四股，每股藏洋六百四八元二角零银二分铜元二百三十五枚，应分给里塘一股。①

除了直接向牧民征畜税外，还有一种增加收入的办法，就是将没收的土司、喇嘛寺庙的马、牛、羊交由牧民牧养，称为官牧。承牧人必须有头人具保，从承牧之日起，每母牛一只，每年交酥油十二斤四两（官秤），每驮母牛一只，每年例交官秤酥油二十四斤，如有出生的小牛，归承牧人所得，倘若倒毙，由承牧人赔偿；官方可坐收利益不承担任何风险或损失。②赵尔丰把土司、寺庙的特权及税收田赋利益收归政府后，虽然一定程度上减轻了普通农民的负担，但却大大削弱了土司、喇嘛们的既得利益，这也为赵尔丰日后的人亡政息种下了祸根。

除直接向百姓征收赋税获得经费外，赵尔丰还采取了一系列的开利源、节支出的办法。这些办法中赵尔丰着力最多的首推屯垦，次为开矿，再次为办印刷厂、制陶、割漆、收矿税、办制革厂等实业。

二 "协济兵食"③

边地产粮甚少，只产青稞等，而内地出关的兵士不习惯吃青稞、糌粑等物，由内地购买米粮，运输费用甚至大于购买粮食的费用本身。因此，要经营川边，首先必须解决进边人员及军士的粮饷问题。这个问题在倡议经边之始就已引起重视，如光绪二十九年（1903）准备经边时就首提垦屯，光绪三十年巴塘粮务吴锡珍提出兵屯以协兵食。赵尔丰出关时深感关外粮饷困难，在致其兄赵尔巽的函电中感叹"关外粮难，弟实怕极"④。为解决兵食问题，以减轻川力，节省经费，赵尔丰采取的措施之一是"军粮皆以米杂粮各半给发"，有不愿食军米者，发稞麦二斗，一斗为食，一斗变价。除扣所领银价外，下余藏元一元有奇，为士兵自得，由此各营皆愿习食杂粮，兵士家眷口粮只领青稞，不发军

---

① 参见宣统三年二月十三日《三坝委员造报宣统二年份三坝征收牲畜税银数目》，《清末川滇边务档案史料》，第879—880页；刘赞廷：《义敦县志》，民族文化宫图书馆复制，1962年。
② 《高日土司等具保阿布等领牧官牛马羊只》，《清末川滇边务档案史料》，第409—410页；《札朱宪文卤获无人认领牛羊马区交牧民承收》，《清末川滇边务档案史料》，第426页。
③ 《赵尔巽、赵尔丰筹边亟待举办事宜折》，《清末川滇边务档案史料》，第205—207页。
④ 吴丰培辑：《赵尔丰川边奏牍》，四川民族出版社1984年版，第407页。

米。① 再就是在边地招民屯垦，"既以植富庶之基，且可纡转输之困"②，"广开稻田，期两三年后，或可无庸关内运米"③，因此既可以解决粮食自给，又能够减少军费开支。

为实现在边地屯垦，赵尔丰把屯垦作为"政中之先务"，并于光绪三十三年（1907）呈请中枢批准实施：提出广招内地贫民携室往垦，由官发给长途遣费，贷以衣食，给以籽种庐舍。中枢虽同意在边地屯垦，但对赵尔丰所提出的屯垦办法不以为然；认为赵的办法既"耗公家物力、又收效纡迟""而兵食永无因地就粮之望"④；中枢认为兵屯由官为经营资遣、籽种、牛具、营房等，而民垦则应由富民赴边领荒招佃，自备资食、屋宇、耕具，至经理成熟后定限升科。中枢各部多次商议后，才同意赵尔丰先就巴塘、里塘水土沃美之处，招致内地中户农民，由官资遣，并给籽种，而其庐舍、农具等项则令自行备办，迅速前往开垦。

赵尔丰用英国开发澳洲、法国开发马达加斯加、美国开发菲律宾、日本开发虾夷的经验，说服清中枢答应由官出资为出关开垦的农民置备工具与庐舍，指出"用民必以便民为先，而后能为我用"，期待着通过"先导之以利，使后趋者如市，不数年可期广获其利益"；用这种方法不仅仅可以开垦巴塘、里塘，川滇边地可垦者仍居十之七八，都可以广泛地移民开垦。⑤

提出具体开垦办法是："凡有愿赴边地开垦的人，任其自行认垦。垦熟之后，所垦之地即作为该垦户业产，不收地价但应照额完粮。在打箭炉设立招待所，在各处开垦地面设监垦所，凡内地愿前往边地认垦的人都由原籍地方官取具妥保，按日垫给口粮，并发给凭单，到打箭炉后由招待所将凭单收存，按月报由边务大臣知会驻川粮台，随时拨还该地方官归款。另由打箭炉决定拨往何处开垦，按照所至之地，计日发给口粮和毡衣裤一套。到屯之后，由监垦所给予构造庐舍之资及农具、籽

---

① 吴丰培辑：《赵尔丰川边奏牍》，四川民族出版社1984年版，第140页。
② 姚锡光：《筹藏刍议》附"赵尔丰奏边务大概情形折"，光绪三十四年（1908），刊于京师廎斋，载沈云龙主编《近代中国史料丛刊》第39辑。
③ 吴丰培辑：《赵尔丰川边奏牍》，四川民族出版社1984年版，第140页。
④ 姚锡光：《筹藏刍议》，光绪三十三年五月时提调练兵处"条议赵大臣奏边务办法说帖"，光绪三十四年（1908），刊于京师廎斋，载沈云龙主编《近代中国史料丛刊》第39辑，第19—24页。
⑤ 《赵尔丰复陈川滇边务应办事宜并拟其章程折》，《清末川滇边务档案史料》，第118—125页。

种、耕牛，并仍按旬发给口粮，直到收获新粮为止。所有垫发的费用及口粮都由田地垦熟之后逐年分还官方"①。

光绪三十四年（1908）四月，赵尔丰又制定了办垦章程十二条。确定了办垦的具体规则：包括弓尺宜有定制，每块地要立有地界②；招佃要用二串票联，一联作存根，一联作执照；准允娶有家室的防营兵勇或当地有家室无恒产者承佃官地，耕地纳粮；建造房屋要注意地势，以避水患；每项垦费均应核实；兼种粮食，规定垦田的计划。荒地可以分给民垦，官地也准民缴费转为民业，只是每亩地要上缴租粮；等等。办垦章程还专门规定开垦佃种的作物种类："兼种包谷、黄豆、高粱、小米各项为汉人习惯之食，免再由关内运米，致耗库款。"③办垦章程主要目的是通过开垦来减轻军粮运输经费的负担，同时开辟利源，生产出能供汉兵、汉官习食的产品，使出关兵员等能适应关外生活。

为了屯垦，赵尔丰在每个改流之区都派驻粮务委员或专设屯务委员，负责查荒地、开垦田。垦务即开，赵尔丰就对屯垦抱有极大期望，不时电询打箭炉同知，了解"有无垦夫出关，如何安置"的情况。④几次致电巴塘粮员董涛，询问新垦地收租情况，要求把新垦官地招佃耕种，收取高租税，"每亩土地出粮食二十三四克，即收租十克亦不为重，中地、下地照减"⑤。"将某佃上、中、下地若干亩，纳大季何项租若干，小季何项租若干，详细注册存案，并列表申报，按年纳租"⑥。

为了扩大垦务，此后，赵尔丰又组织有资产的乡绅到川边调查垦务，并由他们自办垦务公司，招民开垦。光绪三十四年（1908），当赵尔丰被任命为驻藏大臣兼边务大臣时，他更是雄心勃勃，准备进一步扩

---

① 《赵尔丰复陈川滇边务应办事宜并拟其章程折》，《清末川滇边务档案史料》，第118—125页。
② 《札发乡城委员垦费银一万两暨办垦章程》弓尺定制为按木匠尺五尺为一弓。地亩丈量以横十六弓，顺十五弓，合计六十方丈地面为一亩。参见《清末川滇边务档案史料》，第179—181页；《赵尔丰电复董涛新垦之地招佃耕种》，《清末川滇边务档案史料》，第179页。
③ 同上书，第179—181页。
④ 《赵尔丰致电打箭炉厅同知武文源开垦自东俄洛起》《赵尔丰电复武文源垦丁可先赴里、巴》，《清末川滇边务档案史料》，第116、117页。
⑤ 《赵尔丰电复董涛新垦之地招佃耕种》，《清末川滇边务档案史料》，第179页。
⑥ 同上。

第三章　赵尔丰的川边经营（下）　121

大垦务，移置更多的内地人到川边开垦，但又担心骤言迁民会引起藏地不安，因此决定"寓迁民于兵"，计划从四川招募三营，皆带家室，略加训练，率带出关。到边"即预行屯田、畜牧、开矿诸法"，"使知有利可图，即赀送其眷属出关，渐退出关之兵为后盾，而又招关内之民为新兵"，即"化出关之兵为民，复招关内之民为兵，循环渐渍……徐施移民之策"。"然后循环不已，渐及藏地。"①

赵尔丰有关边地屯垦的设想不能不说很有蛊惑力，但并未能顺利实施。首先是不受当地土司民众的欢迎。赵原本打算从离打箭炉最近的明正土司界内的东俄洛开始实施屯垦计划，但受到明正土司的阻挠。② 光绪三十三年十月，从盐源招徕的五百名垦夫也在赴乡城路上被瓜别、木里土司阻挠拦劫。③ 再就是办垦中出现的问题：派出的乡绅到边地调查垦务却在各地擅作威福。④ 乡城出现垦夫逃亡现象。⑤ 一些内地的无赖流氓为躲烟债而混入垦民中，既不能垦，又徒费川资、口粮，且成为关外的不稳定因素。⑥ 一些地方出现粮员浮收，大斗进、小斗出，危害垦民的现象。⑦

到宣统元年（1909），赵尔丰倡导实行屯垦已近三年，但所取得成绩不尽如人意，除乡城一带垦田较多且垦民已安居乐业外⑧，很多地区办理垦务得不偿失。如巴塘粮员陈廉曾就招送垦夫的弊端情况向赵尔丰报告，抱怨说"巴塘自光绪三十二年开办垦务，迄今三年，出关垦夫不下数百名，新垦之地不过数百亩，所耗川资、口粮、农器及

---

① 《川督赵尔巽赵尔丰会陈藏务边务缓急情形折》；《赵尔巽、赵尔丰函军机大臣略陈经营藏事梗概》，《清末川滇边务档案史料》，第186—188页。
② 《赵尔丰电复武文源垦丁可先赴里、巴》，《清末川滇边务档案史料》，第116—117页。
③ 《赵尔丰咨边务大臣瓜别、木里土司阻挠垦务已饬盐源县办理》，《清末川滇边务档案史料》，第151—152页。
④ 见《清末川滇边务档案史料》，第128、185页。为设立私营垦务公司，候选道刘耀坤到关外调查垦务，刘调查结果主张由公家出资从里塘入手屯垦，并准备插手关外矿务，被赵尔丰认为是"大谬"。后来刘在里塘、巴塘和盐井一带雇用当地藏民及乌拉不发价银，且欲霸取当地民女，滋生事端。
⑤ 光绪三十四年，乡城垦夫因垦务员吴骐发给垦夫枯粮而滋事端，事后逃跑，垦田被弃。参见《乡城委员姜孟侯详复垦夫逃散缘由》，《清末川滇边务档案史料》，第279页。
⑥ 见《巴塘粮员陈廉禀陈招送垦夫弊端》，《清末川滇边务档案史料》，第398—400页。
⑦ 《河口委员李竟成申复自本年起用官斗收发粮食》，《清末川滇边务档案史料》，第387页。
⑧ 如四川乐至县人在光绪三十二年带妻子三人，分发至乡城正斗村开垦，已开成熟田十余亩，已可安家，再不愿他往。参见《乡城委员姜孟侯详复垦夫逃散缘由》，《清末川滇边务档案史料》，第279页。

一切用费，曷可胜计"①。从光绪三十三年（1907）七月起至宣统元年（1909）五月底止，巴塘共开垦地九百九十一亩二分，而开垦费却用了九七平银一千四百九十七两九钱六分七厘四毫（还不含开办委员的薪水银等在内）。

针对各地垦务进展不顺的情况，赵尔丰几次采取措施力图整顿：曾决定在开垦成熟地内招徕当地藏民佃种，但因为关外居民本来就很稀少，又依恋乡土，再三招徕，均不愿佃种，即使当地有一些汉族百姓也因兼做小买卖无力承佃垦地，而外来的汉民皆游惰之徒，为数也不很多，一经佃领垦地，必借领籽种、口食、稍不如意，辄相逃亡，所领籽种、口食即归粮员垫赔。致使招佃很难实行。因此号称沃土的巴塘虽开地不多，但开成的田地也无人耕佃，赵尔丰曾令巴塘粮员将垦地出示招佃，广为劝导，数月过去了却无应佃者。②

宣统元年（1909）十月，赵尔丰向度支部呈送了垦务暂行章程请求立案。并严饬各地垦务委员查勘可垦荒地以推广垦务。到宣统二年（1910），所有改流之地基本上都进行了可垦地及荒地的普查工作。并把普查的结果如可垦地名、水源情况、抛荒原因、地面可否垦种等情况造册呈报。③

在赵尔丰扩大垦务的号召下，各地开始设立农业试验场，如登科在宣统元年十月才派设委员，就在次月奏请设立农事试验场。据登科委员喇世俊的报告：登科除青稞、豆、麦而外，别无所出，且耕作多未得法，希望通过提倡使农务有所起色，禀请设立农事试验场，准备把旧有菜园进行扩充，周围环以墙垣，外建一大门，内置粪坑，备农器，从甘孜、章谷、道坞、炉城一带采买各样杂粮、菜蔬、果木等种，播种后令五路农民来场参观研究种植之法，并将各种果实散给各路学种。④到第

---

① 《巴塘粮员陈廉禀陈招送垦夫弊端》，《清末川滇边务档案史料》，第398—400页。
② 《卸管巴塘粮员董涛详陈开垦及招佃困难情形》，《清末川滇边务档案史料》，第404—405页。
③ 如宣统二年七月初八日三坝委员邓梁材查报可垦地亩及水源等情形；十一日河口委员乔联沅详复查查勘可垦地亩数；二十五日，里塘粮员详复调查可垦荒地及水源情形；八月初六日巴塘粮员详复调查可垦荒地及水源情形；八月初七日，万里恩详复调查德格可垦荒地及水源情形等，具体参见《清末川滇边务档案史料》，第719、722、728、742、743页。
④ 《登科委员喇世俊禀请设立农事试验场》，《清末川滇边务档案史料》，第496—497页。

二年，就种植各种蔬菜果木三十种。① 秋间收获后"集各路绅民，陈列试验场所产杂粮，人人为之色喜"。因而准备扩大规模，增加投资，改扩成"登科农事改良所"，下属五路各设一"农事改良分所"，并打算专门试种稻谷。在农事改良所教农民仿制内地农具，各类农具"凡有百姓开荒者，均准借用，损坏不令赔偿"。农事试验场令各路保正送学徒到试验场，随汉人场丁学习种植技术。② 短短一年多时间，登科的农事改良取得了一定的效果。宣统三年（1911）二月，登科委员奏报农事试验场所产杂粮菜蔬等项除开支官地租粮、场丁口食及购制农器、籽种外，尚有盈余。③

随着边军收回察隅等地，赵尔丰的开垦动议也推行到边南一带。宣统二年（1910）五月，赵尔丰出示晓谕内地农民到察隅开垦，希望把垦务推广到边南藏东一带。④ 同年七月，冷家骥在定乡设立农牧研究会；石渠委员孙毓英在石渠成立试验农场，并从内地购制农器。宣统三年（1911）二月，同普委员张以诚申报开办农业试验场，并建议赵尔丰从北方购买马铃薯及大豆、燕麦等种子，分发各县试种。⑤

为了扩大垦务，倡议各地修渠引水。如在康定修建了永济渠，巴塘修成堰渠500余丈。巴塘试制筒车成功，解决了高山灌溉问题。康定、巴塘等地成功地引种了水稻，还从四川内地购买铁铧、铁耙、铁锄等农具。在巴塘、登科、石渠、稻城等地的农事试验场或农牧研究会试种了水稻、小麦及黄豆、绿豆等杂粮，引进了青菜、白菜、莲花白、红白萝卜、四季豆、冬瓜、南瓜等蔬菜，⑥ 还专门聘请了日本技师池田小岛赴川边指导垦务。

川边兴垦的几年中，先后从四川内地招募垦夫4000余名，分送打箭炉、雅江、稻城、定乡、巴塘、盐井、道孚、炉霍、甘孜等地。此外，石渠的农事试验场，稻城、贡噶岭的农牧研究会还改良农牧方法，登科设立的畜牧学校"教人民制油剪毛之法；由上海购荷兰奶牛八头、澳洲奶牛二十只及陕西壮驴鬃马数匹于此传种"。⑦

---

① 《喇世俊禀报修农事试验场用费及试种蔬菜果木》，《清末川滇边务档案史料》，第640—642页。
② 《喇世俊请设立农事改良所并拟具章程》，《清末川滇边务档案史料》，第818—820页。
③ 《喇世俊详报农事试验场经营情形》，《清末川滇边务档案史料》，第860—861页。
④ 《示谕内地农民到察隅开垦》，《清末川滇边务档案史料》，第666—667页。
⑤ 《张以诚申报开办农业试验场》，《清末川滇边务档案史料》，第888页。
⑥ 《四川官报》新闻《巴塘请领籽种》，1910年12月上旬，第32册。
⑦ 刘赞廷：《石渠县图志》，民族文化宫图书馆1962年版。

赵尔丰在川边屯垦虽未达到筹措经费以资兵食的目的，但确实为边地带来了新变化，据当时官方新闻报道："打箭炉关外北路如道坞、章谷、德格一带沃野纵横二千余里，向来夷民但知游牧不知耕稼，自经边务大臣设法招垦规画，井井迁徙日众，从前榛芜不治地方，转瞬间将成为繁盛之都市矣。"①"菜蔬广种：夷民饮馔自糌粑酥油外，植菜蔬者绝少，向止章谷屯有胡豆豌豆，甘孜汛有菠菜青葱等，若德格一带则皆阙如，汉人驻居大为不便。赵大臣于今春二月即派卫队正勇马瀛洲等去德格西南三十里地名工了拓地数弓营圃编篱，督令蛮民等广种各色菜蔬，自夏及秋陆续荣茂，如莲花白、青菜、芹芽芫菜等，悉与内地无异。"②时为边军管带的刘赞廷在民元以后收集各地县治资料，编辑成书，在县志里也详细记叙了赵尔丰在川边各县开垦屯取得效果的情况。

三 "力浚利源"③

"提倡实业"是赵尔丰力图"振兴地方"经济的重要措施之一。赵尔丰认为"兴利之方，则屯垦之外，惟有开矿"，"早开一日，即可早收一日之用"④。因为"川滇边地矿产富饶，久为中外共知，垂涎者众，若不先行由官创办，必将群思染指，易启窥伺争竞之端"。再加上川滇边地产金之处甚多，蛮民虽知随地开挖，不能辨识矿苗，淘沙之法，开挖之器均举拙不灵，费工多而获利少。且土司、喇嘛向均坐收其利。因此，计划由官方延聘在外洋矿学专业毕业之人，周历察看，择其矿苗最旺者，由官设厂，改良本处土法，雇夫开采，续添开采机器，收取采矿利税，增辟利源，期"于边款不无小补"⑤。

光绪三十四年（1908），赵尔丰委托四川劝业道周善培聘请美国大学矿科毕业生刘轼轮充当关外矿务工程师，并加派候补县丞李浓湘和高等学堂矿科学生卢师谛、张矪、王亮四人随行，到关外探采各矿。先从康定之灯盏窝查勘起，后至里塘，调查附近各矿区。经勘查后，刘轼轮

---

① 《四川官报》新闻"开垦边荒"，1909年9月下旬第28册。
② 《四川官报》新闻"菜蔬广种"，1909年11月上旬第32册。
③ 《赵尔丰复陈川滇边应办事宜并拟具章程折》，《清末川滇边务档案史料》，第118—125页。
④ 同上。
⑤ 《程凤翔禀矿引已获请添工开办》，《清末川滇边务档案史料》，第727—728页。

建议从美国添购机器药料，用汽机船淘采矿金，并缮具图说。①

刘轼轮托病离去之后，赵尔丰又委派宋沛重新踏勘里塘金矿。② 宣统元年（1909）九月二十九日，又调派精于矿学的张以诚为矿务委员前往纳夺、德格一带查勘铜矿、筹划开矿。③ 张以诚调查的结果，发现德格冈拖附近铜矿丰富，且热丫、绒松等处出产铁矿，就入关到荥经、天全雇募司事、锤手，采买器具及炼铁炉头和工匠回德格开铜、铁矿。④ 宣统二年（1910）四月，张以诚禀报铜矿开采成功，请增拨开办银两千两；并拟定开办章程。

同年六月十六日，德格委员万里领支九七银七百两及锅帐等项，运赴德格扩络垛柯鹿洞一带试办金厂。⑤ 当时驻德格兵营中的炮夫有来自章谷一带的，原为金夫，就从中抽调三十名为挖金工，⑥ 并让附近头人招集当地人为铁、木、土等各种工匠。⑦ 让更庆、扩络垛百姓到金厂跟金夫学习"每人月给予口食藏元十元，俟一、二月学成之后，即由尔等自备口粮，在厂开采。""为尔百姓避一利源……得金只准卖与本厂委员，不准在外偷卖，委员皆照市价，亦不准短价收买，总期尔等获利，

---

① 赵尔丰延请刘轼轮每月支薪五百两，每日支伙食旅费银贰两，公用物件由公家支给。原定于光绪三十四年（1908）正月初一日起，十八个月为止。后延至光绪三十四年十月一日从打箭炉出关，刘轼轮出关勘查完里塘附近之矿后，即宣统二年（1909）三月，就托病回铲，准备到雅州美国医院就医。赵尔丰初不允，调他到德格勘查，刘迁延不进，赵最后不得不扎饬打箭炉厅解除聘约，准予辞退。刘轼轮绘具的开采金矿机器图说极为精确，船用木制，附件参用钢铁，可以依图仿制。刘又以前带至关外的应用各项机器药品一百〇四箱不适用为由，赵尔丰电请川督赵尔巽转电旧金山领事代购，计用银三千三百〇八两二钱一分一厘六毛九丝。但当这些机器药品运到时，刘轼轮已经托病辞退。赵尔丰就把这些机器药品扎饬四川劝业道留川适用，将购物各项费用拨交饷械所，后由川督赵尔巽在收入煤铁经费项下报销。邹立先编：《清末刘轼轮勘查西康矿区三折》，《边政》第6期；《清末川滇边务档案史料》，第230—232、298页。
② 《宋沛禀复踏勘里塘金矿情形》，《清末川滇边务档案史料》，第475—476页。
③ 宣统元年九月二十九日，札委张以诚为矿务委员前往纳夺等地筹划开矿，每月给薪水、夫马银六十两。《清末川滇边务档案史料》，第439页。
④ 《矿务委员张以诚禀请拨工本银并入关募工》，《清末川滇边务档案史料》，第508—509页。《张以诚禀报赴荥经调查矿务及募工购器等情形》，《清末川滇边务档案史料》，第562—563页。张以诚等所办铜厂也未见大效。
⑤ 《德格委员万里恩禀报扩络垛金厂开办情形》，《清末川滇边务档案史料》，第385—386页。
⑥ 《管带刘庆先将抬炮夫内金夫派往扩络垛金厂》，《清末川滇边务档案史料》，第392页。
⑦ 《德格委员万里恩禀报扩络垛金厂开办情形》，《清末川滇边务档案史料》，第385—386页。

可以养家口，可以有余存。……毋得观望不前，不知省悟求利，自贻贫苦"①。

官为出资开矿之外，赵尔丰还到内地招商引资，扩大边地矿产的开办，收取开矿课税。如宣统元年七月，允许贵州修文县监生刘光烨在盐源自费开采金矿，并发给试办金矿执照。②刘光烨呈请自费办矿的申请被批准和成功，带动了一些外来汉商及当地人办矿的热情。宣统二年（1910）先后有里塘毛丫头人阿聋、噶吗，里塘商民范长兴，后山喇嘛祷登档缺等禀请自费试办金矿，请求"与烨记矿厂刘光烨事同一律，一切办法、章程拟照刘矿商一律办理"，从得金之日起开始收课金。③程凤翔在察隅梭哩山曾发现一个开采过的银矿，程禀报赵尔丰请求派人前往开办。后程凤翔在驻防边军中拣选熟悉采冶的营勇用土法炼冶，银质尚佳，每百斤矿石可得纯银四两三钱六分。④同年十二月，河口又有商人周荣山等请求试办河口纳利石金厂。⑤宣统三年四月，范长兴又请在里塘色许办大兴金厂。⑥宣统三年（1911）十月，陕商潘书恒请允许在得荣开采扎学山金矿。⑦而各地土民尤里塘、瞻对等地未请允执照私挖金者很多，且偷逃课税，⑧甚至出现土人见财起歹心，杀金夫占矿地的情况。⑨

随着招商引资的逐步扩大，赵尔丰专门制定了金厂章程，章程规定：由藏汉商人申请一定地段，设厂采金，规定十五人为一棚，自开挖获金之日起，以一棚每月缴纳课金四钱的标准征税，棚数不限，以六个

---

① 《示谕更庆、扩络垛百姓可到金厂学习》，《清末川滇边务档案史料》，第381—382页。
② 宣统六年七月十五日，贵州修文县监生刘光烨从贵州到川边的盐源开矿，自拟探矿试办简章十条，办厂规则五条，禀请发给执照。并表示"如有成效，自应报请委员踏勘，照章完课，并请兵保卫，多筹经费，逐渐推广，不借公款，不招洋股"。"于地方交易，照市公平，不敢骚扰"。《清末川滇边务档案史料》，第394—396页。刘光烨在里塘办金厂，因地土薄散，未见大效，折本后又请在稻城开办康姑姑金矿。《冷家骥请准刘光烨开办康姑姑金矿》，《清末川滇边务档案史料》，第777—778页。
③ 《里塘粮员详毛丫头目等请试办金矿》，《清末川滇边务档案史料》，第607—608页。
④ 《程凤翔送炼出净银查验》，《清末川滇边务档案史料》，第787—788页。
⑤ 《乔联沅详商人周荣山等试办河口纳利石金矿》，《清末川滇边务档案史料》，第823页。
⑥ 《里塘粮员详傅嵩㟷商民范长兴请办色许金厂》，《清末川滇边务档案史料》，第936—938页。
⑦ 《得荣委员详傅嵩㟷陕商潘书恒拟开采扎学山金厂》，《清末川滇边务档案史料》，第1129页。
⑧ 参见《清末川滇边务档案史料》，第1016、1021、1126页。
⑨ 《批程凤翔禀报梭里矿山等情形》，《清末川滇边务档案史料》，第698—699页。

月为一期，到期再行申请。所得之金卖与官方，不得私相买卖。①

赵尔丰在川边提倡兴实业开矿藏，本身从矿中取利甚少，甚至亏本（仅延请美国矿师刘轼轮出关查勘金矿就用薪费银万余两之多，后委张以诚开铜矿用费约五千两银，因矿未办成，不能报销，挪边费垫支）。后来改为在各处招商引资，挖采沙金收课税弥补，但多数地方如德格、里塘等处收课无几，唯有打箭炉厅三道桥所办的金厂，自宣统元年三月起至宣统二年十二月底止所收课金除开支外，尚存九七平银二千八百五十八两七钱九钱九厘六毫，拨归边务经费。② 由此可见，开矿为赵尔丰解决川边经费问题并未带来什么好处，反受其累，只是边地开矿之风自此兴起，当地人也逐渐认识到开矿之利，纷纷自发开矿。据宣统三年十二月二十日呈报情况，仅里塘五路就有官办、商办或当地自办的金矿25处之多，核计共收各厂课金现金一百〇六两，折价课金三十九两七钱九分，合藏元四千二百八十三元二嘴零银四分。③

经边开矿在一定程度上实现了赵尔丰所预期的"开通风气"和"补救民生"目的。④

除开矿之外，赵尔丰在川边还开办各种实业，派人到汉口、上海、天津、印度等地考察办实业情况："振兴商业系如何下手，何等商业与边地相宜，以便招商开办。"还到日本调查织绒、磨面工业。⑤ 为解决军需，赵尔丰于光绪三十四年（1908）十月在巴塘设立制革厂，从日本购买制革机器，由四川省制革厂调用技术熟练的匠人赴边地教授并建筑工厂。同时择边民之秀者三十余人，派赴川厂学习制革新法。

为充分发挥边地皮货丰富的资源优势，保证军需民用，早在光绪三十三年（1907）十二月，赵尔丰在成都时就要求巴塘代统领吴俶从巴塘、里塘、乡城、稻城等处选藏民子弟到四川省城学习制革，计划在边地建制革厂。⑥ 这是川边藏族青年第一次有组织地到内地学习生产新技术。当时藏民"父母俱在，家道殷实者，竟誓不肯往"。各地粮员以劝谕、诱以利益和威胁相结合的办法："若无人往，以后不准百姓再业皮

---

① 《李克谦详复范长兴金厂执照并遵缴课金》，《清末川滇边务档案史料》，第691页。
② 《札打箭炉厅申解三道桥金课余银拨归边务经费》，《清末川滇边务档案史料》，第883页。
③ 《陈廉详报顾占文里塘宣统三年课金收清变价提奖数目》，《清末川滇边务档案史料》，第1138—1143页。
④ 参见《清末川滇边务档案史料》，第633页。
⑤ 《傅嵩炑札委张书易调查汉口等处商务》，《清末川滇边务档案史料》，第1071页。
⑥ 参见《清末川滇边务档案史料》，第158页。

工。"最终选得 48 名送往省城制革厂学习制革。① 但是所选边民子弟到省城后语言隔阂，不习水土，不及半年，因发痘或染时疫病死者 9 人。最后不得不垫银遣回川边 29 人，只有 10 人继续留下学习。到宣统元年（1909 年）四月，学习期满后，资送出关。②

宣统二年（1910 年）三月，制革委员崔志远考察康区北路畜牧状况，禀请在登科设制革厂，"专制蛮式应用之物"③。赵尔丰让巴塘制革厂先仿照当地藏式皮靴制出成品数十双，寄交登科委员在北路试销。④

设巴塘制革厂用掉边务经费银一万余两，赵尔丰原打算在皮革制品销路打开后收回成本并由此获利，既解决成边军需，又开通番民风气，振兴边地实业，收回利权。⑤ 但制革厂自开发以来一度销路不畅，出现亏损。⑥

制革厂所生产的各种皮革，曾在宣统三年（1911）四月的南洋劝业赛会上获得奖超等文凭，所制军用靴得银牌一面。⑦ 正是由于巴塘制革厂的创办，民国时期"巴塘皮鞋藏靴，技术质样，大有改进，销路亦通遍及康藏滇边各地"⑧。

宣统二年（1910 年）正月，从硕板多聘请陶工泽日大吉到巴塘开设制陶班，传授制陶技术。⑨ 希望通过制陶器"畅销获利"⑩。招收附近官话学堂家境贫寒的学生，一边学习制陶技术，一边学习课程，学成后收徒传习，分布各区。期望"如此办理，不特陶业可以大兴，公家无甚

---

① 《巴塘粮员禀报选送藏民子弟赴省学习制革情形》，《清末川滇边务档案史料》，第 164—165 页。
② 《周善培申报学艺藏徒卒业资送出关》，《清末川滇边务档案史料》，第 333 页。
③ 《赵尔丰批崔志远禀请在登科设制革厂》，《清末川滇边务档案史料》，第 602—603 页。
④ 参见《清末川滇边务档案史料》，第 695 页。
⑤ 《赵尔丰咨度支部所订巴塘制革厂章程请备案》，《清末川滇边务档案史料》，第 304—306 页。
⑥ 《崔志远详报巴塘制革厂产品滞销请拨银周转》，《清末川滇边务档案史料》，第 932 页。
⑦ 《署四川劝业道周善培详川护督王人文请转发巴塘制革厂获奖文凭奖牌》，《清末川滇边务档案史料》，第 938 页。
⑧ 格桑群觉（刘家驹）：《赵尔丰在巴塘》，《巴塘志苑》1984 年第 2 期。
⑨ 《巴塘糖员张盛楷详报泽日大吉到巴试制陶器》，《清末川滇边务档案史料》，第 558 页。
⑩ 《关外学务局、巴塘粮员会详制陶成效昭著请选学徒》，《清末川滇边务档案史料》，第 584 页。

耗损，孤寒子弟得一艺以谋生"①。

宣统二年六月稻城委员冷家骥试办造纸、制墨两厂。② 同年七月，在巴塘设立印刷局，由上海购买机器，铅字运到巴塘，租房设局，刷印学堂就用书籍，并及公私文牍、章程、告示、粮税串票等项。③ "招来内地工匠祝洪兴等，带动康生翻印大批教科书，及政府规章文告"，"招内地雕匠罗世杰等来巴，教年龄较长之藏民，精制梨板，雕刻大字书本及习字红帖，附刊藏文，写读两用"。同时接受外货，代刻信笺、信封、名片、私章、商标、招牌、匾对等。④ 宣统三年二月又有四川铜梁县从九品职衔宗锡均禀请在稻城叔季工、洽思村等处设厂造纸。⑤

程凤翔在桑昂曲宗、察隅等地查地利物产，利用鸡贡产竹和构树开办纸厂，派驻防边军营勇割取野生漆树，收入作为边务经费。

宣统二年（1910）六月，河口学堂教习周裕文在教授之暇利用雅砻江两岸野桑，试验养蚕成功，并请在河口各校添设蚕桑一科，教授学生饲蚕缫丝方法。⑥ 第二年，在河口举办蚕桑局"就河口属每村调十三四岁女童二人，自带口粮，住局学习"。由女学徒采叶饲蚕，"以期言行并进，学成真知良能，然后放归各处推广"。"所出之丝，变价分给学徒，以为欣羡勉励之资。"⑦ 赵尔丰准令在学务局经费内拨银一百两，作为蚕桑局开办经费。"当缫丝时，号召百姓相率来观，始皆欣羡，喜动颜色，多有请发蚕种自行试办者。"⑧

所有在川边开办提倡的实业，赵尔丰的主要目的是"力浚利源"，以解决出关的军需与民用。开屯垦、采矿藏、设制革厂、制纸、制墨、

---

① 《关外学务总办吴嘉谟请选官话学堂学生为陶工学徒详》，制陶班学制为六个月，实习两个月，口食由公家垫发，俟学生制陶出售时，分期归还，作为续招学徒的食用，开满三期结束，以后自行收徒传习，以之分布各区，《清末川滇边务档案史料》，第663—664页。
② 《稻城委员冷家骥禀请试办造纸、制墨两厂》，《清末川滇边务档案史料》，第693—695页。
③ 《稻城委员冷家骥禀请试办造纸、制墨两厂》，《清末川滇边务档案史料》，第693—695页；《筹设刷印官局片》，《清末川滇边务档案史料》，第708—710页。
④ 格桑群觉：《赵尔丰对川边的统治及措施》，《四川文史资料选辑》第2辑。
⑤ 详见《清末川滇边务档案史料》，第852、905页。
⑥ 《关外学务局详河口学堂试验养蚕拟拨款置备一切》，《清末川滇边务档案史料》，第682—683页。
⑦ 《乔联沅详报调查河口野桑情形并拟设蚕桑局》，《清末川滇边务档案史料》，第768—769页。
⑧ 《河口委员详报养蚕列入学堂学科及民间请发蚕种情形》，《清末川滇边务档案史料》，第687页。

蚕桑局等都是围绕这一目的，开办之初，"以期厚利"，但实际效果并不明显。赵尔丰对在边地每办一件新的实业都极力倡导、勉励扶持，但慎重对待经费的支出，力求开办之后能收回投资并赢利，最终达到"自筹利益"的目的。然而从所开办的各项实业的实际投入与获利情况看，赵办实业筹边费的直接目的未能达到，但却起到了开通边地风气的作用。土民不再惑于神山而自动开矿取利，边外因矿而有了市场，[①] 繁荣了边地生活。

第二节 自保利权

在谋求加强抵御外国列强入侵的军事力量的同时，也需要在经济等领域提升与列强的竞争力，抵制经济上的掠夺。赵尔丰在光绪三十三年（1907）代署四川总督时，就提出了要"自保利权"的主张。时年法国苏格斯呈请外务部开办由宜昌至重庆往来拖轮运输，第二年的一月份赵尔丰电复外交部："法国拟办拖船，系由其公家出大资本组织此事，期在必成，其悯民利，侵航权已可概见。然与其空言争论，徒费唇舌，何如自保利权，默为抵制。现拟筹款自办拖轮两艘。不行宜夔，专顾嘉、泸、巴、万，庶免利权全部外溢。"[②] 成立官商合办的"川江行轮有限公司"（又名川江轮船公司）购买拖轮两艘，第一艘名"蜀通"，航行川江，为川江商业性轮运之始。

赵尔丰在川边采取抵御外国经济侵略的措施主要表现在两个方面。一是铸造三二藏元，抵制卢比流通，收回主权。二是组建茶叶公司抵制印茶。政治上提出"尺寸之土，皆当早为经营"，同时限制川边洋教。

一 铸币

西藏制钱始于乾隆五十九年，驻藏大臣福康安为抵制廓尔喀币侵入特制藏币，重一钱，为净钱。后来铸币归西藏商上管理，掺杂铜铅，钱

[①]《四川官报》1910年4月上旬第8册，新闻"夷地设场：关外泰宁地方平原饶衍，天气较为平和，近年开办沙金，汉民接踵而至，房舍栉比，深合市场性质，王司马调查学务之便，到该处传集头人，劝以设市，众皆欣悦，因即组织成立，名曰泰宁场，每月逢三、八日各塞汉夷一体在此赶集，已于前月开场矣"。

[②] 王彦威：《清光绪朝外交史料》，（台湾）文海出版社1963年版。

价低落，百姓逐渐不愿意使用。①

光绪初年，英在印度铸造三二（银重三钱二分）银元，名曰卢比，运至西藏流通。卢比一元兑换藏币四十余枚，甚至七八十枚，即英人用银三钱二分换走银四五两甚至七八两。印度卢比不仅流行藏卫，渐及川边各台，"近年则竟侵灌至关内打箭炉，并滇省边境，价值任意居奇，兵商交困，利权尽失"②。清末川边的朱倭、麻书、孔撒、白利、东谷五土司在向瞻对番官缴纳守碉费时也是用卢比支付。③ 光绪二十九年随有泰进藏的吴崇光记"自过河口，一路不用制钱，须用印度卢比，每元重三钱二分，人民以之交易，近年四川仿铸，上印光绪帝像，亦通行也"。④ 卢比币值逐年上升，光绪二十七年以前约三卢比折合关平银一两，而至光绪三十四年则每二卢比即合关平银二两。⑤

光绪二十八年（1902），打箭炉同知刘廷恕针对卢比侵至川边各地的情况，提出了"印币亡边"的担忧，曾呈请政府自铸银币以抵制外币的侵害。

光绪三十一年（1905），川督锡良也上奏朝廷："国币关系主权"，请"以恢币政而济边氓。"⑥ 财政部、户部同意锡良之请，在四川机器

---

① 关于卢比和藏币的问题，光绪三十三年，张荫棠在西藏时记"藏银每个重一钱，铜七银三，而官价定以三藏银换一卢比，是以九分实银当卢比四钱五分，故食用一切，吃亏甚大，而藏中能自有国币，不受外界制，似较胜中国一筹"。吴丰培：《清季筹藏奏牍》第一辑《张荫棠奏牍》卷3，第27—30页。由张荫棠的记述可见藏中制钱与卢比相比并不吃亏，而当时清政府的关平银含银量高，与卢比相比不划算。由此也可以推知赵尔丰等人主张自铸银元，筹钱币在抵制英印卢比的同时，也有获取铸币利益目的；川边有专门藏元、铜币，且清政府规定藏元只准行用边藏，内地各省不得仿制、更不得使用。赵尔丰在川边推行自铸藏元时，也遇到了一些阻力。当藏元行至里塘时，为当地拒用，戮其为首二人而事乃平。杨伯康：《西康设厂铸币之过去及将来》，《边政》第6期，第2—7页。
② 《财政处户部议复锡良奏请续铸藏元以济边用折》，《清末川滇边务档案史料》，第71—72页。
③ 肖怀远：《西藏地方货币史》，民族出版社1987年版，第29页。川边和西藏使用印度卢比的情况还可见李安宅译《藏人论藏》，载《边政公论》第1卷第7—8期。
④ 吴崇光：《川藏哲印水陆记异》，载吴丰培辑《川藏游踪汇编》，四川民族出版社1985年版。
⑤ 光绪三十四年十月陶思曾在大吉岭、靖西亚东一带调查情况，见陶思曾《藏輶随记》，载吴丰培辑《川藏游踪汇编》，四川民族出版社1985年版，第370—371页。
⑥ 《财政部、户部议复锡良奏请续铸藏元以济边用折》，《清末川滇边务档案史料》，第71—72页。

局铸造仿印度卢比的三二银元，称藏元。① 专门行之藏卫及附近边台，"作为特别商品，自不得任便行使内地"。且要求所铸之币"必精其制造，足其成色"，"能令汉番乐用"②。后来赵尔丰在锡良铸币的基础上，又用百万两银鼓铸了七百二十八万三千九百三十四元。川铸藏元（又称藏洋、四川卢比、赵尔丰钱等），币制太高，不利于零星购物，边地之民常把藏元一分为二为半元或平分四角为一嘴，虽便于通行但银元上铸有光绪帝像，既不合体制，且币价仍属太高，不利于钱币的流通。宣统元年（1909）四月，赵尔丰特别又请四川省鼓铸铜元一千万元，运出关外各县，与藏币相辅使用。规定一枚三二银元值当十铜元四十四枚，银元一嘴，即当十铜元十元。③ 后来在川边曾一度出现铜元与藏元的超值兑换，不按本位重量计算的情况，即用铜元四十七八枚或更多换藏元一元。为稳定币值，赵尔丰专门出示晓谕各处，从宣统二年正月初一日起，官民一律遵照本位三钱二分使用。④ 待币制一稳定，铜元又相形不足，赵尔丰不得不再次奏请中枢特批准允在四川铸造更多的铜元以敷边用，⑤ 并截留滇省运京贡铜以资鼓铸。⑥ 为铸币，赵尔丰把在四川征收的油、糖捐税留川以作铸币之资。⑦ 时官方报纸报道："赵大臣由省城铜币厂定铸数百万铜币运赴巴、里塘一带，一律行用，俾使交通，近届一年巴塘、里塘商务悉借铜元周转，众咸称便，刻又运铜币若干在北路德格一带提倡行使，将来逐渐通行，于币政实大有裨益也。"⑧ 此后卢比日见其少，自行绝迹。

二　组建茶叶公司

19世纪中国传统的出口产品——茶叶，在国际市场上受到英国茶

---

① 藏币是以土模铸造，按重量分为一钱和五分两种，一面花文，一面藏文。卢比重三钱二分，一面花文，一面为英国女王维多利亚半身像。藏元按卢比形式铸造，重三钱二分，一面麦花，一面为光绪头像。
② 《财政部、户部议复锡良奏请续铸藏元以济边用折》，《清末川滇边务档案史料》，第71—72页。
③ 《示谕军民人等鼓铸铜元行使关外规定价值不许增减》，《清末川滇边务档案史料》，第922页。
④ 《札关外各委员张帖告示藏元按三钱二分行使》，《清末川滇边务档案史料》，第511页。
⑤ 转见《度支部议复赵尔丰奏请转运铜元至关外运费准作正开支折》，《清末川滇边务档案史料》，第474—475页。
⑥ 《四川官报》1910年3月下旬第7册，新闻"留铜铸币"。
⑦ 刘赞廷：《赵尔丰列传》，民族文化宫图书馆1960年版。
⑧ 《四川官报》1909年11月上旬，第32册，新闻"铜币通行"。

叶的冲击，英占印度后组织英国东印度公司贩运中国茶叶到欧洲，后又专门在印度试种茶树。19世纪30年代，东印度公司在印度试种茶树成功，此后，英印当局采取发放补贴、出口免税等措施，大力扶持种茶业的发展。在沿喜马拉雅山脚丘陵，西自库马翁（Kumaon），中经锡金、不丹，东至阿赛密，建起了大片茶园。到1887年时，茶叶产量已达九千万磅，茶叶生产已成为印度的最大产业之一。19世纪80年代，印茶成为中国茶叶在国际市场上主要竞争对象。1887年以后，"印度茶在英每年多销于中国茶有700万磅"①。相应地，中国输入英国的茶叶则在大幅度地减少。不仅如此，英印政府还力图将印茶打入中国市场尤其西藏市场，并一直在寻找印茶进入西藏的机会。如派人到四川雅州川茶产地进行调查，收集川茶的样品，仿制砖茶的形式。②关于英人收集川茶样品、仿制川茶的情况，另见《武瀛详报赴西藏调查茶务委员郭士材起程日期并附呈调查节略》中记："近三年尚有英人到雅考察制造藏茶之法。"郭士材到藏调查任务之一就是了解"英人前次调查后作何预备"③。但试制未能成功。1882年，英国经济进入新的危机，为了挽救工商业的萎缩，英国资本家迫切要求开辟新的市场。1885年5月至7月，英国丢斯伯里（Dewsbury）、曼彻斯特、伯明翰等地商会纷纷要求从速交涉藏印通商问题。坚决要求进入西藏，因为"那儿有一个广大市场等待我们"。④

英国从19世纪40年代就与中国政府交涉通商，一直未得到清政府的允准，西藏更是强烈地反对外国人进藏。英国采取迂回包抄的战术把西藏周围的附属国占领或控制，并把铁路修到离西藏边界只有步行几天路程的大吉岭，随时伺机进入西藏。英国终于在1888年找到借口出兵西藏，并胁迫清政府于光绪十六年（1890）签订了《藏印条约》。条约规定半年之后就通商、交涉、游牧问题另议约确定。再次议约时，英国提出通商的要求，但遭到西藏地方僧俗上层的坚决反对，特别强调禁止

---

① 中国近代经济史资料丛刊编辑委员会：《中国海关与缅藏问题》，中华书局1983年版，第172页。
② 〔英〕兰姆：《英国与中国中亚》（Alastair Lamb, Britain and Chinese Central Asia. London, 1960），第123、127—128页。
③ 《武瀛详报赴印藏调查茶务委员郭士材起程日期并附呈调查节略》，《清末川滇边务档案史料》，第462—465页。
④ 劳林生（Sir Henry Rawlinson）在1884年12月8日英国地理学会讨论上的发言中，引用泰晤士报社论，但未注明日期。《英国地理学习会报》1885年卷1，第91页。

印度茶叶运销西藏。① 时任川督刘秉璋也指出印茶入藏的危害：不仅藏饷因此无着，川省茶民也会因此流离失所。② 但迫于英国的压力，清政府最后被迫做出退让，于光绪十九年（1893 年 5 月）订立《印藏通商章程》，规定"印茶……俟百货免税五年限满，方可入藏销售，应纳之税，不得过华茶入英纳税之数"③。《印藏通商章程》签订后，印藏贸易额大幅度上升。1899—1900 年贸易年度的印藏贸易额比《藏印条约》签订前的 1889—1890 年贸易年度增长 370% 以上。④

印茶即将进入西藏市场，引起西藏僧俗不满，担心造成西藏地方巨大的财政损失，西藏商上每年从内地贩运川茶到藏贷放，可获利上百万两银，印茶入藏则会使西藏失去这些惯常的既得利益。因此达赖喇嘛在 1899 年上书请求清中枢禁止英国人将茶叶等物品输入藏地。虽然总理衙门在回复达赖时解释说"是虽准销印茶，实暗寓抑制之法，当时订约，具有深意"⑤。所谓深意也就是拖延及明允暗阻之法。据到印藏调查开埠事宜的陶思曾记：直到光绪三十四年（1908），按《印藏通商章程》的规定百货免税早已满五年期限，但为抵制印茶，"迄今期限久逾，而依然不开征"⑥，然而这种拖延式的明允暗阻的做法终究不是长久之计。

光绪二十七年（1901）4 月，印度茶叶协会向英印政府提交了一份请愿书，要求英印政府帮助他们"打开西藏市场"⑦。光绪二十八年（1902）四月，印度孟加拉省商会也致函英印政府，要求迫使中国政府同意修改《1893 年藏印条款》的有关条文，降低印度茶叶运销西藏所应交纳的关税，以利于印茶打入西藏市场。⑧

为了彻底打开西藏市场，1904 年，英国荣赫鹏带领谈判代表武装侵入拉萨，强迫订立《藏印条约》，事后荣赫鹏在他所著《英国侵略西

---

① 《升泰奏牍》卷五，载吴丰培辑《清季筹藏奏牍》，商务印书馆 1938 年版，第 7、10 页。
② 《刘秉璋藏事奏牍》，载吴丰培辑《清代藏事奏牍》，第 704、707 页。
③ 王光祈译：《西藏外交文件》，中华书局 1930 年版，第 68 页。
④ 〔英〕兰姆：《英国与中国中亚》，(Alastair Lamb, *Britain and Chinese Central Asia*. London, 1960) 第 344—345 页；《英国议会文书》1904，LXVⅡ48，第 4—8 页（British Parliamentany Papers, Hoc. 1904, LXVⅡ48）。
⑤ 光绪二十五年（1899）四月二十七日，《总署奏遵旨议复哲布尊丹巴等会报英国侵略西藏情形折》，转引自《元以来西藏地方与中央政府关系档案史料汇编》，第 1380—1383 页。
⑥ 陶思曾：《藏牺随记》，载吴丰培编《川藏游踪汇编》，四川民族出版社 1985 年版。
⑦ 《英国议会文书》1904，LXVⅡ，cd, 1920，第 128 页。
⑧ 同上书，第 133 页。

藏史》一书中明确表达入藏目的:"印茶在邻近西藏之印属山区产量甚巨……沿藏边一带小山,茶树滋生极繁,既可为英印两方资本之出路,复可供给无数印度工人之生计。……况一越边境,即有300万嗜茶之民族。……孟加拉政府之要求允许输茶入藏,任藏人自由购买,乃安全揆诸自然……中国当局对茶之入口则始终顽强固执,最后始勉强同意许印茶入藏,其税率不超过输入英国者,惟华茶输英之税率为每磅六辨(便)士……实际上即无异课以百分之一百五十乃至二百之税率,故此一让步直毫无价值可言矣。……抑无论吾人主观意欲如何,然欲听任藏人孤独存在,乃绝不可能之事,藏印之间必须发生某种关系。……吾人欲自彼方购入羊毛而向彼方出售茶及棉织物。"① 英国不会放弃他进入西藏倾销商品及掠夺廉价的原材料的目的和行动。尤其是不愿放弃也不会放弃近在"一石之遥"的茶叶大市场。

印茶之所以没有能够在藏形成倾销之势,并不在于清政府或西藏地方政府抵御有方,也不在于价格优势上,而是藏人的口味与习惯,因为藏人早已习惯川茶。然而,正在印茶寻找种种机会输入西藏、形成巨大竞争之势的同时,川茶却在输藏中出现种种弊端,如以次充好,非价格不正当竞争等,这些都成为川茶输藏与印茶竞争的不利因素。

而川茶之对于四川和西藏来说都非常重要。据光绪十八年(1892)的数据"川茶销藏岁约1400余万斤"②。另据1879年担任英国驻重庆领事的E. C. 贝伯(E. C. Baber)报道,当时每年经四川打箭炉运销西藏的砖茶在1500万磅左右。1904年时任英国驻成都总领事的A. 霍西(A. Hosie)曾在该年前往打箭炉调查藏汉贸易情况,据他的调查,茶叶是当时汉区销往西藏的最重要商品,当年经打箭炉销往藏区的茶叶有11377333磅,价值白银948581两,占当年经打箭炉销往藏地的汉区产品价值总额1052591两白银的90%以上。③ 川茶藏销,每年收税十余万充饷,而藏饷也专指此款。④ 刘秉璋曾在光绪十八年(1892)分析指出:"盖藏帅借用番钞,给予印票,赴炉厅领茶,以抵藏饷,是藏饷须借商力接运不仅茶也,藏帅及兵丁生计实系于此。""藏番日食糌粑非

---

① 〔英〕荣赫鹏:《英国侵略西藏史》,孙熙初译,1983年拉萨版,第32、38—39、314页。
② 中国近代经济史资料丛刊编辑委员会:《中国海关与缅藏问题》,中华书局1988年版,第162页。
③ 〔英〕兰姆:《英国与中国中亚》,伦敦1960年版(Alastair Lamb, *Britain and Chinese Central Asia*, London, 1960),第351—352页。
④ 《刘秉璋藏事奏牍》,载吴丰培辑《清代藏事奏牍》。

川茶不生。"不仅如此，藏族有数十万贫苦人借充当运茶的苦力脚夫谋生。且四川省的"栽茶之园户，运茶之商贩，负茶之脚夫"也多至数十万人，"悉赖此为生活"①。如果印茶运藏，占却了川茶销路，"必致中外商情星散，饷运周折，即凡业茶之户，势亦无所聊生，何堪设想？"②更何况"商人岁放茶商债千万，久资为利薮，亦不愿印茶搀夺"③。

为了不至于失去这个对川对藏都非常重要的茶叶市场，清政府竭力抵制印茶的入藏，在与印英政府谈判的同时，也曾有人想采取积极主动的措施与印茶竞争。如川督锡良曾在光绪二十九年（1903）十月提出采取减轻对川茶入藏课税的办法，"无论官运商运，不宜再事取盈，倘征多而值昂，立至印茶浸入"④。

四年之后，光绪三十三年（1907），张荫棠作为与英印就西藏通商问题议约的全权大臣，迫于英人要求印茶入藏的压力，在印度电告外务部筹商抵制印茶的办法："炉茶或暂由官局督运，以平市价。""设法利运，零售便民"，"并准茶种入藏，教其自种。"⑤

外务部又电令时为川滇边务大臣的赵尔丰具体图谋抵制印茶的办法。赵尔丰分析了川、印茶的形势，认为"印茶以种植之繁，焙制之精，运输之便，又立一绝大公司，沦商智，团商力，以困我茶商，夺我茶利，若不设法抵制，势且骎骎东下，不独失我西藏之大销场，亦将摇我炉边之根据地。则川茶向日之销路，不胥而变为印茶之尾闾不止"⑥。"川中茶商苟欲保其利权，威宜急起直追，谋改良之方，为补牢之计。"⑦但不能确定是设立川茶公司还是输藏零售，就交由川茶所属的建昌道及所属各府、县集商筹议。但产川茶五属⑧"商情素涣，又狃藏嗜川茶之说，有恃无恐，终昧大计"⑨。赵尔丰又不得不饬令四川省盐

---

① 《刘秉璋藏事奏牍》，载吴丰培辑《清代藏事奏牍》。
② 同上。
③ 同上。
④ 《川督锡良议复川边能否试办垦屯商矿情形折》，《清末川滇边务档案史料》，第3—5页。
⑤ 《张荫棠藏事奏牍》，载吴丰培辑《清代藏事奏牍》，第1329页。
⑥ 《邛州茶商邱德元等呈请禁假除弊以维茗纲而挽利权》，《清末川滇边务档案史料》，第238—240页。
⑦ 同上。
⑧ 产茶的天全、荥经、名山、雅州、邛州都隶属于建昌道，因此又称五属。
⑨ 《赵尔丰电复外务部拟设立公司以抵制印茶》，《清末川滇边务档案史料》，第209—210页。

茶道会同三司、商务局进行规划。规划的结果准备采取"设立公司，招商集股，如尚不足，助以官帑"，"以精采制、禁掺假、轻成本、便运道、革正税以外之一切陋规杂费"等措施，以整顿维持；同时"布种入藏"，联络主持西藏茶务的商上共同抵御印茶。①

不久，有邛州茶商邱德元等呈请禁假除弊以维茗纲而挽利权的具体办法：即设立查验公所以轮流稽查；设官秤以昭公允；在五属、炉城设商会以除陋弊；等等。但赵尔丰认为"究不如设立公司，众志齐一，以结团体之为愈"②。要求邛商成立公司。

两个月后（光绪三十四年十二月），当雅州茶商李万盛等禀复成立公司招商入股的情形后，赵尔丰指出"商战时代，非公司无以为竞争，而组织公司，又非股份无以立基本"③。饬令各属茶商广集资本，"同心协力，各出股本"。斥责邛州对成立公司招股的不积极："大利当前，公益所在，岂犹有所迟疑。"④ 四川盐茶道会同劝业道在雅州设立边茶公司筹办处，专门组织事宜，以知府武瀛充任总办，各属茶商集议，推举出公司的总理与协理，妥拟边茶公司的章程。

边茶公司筹办处成立后，着力于劝招股本、力禁假伪、规定引张等工作，惩办了天全州王大顺假茶一案，选派了一名赴藏、印调查茶务的调查员。

边茶公司筹办处所派选的赴印藏调查茶务委员郭士材曾随同驻藏大臣裕钢驻藏数年，赴印二次，对于印、藏两地情形比较熟悉。郭士材于宣统元年（1909）十月十八日由雅州出发前赴边、藏、印，此次考察目的与内容包括：到巴塘、里塘、乍丫、察木多等地方解释成立公司的必要性；调查各地茶叶销售情况、入藏运输情况；印茶在藏行销情况；印茶采制及使用机器情况；对待华茶方法；英人到雅考察制造藏茶之法后有何行动；川茶种子入藏是否与土性相宜，雅茶利益会不会因此受损；等等。⑤

宣统二年（1910）八月，边茶公司正式成立，全名为"商办边茶

---

① 《赵尔丰电复外务部拟设立公司以抵制印茶》，《清末川滇边务档案史料》，第209—210页。
② 《邛州茶商邱德元等呈请禁假除弊以维茗纲而挽利权》，《清末川滇边务档案史料》，第238—240页。
③ 《雅州茶商李万盛等禀成立公司情形》，《清末川滇边务档案史料》，第255—256页。
④ 同上。
⑤ 《武瀛详报赴印藏调查茶务委员郭士材起程日期并附呈调查节略》，《清末川滇边务档案史料》，第462—464页。

股份有限公司",制定了《边茶公司章程》。章程规定边茶公司的宗旨是"专为振兴茶务,改良制造、讲求种植、保存利权"。组织形式是"纯以商力组织,官任保护,一切规程,均遵商律办理"。边茶公司在雅州城内设立总号,在打箭炉厅及南路之里塘、巴塘、昌都、北路之界姑五处各设售茶分号。制造处设在邛州、天全、荥经、名山等州县,转运处设在清溪县的泥头汛,采配处设在嘉定府的犍为、峨眉、叙州府的宜宾等县。规定南路邛、天、雅、荥、名五州县边土引九万五千四百一十五张,悉由公司领配。额引销竣方准领行茶票,不得引票掺行;额征课税、羡截加厘等款,悉由公司担任径缴。打箭炉的茶关委员专司封缴引票,督催征款,并负责保护稽查等事。边茶公司有股本银五十五两,不准转售抵押给外国人。①

"公司既经成立,商人渐知合群",赵尔丰让公司在"藏卫繁盛各处,择要筹设支店,自运自销,一面讲求种植焙制,严杜掺杂,俾番民乐于购求"。使"信用日昭,即可随事推广"。而对"一切转运保护,大凡商力所有为难之处,无不官为辅助,使得一意进行"。②

赵尔丰在川边组织的边茶公司,保障了川茶在西藏的市场。辛亥革命后,由于政局动荡,西藏地方政府由排英到倾英,为获得在藏东的利益,西藏地方政府不惜牺牲一些利权以换取英国的支持,西藏市场也向印茶开放,印度茶叶很快在西藏基本取代了中国内地茶叶,西藏所需的有限的内地茶叶,也是大部经由印度转口,西藏的经济利益也同样遭受到巨大的损失。③

三 "尺寸之土,皆当早为经营"④

赵尔丰为自保利权在川边办理的外交事件,主要有巴塘善后的教案赔偿、美国教习德门内事件、阻止外国人在边、藏任意行走及建议外务部严定游历章程、收回边南桑昂、杂输、洛夷等地,派驻汛弁调查英人入边藏南插旗情形,阻英由边界入藏,另派陶思曾由海道赴印度到大吉岭、江孜、靖西、缅甸勘察绘图通商开埠情形等。

---

① 《赵尔巽咨赵尔丰据盐茶道等详送边茶公司章程》,《清末川滇边务档案史料》,第746—750页。
② 《赵尔巽筹办边茶公司成立情形折》,《清末川滇边务档案史料》,第778—779页。
③ 《英国印度事务部档案馆藏档案》,L/PS/12/4166,P4567/1936,P3676/1935等号文件。
④ 《边、藏情形时殊势异亟宜将紧要地方收回折》,《清末川滇边务档案史料》第592—595页。

第三章　赵尔丰的川边经营（下）　139

光绪三十一年三月的巴塘事件牵涉教案①，"是历次教案中杀教士、教民最多的一次。由于惩教毁产严重，法方又不断节外生枝和扩大讨论范围，因而议赔过程中争执也较多"②。为了与法方交涉时占据主动权，赵尔丰事先嘱咐会办军务已革广西补用道钱锡宝周历盐井及川、滇交界一带，查明情况。十月，与驻法主教倪德隆③开议。赵尔丰"极力磋磨"，遂得以赔银四万四千五百两定议，比原索价少了一半多，实赔银四万三千两。教方在巴塘、盐井等处索要"地基多片"一事，因赵尔丰等人的"坚拒"，暂时作罢。④

巴塘教案的议结，锡良在致外务部报赵尔丰议结巴塘教案时说"全赖赵道及粮员吴锡珍极力磋磨……详察失物，早有把握，故得就范"。"从前巴塘教堂被毁，未伤教民，赔银二万。此次毁堂两处，伤毙教民多命，此数似尚得中"⑤。赵尔丰认为"外人每以小惠诱入彼教，其教权所及，实即国权之所及也"是关外的隐忧。尤其强调"天地寸土，有关国家利权"⑥。

赵尔丰还采取措施限制川边教堂，收回权利。如把川边的番民或押

---

① 刘传英所著的《巴塘藏族反教卫国斗争史略》中称这次的巴塘事件为巴塘第五次反洋教运动。
② 刘传英：《巴塘藏族反教卫国斗争史略》，四川人民出版社1993年版，第217页。
③ 倪德隆（Pierre - philipe Giraudeau），巴黎外方传教会会士，天主教康定教区主教（1901—1936）。
④ 光绪三十二年二月一日《外务部收四川总督锡良文》，《教务教案档》第7辑，第903页。其赔偿司铎命价及被控坟墓等项，则至十二月间，由倪主教进省会同法署领事何始康与四川洋务总局司道续商，几经磋减，终以七万八千五百两定议，连同前议之四万三千两，共为十二万一千五百两（四川通用九七平纹银），言明自光绪三十二年至三十四年二月，分五期兑付。双方于十二月十五日订立合同互换，全案一律了结。详见光绪丙午（三十二）年交涉要览，中篇，卷2，第46—50页，川督锡良咨巴塘教案议结分期赔款并订立合同文，附录巴塘教案议结赔款合同，附录巴塘教案附立付款合同，中国科学院历史研究所第三所主编：《锡良遗稿·奏稿》，中华书局1959年版，第556—557页。云南赔偿死亡教士恤赏及教堂赔款等项为库平银六万五千两，作为修建墓碑，设立养济院、医院、学堂之用，另被毁教堂经堂十所公私财物一切在内，共赔库平银八万五千两，两项合计十五万两详见光绪丙午（三十二）年交涉要览，中篇，卷2，第4—14页，《滇督丁奏维西教案议结恤款互换合同折》，附录维西教案议结恤款合同。
⑤ 《锡良致电外务部巴塘教案除司铎命案外已议结》，《清末川滇边务档案史料》，第69—70页。
⑥ 《赵尔丰致电赵尔巽拟复枢电关外早应一律改流》，《清末川滇边务档案史料》，第242—243页。

或佃给天主教教堂的田产收回。①

例如，处理德门内事件。光绪三十三年（1907）四月，美教习德门内游历至巴塘，又欲从阿墩子一带小路赴滇，而其护照内并未载有云南省份，巴塘粮务以阿墩子一带已非川境，不能任保护之责，劝其返回不听。赵尔丰转让驻重庆的美领事勒令德门内回渝。然德门内不听，大闹坚持赴滇，管带程凤翔派给乌拉并派勇送到阿墩子。赵尔丰严厉斥责程凤翔此等做法"殊属非是"②，强求赴滇的德门内在行进途中因营勇李玉山行动迟缓而举枪欲射杀，不料却误杀喇嘛补更弄，而酿成事端。赵尔丰立即致电程凤翔严责其送德门内之过，并令其将德门内押在阿墩子，听候核办。③ 同时致电重庆美领事告知德门内滋事之事，并要求用中国法律处理，即杀人抵命。

德门内被押解回四川后送至川东道，又转押到上海会同美总领审讯。然而美领事始终以无权干预，饰词推诿。此案一直拖至光绪三十四年七月初，转由外务部与云贵总督汇核办理。为德门内事件，川、滇两督、川东道、渝美领事、苏松太道、沪美总领馆、外务部都参与了处理，各级部门态度强硬，始终据理力争。这与1875年的云南马嘉理事件中国被迫订立了《烟台条约》允许外人到内地游历的情况相比，已大不相同，清季虽然国力衰弱但外交十分强硬，力图保护主权。甚至被外国批评为"动辄摆出'收回权益'的架势"④。

赵尔丰针对经常会有一些外国人未经允许未持护照即至边、藏游历，致使边民惊骇，不利于边地安定的情况，上奏外务部建议游历关外须在护照上注明具体地点，申明对"无护照或有护照非填明关外及私自往来者，遇有危险，无论已否设官之处，不任保护之责"⑤。

宣统三年六月，针对英人贝尔由闷空至鸡贡欲赴印的情况，赵尔丰认为"此言隐系托词，必系英政府令其调查由此通滇藏之路，且必有私行绘图等事"，奏请外务部不准贝尔前往；此后又再次奏请外务部应

---

① 详见《王会同禀报盐井民间典售与法国教堂地亩数目》，《清末川滇边务档案史料》，第518—521页。
② 《赵尔丰电复程凤翔送德门内至阿墩子殊属非是》，《清末川滇边务档案史料》，第117页。
③ 《赵尔丰电复程凤翔迅将德门内押在阿墩》，《清末川滇边务档案史料》，第125页。
④ 1910年9月8日时任美国驻俄国大使威·伍·柔克义致《泰晤士报》驻京记者莫里循函，《清末民初政情内幕》1895—1912年，第657—658页。
⑤ 《赵尔丰致电外务部外人游历关外须护照注明》，《清末川滇边务档案史料》，第380—381页。

"严定游历章程,以杜后患"①。

宣统二年三月初十日,赵尔丰奏请政务处早日议定在川边巴、理、盐井等处设治的奏疏,因巴安、盐井皆有教堂,"现在各国教士、医士纷纷前往调查,并开设医院,本为条约所许,未便阻拦,尤须常加保护,断非一委员所能了事"②。

赵尔丰采取抵御外人自保利权的措施,其中最有成效的是派兵收复边南、藏东一带,并将边兵所到的地方,派兵驻扎,派员驻守,调查山川地理、钱粮户口、物产、风俗等情况。同时上书中枢建议将紧要地方收回:"自门户开放以来,强邻环伺,皆以避地殖民为务,中国遂日受侵夺矣。所有从前属地而未经编籍者,外人即指为彼之所觅殖民地,强为占据。以现在局势而论,尺寸之土,皆当早为经营,不可再落人后。"③

在赵尔丰派兵进驻桑昂曲宗等地之前早有英人在杂输与猓猡野番接壤处活动,据当地百姓称有英人曾到其地并插旗。④ 英人在当地见到清军所插龙旗,又索看了当地百姓承领的清政府护照后才拔旗而去。为此赵尔丰饬发护照千张,令程凤翔聘通事前往猓猡地劝令投诚,给予护照,允以保护。

宣统三年十一月,英人陈兵数千在滇缅边界的猓猡地境、下察隅一带,驻防边兵前去调查,"据云,彼等来此亦与吾边军分防各地情形相同,亦无他事也。""日在界南一带修路宽五六尺。"英人来界相近一月,虽未越境,而日在界南一带修路,其居心叵测。⑤ 当时,英人做好由滇缅边界进入边地及西藏、贯通由缅印穿越西藏的道路的准备。若非赵尔丰力主收回边南、藏东之地,英人打通入藏通道,由缅印贯穿西藏的企图就可能会实现。

继川督丁宝桢在光绪四年(1878)派黄懋材由川赴藏至印考察边

---

① 《赵尔丰致电外务部请英使饬贝尔立回川并严定游历章程》,《清末川滇边务档案史料》,第1000页。
② 《会筹边案请饬下政务处早日议定以便设官分治片》,《清末川滇边务档案史料》,第591—592页。
③ 《边、藏情形时殊势异亟宜将紧要地方收回折》,《清末川滇边务档案史料》,第592—595页。
④ 详见《程凤翔禀报查询洋人插旗情形》《程凤翔禀报续查洋人插旗情形》《程凤翔禀复洋人插旗拔旗情形》,《清末川滇边务档案史料》,第560、576、604页。
⑤ 详见《苟国华禀报顾占文据报有洋兵千余人至瓦陇等处》《苟国华禀报顾占文续探外人来界情形》《川边巡防新军统领详报顾占文英兵突至热巴》,《清末川滇边务档案史料》,第1133、1136、1137页。

藏、缅甸、印度情形后，赵尔丰于光绪三十四年（1908）遵外务部所令，派四川试用道陶思曾赴藏印边区考察。这是清末专门为西藏外交事务派出的考察。陶思曾为四川候补道，曾留学日本，领有卒业文凭，"虽不如温道办理交涉之熟，然其心志纯正，才思精细，于外交颇有心得，堪胜调查之任"①。

陶思曾由成都至长沙转上海，从海路由广州赴香港，到印度转至靖西、江孜、噶大克、缅甸等地，由滇省返川（与黄懋材的程途刚好相反）。陶思曾在藏印、滇缅边界测量，并著有《藏輶随记》一书，为西藏的开埠做了调查准备工作。

第三节　延揽人才

赵尔丰对川边经营的思考，包括三个方面，即他认为经边需要三个条件：辖区划定、经费筹拨、人员调用。人员调用问题始终是赵尔丰筹划边藏所强调并着力解决的关键问题。光绪三十二年七月（1906年8月）赵尔丰被任命为川滇边务大臣时，曾为赵协办炉边善后的赵渊全权接管了炉边善后督办的事宜，然赵渊因在边水土不服，不久就回川省就医。因此赵尔丰回成都与锡良等人会商川边事宜，提出应在川边设置管理民事的流官，同时又以"边地应办之事既繁"，"断非地方官所能兼综"为由，要求能"随事分派委员，以专责成"②。光绪三十二年正月至光绪三十四年八月（1907年3月—1908年7月）间，赵尔丰在四川护理川督，由另外遴选的试用道张俊生兼理所有川边善后并统领关外巡防新军；在关外已改流的巴塘、里塘、乡城等地只派充委员进行暂时管理。在这期间，没有在川边大规模地设官改治。

光绪三十四年（1908）正月，赵尔丰被任命为驻藏大臣兼川滇边务大臣。作为康藏最高行政长官，赵尔丰首先想到就是如何延揽人才，以"筹群力相辅之策"③。虽然清中枢已谕令"西藏需用人员，准由四川省慎

---

① 《赵尔丰致电军机处筹饷练兵稍有头绪即起程》，《清末川滇边务档案史料》，第200—201页。
② 《复陈川滇边务应办事宜并拟具章程折》，《清末川滇边务档案史料》，第118—125页。
③ 《请自外省调员归川边差遣片》，载吴丰培辑《赵尔丰川边奏牍》，四川民族出版社1984年版，第119—120页。

选调派，厚给薪资，优定奖励"①。但赵尔丰认为"康藏幅员广袤"，"屏藩西蜀，密迩强邻"，"民俗宕野，凡百措置，均极每难"，又"兹万端发轫之初"，而"自顾任重力薄非众擎莫举"，奏请中枢允许他在内地各省咨调边藏人才，不唯川省，"只求其才，不限以地"，使"川省用人，不致有群空冀北之虞，而万里边徼，亦得收楚材晋用之效"②。

虽然川省地广人稠，但"即有才堪任使，翘使自异者，又为川省所必须，似未便概调诸边，置腹地于不顾"③。因此，赵尔丰在准备以驻藏大臣职衔进藏时，一次性从内地主要是川省奏请调派十六员计划随同入藏，这其中就有赵尔丰经边时的主要"臂助"傅嵩炑［傅嵩炑从赵尔丰任叙永道台时即入赵幕府，颇为得力，光绪三十一年随赵出关帮办事务，又于光绪三十二年闰四月随营攻克理塘属桑披岭寺，后改委边务文案收支。赵尔丰离开再任川督时荐举傅嵩炑为代理川滇边务大臣，傅在川边接续赵尔丰的未竟事业，并于宣统三年闰六月（1911年8月10日）奏请建立西康省，最终完成赵尔丰对川边的规划］。但这远远不能满足川边及西藏经营之需要，因此，这年七月，赵尔丰又同其兄赵尔巽会奏中枢，请求中枢以后把发遣新疆军台人员一律改发巴塘和藏地，使"怀才负咎者"，"不至屏弃终身"④，又可供巴、藏经营的差遣驱使，同时解决内地调用之不足、经费之难筹措的问题。

不过随着赵尔丰的驻藏大臣职衔被解，被要求专任边事后，之前奏请调派的十六名随员因担心不再享有进藏的优惠条件，拒不到差或到差后则告病请假又折返。面对这种情况，赵尔丰认为"与其迫之强就，办事终鲜实心，不如导之乐从，有才皆思效用"⑤。因此，专门奏请中枢，希望仍以之前进藏之优厚条件对待"凡有奏调出关之员"，对出关到川边的人员执行与到西藏一样的待遇和政策："仍遵旨厚给薪资，优定奖励，俾该员携带眷属，久于所事"；并请仿造驻藏大臣联豫在光绪三十三年请酌予保奖案，即"凡随员人等，三年期满，仿照新疆等处向章，

---

① 《清德宗实录》卷587《光绪三十四年二月癸亥条》。
② 《请自外省调员归川差遣片》，载吴丰培辑《赵尔丰川边奏牍》，四川民族出版社1984年版，第119—120页。
③ 同上。
④ 《赵尔巽、赵尔丰会奏嗣后发遣新疆军台人员请一律改发巴、藏片》，载吴丰培辑《赵尔丰川边奏牍》，四川民族出版社1984年版，第118—119页。
⑤ 《调用人员赴边拟定薪资奖励办法片》，《清末川滇边务档案史料》，第401—402页。

分别异常、寻常择优请奖",以示边藏事同一律。①

在用人问题上,赵尔丰显示了他作为边疆大吏特有的胸怀与才能,能根据川边的具体情况确定调用人员的规章制度,不仅给予优厚的薪资报酬,更能及时地为出关人员请奖提拔。

第一,厚给薪资。赵尔丰认为川边"地处边远,百物翔贵,公费非极优厚不能使之安心充任",而且"边地风气甚纯,尚无内地各项陋习",绝不能把内地各项官僚陋习带到川边,因此必须优给公费,使"公费之外,无论何项名目,不准私取分毫财物,违者立予撤参,计赃科罪"②。光绪三十三(1907)五月,赵尔丰开出并建议清中枢采纳核定边费的各设治官员的薪水是:巴安直隶厅每月给公费银一千两,理化(理塘)、定乡两县每月各给公费银八百两,盐井分防经历、稻坝分防县丞,每月各给公费银三百两,照磨、巡检、典史每月各给公费银二百两。③光绪三十四年(1908)七月,赵尔丰因要带员进藏,在进藏前,奏请中枢加倍厚给赴边各员薪水,赵尔丰这次开出的薪水单为:炉安道每月定给公费一千五百两,巴安、康定两知府每月定给公费一千二百两,三坝、理化两厅每月定给公费一千两,盐井等四县知县每月定给公费银八百两,贡噶岭县丞每月定给公费银五百两。④宣统二年(1910)三月,奏在德格、春科、高日三土司地设置道府州县,对道、府、州、县各缺的年薪拟定为:兵备道年薪两千四百两,知府两千两,知州一千六百两,知县一千二百两。除此之外,各缺还有专门的办公经费,兵备道每月公费是一千两,知府是八百两,知州和知县月公费七百两,包含所有"佐治员暨司事、司书、通译、勇夫、杂使等薪费口食",其中司书、翻译、勇夫等每人每月薪水银十两,此外还有灯油、笔墨费银二两;藏文翻译生、司书生每月薪水银六两,灯油、笔墨费也是二两。⑤当时巴塘人每月生活费至多需银三两,打箭炉的生活费还用不到三两。按赵提议的薪水标准,一位炉安道员的薪水可在巴塘养活500人,若在内地可养活人口则更是超过500人。

对边地所调之员按官阶之大小,定薪资之多寡,拟定薪资章程。如

---

① 《调用人员拟定薪资奖励章程片》,载吴丰培辑《赵尔丰川边奏牍》,四川民族出版社1984年版,第121—122页。
② 《复陈川滇边务应办事宜并拟具章程折》,《清末川滇边务档案史料》,第118—125页。
③ 同上。
④ 《赵尔巽、赵尔丰会筹边务亟待举办事宜折》,《清末川滇边务档案史料》,第205—207页。
⑤ 《赵尔丰、赵尔巽会奏德格、春科、高日三土司地方设置道府州县折》,《清末川滇边务档案史料》,第598—599页。

拟道员月薪三百两，知府二百两，同知州县一百六十两，州同州判府经历县丞八十两，巡检从六十两；革职续用人员则照对品薪资减半给付；对于"其仅捐有职者，果系才堪任用，亦用给薪水四五十两，均以到差之日起支"。据宣统元年（1909），咨部立案的边务大臣衙门分科办公章程和边务大臣衙门分科办公开支薪俸章程所载，当时边务大臣衙门幕府人员薪俸最高者二百两（如文案），最低者十两（如司书生）。对于奉公出差，往返夫价，道府日给银三两，同知州县二两，佐杂及职衔人员一两，革职人员仍照对品减半，按站发给。①

第二，优定奖励。赵尔丰认为边地瘠苦，若经边者"既无保奖之望，遂不免退避之思"②。奏请清中枢批准边地各缺皆定以三年边俸，俸满后由边务大臣酌量应否调回内地候升，或在任候升，随时具奏。但在实际操作中对立有战功或确有建树者，进行破格奖励，"则不必以三年定限为准，惟以实绩为凭，随时奏请给奖"。因此，在每战之后，赵尔丰就将"在事出力文武员弁，缮单请奖"。曾在川边学务局担任调查员的刘鼎彝（民国时任九龙县县长）在80年代回忆赵尔丰经边时记："赵尔丰出关时曾宣布过，所有出关在边地供职人员，三年之中没有过失的，都一律受超级保举。宣统三年，正是例保之期，赵尔丰对钦差行辕的人员和各设治委员、治局所，都有保举：无衔的照例按级保，捐有衔的保实官。赵尔丰自称赏罚严明，对于部属，有功的必奖必保，有过的必罚必参。所以对于每一个在事有功人员都已先后在报军情或战功时随折保奏。这次的例保是汇案保举，受保举的人很多，单是'关外学务总局'就保了十多人。"③ 对不能开保之人，则优给奖赏，如光绪三十三年四月，对追逃勇的官兵，赏给一月粮食，并赏管带银三百两，帮带一百五十两，哨官一百两，哨长六十两，差弁三十两。厚给薪资、优定保举两项措施是赵尔丰能够获得边务人员"贤能思奋"④"有才皆思效用"⑤ 的重要原因。

第三，熟悉边情、赏罚分明。纪律严明，言行法随。赵尔丰对于腐败贪污、危害边地百姓的行为"轻则申饬，重则惩办，言行法随，不与

---

① 《调用人员拟定薪资奖励章程片》，载吴丰培辑《赵尔丰川边奏牍》，四川民族出版社1984年版，第121—122页。
② 《调用人员赴边拟定薪资奖励办法片》，《清末川滇边务档案史料》，第401—402页。
③ 刘鼎彝：《赵尔丰经营川边闻见记述》，《四川省文史资料选辑》第6辑。另见吴丰培辑《赵尔丰川边奏牍》关于人事奖惩的奏折，四川民族出版社1984年版。
④ 《调用人员拟定薪资奖励章程片》，载吴丰培辑《赵尔丰川边奏牍》，四川民族出版社1984年版，第119—120页。
⑤ 同上。

宽贷"。如赵对书记官吴俣、试用通判张秉均、川绅候选道刘跃坤、后补守备刘庆先、府经历周培均等人的惩处。吴俣在赵尔丰攻桑披寺久持不下时,献计断水,致破顽巢,赵重其才,奏保知县,授以川边巡防军五营统领。然吴在办理乡城善后事宜中,却"骄纵任性,酷刑苛罚,征收蛮粮,出入有大小斗之别"。赵不以其功而掩过,断然革职。张秉均在承办电杆台站桥梁道路工程中,领公款六千余金,事阅年余,延不造报,屡催罔应,后派人密查,工程草率,并勒派民工,不独不给工资,还令纳贿者免役,赵尔丰盛怒,认为"似此贪劣不职,虐民以逞,均未便稍事姑容"即行革职。刘跃坤出关调查垦务,不仅不务实,还勒派乌拉不付脚价,所到之处作威作福,赵尔丰闻报后致电军处"如此横行,实属胆玩……应即行革职"。并令刘立即进关,不得迟延,同时停发薪资,不得向各粮台再支。刘庆先在攻三岩时,观望逗留,畏缩不前,被赵革职,永不叙用。周培均奉委至三岩调查事件,擅自用刑毒打百姓,几酿事变,被赵尔丰参劾革职,永不叙用,并交地方官严加管束。①

赵尔丰对各地情况了如指掌,属下稍有懈怠逾越则严令苛责,但是功不掩过,过不没功。如宣统元年十二月,南墩地方百姓向西军左营官带张其昌控告盐井委员王会同越境支差,张禀复给赵尔丰后,赵立即批示札饬王会同遵照定规:不得越境支差,无论何处委员均不准派民支差,若擅派蛮民支差,查出之后,必予参办。责令王会同对为何支差"速即明白禀复"。并严厉批评张其昌"该营于初一日到南墩,何以初二日尚未开拔。身临前敌,如此畏缩退避,殊属可恨。巴塘至江卡五站可到,今该营官乃作七站,不知该营官是何居心,真不胜管带之任也"②。

而对巴塘粮员陈廉禀陈招送垦夫弊端情形的处置更是功过分明。宣统元年七月巴塘粮员陈廉禀陈:四川藏文学堂毕业生谢骐从四川招领了21名老弱妇孺和被烟债所逼的流氓无赖到巴塘,沿路以招领垦夫25名的名义冒支口食川资;到巴后既不愿务农认垦,又要挟去盐井开垦,不得不"准予照给"。陈廉由此事件对垦夫出关开垦等事提出建议,并上报赵尔丰"宜筹正本清源之法,以为杜渐防微之计"。赵尔丰批斥巴塘粮员陈廉曰:"拨地饬垦,权在该令,岂能听垦夫之自由。该垦夫禀称素昧农业,即应问谢骐带此无用之人出关,是何用意。并应勒令谢骐与请假者将川资缴出,听其进关,否则必须饬其赴邦木塘开垦。该令乃计

---

① 吴丰培辑:《赵尔丰川边奏牍》,四川民族出版社1984年版,第130—131页。
② 《札王会同何以越境支差速即禀复》,《清末川滇边务档案史料》,第506—507页。

不出此,而又听其前往盐井,且任谢骐唆使要挟,发予川资,且谓不得已暂充,又谓不能不准予照给,不知其所谓不得已,不能不准者何在?"指责陈廉"明于知人而昧于责己,长于空言短于任事者矣。处此区区数垦夫而不能得宜,乃欲远谈正本清源之法,能毋令人齿冷?"但对陈廉的建议及措施也不因此全盘否定"至拟于以前垦夫中,择其著有成绩者,计口授田,茶树山增修水堰,其余垦夫均令往邦木塘、莽里等处划地授垦,按亩计工,所办甚是。此数语乃该令实心实事,诚属可嘉"①。

宣统二年派盐井盐务委员段鹏瑞到桑昂、察隅一带调查,赵尔丰根据其禀复文件及来往路程推测段鹏瑞并没有详勘各处,批斥曰:"来禀甚为含糊,究竟杂输全境已否到过?何往返若是之速。"②而对孔撒土妇携印逃走,赵严责追踪的管带刘庆先"未能及时协力防范……事后徒诿过于人,殊属狡猾取巧"③。

宣统二年十二月,三岩刚刚归附不久,派学务调查员周培钧前往三岩撒东村调查办学情况,头人"狡词相抗",不开报学童。周情急申斥,竟动强手,并请该处防哨派兵弹压。赵尔丰调查事件前后情况,批斥该事件"周培钧身充调查员,并无守土之责,妄借营勇,擅作威福,荒谬糊涂";批斥管带顾占文"该营勇丁随便听人喝令,平日毫无营规,已可概见";指责三岩委员"前禀起事情形大相刺谬,显系袒护周培钧起见,任意蒙禀,实属可恨"。最后把三岩委员记大过三次,以示薄惩,而把周培钧就地撤职,永不再叙用。④

赵尔丰川边用人策略之被后人称道,还体现在他处理出关人员的稳定问题及对属下赏罚分明上。用丰厚薪资及优定奖赏,鼓励一些人员出关效力,然而由于边藏"较内地百倍艰辛"自然环境和物质文化条件,"文字不和,语言未习","瘴苦荒凉,饮食不便,冰天雪窟,寒冻难支""道途险远",致使一些出关人员"纷纷求去"。针对这种情况,赵尔丰就力所能及地对出关人员在工作上给予支持,生活上予以关切,政治上充分信任,以赢得人心,挽留人才。如针对关外营勇久戍思归的情况,一方面谋求替换,另一方面他与川督会奏,允许并鼓励关外营勇与

---

① 《巴塘粮员陈廉禀陈招送垦夫弊端》,《清末川滇边务档案史料》,第398—400页。
② 详见《段鹏瑞报查勘上、下察隅情形》,《清末川滇边务档案史料》,第629—631页。
③ 《管带刘庆先禀报孔撒土妇乘夜逃逸及跟追情形》,《清末川滇边务档案史料》,第661—662页。
④ 详见《札管带顾占文米多、撒东两村抗不支差并伤营勇仰即剿办》及《批三岩委员赵润、顾占文会详撒东村滋事情形》,《清末川滇边务档案史料》,第816—817、821页。

当地女性结婚："凡驻扎关外军队,准其士兵婚配夷女,其定规,配有夷女为妻者,为公家每月发给青稞一斗,生有儿女者,一人一斗为津贴。有愿随营开垦者,所得之地,系为己有,三年后,除纳官粮外,免去一切杂差。"① 同时还规定,凡在边藏奉差人员的子女,均可免费在巴塘官话小学就读,六岁以下者还可入幼稚班,一律由公家负责衣食,其颖秀之生,优先保送去省继续深造。在平巴塘、攻乡城时,每名士兵除照内地正饷外加银一两,共四两六钱、草鞋费四钱,士兵每月发军米一斗,合三十斤,扣价八钱,不扣军衣,以为体恤。后联豫请派川军入藏,赵尔丰认为入藏道路更为险阻,对进藏各军除仍照厚饷外,加银一两二钱为草鞋等费;军米按照内地市价六七八钱扣价,作为津贴,并在士兵伙食正饷内按月扣银二两,听其自愿储蓄,或存诸该管地方官处,由各眷属按月承领,作为赡家费用,官长亦然。②

对于为国死难者,赵尔丰同样厚加抚恤,如通判杨维藩在乍丫因公殉职,赵尔丰得知后,即派弁员护送其子前往,令乍丫把总购棺厚葬,同时优给抚恤。又如德格一役,费时八月,大小数十战,阵亡清军74名,土兵97名,除建昭忠祠以示表彰外,身为钦命尚书衔、头品顶戴的赵尔丰,亲率官佐、将弁,于宣统元年(1909)八月二十日到灵前致祭,泪流满面,跪读了自撰的长篇祭文,谓"生者为勇,死者为英","无论汉土,皆作国忠",表示"尔有父母,我养其躬,尔有妻室,我恤其穷,尔有幼子,我抚其成"③。

对于伤痛者,也是关怀备至,优赏有加。如各营关外久驻,赵尔丰在护川督期间做棉衣,电让巴塘军务总办吴俣赏给各营兵,并嘱令毋庸核扣兵饷。④

川滇边务大臣是"以军府之规,任地方之责",当时正值用兵之际,设治之初,事繁任重,急需边才,赵尔丰也多方延揽,但坚持调派人员不能把官场陋习带到川边,即"凡有内地从前陋习,一概不准仿效",也不愿"猥琐之流,滥竽充数",讲求"用一人即期收一人之效,宁厚才能之士,不养冗散之员"⑤。因此在川边"东自打箭炉起,西至丹达山顶上,计三千余里,南抵维西中甸,北至甘肃西安,计四千余里"的广大区域

---

① 吴丰培辑:《赵尔丰川边奏牍》,四川民族出版社1984年版,第145页。
② 同上书,第139页。
③ 同上书,第308—309页。
④ 同上书,第143页。
⑤ 《复陈川滇边务应办事宜并拟具章程折》,《清末川滇边务档案史料》,第118—125页。

内，所设统管川边行政总机关的川滇边务大臣衙门内只有八科，由36人负责川边全面的行政事务。具体情况据宣统元年咨部立案的边务大臣衙门分科办公章程所载：边务大臣衙门设收发委员一员，管理收发文件及监印一切事务；文案委员一名，下设八科，即吏治科兼外交科、民政科、农工商科、度支科、礼科兼学务科、军政科兼邮传科、法科、检验科；每科设司事一名，司书二名，各管各科档册、案卷、缮写、文牍等事。八科之外，另设藏文翻译生二名，藏文司书生二名，负责缮办藏文公件，另设文、武巡捕各二名，负责缉审案犯；缮折委员一名，缮校委员一员（有时缮折与缮校合为一名）；差遣委员若干员（名额无定）。

由表3-3可见，边务大臣衙门全部员司中职务固定且咨部有案者，只有36人（差遣委员除外），如果按有时职官一人兼数科来计的话，还没有36人。连同所属的各机关，如学务、收支、盐厘三局，各州县设治委员及办理警务、制革、铜矿、军医、勘路、车务、稽查各员，除去司事以下不计，据宣统二年八月造报清册，也不过30多人。除边务大臣衙门各员外，边务大臣幕府也兼具民政、建设、保安、司法、铨叙等职责，共有幕僚数人与司事司书20余人。

表3-3　　　　　川滇边务大臣衙门分科办公及薪俸开支[①]

川滇边务大臣衙门					
收发监印委员	缮校委员	缮折委员	文案委员	差遣委员	文武巡捕
1人	1人	1人	下设8科	名额无定	名额2人
月薪按官阶大小发给	月薪按官阶大小发给	月薪按官阶大小发给	月薪按官阶大小发给	月薪按官阶大小发给	月薪60两

文案委员								
吏治科兼外交科	民政科	农工商科	度支科	礼科兼学务科	军政科兼邮传科	法科	检验科	藏文
每科设司事1人，月薪14两；司书生2人，月薪10两；灯油笔墨费各2两								司事2人 司书生2人

---

① 据宣统元年咨部立案之边务大臣衙门分科办公章程和分科办公开支薪俸章程汇制。另参见文夕《清末川滇边务大臣衙门档案》，《历史档案》1992年第6期；张为炯《清末川滇边务大臣衙门之组织》，《康导月刊》第2卷，第1、4—5页。

道府州县衙门只设佐治员一人协助一切，其分科组织及司事司书人数基本上与边务大臣衙门相同。①

赵尔丰在川边经理七年，总共从全国各地先后调派了28位佐理人员。据宣统二年（1910）造报的清册，这28位分别是：（1）三品衔分省补用知府傅嵩炑，充边务文案收支；（2）花翎四品顶戴、前贵州贵定县知县王会同，充盐厘委员；（3）已革直隶州州判段鹏瑞，充查地委员；（4）候选知县张敏，委白玉委员；（5）道库大使陈起澍，充军医委员；（6）候选同知阎恩培，充收发监印委员；（7）候选通判杜培祺，充行营稽查委员；（8）知州崔志远，充制革厂委员；（9）州同知衔罗用宾，充警务学堂委员；（10）同知衔郭崇基，充车务委员；（11）候补同知冷家骥，充稻城委员；（12）候补知县万里恩，充德格委员；（13）候选府经历张煊，充军务委员；（14）补用知县乔联沅，充河口委员；（15）补用知县喇世俊，充登科委员；（16）试用道吕咸，充收支局总办；（17）试用直隶州州判姜孟候，充定乡委员；（18）试用直隶州州判张以诚，充铜矿委员；（19）补用府经历杨世昌，充勘路员；（20）试用府经历孙毓英，充铜矿委员；（21）试用巡检李世英，充石渠委员；（22）已革甘肃知县蒋希惠，充文学委员；（23）陕西试用县丞黄琦，充巡捕；（24）候选从九□□玲，充巡捕委员；（25）候补直隶州知州陈廉，充巴塘粮员；（26）盐大使赵澍德，充差遣委员；（27）盐大使李仲铨，充差遣委员；（28）直隶州州判单镜，充差遣委员。②

这些调派川边的人员中有因事而曾被清政府革职的人员，如段鹏瑞、蒋希惠、傅嵩炑等，赵尔丰认为用人"既不责以全才，复不拘以资格"，只要是"学识优长，才堪经世，办事实心"者，准其一律来川边补用。这些人历经坎坷，一般深知奋勉，若"策以事功，异时建树，必有可望"。傅嵩炑等人在川边的表现充分证明赵尔丰的这种用人观是具有远见的。③

---

① 参见《赵尔巽、赵尔丰会奏德格、春科、高日三土司地方设置道府州县折》《边务收支报销总局详报本局各科经管事宜》，《清末川滇边务档案史料》，第595—599、896—898页。

② 吴丰培辑：《赵尔丰川边奏牍》"调用人员衔员清册"，四川民族出版社1984年版，第125—127页。

③ 赵尔丰后来保举傅嵩时称他"于边情，了如指掌"，"经手银钱数百万，一丝不苟，每遇战陈，奋通先登"。

第四节 利交通，速文告

一 架电线，设邮政

晚清之际，随着国内外形势的飞速发展，川藏文报迟缓、消息不灵、道路险阻都成为晚清政府实施对西藏有效控制的不利因素。对此早就有人意识到"机关不灵，于政策上殊形不便"①。光绪二十二年（1896）三月，川督鹿传霖曾提出修川藏电报电线，建议先由成都修至打箭炉，然后接展入藏。并打算拨川省存于邮传部大臣盛宣怀处的十万两银作为开办经费，②此议在当时并未得到重视。

英兵的入藏引起清中枢的恐慌，急忙采取措施加强对藏的控制，其措施之一就是练兵驻守川边，以保证川藏大道的畅通。时巴塘粮员吴锡珍从举办垦务的角度出发，建议架设打箭炉至巴塘的电线，以求呼吸灵通。③凤全事件更令清中枢感到电报灵通的重要性，最终决定架设川边电线。光绪三十三年（1907）完成从打箭炉至里塘、巴塘的电线架设工作。

光绪三十四年（1908）三月二十日，签订《西藏通商章程》，英人允许中国政府在电线架到江孜时出让印度边界至江孜的线路。④为了早日收回印边界至江孜的线路"以固主权"，邮传部令赵尔丰速派员履勘川藏电线线路，⑤一时间，赶修川藏的电线"以期收回利权"⑥成了外务部、邮传部所关心的谋求收回西藏利权的最重要的问题。

作为驻藏大臣兼边务大臣的赵尔丰便担负着架设川藏电线的重任。

---

① 《赵尔丰咨联豫派黄德润等勘测巴藏电线电路》，《清末川滇边务档案史料》，第183页。
② 吴丰培辑：《清代藏事奏牍》，第976—977页。
③ 《巴塘粮员吴锡珍禀呈锡良开办垦务办法》，《清末川滇边务档案史料》，第9—10页。
④ 章程的第六条规定：英军撤退后，所有由印边界以达江孜一路英国所建旅舍等房屋共计十一处，应由中国照原价赎回，仍以公平价值租与印度，每旅舍一半留为英国经管，由各商埠至印度边界电线之官役之用，并存储材具。其余则留为中藏、英印体面往来住宿之用。一俟中国电线已由中国接修至江孜，英国可酌量将由印度边界至江孜之电线，移售与中国。当未移售以前，中央政府与西藏的信函，当由此印度政府所修之电线妥为接收传寄；又未移售以前，应由中国担任保护由各商埠至印边界之电线。王光祈：《西藏外交文件》，上海中华书局1930年版。
⑤ 《邮传部咨赵尔丰请速派员履勘川藏电线线路》，《清末川滇边务档案史料》，第182页。
⑥ 同上。

表示"川藏电线，关系紧要，必须亟修，以通声气"，并请邮传部饬沪局派员速勘线路，"赶即兴修，实为公便"①，以期巴藏连为一体"呼应灵通，事鲜隔阂"②。

五月初八日，赵尔丰选派"明白耐劳、熟于测绘"及"谙悉电务工程"的补用直隶州州判黄德润、优等电报学生吴传绪赴西藏，沿途详细勘测安设线路情况。③

第二年即宣统元年（1909）正月，架成巴塘至察木多的电线。赵尔丰为了使川边各地"消息灵通"，电请邮传部再由巴塘北至德格转察木多另安一线，由巴塘接云南阿墩子架设一线。这条线路架通后成为川边与滇沟通的主要途径，为后来共同对付在滇、藏边界活动的英人起到了很重要的作用。宣统三年（1911）赵尔丰在四川成都被困时，很多消息也是由此电路转云南，使川省、边藏相通。④

宣统元年十二月，赵尔丰乘边军送川军入藏进驻察木多的机会，加紧修设江卡一带的电线。而由察木多至拉萨、江孜的电线则由于经费问题最终未能完成，川藏线路连通一气的计划也随之化为泡影。宣统三年（1911）正月，驻藏大臣联豫奏请度支部另拨十万两设线费，度支部让邮传部在电报余利内通盘筹划，邮电部则认为川藏安电线，应由边务开办费内动支（因赵尔丰在光绪三十四年六月奏陈西藏通商章程内曾提到川边预筹经费中包括有接修电线之用费）。川边代理大臣傅嵩炑在宣统三年五月又奏陈川边开办经费不足，提出应由西藏在每年划拨的洋款五十万两内拨出使用。闰六月二十二日，度支部最终责成傅嵩炑就边务开办经费的一百万两银内"设法腾挪"十万两"妥速解往，以资应用"⑤。

架设电线的同时赵尔丰请求在关外"速设邮政"，以便出关在边的

---

① 《赵尔丰致电邮传部请派员速勘川藏电线线路》，《清末川滇边务档案史料》，第176页。
② 《赵尔丰咨联豫派黄德润等勘测巴藏电线路》，《清末川滇边务档案史料》，第183页。
③ 黄德润五月二十日由成都出发，到打箭炉与吴传绪会合后前往巴塘开始测勘。从七月二十六日始至十二月止，黄、吴两人完成了测勘巴塘经察木多、拉里、拉萨至靖西、亚东等地的要设电线线路工作。
④ 《赵尔丰致电军机处线路仍由大路为宜并拟接通由巴经德转察及云南阿墩子线》，《清末川滇边务档案史料》，第303页。
⑤ 参见《傅嵩炑奏陈边经费支绌悬另筹的款拨藏安设电线折》，《度支部议复傅嵩炑奏陈》，《清末川滇边务档案史料》，第953、1037—1038页。

官、商和民与关内家中通信。①

西藏的邮政在宣统三年五月开办之前,西藏与内地邮政仍需通过印藏边界的英国邮政,但当英国要求西藏的邮政权利被外务部拒绝后,英就对中国的邮政辞不转寄,为了使西藏邮政与内地邮政连为一气,赵尔丰与联豫协商,每站添蛮兵一名、马一匹以辅助邮政。②

二 辟治道路,安设店栈

打通川藏道路、使川藏连为一气,是清季筹谋边藏政事的边吏们的共同心愿,计划修通由川边至藏的牛车路和横贯边藏直至亚东、江孜的铁路。光绪三十二年(1906)十二月,锡良在成都举办藏文学堂时,曾把修建川西铁路列入学堂的课程之中。③ 联豫在赴藏途中,考察边藏形势,也提出修建省炉、炉藏铁路,"论今日时势,无铁路即不能保其土地人民,亦尽人知之矣"④。光绪三十三年正月,查办藏事大臣张荫棠也在西藏就筹办藏事问题建议中,提出应赶修打箭炉至江孜、亚东的牛行车路,以便商运,并拟修从打箭炉至亚东的铁路。⑤ 赵尔丰在光绪三十四年进藏时也曾筹划建设川藏铁路。⑥ 修建铁路只是设想,在清季并未能付诸实施,而主要致力于修牛车路和架设桥梁。

清季筹划边藏者之所以把修建道路、架设桥梁作为施政的主要内容,是因为他们把"便交通"与"固疆宇""惠行旅"与"广招归"紧密结合起来。交通顺畅是经营边藏的前提,也是用兵边藏的基础。尤其在赵尔丰看来,是"谋蜀之要图,尤实边之至计"。⑦

川边与西藏地方向赖川省为根本,尤其是朝廷整顿边、藏,所需款项依靠川中,即办学、办垦、开矿、练兵、用人、用物,无一不由

---

① 《赵尔丰致电军机处线路仍由大路为宜并拟接通由巴经德转察及云南阿墩子线》,《清末川滇边务档案史料》,第 303 页。
② 参见《赵尔丰咨复联豫每站添兵马各一以辅助邮政》,《清末川滇边务档案史料》,第 976—977 页。
③ 参见《署四川提学使方旭、四川藏文学堂监督熊承藻会详锡良拟定藏文学堂章程》,《清末川滇边务档案史料》,第 93—95 页。
④ 张其勤撰,联豫补记:《炉藏道里最新考》,载吴丰培辑《川藏游踪汇编》,四川民族出版社 1985 年版,第 390 页。
⑤ 《查办事件大臣张荫棠收回政权经营西藏条陈》,《清末川滇边务档案史料》,第 167—169 页;《张荫棠驻藏奏稿》,载吴丰培辑《清代藏事奏牍》,第 1395—1402 页。
⑥ 《西康建省记要》卷 5,民族文化宫图书馆 1960 年版。
⑦ 《赵尔巽咨复赵尔丰省炉段东路经费业已筹足》,《清末川滇边务档案史料》,第 753—755 页;《西康建省记要》卷 2,民族文化宫图书馆 1960 年版。

川而来，"事虽关外之事，人多内地之人"。"然自成都以至西藏数千里途程，跬步皆山，崎岖险阻，以致调员、募勇、招商百呼莫应，即运粮、输饷、送械等事，转运维艰……不但于边务不宜，且于藏事窒碍。"① 因此光绪三十二年十二月，设边务大臣之始，赵尔丰就提出在川边"宜辟治道路，修建桥梁，安设店栈，以广招徕"。"凡军民之往来，器械之转运、道路、桥梁店栈均为出关必不可缓之举。而修建店房尤为紧要。关外荒凉，无论夏冬，风雪骤至，行旅无可栖息，人畜时有冻毙之虞，商贾因此裹足不前，垦夫尤难招致。"要解决这些问题必须应"先其所急"修建招待所、旅店。② 光绪三十三年（1907年）十月，赵尔丰专门由边务经费下拨款5000两交由打箭炉厅收存，作为修建旅店之费。派员监修打箭炉经中渡、三坝到巴塘沿途的店所。至宣统元年（1909）三月，打箭炉修建了招待所，分上、中、下三院；打箭炉至中渡修建了旅店9所，中渡至三坝修旅店12处，三坝至巴塘的奔察木建旅店3处。统计关内外共创修招待所1处，旅店24处，用银16256.771两。③

光绪三十四年（1908），赵尔丰受命为驻藏大臣，进藏的"运品既极繁多，尤期运道便利的"。因此在出关前，就与赵尔巽会商，让从成都至打箭炉沿途州县各所各界道路，为了"早修完峻，方不致有艰阻之虞"④，专门在雅州设立车务处。

在赵尔丰想来修路并不很难，"不过将山路窄狭及陡险之处，稍为凿开，窄处须六七尺，宽处丈二三尺；其过陡者使之稍斜，过曲者使之稍直，平坝即有坑坎石子，亦无碍行车，不必修整也"⑤。然从雅州往西沿途高山峻岭，施工并不容易，各州县仅以敷衍了事。赵不得不另派员沿途查勘重新修治，绕过大相岭、飞越岭，由雅州、荥经改道至泸定桥，合路后修抵打箭炉。十一月，赵尔丰到打箭炉后着手让沿途各地分段勘测，修建打箭炉至里、巴塘的道路，并派人查勘沿途的捷径；宣统元年闰二月又为德格事务派人整修德格至巴塘道路。

同时，驻藏大臣联豫也奏请修由察木多至拉萨的道路，川藏道路可

---

① 《赵尔巽咨赵尔丰省炉段东路经费业已筹足》，《清末川滇边务档案史料》，第753—755页；《西康建省记要》卷2，民族文化宫图书馆1960年版。
② 《关外建成招待所及旅店便利行旅折》，《清末川滇边务档案史料》，第325—327页。
③ 同上。
④ 《札饬由省至关外沿途各州县赶修车路》，《清末川滇边务档案史料》，第208页。
⑤ 《批里塘粮员张秉钧禀报修路情形》，《清末川滇边务档案史料》，第194页。

望联通一气。川、边、藏相约由成都至打箭炉一段由川省拨款认修，打箭炉至察木多由川边大臣负责在边务经费下拨款修治，察木多至拉萨则由西藏负责。"如此分段修治，款以各认而有资，路以分擎而易举，行见川、边、藏万余里之长途险道，胥化康庄。不惟转运称便，易广招徕；交通既灵，易输文化，为实边驭远之至计。而川省与边、藏声气灵通，脉络联贯，亦足厚保障而固藩篱，实于西陲大局交有裨益。"①

修路的同时，赵尔丰又派人到陕西雇觅造车的工匠和采购驾车的骡马。宣统二年六月，由成都至打箭炉的路修成，车务处的运输车也造成。代理边务大臣傅嵩炑派人从雅州车务处速运大小车料两辆到打箭炉检试新修的车路及新制的运输车。②

除修治道路、开凿凶险以通车轨外，"建造桥梁以利军行，治河道以便船运"。赵尔丰在督师出关时查勘各地河流及渡口情况，发现泸定桥、河口等处水势凶猛，皮船、索渡往往失事，行旅视为畏途，就打算修建桥梁，疏浚河道。在护理川督期间，致函在湖北的赵尔巽拟建钢丝桥，请其派人订购钢丝，仿造外洋建钢丝桥。但在华的"各洋行均以地处边远，不愿承办，愿承办者，亦索价过昂，几经磋商，后与比利时华法公司订立合同"③。原计划在宣统二年全部完工，但宣统三年初才开始动工，到民国元年（1912）始建成。所请的比利时工程师到中渡后，屡改工程草图，赵尔丰不得不于宣统二年十二月十二日派留日岩仓铁道卒业生王鲁为桥务帮办前往查勘。等桥料、所有泥、木、石、铁等匠，以及需用一切材料器具招雇备齐时已是宣统三年（1911）初。而八月十七日，工程正在吃紧之际，明正土司派人二百余名劫掠河口东岸，作工器具、材料及工匠等被劫掠，工程师的行李也被掠去，后由川边总代表顾占文派兵平息，河口钢桥工程才得以继续施工。民国元年，尹昌衡西征过雅江时，适逢桥成，举行剪彩开桥仪式，并命名为"平西桥"。民国三年（1914）冬，被定乡叛军陈步三炸毁。赵尔丰本来准备在大渡河泸定处也修建一座钢桥，并已同修建雅砻江中渡钢桥的洋工程师签订合同，由其承包修建。终因鼎革而止。

修桥的同时，在德格、登科两处的金沙江上修治河道，从白玉赠科等地购买炸药炸礁石，并从兵勇里选派七名造船工匠在德格白通造木船

---

① 《赵尔巽请修成都至打箭炉厅车路以利边输折》，《清末川滇边务档案史料》，第802—803页。
② 《傅嵩炑札雅州车务处速运大小车料两辆至炉》，《清末川滇边务档案史料》，第982页。
③ 《赵尔巽、赵尔丰会奏修建中渡吊式钢桥折》，《清末川滇边务档案史料》，第578页。

两支，其中一支在宣统二年八月试航时触礁损坏。①

为便利川边运输，保障转运的及时，赵尔丰首改乌拉制度，定乌拉脚价，改设各处塘站。裁撤以前递送的公文台站塘兵，设立蛮塘。宣统元年，赵用兵德格时，设蛮站由蛮兵递送公文，每站每日有无公文均给工食银藏元一嘴"较汉塘费亦稍省"且"颇称便捷"，因此，赵尔丰饬令明正土司在打箭炉至章谷、道坞等地设立蛮塘，"撤去汉塘，以节糜费"。遇有公文到站，毋分雨夜，刻即马上分递。设蛮塘9台，派兵丁18名，土兵3名，同时每一名每月支口食银二两五钱，台马18匹，月支马干每马一两二钱，土兵月支土饷银一两八钱。②

宣统元年十月在察木多等地也改设蛮塘，察木多东西各台站，共安设官弁15员，马步兵丁503名，共计29塘，塘马151匹。后来程凤翔请在桑昂曲宗等地设台站，"上入藏，下通滇，中至巴"③。宣统二年十二月底止，因陆军部改革军制，裁撤全国的绿营军，代以新兵，关外台兵无从按旧班挑换，各台塘兵一律裁撤。另设台站，由地方委员管理。新设的台站每站用蛮兵2名，马2匹，每名兵马月饷银6两，汉人号书1名，月给口食、纸张、笔墨费5两；对裁撤下来的塘兵，认汉字者则派充各地官话学堂充任教习，年富力强且能通蛮语者，派充各地防营兵丁、通事。④

第五节　兴学易俗，开化固边⑤

赵尔丰以武力压服川边的同时，认识到要想在"僻在蛮荒""夷情犷悍""声教隅绝"的川边土司区，获得永久"乂安""政令推行"，必须"亟宜迎机利导，俾皆就我范围"。而迎机利导，则意味着开导边

---

① 《万里恩详报木船试航触礁情形》，《清末川滇边务档案史料》，第745—746页。
② 参见《札打箭炉同知、炉霍屯员清查炉厅至道坞、炉霍各站兵饷马干并安设塘站》《札打箭炉厅同知转饬明正土司安设台站》，《清末川滇边务档案史料》，第315—316、324页。
③ 参见《程凤翔禀请就桑昂曲宗营官行台改设台站》，《清末川滇边务档案史料》，第619—623页。
④ 《札打箭炉厅、阜和协、巴塘粮员、都司及里塘守备裁撤塘兵改设台站》，《清末川滇边务档案史料》，第826—827页。
⑤ 《推广关外学务请添拨经费折》，《清末川滇边务档案史料》，第384页。

民智识。"非有以开导其智识，不足以化其冥顽。"①而开导智识，在赵尔丰等人看来就是使边民接受中央王朝以儒家文化为主的所谓正统文化，也就是说接受汉化，以儒代佛，以汉化夷。仿照"俄之于波兰，英之于印度，日本之于台湾"②，"以母国之文教，收同化之功能"的方法，即通过"据其政而存其教，抚其民而移其俗"的施政，③为在川边设治筹建行省奠定思想统治基础。所谓"政令推行，端赖文化"。具体对川边而言要达到这一目的，则首先需要兴学，使通文字，再为宣谕儒家伦理道德规范，同时采取措施直接干预、革除边地旧有的习俗。通过易俗开化最终达到"一道同风""书同文，车同轨"纳入中央王朝的有效统治范围内，抵御外人，稳固边圉。

赵尔丰把兴学作为"收拾边地人心第一要务"④。边人"愚昧""皆由于不学之故"⑤，而川边经营中"所难者，文诰之不知，语言之不习。假通译以治事，则舌人有时而穷，徙贫民以实边，则主客猝难相洽"。"若想去此扞格，如果不先从语言文字下手则不能得其要领"⑥。只有兴学，"先求文字语言相通，然后为其演说纲常名教之理，使其人皆晓然于中土圣地为人生不易之归，则趋向既端，自不为歧途所惑"⑦。主张边地兴学应以"开道风化为先"，"培植人材其后"。因此，赵尔丰在光绪三十二年七月受命之初就把兴学作为川边应办六事之一奏请中枢，设想在巴塘试办初等小学堂，希望通过兴学"以改变犷野之风，而进文明之化"，同时举办"教民以生计"的工艺学堂。⑧虽然清政府已于光绪三十年（1904）就宣布废科举、办学堂，且各地尤四川省办学堂之风正炽，但清廷限于财力拒绝了赵尔丰在川边建学之请；让赵先屯垦、练兵，然后才次第讲求兴学、通商等事。⑨

---

① 《奏设关外学务局折》，《护理川督赵尔丰咨边务大臣关外学务事宜》，《清末川滇边务档案史料》，第144—145、145—147页。
② 《札打箭炉厅饬明正土司等设夷民学堂》，《清末川滇边务档案史料》，第247页。
③ 《清末川滇边务档案史料》，第547页。
④ 《川滇边务紧要据实缕陈折》，《赵尔丰奏牍全集》卷1。
⑤ 刘赞廷：《巴安县图志》，民族文化宫图书馆1961年版。
⑥ 《护理川督赵尔丰咨边务大臣关外学务事宜》，《清末川滇边务档案史料》，第145—147页。
⑦ 《川滇边务紧要据实缕陈折》，《赵尔丰奏牍全集》卷1。
⑧ 姚锡光：《筹藏刍议》，附《赵尔丰原奏边务大概情形折》，光绪三十四年（1908），刊于京师廛斋，载沈云龙主编《近代中国史料丛刊》第39辑。
⑨ 姚锡光：《筹藏刍议》，"条议赵大臣奏边务办法说帖"，光绪三十四年（1908），刊于京师廛斋，载沈云龙主编《近代中国史料丛刊》第39辑。

川边兴学、开风易俗的建议被暂时搁置起来。赵尔丰、锡良等人并未放弃这一设想。而是先在成都设学校"铸造边徼边事译员与各种实业教习",他们认识到"关外当开幕时代,设学之难,莫难于劝导,尤莫难于造师"①。光绪三十二年(1906)十一月在成都正式设立四川藏文学堂,为川边兴学做师资上的准备。藏文学堂共办两届,培训教员163名。毕业的学生多数被送到巴塘的学堂见习半年,而后就被派往改土归流设治的各地充当教员。以选募军人的标准选拔藏文学堂的学员,即年在二十以上,三十五以下;身体强健能习劳耐苦者;文字通顺能记载事务者;不吸洋烟无疾病者;非亲老丁单无家务牵挂者;家世清白本身素无过犯者;有切实保证者。凡不合格者不取。② 学制二年,学堂的科目包括德育、藏语藏文、英语英文、国文、历史舆地、测绘、图画、算术、体操等十门。为了培养学员的爱国之心,德育被放在最重要的位置。学藏语藏文是为"开化土种",学英语则"以交通外务"。为保国粹、灌输文明专设了国文科。而历史一科则专教"川滇边事、藏卫沿革兼及印度史",树立学员对川藏一体、藏乃中国之一部分的观念。舆地科"亦取应用者,自黎、雅以外,靖西厅以内,均宜详其沿革、幅员、土产、森林、矿质、户口、种类与其生活程度",略及"川滇疆域、阿富汗、俾路支及印度洋"③。

　　半年之后,也即光绪三十三年(1907)五月,赵尔丰关于川边经营的思考与筹划更为成熟,再次提出在川边兴学的主张。这次得到了清中枢的批准。八月赵尔丰就开始为办学准备,在打箭炉择地设学务局,负责筹拨学费、考察规制、采购图书仪器、延聘教习、派学劝学等事。调度支部主事吴嘉谟充学务局总办,在边务经费项下拨三万两备用。

　　吴嘉谟受聘后于八月十八日由成都启程,十月十五日行抵巴塘,④十八日就租民房设局开展学务工作。吴嘉谟先从改良巴塘的私塾入手,将旧有的汉语传习所学生25人和当地两馆私塾学生35人招集为一堂,配以学堂的学科,分成两班训练,作为设立初等学堂的基础。⑤

---

① 《护理川督赵尔丰咨边务大臣关外学务事宜》,《清末川滇边务档案史料》,第145—147页。
② 见光绪三十二年十二月初八日,四川提学使方旭、四川藏文学堂监督熊承藻会详锡良拟订藏文学堂章程,《清末川滇边务档案史料》,第93—95页。
③ 具体科目内容见署四川提学使方旭、四川藏文学堂监督熊承藻会详锡良拟订藏文学堂章程,《清末川滇边务档案史料》,第93—95页。
④ 因吴嘉谟考虑到巴塘设学更有基础,因而建议把总局设到巴塘。
⑤ 《关外学务局总办吴嘉谟申报设局日期》,《清末川滇边务档案史料》,第153页。

巴塘初等学堂设立后,开始着手派劝学员到巴、里两塘及乡城、盐井、稻坝、中渡、贡噶岭等处晓谕劝学。吴嘉谟在关外办学一年(即光绪三十四年),设立了官话学堂34所,入校男女学生1025人。①

德格等地改流后,又把学务推广到康区的西、北两路。在北路要冲汉夷杂居的泰宁,专设初小学堂一所。到宣统二年(1910)暑假时共办初等小学14堂,女子初等小学3堂,官话40堂,女子官话8堂,实业3堂,专门通译学校2堂,共计70堂,男女生1949名。同时官话学堂中有26所的848名学生毕业,这一年秋天,又"新办学堂40所,每校平均30人,共约1200人"②。宣统三年三月,赵又拟把学务推广至江卡、乍丫、察木多、三岩、贡觉、桑昂曲宗及杂瑜、札夷、察哇作冈等处,并请拨经费六万两。宣统三年(1911),辛亥革命前,整个川边的学堂有200余所。③

为了培养边学师资、扩大学务,拟仿京师国子监藏文学堂例特设优级藏文学堂,"造就师资,以备译员、助教之选"④。又先后设立了一些师范学校、职业学校。其中有巴塘师范传习所(光绪三十四年)、巴塘陶业学堂(宣统二年)、雅江蚕桑学堂(宣统三年)、关外师范传习所(宣统三年设于康定,创立时改为藏文专修学堂)、巡警学堂(宣统二年,巴塘)。打箭炉厅于宣统元年开办自治研究所,目的是使各"学员等增进智识,练习法律,讲求礼让,常存忠爱,蔚然为一乡之望,作表率于边隅"⑤。一为改良教育,宣统二年准备在稻城设立教育研究会,研究学堂科学暨教授法、管理法,同时采访各村风土人情,供研究所"审其性质,以施教育"⑥。宣统二年(1910)十一月,打箭炉又设立教育会,作为普及教育的辅助机关,以推进边地教育改良。⑦

川边学堂的师资来源于创办师范学校的培养及以其他地方的调派,为保证师资队伍的稳定,制定章程,对勤能教员择优保奖,工资优厚,

---

① 《关外学务局禀报本年学堂情形》,《清末川滇边务档案史料》,第257—258页。
② 《西康省通志稿·教育卷》;刘赞廷:《察雅县图志》;《吴嘉谟详报派员开办西路学堂及出发日期》,《清末川滇边务档案史料》,第711—712页。
③ 刘赞廷:《康定县图志》,民族文化宫图书馆1961年版。
④ 《护理川督赵尔丰咨边务大臣关外学务事宜》,《清末川滇边务档案史料》,第145—148页。
⑤ 《批打箭炉厅开办自治研究所经费》,《清末川滇边务档案史料》,第438—439页。
⑥ 《冷家骥详请设立教育研究所》,《吴嘉谟详傅嵩炑议复稻城委员请设教育研究会》,《清末川滇边务档案史料》,第824、963页。
⑦ 《王典章禀请设立教育会》,《清末川滇边务档案史料》,第810—813页。

关外初等小学教员月薪银20两,教习12两,对三年届期勤能教员,按其实效大小"奏请给奖","择优保奖"。后又奏请对办学确有成效者随时给奖。关外学务局总办吴嘉谟、负责官印刷局的张卜冲、学务局人员李亨、杨赞贤、吕秀生等皆被保奖。而对不能胜任边地学务工作,或行为不检的各校教员即予撤换或惩罚。①

川边兴学主要采取以下手段。一是强迫教育。建立督学机构,督饬学务局多方劝导,专门设有劝学员一职;严定章程,惩罚逃避入学者,规定"夷民子女无论贫富,六七岁即须送入学堂,有不入学者,罪其父兄,并罚银五两至五十两,按其家资科罪。既入学堂,除犯规革除不计外,其余必须卒业,得有凭照,方准离学,不得任意中辍,致隳学业"②。强迫教育的结果使藏民视送子入学,如"当差",即"支学差"。有钱人就出钱"贿放顶替",无钱者以自杀威胁。在设治区内规定百户以上的村庄创办官话学堂一所,不足百户者,联合数村共办一所。二是奖励优秀学生。对小学毕业成绩第一者,家庭免支三年差役,第二名免两年,第三名免一年;其余前十名作物质及银牌奖励。这种方法"在群众中大起鼓励作用"。使"素对学习汉文无兴趣之家长,亦因切于减免差徭乌拉之苦,朝夕鼓励子弟读书,争取考中前三名"③。三是给予优待条件。供给口食,发给汉式男女服装,剃刀、梳、面巾、头绳、小镜、肥皂、剪刀、针线、笔墨纸砚、书籍等用品。四是循序渐进。先开初级小学,注重官话教育,"以为通德达情之助"④。小学毕业后,让愿升迁者升入相当一级学堂,不愿者委以差务。番民见学堂不征学费,并给予冠履、衣服,加以礼貌,优待学生,渐释疑虑。

川边的办学经费原拟由部直接拨款、先由边务经费中借支3万两银,后来部并未拨款,因此川边办学经费成了川边经费中的通常开支,随着改流设治区的扩大,学务经费也在增加,由开办时拨3万两,到宣统元年(1909)七月又请添拨3万两,宣统三年(1911),再请拨款6

---

① 《札巴塘等处委员各校教员如行为不检即禀请撤换》,《清末川滇边务档案史料》,第572—573页。
② 《札打箭炉厅饬明正土司等设夷民学堂》,《清末川滇边务档案史料》,第247页;刘赞廷:《康定县图志》,民族文化宫图书馆1962年版。
③ 格桑群觉(刘家驹):《赵尔丰对川边的统治及措施》,《四川省文史资料选辑》第2辑。
④ 《奏设关外学务局折》,《护理川督赵尔丰咨边务大臣关外学务事宜》,《清末川滇边档案史料》,第144、145—148页。

万两。共计由川边开办经费中支出12万两（但其中6万并未兑现）。

川边学务曾因经费问题而即将中断，光绪三十四年（1908）底，办学一年的吴嘉谟鉴于经费紧张，主动呈请撤局以节省经费，但赵尔丰认为办学关系全藏，不令撤局。①

赵尔丰提出"兴学为育才之急务，筹费为兴学之要图"②，为办学多方筹措资金，当时筹集资金的办法有：由各地募集捐资助学资金和变卖收缴的土司、寺庙财物充作经费，将巴塘的缴获物变价得银万两，把各处收缴的铜器运到川省，提金炼铜变价，共得九七银23900两。③此外，各地或将开金矿所收课金拨充学务经费，或请垦田作为学田（如盐井），或将缴获物变价生息作学务经费（如登科），打箭炉厅王典章在炉城抽收面行秤息作泰宁学堂经费。炉城面行设有官秤，凡入城的芋麦面、麦子、腌肉各物都要到行过秤，每百斤物取秤息钱六七十文，除去经手书吏津贴每月八千文外，余存作地方公款，拨作学务经费。④鼓励绅商、土司头人、寺庙等捐资助学。如宣统二年八月，乍丫喇嘛洛桑泽登捐资助学，发给该喇嘛护照，并由"官弁军务实力保护"⑤。宣统二年二月，察木多偶宿村藏族村妇四朗雍左捐茶十扛助学，赵尔丰奖给"巾帼达人"四字匾额一方。⑥已革德格土司多吉僧格夫妇各捐银一千两助修巴塘男、女学堂，赵请赏给多吉僧格都司衔头品顶戴，"并给予'急公好义'字样，与其妻四郎错莫一同自行建坊，风示边隅，以昭激劝"⑦。同月，又有盐井两喇嘛七扎旺蓄、罗戎尺春续捐银两兴学，⑧也奖给匾额。宣统三年六月，乍丫波弄村葱本桑登邓周捐藏元800元，作为制备乍丫学堂学生操衣之资，"为昭激劝"奖给"助学壮观"四字匾额一道。⑨

---

① 《四川官报·奏牍》1908年第27册。
② 《清末川滇边务档案史料》，第532—533页；刘赞廷：《康定县图志》，民族文化宫图书馆1962年版。
③ 《将缴获匪物变价作为学堂经费片》，载吴丰培辑《赵尔丰川边奏牍》，四川民族出版社1984年版，第98页。
④ 参见《王典章禀请抽收面行秤息作泰宁学堂经费》，《清末川滇边务档案史料》，第532—533页；刘赞廷《康定县图志》民族文化宫图书馆1962年版。
⑤ 刘赞廷：《察雅县图志》，民族文化宫图书馆1962年版。
⑥ 《刘廷灏详四朗雍左捐茶助学拟请给奖》，《清末川滇边务档案史料》，第882页。
⑦ 《多吉僧格夫妇捐款助学请给奖折》，《清末川滇边务档案史料》，第893—894页。
⑧ 《盐井委员详报喇嘛七扎旺蓄等续捐银两兴学》，《清末川滇边务档案史料》，第894页。
⑨ 《乍丫委员详报傅嵩烋商民捐银购制学生衣服》，《清末川滇边务档案史料》，第1010—1011页。

各学堂的教学内容，有格致（理化）、体育、唱歌、历史、地理等课程；另开设手工课，如让学生去印刷局学习雕刻及印刷书籍等技能；设初等实业学堂，解决学生的谋生之道。学堂所用的教材力图乡土化。全国兴办学堂之后，教科书都是由国外直接翻译过来，1906年清政府才开始设图书局编辑各类学堂成套教科书，最初川边也应用这些教科书，后来为了适应边情的需要，专门由学务局聘请成都张卜冲编撰适合边地学堂适用的乡土官话课本，由印刷局统一印刷，内容主要包括川边历史、户口、风俗、土产、种植、畜牧、政治、宗教、文化、逸闻等。曾经有稻城教员提出根据各地具体的风土人情由教员自行编写教材，但此提议未被通过。

清季川边兴办学堂通过"训以事亲敬长并对待同学应行礼节，应尽情义及起居饮食、行立进退之规则"①。于"开通智识之中，即隐为混化种族之计"②。因此，关外学堂的教学内容几乎是围绕着"以夏代夷""以儒排佛"的中心思想，强调中央王朝大一统制。赵尔丰派人编写的关外官话课本和他编发各地的辟俗歌、兴学歌等中都明显地宣扬这一思想，如《关外官话课本》第十三课课文："大皇帝是我们中国的主子，我们吃的、穿的和住家的房子、栽粮食的地方，都是大皇帝的，大皇帝的恩比天大呢。"

为劝适龄儿童入学的兴学歌："西方世界佛菩萨，孔教西来比天大。讲忠孝、开文化。不论蛮娃，不分喇嘛，人人都要入学堂，学官话，蓄了头发，讲究礼法，眼见四海成一家，再不当乌拉。"

以汉文三字经形式编写的西陲三字韵话（又称流水教本）：

川藏间，有瓯脱，炉里巴，地寥阔，古三危，此一隅，名喀木，亦曰康，炎帝裔，伯夷甫，迁于斯，作初祖，黄帝子，曰昌意，居若水，亦其地，当上世，号文明，论种族，皆弟兄，迨唐虞，捐西鄙，不百年，为戎矣，历三代，阻边陲，民族弱，他族滋，秦西羌，唐吐蕃，互雄长，可得言，贞观中，始□□，两尚主，卒交哄，李德裕，与韦皋……历史事，约略备，今归流，有数利，昔土司，压制多，改郡县，无催科，信喇嘛，迷宗教，僧日

---

① 《复陈川滇边务应办事宜并拟具章程折》，《清末川滇边务档案史料》，第118—125页。
② 《护理川督赵尔丰咨边务大臣关外学务事宜》，《清末川滇边务档案史料》，第145—147页。

多，种难保，能返俗，长子孙，求实用，庇本根，尔边远，少知识，入学堂，知大义，其要旨，两言总，一忠国，一尊孔，圣天旨，（原缺），勤向学，莫忧贫，若巴塘，与乡城，地温暖，宜农耕，若里塘，药材富，毛与革，工艺茂，产金矿，甲五都，输百货，打箭炉，区域广，万山峙，天然界，二千里，西藏卫，东四川，北青海，南界滇，我有利，莫外溢，我同种，莫立异，别姓化，通婚姻，化蕃汉，笃尊亲，民智开，设行省，川滇藏，庶无梗，钜学生，各勉旃，入版图，亿万年。①

除了设学堂进行儒化教育外，同时为了让广大番民都能及早"向化"，达到"人心固而风俗美"的目的，② 赵尔丰让各学堂的教员每逢星期为当地民众开堂宣讲圣谕广训及贤哲名言。宣统二年（1910）五月，在稻城、贡噶岭正式设立宣讲所，由司事、教习在百姓纳税上粮之时日，每天宣讲二小时。宣讲的具体内容为：朝廷垂念边氓之至意，派官兵除暴安良；土司蛮官之暴虐；设治之便利（指粮税均有定额，并免去支银差各项）；学堂之有益（指能与汉官直接交谈免受种种欺蒙）；学生之有希望（指读书读好，可以做官）；忠、孝、廉、耻（忠君爱国，亲上事长，男女有别，朋友有信等）；振兴商务（指改良造纸及织毪、压毡各项），改良农业（指试种各色粮食，并取各项药材及栽种各项药材）。目的是"发其忠君爱国之心，养其礼、义、廉、耻之俗，与乎敬上、事长、孝悌之道"③，并把宣讲内容编订成册，每位头人发给一份，以便随时览阅。

不唯如此，还直接从改革藏民风俗习惯入手，强求汉化。如宣统二年六月，在乍丫发布告示，让乍丫百姓孝顺父母，"生养死葬"，不准再有不遵王法打骂、逐赶父母之事发生，对忤逆不孝之人处以死刑。④

再如为各改流之地设定百家姓，让各地百姓将所知宗族人等共认一字为姓，使知宗族，以免同姓为婚，或近亲结婚。并规定同宗始能同

---

① 见《西康记事诗本事注》，《务声周报》；《关外〈三字经〉——关外学堂教材之一》，《清末川滇边务档案史料》，第963—965页。
② 《张中亮禀请设立宣讲所》，《清末川滇边务档案史料》，第664—665页。
③ 同上。
④ 《示谕乍丫百姓务宜孝顺父母》，《清末川滇边务档案史料》，第695页。

姓，同村不得同姓。① 派委各地委员们也不断地出谋划策推动着赵尔丰发起的关外"以夏变夷"运动。如巴塘粮员为百姓改姓专门为每姓刊发宗祖牌位。② 稻城委员冷家骥请川省发给婚书以开风气。③ 石渠县委员孙毓英禀请通饬德格四区禁止天葬。④ 赵尔丰在此基础上于宣统二年五月专门发告示，规定关外僧俗人等严禁水、火、天葬，改用土葬。"凡父母之死，则以礼殡葬，即兄、弟、妻子之死，亦必用棺木装殓，择其不受水冲、不受火烧之地而埋之，乃合大皇上之制度，倘敢不遵示谕，本大臣定提案治罪，决不宽贷，各宜懔遵"⑤。于宣统三年三月，制定婚书形式，由刷印局印就，发给每属委员，规定民间凡有结婚之家，必须领有官制婚书一份，照式填写主婚人及媒证、男女姓名。婚书由两家分存，作为结婚的证据，对于违反不遵领婚书者进行惩办。⑥ 宣统二年（1910）正月，赵尔丰改藏人的旧历，使奉清王朝的正朔，由刷印局石印宣统二年正朔表数千张，遍发各改流设治区，使"家喻户晓，焕然有一道同风之象矣"。川边一直沿用唐朝时旧历，因此时令月朔与内地迥异，每过三年才能与内地汉人同一正月。⑦

赵尔丰在关外开化风气，"以夏变夷""以儒排佛"措施也包括限制甚至禁止喇嘛寺庙对百姓的影响，改藏族的佛教信仰为儒家礼仪。一方面通过编写辟俗歌让学堂学生及百姓传唱，而达到变俗的目的。如所编的辟俗歌中一首为："红黄两教纷如麻，明明弱种第一法，不爱□家，不养爹妈，口中喃喃说些啥？身披氆氇为的啥？从今悟了莫理他，再不学喇嘛。"⑧ 该辟俗歌直截了当地排斥边民佛教信仰。通过劝令喇嘛寺庙将年幼喇嘛送入学堂学习汉文、汉语或令汉人喇嘛入学

---

① 参见《札巴塘粮员等同宗始能同姓同村不得同姓》，《清末川滇边务档案史料》，第708页。
② 《巴塘粮员详刊发给宗祖牌》，《清末川滇边务档案史料》，第697页。
③ 《稻城委员详请发给婚书以开风气》，《清末川滇边务档案史料》，第801—802页。
④ 参见《清末川滇边务档案史料》，第646—647页；刘赞廷《石渠县图志》，民族文化宫图书馆1961年版。
⑤ 参见《示谕关外僧俗人等严禁水、火、天葬改用土葬》，《清末川滇边务档案史料》，第673页。
⑥ 《札发巴塘等处委员官制婚书仰出示晓谕民间》，《清末川滇边务档案史料》，第898—900页。
⑦ 《四川官报》，新闻"正朔颁行"，1910年3月中旬第6册。
⑧ 转引自石村《康藏书录解题》所录《三十年来西康之教育》一书中的"唱歌读本"，《康导月刊》第4卷，第2、3期。

堂者一律还俗的途径强求儒化，直接排斥佛教。① 在巴塘办喇嘛学堂，饬令青年童僧，一律留发受训，半日读书，半日教以制坯烧陶，使各有专业，自谋生计。②

川边兴学五年（从光绪三十三年十一月至宣统三年），强行汉化的成果不仅表现在各地所办学堂之多和入学堂的适龄儿童之数上，还表现在当地学生接受汉式礼仪上。如宣统三年正月，赵尔丰为请求添拨经费以便推广学务向中枢陈述关外办学成绩："巴塘一隅男女学生等，先学汉语，继学汉文，甫经三年，初等小学堂男女生竟能作数百言文字，余皆能演试白话，解释字义。尤可嘉者，八九龄学生，见人皆彬彬有礼。问以义务，皆知以忠君爱国为主。女生更高自位置，以礼自持，不轻与人言笑。"③ 巴塘的"学堂……学生所书大字，笔力遒劲，结构整齐，雕刻科亦颇为可观，女子绘画科亦无稿本又无上等颜料，而绘出花卉已生动不俗"④。

边地兴学在达到"混化种族"开通风气的同时，也把近代化的学堂教育强行传到了川边，开启了川边近代化教育的先河，使从历史上的寺院教育及少部分的私塾教育向近代化新式教育转变的开始，被称为历史上"川边普通教育的金黄时代"⑤。最显著的成效表现在巴塘的学务进步，巴塘约有五千户，而学堂已有40余所。"学生千数人，书声不断，诚为一文化之区，故巴安风俗与内地相同，一赖教育之力，而百姓好读甲于全康"⑥。不过川边办学，成效卓著者只有巴塘等派流官较早的地区，其他各地如察木多、乍丫、江卡、桑昂等地还未及实施，民元鼎革，学务遂废。

第六节　取民信，苏民困

作为酷吏出身的赵尔丰在川边讲求取民以信，他被称为"刚正廉

---

① 《谕甘孜各寺将年幼喇嘛送入学堂学习》，《代理边务大臣傅嵩炑札关外学务局喇嘛本系汉人为学生者令一律还俗》，《清末川滇边务档案史料》，第350、934页。
② 格桑群觉：《赵尔丰对川边的统及措施》，《四川省文史资料选辑》第2辑。
③ 《关外学务办有成效请添拨经费以便推广折》，《清末川滇边务档案史料》，第841页。
④ 《四川官报》，新闻"学务进步"，1909年12月上旬，第35册。
⑤ 刘绍禹：《西康教育史之略述》，《康藏前锋》4卷，第1、2期。
⑥ 《巴安县志》，《巴安县概况资料辑要》。

明，能耐劳苦，至今川边老人，无不如此称道赵氏"①。在进边之始就提出要优定出关人员的公费，"使公费之外，别无可取之财，以期吏治肃清，蛮民敬畏"②。为取民信，赵尔丰严厉惩处贪官、酷吏，一方面整饬风纪，另一方面"以服蛮心"③。如三岩周培均一案，赵尔丰在处理后自责："三岩百姓求派好官，本大臣一时糊涂，委该员前往，真令我愧对蛮民矣。"④ 而赵尔丰在川边使"蛮心"悦服的还不仅止于此。为保障出关官兵的生命及医疗而专设医药局，并派军医委员，而这些医药局的设置又兼顾给当地民众种牛痘，施医药，"凡军民人等及该处蛮民，有病皆可求调治，医生薪水已由公家发给，与人治病，不取分文"，只收药价。⑤ "另延牛痘科医士许麟、郭子英、姚汝霖出关，前赴里塘、巴塘、乡城为民间小儿放种牛痘，不取分文。"⑥ 又担心关外百姓"不知痘医之益"，特令各地委员"派令通事妥为开导，出示晓谕，俾众咸知"⑦。至宣统元年（1909），其在关外设医药局8所（里塘、巴塘、定乡、盐井设于光绪三十四年五月一日；稻坝设于十月一日，德格设于宣统元年正月一日；河口、登科设于宣统元年九月一日）。⑧ 宣统三年正月，让巴塘痘医分赴江卡、乍丫、察木多一带"前往各处善于开导蛮民，咸知种痘之益，视医为保险之人，并推广医术，多教学徒"⑨。二月，又把从四川省招来的五名痘医分派各处点放牛痘，"谢永青派赴江卡、乍丫、贡觉；钟孔章派赴白玉、三岩、同普；杨永兴派赴行营；林志远派赴察木多、八宿、洛隆宗；廖仲和派往德格、登科、石渠"。

---

① 任乃强先生等编：《川边历史资料汇编》第2册《赵尔丰经营川边的军事活动》，第一章《有关赵尔丰的传记》；陈渠珍《艽野尘梦》附《赵尔丰传》及任乃强先生根据二十三年代的调查资料的考证。
② 《复陈川滇边务应办事宜并拟具章程折》，《清末川滇边务档案史料》，第118—125页。
③ 《赵尔丰致电军机处候选道刘耀坤擅作威福请予革职》，《清末川滇边务档案史料》，第185—186页。
④ 参见《批三岩委员赵润、顾占文会详撒东村滋事情形》，《清末川滇边务档案史料》，第821页。
⑤ 《札里塘、乡城、巴塘、盐井委员即便开设药铺》，《清末川滇边务档案史料》，第201—202页。
⑥ 《札巴塘、里塘、乡城委员派去痘医放种牛痘》，《清末川滇边务档案史料》，第255页。
⑦ 同上。
⑧ 《度支部咨赵尔丰关外医药局薪费应准由边务经费支用》，《清末川滇边务档案史料》，第293—295页。
⑨ 《批巴塘粮员详准痘医赴江卡、乍丫、察木多种放学生》，《清末川滇边务档案史料》，第840—841页。

"派通事开导百姓，免致疑阻，并不准需索分文，滋扰百姓，致干咎戾。"①制定《关外医药局章程》，不准医生、医工人等与人治病私取酬谢银两，对"如有收受谢礼，查出严事惩罚"②。

直接施恩于民更令百姓感恩戴德，所谓"恩威并济"，各方施政"总期无扰于民"③。宣统三年（1911）三月，稻城委员冷家骥详呈商办纸厂章程，其中有"蛮工月给口食藏元六元"，赵尔丰批示认为"殊不近情，应照民价雇用，至少亦须月给银二两四钱，不得再减。蛮人愿否应雇，听其自便，不准抑勒滋扰百姓"④。宣统二年，江卡将官寨存粮分借百姓做种子⑤。

在改流设官各地，制定颁布改革章程、乌拉章程和粮税章程，光绪三十二年平定巴塘之乱后在巴塘首先实施，之后逐步推广到边军所到之处；专门缮写汉藏文字，盖印关防，分发各村头人，传谕百姓：除纳粮以外，不准妄取民间分厘；废除每年上纳土司的租粮、酥油、牛、羊、马匹及银差，为土司、头人等供的马差、牛差、步差等名目。无论文武官弁，汉土官兵，如有雇用乌拉骑马，照章按站发给脚价；雇用人工，按日给予口食；柴草等项，照市价公买。"倘有违章苛敛百姓，勒令蛮民支差，不给脚价、口食，一经本大臣查出，定予严办，决不宽贷。"⑥

赵尔丰的乌拉改革被外人认为是"极贤明的"的办法。⑦按里给价，无论骑、驮乌拉，按每十里发铜元三元，每驮定准一百二十斤，不得过重，轻者仍照十里铜元三元发给，不得减少。⑧行军需用骑驮乌拉，每站发给藏元一嘴，并刊印小牍，驮则画牛，骑则画马，加盖图章发给各营于开差之时支用骑驮乌拉的凭证，无论何人交牛牍一张者，支

---

① 《札发痘医印牍分赴各处种放牛痘》，《清末川滇边务档案史料》，第851页。
② 《度支部咨赵尔丰关外医药局薪费应准由边务经费支用》，《清末川滇边务档案史料》，第293—295页。
③ 吴丰培辑：《赵尔丰川边奏牍》，四川民族出版社1984年版，第853页。
④ 《批冷家骥详送商办纸厂章程》，《清末川滇边务档案史料》，第905页。
⑤ 《批江卡汛守备李文忠禀将官寨存粮分借百姓做为种子》，《清末川滇边务档案史料》，第564页。
⑥ 《札管带朱宪文代办委员事务并抄发粮税章程》，《清末川滇边务档案史料》，第421—422页。
⑦ 〔英〕荣赫鹏：《英国侵略西藏史》，孙煦初译，内政研究会边政丛书之三，1935年，第297页。
⑧ 《札乡城委员丁诚信发下汉字〈乡城改革章程〉》，《清末川滇边务档案史料》，第337—340页。

牛一头；交马牒一张者，支马一匹，无牒则不准支应。到站之时，支差之人持牒向收支处领取脚价，或所用乌拉之人当面给支差之人，不准通事、头人经手，免致暗中侵蚀。"倘有营官弁勇抗不发价，或任通事、头人舞弊，一经查出，或被告发，定将该官弁等从重惩办；如有鞭打蛮民等事，一经有人控告，除将该勇丁等惩办外"，并将该哨弁长严责或革职，"以为训兵不严者戒"①。

宣统二年（1910）三月，再次出示晓谕出入关各员及军人等雇用乌拉需用柴草要遵章给价，房钱水钱亦应酌给。"其需用柴草，亦应照去年定章：生柴六百斤，干柴四百斤，干草二百斤，各定价藏洋一元，按照斤重多寡，合算发给钱文，不得短价估买。至房钱、水钱，则系房主、汤役人等所应得，均须临时酌给，不得以事属细微，分文不给，罔恤民间困苦。""无论藏元铜元均须当面付给本人承领，不准仍由通事、头人等弊混。""如通事、头人等胆敢违抗，准即就近送交该地方委员惩办。……若敢强索及有马牌而不付价，且鞭打百姓，即与骚扰驿站无异，准尔蛮民扭赴各汉官处控告，转禀本大臣，定予从严惩处，决不宽贷！各委员遇有此等控案，务当认真禀办，不得稍有偏徇，致干咎戾，其各一体懔遵毋违！"②

乌拉改革给百姓带来了一定的利处，程凤翔在桑昂察隅一带按站发给乌拉脚价，"百姓喜出望外，咸谓从古未见之事"③。

另外还有其他措施。如禁止喇嘛放高利贷与百姓，革除一切不法。④降低贷款利息，不准放高利贷。⑤查禁召武百户不准私收茶厘。⑥规定稻城所属地面各山所产药材归该处蛮民就近采取出卖，商人不得另招远处之人承办。⑦ 把地土之利让于百姓，示谕更庆、扩络垛百姓到金厂学

---

① 《示谕军民人等刊印小牒作为支用乌拉凭证》，《通饬关外各营支用乌拉须当面发价并严禁打骂藏民》，《清末川滇边务档案史料》，第336—337页。
② 参见《示谕出入关各员及军人等雇用乌拉需用柴草遵章给价房钱水钱亦应酬给》，《清末川滇边务档案史料》，第580页。
③ 《程凤翔禀请就桑昂曲宗营官行台改设台站》，《清末川滇边务档案史料》，第619—626页。
④ 刘赞廷：《察雅县志》，民族文化宫图书馆1960年版。
⑤ 《示谕官商军民人等盐务改归商办各宜懔遵章程》，《清末川滇边务档案史料》，第516—517页。
⑥ 《咨西宁办事大臣西宁属德达百户等禀请查禁召武百户私收茶厘》，《清末川滇边务档案史料》，第351页。
⑦ 《稻城委员张中亮禀复采药起讼一案》，《清末川滇边务档案史料》，第453—454页。

习采矿。① 光绪三十四年九月和宣统元年五月，两次赈济遭灾百姓并免纳一季租粮。② 拨款抚恤倒毙的乌拉。③ 制水碓，方便百姓碾米，使边地之民一改过去粗糙制法，等等。

第七节　筹练新军，办巡警

川边地方，向未驻兵，只在当川藏大道设兵台，由内地绿营军中拨派，从打箭炉起至察木多以西恩达止，共39台，此为宣统三年以前的台站数。宣统三年，陆军部统裁绿营军，致使边地台站台兵无兵可换，遂进行边地台站改革：截迂回变直行，裁去18台，改成21台；所有台兵由在本地招募的当地民众充当，另设汉人号书一名。④ 设驻台察木多游击、巴塘都司各一员，理塘、江卡、乍丫守备三员，并千总外委兵丁统计七百余员。理塘、巴塘、察木多三处各有管理粮务文职一员。边兵极少，且兵饷不足。据巴塘粮务吴锡珍在光绪三十年（1904）正月报告：巴塘统辖三处中巴塘汛有营兵八十余名，乍丫一百余名，江卡及石板沟各数十名，统计不下三四百名。但兵饷微薄，糊口尚不甚敷用，平时皆仰小贸易以营生，⑤ 兵力可想而知。因此才有在巴塘等地开垦协兵食的提议及后来驻藏帮办大臣桂霖提出在川边练兵威镇的建议，也才有凤全入藏途中于打箭炉等地招土勇训练的计划及行动，只是凤全兵未练成身先死，川边练兵镇守的计划也随之落空。

巴塘事件发生后，马维琪、赵尔丰以新军五营、常备军四营进炉边，平巴塘。师定之后马维琪率四营回川，留五营由善后督办赵尔丰节制驻守各地，当时兵力分派的情况是：一营暂住河口，一营驻扎里塘保护大路，转输粮饷；两营留守巴塘，分防三坝等处，一营开赴盐井，接

---

① 参见《示谕更庆、扩络垛百姓可到金厂学习》，《清末川滇边务档案史料》，第381页。
② 《稻城委员张中亮禀翁姑冉子村遭灾请免租粮》，《清末川滇边务档案史料》，第350页。
③ 参见《札察木多粮员发去乌拉倒毙抚恤款项》，《清末川滇边务档案史料》，第680页；《察木多等处藏兵劫掠及支应兵差倒毙乌拉均已查明给恤片》，《清末川滇边务档案史料》，第900页。
④ 详见《傅嵩炑咨陆军部拟定改台站章程送请察核》，《清末川滇边务档案史料》，第990—992页。
⑤ 《巴塘粮员吴锡珍禀呈锡良开办垦务办法》，《清末川滇边务档案史料》，第9—10页。

收地方。① 光绪三十一年十月，为进攻乡城桑披寺，赵尔丰又请锡良从四川调常务军炮队一营。这样从光绪三十二年（1906）到光绪三十四年（1908）八月间，川边只有新军五营在各地驻防，炮队一营在打箭炉。

赵尔丰被任命为驻藏大臣仍兼边务大臣时，初拟由川招募西军五营随带入藏，后因入藏事急，赵尔丰只带了新募西军三营、旗兵一营出关。实际上赵尔丰在光绪三十四年出关前的七月六日编成军的兵营情况是：西军步队一标，官弁及卫兵人数29人；步队三营，共1977人；西军炮队一队共181人，马36匹，炮6尊。②

赵尔丰在出关前，与其兄赵尔巽反复奏请中枢加强川边驻防兵力。按照陆军部为各省额定军队数，四川省应练兵三镇，其中两镇兵饷费用由川省自筹，另一镇的饷项则由陆军部负责。赵氏兄弟请陆军部允许改拨四川应练三镇中一镇驻扎边、藏，如果这一镇练成"不但为后路布置，藏有事，固可以顾藏，川有事，仍可以助川，滇有事，亦可以顾滇"，"地居三处之中，又拊川滇各夷巢之背，左提右挈，建威销萌，所关甚巨"。驻边、藏一镇的开办经费及常年额支饷项由陆军部拨筹，建议开办经费分两次拨发，即光绪三十四年筹发一半，第二年筹发一半，常年经费按三年练成一镇计算，分三年陆续筹拨，三年以后，照章全镇按年照拨。请求度支部、陆军部迅予核议，由陆军部先筹拨开办经费一半及驻边军队一协饷项，"以便将一镇所需事项因地制宜，分别缓急，次第妥办，以免贻误"。③

但陆军部却早已经将川省应由部筹练一镇的款项移拨给了广西，编练混成一协。陆军部认为"广西当中外要冲，边事紧迫，伏莽繁多，地方又极瘠苦，较之川省地大物博，尚称富庶，情形迥不相同。倘不为筹拨一协之款，则该省北部巡防各营分扎者，不能裁并，即无从腾出饷款，南区之认自练一镇者，永无成军之日"。把筹川省一镇移归广西，

---

① 《炉边善后督办赵尔丰致电锡良、绰哈布请饬各营暂归节制》，《清末川滇边务档案史料》，第61页。

② 据宣统二年五月《四川省清理财政局代造宣统三年边务经费收支预算》，《清末川滇边务档案史料》，第678—679页。

③ 详见《赵尔巽、赵尔丰致函陆军部请由川省应练三镇内拨一镇驻边、藏并以部筹的款拨用》，《清末川滇边务档案史料》，第211—212页；《赵尔巽、赵尔丰电复军机处已商请陆军部将认练川省一镇之饷先行筹拨》，《清末川滇边务档案史料》，第213页；《赵尔巽、赵尔丰请由四川应练三镇内拨一镇归边、藏并恳饬部分期筹拨饷项折》，《清末川滇边务档案史料》，第228—229页。

是从"统筹兼顾"的角度出发，目的是使广西"筹有基础，渐修武备"。不但无款拨给川省，而且批复赵尔丰应按"历来办边藏者遗规"，川藏应事同一律，不应有"自筹、部筹为川藏之分"。① 责成由川省自行筹练两镇。并"赶紧编练，以川中可用之队，匀作边藏布置之师"。为了安慰赵氏兄弟，中枢表示"如遇有事，兵力不敷，再行相机调拨援应，决不使该督等独任其难"。②

赵尔丰认为在川边巴、里一带"不镇以兵威，即难免不萌故态"。出关之前，屡次呈请加强川边的稳固善后工作，"恳于兵事重加注意，并拟分设郡县，以专责成"。③ 而同时联豫也电告中枢"番官悖谬，图拒朝使。赵尔丰赴藏，必须严密筹备"。联豫在藏中发出的信息引起了中枢的重视，在拒绝了赵氏兄弟请求拨款由川练一镇之兵驻边、藏后，却采纳了联豫的建议，电令赵尔丰、赵尔巽"妥慎会商、节节布置，步步稳进。其后路巴塘、里塘一带，并著赵尔巽遣驻重兵，以壮声威"④。然赵尔丰出关之后，川省并未立即如军机处所令立派重兵驻巴、里等边地。

赵尔丰出关即拟请将川边土司地一律改流，并奏请出兵解决德格土司兄弟争袭案，所带之兵也因此全部开赴德格前线。与此同时，瞻对、察木多等地番官却在调兵，意阻赵尔丰入藏。里、炉一时空虚，向川督请兵一、二营到里塘、打箭炉填防；于是就调派张继良率全军奉命入川边出关接应驻防，作为川军入藏后援，驻章谷、德格、更庆、瞻对一带。

按赵尔丰的设想，先带新募军三营到巴塘稍事训练，挑调选换原驻巡军随带入藏，藏即不能入，所带三营西军及一营旗兵就一直留在川边。到宣统元年（1909）八月，川边的实际兵力为防军五营、陆（西军）三营，旗兵一营，共计将弁勇夫3800余名。⑤ 陆军部饬令将巡防新军分别裁撤，以节縻费；按部颁章制川省应练成陆（西）军二镇。

---

① 《陆军部议复赵尔巽、赵尔丰请由四川应练三镇内拨一镇归边、藏并垦饬部分期筹拨饷项折》，载吴丰培辑《赵尔丰川边奏牍》，四川民族出版社1984年版，第136—137页。
② 《军机处抄阅陆军部会奏允准赶编二镇咨文》，转引自吴丰培辑《赵尔丰川边奏牍》，四川民族出版社1984年版，第138页。
③ 《赵尔巽、赵尔丰致函陆军部请由川省应练三镇内拨一镇驻边、藏并以部筹的款拨用》，《清末川滇边务档案史料》，第211—212页。
④ 《清德宗实录》卷595《光绪三十四年八月丙辰条》，第3—4页。
⑤ 《赵尔丰咨复赵尔巽拟就新军改编为巡防军并添、练陆军一协请核拨饷械》，《清末川滇边务档案史料》，第423—424页。

四川筹饷局、兵备处责成赵尔丰在川边练成一协。赵尔丰以边属地方辽阔，察木多、乍丫等地划归管辖边地纵横五千余里，"抚绥驾驭尤非有重兵不足以壮声威而制外侮。且德格全境初定，亦必须留兵驻守"。"关外防营一时势难裁撤。"采取折中的办法，将新军五营（也即防军）按照部章改编为巡防队一军共六营，分驻要地。所需饷银每年 12.51 万余两，请仍由川省筹饷局如期拨解。同时添练陆军混成一协，作为川省应练两镇的一部分。等一协训练精熟，才"查酌情形，再行核办"裁撤巡防新军。① 这样办理可使"关外实减两千人之饷，而川省可增一协之用"②。

计划添练的陆军混成一协，由他亲自"择居中之地"，督率训练，具体包括步队两营（由新军各营改编后余存之勇及西军三营、旗兵一营尽数挑选，不敷者，另行招募）、过山炮队一营、马队一营、工程兵二队、辎重兵二队、军乐队一队。其他队营皆新招。并设立兵备、参谋、教练三处及粮饷局、军械局。③ 在巴塘开设随营学堂，让各营兵学习日用字样及一些浅近科学，后来又增加军事演习科，由凤山负责实地战术练习。④

宣统二年（1910），陆军部颁布清理陆军财政章程，赵尔丰乘机提议在川边练兵一镇，以边地之大，过于川省，民性未驯，又与西藏逼近为由，指出"非练兵一镇不足以资镇慑"，并由川省按练一镇兵所需款项代为造报预算，预算经费银需 350 万两。⑤

按陆军部的规划，赵尔丰准备练成一协甚至练成一镇的设想都未能实现。川边兵力在宣统三年或者准确地说在宣统二年（1910 年）并没有如赵所设想的那样练成一协或一镇劲旅，川边实际兵力只有"卫队 200 人、新军五营、西军步队一标（仅官弁及卫兵人数 29 人）、步队三营（共 1977 人）、西军炮队一队（共 181 人，马 36 匹，炮 6 尊）。其中西军步队一标，步队三营，西军炮队一队都是光绪三十四年七月六日建成的。⑥ 从宣统元年到宣统二年川边兵制并无多大变化。

---

① 《赵尔丰咨复赵尔巽拟就新军改编为巡防军并添、练陆军一协请核拨饷械》，《清末川滇边务档案史料》，第 423—424 页。
② 同上。
③ 详见少旻《赵尔丰经营西康时之军制》，《边政》第 6 期。
④ 《四川官报》新闻，1910 年 3 月中旬，第 6 册。
⑤ 《赵尔丰咨复陆军部边务需练兵一镇兵饷预算由四川造报》，《清末川滇边务档案史料》，第 666 页。
⑥ 详见宣统二年五月四川省清理财政局代造宣统三年边务经费收支预算，《清末川滇边务档案史料》，第 678—679 页。

到宣统三年闰六月十六日，代理川滇边务大臣傅嵩炑奏请建西康行省时，川边兵力仍是新军五营、西军三营、炮队一营、卫队200名。① 赵尔丰进关赴川督任时带有一部分兵力：西军三营，卫队200名。七月以后，川省保路风潮高涨，赵尔丰又急电边兵赴川省救援，调回驻波密等地边兵。十一月，傅嵩炑带领边军进关驰援，只留彭日升率兵一营，驻守察木多，顾占文率兵一营，驻守打箭炉。边地之军更显薄弱。

清王朝最后几年为维护地方安定，在全国范围内普办巡警，"内地各行省，皆设巡警道以专其事"。宪政编查馆要求各地"凡有人民之区，均应一律兴办"，"分年筹备""推及于乡镇"②。光绪三十四年陆军部核定巡警章程，颁发各省，要求各省"行同一律"③。赵尔丰认为"关外甫经改流，人心未附，而语言不通，文字亦异"。如果"同内地施令奉行关外，以数千年顽梗不化之民，骤然施行警法"，恐怕会引起"蛮人不解，致起歧视"，建议变通部章，"因地以利，导之缓急"，先从文化入手，"待边地稍识汉人礼节或筹将来建设行省后，再与内地各省'行同一律'施行警政诸法"。④

鉴于关外的实际情况，赵尔丰拟定了适合关外的《巡警临时章程》五条：一、协助地方官清查户口，催征粮税；二、缉捕盗匪，保安地方；三、宣讲朝廷德意，劝学以开文化；四、协助开垦，改良农务；五、协助百姓平修道路。⑤

光绪三十三（1907），当赵尔丰还在成都时，就拟于巴塘设立巡警学堂一所，但直到宣统二年（1910）夏间才开始有了实质性的进展：核算经费、遴派委员、教习，将近年巴塘、里塘等处官话学堂毕业之蛮学生，挑选年在十六岁以上二十岁以下，诚朴耐劳者一百名，作为警兵正额学生，复选二十名为附额，共计一百二十名。"教以科学，限三年毕业，将来分派新设各府、厅、州、县充当教习，以为开办巡警之预备。"⑥

---

① 《傅嵩炑请建西康行省折》，《清末川滇边务档案史料》，第1032—1034页；傅嵩炑：《西康建省记》，台北成文出版社1968年版。
② 《筹设巡警学堂折》，《清末川滇边务档案史料》，第712—714页。
③ 《奏陈关外甫经改流暂拟巡警临时章程折》，《清末川滇边务档案史料》，第213—214页。
④ 同上。
⑤ 同上。
⑥ 《筹设巡警学堂折》，《清末川滇边务档案史料》，第712—714页。

第四章　清末川边经营分析

巩固边防几乎是晚清政府解决外交政治问题的主要内容。西南边防中的西藏问题是晚清边疆问题的一部分，但因西藏的特殊地位，晚清政府高度重视和审慎地对待西藏问题。

透过晚清政府对川边问题的认识逐步深入和治理改革措施的逐步完善与全面的情况看，晚清政府在边疆问题上尤其是西南边防、西藏边防问题上表现出深沉的边疆忧患意识，并为了挽救边疆危机做了大量的工作，投入了大量的人力和物力。具体分析清末政府在川边的政策更能准确地说明晚清政府在列强的环视下为寻求自救、挽回利权所做的努力。

第一节　西南边防部署中的川边经营

清王朝对西南边防的认识是随着国际、国内形势的变化而发生改变的。在英国上校荣赫鹏带兵进入拉萨之前（光绪三十年），清王朝一直把附属国作为西南边防尤其是西藏边防的藩篱与屏蔽，把西藏看成中国内地省份的门户；然而英军的入侵与其说是打破了这一格局，毋宁说是打碎了清廷关于西南边防的梦想，西藏随时有失去的危险。必须改变对西南边防的认识，重新调整西南边防的布局，才能够保住西藏这块对清政府来说是中国内地大门的屏障不丢。因此就有驻藏帮办大臣驻扎察木多"居中策应"、练兵、在川边屯垦的主张和措施，进而设立川滇边务大臣保障川藏道路畅通，更有设立行省之议。

面对着西方列强的压力，晚清政府把在边疆地区设立行省当作巩固边防的重要途径。西北的新疆在左宗棠收回后设行省，随后东北也设立了东三省，因此也有在西南的西藏建行省的议论，尤其是岑春煊的统筹西北全局的建议掀起西藏建省舆论的高潮，但由于西藏问题受到外国干涉，西藏建省不可能实现的情况下，就改派在川边经营中成绩卓著的赵尔丰为驻藏大臣进驻西藏。此举被认为是清政府在西藏"政策变迁的最初表现"[①]。在赵尔丰进藏不成的情况下，清政府又于次年派遣川军入藏以求得到同样的效果。

在清末几年内清政府所采取的这些措施，目的是加强对西藏的控制。川边的经营只是整个西藏乃至整个西南边防政策的一个组成部分。赵尔丰在川边的经营也只是服从与服务于加强对西藏治理的目的。不过赵尔丰以他个人对边疆及川边的理解和认识，作为边务经营具体主持者和实施者，不断把清政府对西藏、西南边防政策逐步地落实，并推向完备，甚至在某些方面超出了中枢的既定规划（参见第三章）。清政府关注于川边的经营，始于加强对川边控制从而逐步推及西藏，最后达到控制西藏的目的，以实现"经边援藏"[②]。

晚清政府把川边由川藏通道上升到援藏后盾的认识经历了一个过程（参见第二章内容）。随着对西南边防认识的加深，西南边防危机尤其是西藏危机的日益突出，清政府对川边地位的认识也在逐步地深入，因此，在调整西南边防政策的同时，不断地调整着在川边的政策，以加强对川边的治理。在晚清西南边防的政治格局中，川边逐渐成为西南三足互立之势中的重要一足。

一　川边：由川藏通道到援藏基地

光绪三十一年（1905）以前，清政府一直把对西南边防的注意力集中在西藏，而把四川作为保障西藏边防的人力、物力、财力的供应地，那时的川边只是沟通四川与西藏之间的一条交通运输线而已；清中央政府对川边的认识，仅仅停留在为了保障川藏这条生命线的畅通无阻的程度上。因此在1905年之前清政府对川边的政策或措施基本上都是围绕着一个目的：即不能允许"边隅小丑""久为藏边之害"，致"梗塞通藏大路"；[③]所有关于川边的举措，也都是为了保障川藏道路的通达，进而确保中央对西南地方的有效控制。

---

① 〔英〕荣赫鹏：《英国侵略西藏史》，孙煦初译，商务印书馆1935年版。
② 〔英〕荣赫鹏：《英国侵略西藏史》，孙煦初译，商务印书馆1935年版；宣统二年六月二十七日《军机处致函赵尔巽筹商川边设治问题》，《清末川滇边务档案史料》，第699—700页。
③ 详见《鹿传霖密陈瞻对亟应收回改设流官疏》、《锡良奏遵旨筹议收回瞻对赏还兵费事折》等，《关系史料汇编》清26，瞻对之争部分。

光绪三十一年（1905）以后，清政府不断加深和提高对川边地位的认识，把川边地位由"川藏通道"上升到"援藏"的后盾。光绪三十二年（1906）设置川滇边务大臣，正式把川边地位由一条交通线抬高到与青海、宁夏等同的"以军府之制，任地方之责"的军府大臣位置。川滇边务大臣的设置是清中枢对川边地位认识的重大转折。从此以后，清政府不断随着国际形势的变化，以及川边和西藏等地情势的发展，逐步展开对川边的全面经营与治理。进一步从全局角度出发，考虑川边地位，并逐渐把川边纳入整个西藏边防的范畴，进行总体部署与运筹。

1906 年设立川滇边务大臣之后，为了加强从云南方面对川边经营的支持，提升西南边防三足互立之势中的川边力量，特调曾任云贵总督的岑毓英之子——当时的朝廷重臣、曾经的四川总督岑春煊[①]为云贵总督，以为接应；后又改调与赵尔丰"共事久无扞格"[②]，且一向是赵经边的支持者和提拔者——川督锡良任云贵总督。同时，把赵尔丰的兄长——赵尔巽，调任四川总督，从而更切实地从云南和四川两地给川边以实质性支持。赵尔巽被当时的国际社会认为是"这个帝国的最开明的官员之一"，对于其被任命为四川总督，不仅成为当时外国新闻记者们争相报道的热点；同时因"这个总督将会在四川和西南大有作为"，使这些外国新闻记者们纷纷替他们自己的国家担心。[③] 不仅如此，为了把四川与川边真正连为一体，在锡良调出，川督赵尔巽未能及时赴任的间隙，清政府令赵尔丰以川滇边务大臣兼理四川总督事务，打破了历史上川督统由成都将军或四川布政使署理的惯例。

为了使川、川边、滇联为一体，清中枢对于人事安排与部署，不避嫌也不避亲。目的只有一个，就是通过有效经边，推及西藏，从而最终实现把西藏纳入西南边防的整体布局中。也就是说，所有有关四川、云南及川边的经营与部署，都是为了实现经边的最初和最终目的——援助西藏、保住西藏。

[①] 岑春煊（1861—1933），原名春泽，字云阶，广西西林县人。壮族，云贵总督岑毓英之子。历任广东布政使、甘肃布政使、山西巡抚、四川总督、云贵总督、两广总督等职，他所到之处举新政，办教育，肃贪惩腐，人称"屠官"，英国人称其为"满洲虎"。

[②] 姚锡光：《筹藏刍议》，光绪三十四年（1908），刊于京师寓斋，载沈云龙主编《近代中国史料丛刊》第 39 辑。

[③] 详见 1907 年 5 月 14 日，乔·厄·莫理循致瓦·姬乐尔信函，引自《清末民初政情内幕》上册。

第四章 清末川边经营分析

光绪三十四年（1908）正月清政府简派赵尔丰为驻藏办事大臣兼川滇边务大臣，同时又将赵尔巽再次调任四川总督（本来赵尔巽接替张之洞为两湖总督），期望"兄弟同秉节方隅，使以手足之戚，泯畛域之分"①。从这次的人事调动与部署中，可以看出清政府对于四川、川边与西藏连为一气的深意：此时，赵尔丰因川边经营卓有成绩且"声威隆重"②，身兼川滇边务大臣和驻藏大臣两个重任，本身就把川边与西藏紧密地联系在一起，从而可以把川边经营与藏事治理进行通盘筹划。不唯如此，再次调派赵尔巽充任四川总督，是充分考虑到要想实现经营川边与稳固西藏的目的，四川的后方基地作用不可或缺。赵尔巽督川，可以使四川更好地发挥经边援藏的后盾作用，也可以使赵尔丰在进行川边和西藏的经营中无后顾之忧。光绪帝在三十四年（1908）二月上谕中，对军机大臣们明确表示：这样安排是"因地择人，与寻常委任不同"，目的是固藩篱，使川、川边"自可联络一气，作为西藏之后援"③。对于清中枢的这些精心安排，时人目以"巍舶异数"，评赞为"朝廷西眷之殷其深且重若此"④。如此部署也被外国人认为是清廷"政策重大变迁的最初表现"，调赵尔丰为驻藏大臣"实属非常之举"，"尤堪惊异者"是同调赵尔巽为四川总督。"中国政府意欲赵尔丰氏经营西藏……欲借此扩张中国在藏统治权，赵尔巽之调任川督，亦无非藉以提高乃弟之权势而互谋川藏之协作耳。"⑤ 当时驻华英国公使朱尔典对清廷采取这样的措施"特别注意"并立即报告了英当局。

清中枢在川边所投入的关注力也曾引起驻藏大臣联豫的不满。⑥ 当赵尔丰不能如期进藏从而不能达到直接治藏的既定目的时，清中枢又改为扩大川滇边务大臣辖域范围的方式来间接援藏与治藏，并派川军入藏。川军入藏时赵尔丰驻镇察木多派边军护送，进而把在川边的施政带入传统意义上（即指清雍正年间所划的界址，以宁静山为界）川藏边

---

① 姚锡光：《筹藏刍议》，光绪三十四年（1908），刊于京师廎斋，载沈云龙主编《近代中国史料丛刊》第39辑。
② 时英国驻华公使朱尔典语，转引自荣赫鹏《英国侵略西藏史》，孙煦初译，1935年版。
③ 《清德宗实录》卷587《光绪三十年二月癸亥条》。
④ 姚锡光：《筹藏刍议》，光绪三十四年（1908年），刊于京师廎斋，载沈云龙主编《近代中国史料丛刊》第39辑。
⑤ 《英国蓝皮书》帙5240，第196页；荣赫鹏：《英国侵略西藏史》，孙煦初译，商务印书馆1935年版，第292—293页。
⑥ 吴丰培辑：《联豫驻藏奏牍》，西藏人民出版社1979年版。

界以西的察木多、类乌齐、硕般多等地。

二 重视与倾斜

在经营西南边陲的人事安排上，清中枢可谓用心良苦，期望以人伦的密切来联结已露松散之志的西南边地。不唯如此，清中枢也给予了其时的西南边吏集团以更多的政策倾斜，以保障这一美好政治蓝图的实现。

第一，大量经费的调拨与注入。设川滇边务大臣之初，赵尔丰奏报朝廷，需在川边进行设官、练兵、屯垦、开矿、通商、建学六事，要开办银二百万两，常年经费银三百万两。① 当时清政府内外交困，财政早已入不敷出，面临崩溃，很难筹措如此巨款。为保证川边经营的开办，清中枢在极端困难的情况下拨开办经费银百万两。这一百万两银是由其他关税中腾挪的资金，包括拨重庆关关税银三十万两，镇江关洋税银三十万两，江西关洋税银三十万两，又江海关余存常税款内拨银十万两。除此之外，还多方设法筹措，饬令川省负担川边数营防军和边务大臣办公费用，每年约需银四十万两。另外批准川省征收油、糖税，每年可征收银五十万两，作为川边经营的专项资金。②

为解决川边经费及垦殖劳力问题，法部同意了川督赵尔巽把官犯由新疆及军台改发川边的要求，并明确规定了缴台费、赎罪方式和发配范围。把缴台费留作筹办川边经费，官犯改为发配到川边，以解决充边人才奇缺的困境。同时达到"本于明罚敕法之中，寓徙民实边之意"③。度支部破例批准赵尔丰关于铸造藏元用以解决经费不足的要求，由川省仿照卢比铸制三钱二分的藏元，同时强调"此项银币专为藏卫而设。应准在西藏及附近边台行用，作为特别商品，自不得行使内地，各省情形不同，亦不得援案铸造，致紊币制"④。稍后（宣统元年），度支部又应赵尔丰请求，同意将部分当十铜元运到川边，按一定比例与藏元相辅而行。鼓铸藏元既是清中央惠施川边的特殊经济政策，同时也是维护权益抵御经济渗透的有效武器。1910年7月《蜀报纪事》登载"铜币输入，

---

① 姚锡光《筹藏刍议》中附"赵尔丰原奏边务大概情形折"，光绪三十四年（1908），刊于京师廞斋，载沈云龙主编《近代中国史料丛刊》第39辑。
② 佚名：《四川款目说明书》，《近代史资料》64号。
③ 《法部议复赵尔巽等奏请官犯改发巴藏片》，《清末川滇边务档案史料》，第947页。
④ 财政处、户部"议复锡良奏请续铸藏元以济边用折"，《清末川滇边务档案史料》，第71—72页。

政府近议推广藏地圜法,拟由川省按照新订国币章程,鼓铸大清铜币若干输入西藏境内,俟通行后,即以所得余利,全数提充驻藏兵费,以期两全"①。

在派赵尔丰任驻藏大臣兼川滇边务大臣时,规定"应需款项,著度支部按年筹拨的款银五六十万两,俾济需要"②。并"责成四川总督无分畛域,随时接济",对"所需人员,亦优加体恤";清中枢期望通过这些措施的实施使边务在筹划时"饷糈无缺,实力充足诸事应手"。③

第二,在人才上大力支持,采取优惠政策。为了保障川边及西藏的人才足以敷用,中枢专门规定"需用人员准由四川省慎选调派,厚给薪资,优定奖励,均准其携带眷属,各令久于其事"④。这是清中枢根据川边实情,采取的特殊优惠的人才政策,借此吸引人才,稳定人心。后来更规定所有川边藏中人才可以从全国各地任其选调,这就更加充分地保障了川边及藏中的人才需求。

第三,中枢从全局的战略高度积极给予协调和指导。陆军部针对赵尔丰奏请练兵一协的要求,指示赵尔丰练兵可以暂不拘于镇、协、巡防队之名,先从营田垦殖着手,兵屯错杂民屯,使练兵垦事同时并举。建议在兵要重地,交通线上视其险易轻重,酌设屯兵,或百人或数千人,形成军屯。"兵屯即成,则于两屯相距之间画成民屯,尽数放垦。道路既通,又沿途皆兵屯逻戍,斯必有资本富民乐于经地受田,自行经理,将邑聚不期而自成,商贾不招而自来。"⑤在此基础上设屯务委员总理其事,兼理讼狱诸事,"一俟有田可耕,有民可治,再设流官并建衙署似不为晚。"

第四,扩大川滇边务大臣辖区。清廷用扩大边务大臣辖区的方式支持赵尔丰的川边经营。当赵尔丰未能如期进藏谋求藏政,就把察木多拨归边务大臣管辖,后又从赵尔丰所请把江卡、乍丫也拨归川边管辖。更有甚者,对赵尔丰要求把边军所到之处皆归川边管辖之请批复为"只言治而不言收""随宜处置"⑥。既避免了"轻改辖地,致近更张"的困

---

① 《蜀报纪事》1910年第3期。
② 《清德宗实录》卷581《光绪三十四年二月癸亥条》。
③ 同上。
④ 同上。
⑤ 姚锡光:《筹藏刍议》,光绪三十四年(1908),刊于京师廑斋,载沈云龙主编《近代中国史料丛刊》第39辑。
⑥ 《军机大臣庆亲王等函复赵尔巽酌收藏地须兼顾统筹》,《清末川滇边务档案史料》,第645—646页。

扰，又变相支持和扩大了川边滇边务大臣的影响与辖区。

清中枢对赵尔丰及其在川边、西藏经营所给予的全力支持，曾引起英国的不安，并为此正式向中国政府提出抗议。① 1910年2月23日爱德华·格雷爵士致电英国驻华代办麦克思·慕勒，提醒他密切注意清政府的政策动向，并提出抗议。1910年2月26日麦克思·慕勒回电爱德华·格雷爵士："……我们当然不知道他们对赵尔丰的行动赞助到什么地步……因此很难向中国政府提出有效的抗议。我们只能向中国政府指出：大不列颠虽声明不愿干涉西藏内政，然而对于西藏的混乱局面不能漠然视之。因为西藏不但与我们毗邻，而且更与我们边界上其他邻国有密切关系，特别是与尼泊尔。我们不能阻止尼泊尔国和西藏及中国的条约关系，英王政府认为有权利要求中国政府在西藏采取某种政策以前，先向英国做出恳切的解释，否则英国政府只能认为中国政府有意破坏1904年英藏条约所规定的，并经1906年中英条约所肯定的政治形势。你应立即向中国外务部提出上述意见，并询问中国政府对于西藏的未来有何意图……"此后，慕勒又回电："……我按照你的电报中的意见立即向外务部提出了正式抗议……强调中国政府没有向英王政府公开宣布其政策的错误。"②

三 藏事与川边的轻重

清末几年，清政府在川边经营的目的都是围绕着西藏的稳定和治理。从光绪三十一年（1905）至宣统三年（1911）内，赵尔丰先后被封为炉边善后督办、川滇边务大臣、边务大臣护理川督、驻藏大臣兼川滇边务大臣。这一串的头衔，不仅仅标志着赵尔丰在清政府中政治地位的攀升，更是直接地反映出清中枢在西南边防治理上的进一步的思考。对赵尔丰前后任命的改变，反映了清中枢加强对西藏治理与控制的日益迫切。善后督办是为了保障川藏大道的畅通无阻；边务大臣是为了更加强化这一职能，代替川督在川边的直接治理，从而更好地声援西藏；派为驻藏大臣更是为了直接而有效地控制西藏。在赵尔丰未能按计划进入藏署理驻藏大臣后，中枢又指示赵尔丰驻扎在与西藏最近的川边重镇——巴塘专办边务，以遥为西藏后援。

在具体对待川边与西藏问题上，清中枢与边臣赵尔丰意见不太一

---

① 《英国蓝皮书》帙5240，第195—196页。
② 同上。

致，赵尔丰认为"欲安藏必先安巴"①，巴，即巴安，今之巴塘，是当时川滇边务大臣衙署驻地，也是进藏门户，"安巴"意指川边治理至安靖。在赵尔丰看来，川边治理完善后才能言安藏问题，因此始终不愿放弃在川边的治理。而清中枢却以藏事为主，无论是设立川滇边务大臣还是派赵尔丰为驻藏大臣，主要目的是解决西藏可能不保的问题，而不是着眼于川藏大道之域的治理问题。因此在任命赵尔丰为驻藏大臣兼边务大臣时，特别强调让赵尔丰"以驻藏为主，以藏事为重"。并在赵尔丰频顾川边的安定与治理时，屡次电催赵尔丰速行赴藏，赵尔丰卸川督任还不到一个星期，就受到清中枢的严厉催责"倘再延玩，定予重惩"。②在赵尔丰卸川督印只有两个星期时，军机处就奉上谕致电接任川督赵尔巽，指责其没有督责赵尔丰速速赴藏"到任已久，西藏事务紧要，赵尔丰着迅即起程赴藏，勿得借端延宕，致误事机"③（详见第二章第二节）。由清中枢屡次催赵尔丰迅速入藏的紧迫性看，不仅是为了争取赵尔丰入藏的时机，更关键的是表明了清中枢视藏务切要，并高于一切。

清中枢简派赵尔丰为驻藏大臣兼边务大臣，本是采纳在藏查办事件大臣张荫棠及驻藏大臣联豫的建议，计划通过特派赵尔丰入藏整理藏政，加强清中央在西藏的统治势力。但后来却又因其在川边的"严厉执行各项改革不免引起拉萨僧侣的疑忌与愤慨"，清中枢开始怀疑选派赵尔丰入藏为驻藏大臣的可行性，担心为"番众积愤"的赵尔丰若"仍令进藏"，会激化中央与西藏地方的矛盾，最后不得不改变了让赵尔丰进藏的计划，令赵尔丰"即作为边务大臣驻扎边境，仍遥为藏中声援"④。甚至密派专人到川边及藏地调查赵尔丰，来自中枢的犹豫，才真正错失了派赵进藏加强控制西藏的时机。⑤

以"驻藏为主，以藏事为先"又表现在清中枢慎重对待川军入藏、达赖出逃、收回瞻对等问题上。比如收回瞻对问题，从鹿传霖开始就主张收回川属，以使边地安定，"绝其祸本"⑥。清中枢内部也曾就此有过保藏与保川的争论。但最终以"保藏为要"，把瞻对重新赏还了西藏商

---

① 《赵尔巽、赵尔丰致函军机大臣略陈经营藏事梗概》，《清末川滇边务档案史料》，第187—188页。
② 《清德宗实录》卷593；《清末川滇边务档案史料》，第211页。
③ 《清德宗实录》卷594；《清末川滇边务档案史料》，第199页。
④ 《宣统政纪》卷8。
⑤ 〔英〕荣赫鹏：《英国侵略西藏史》，孙煦初译，商务印书馆1935年版，第293页。
⑥ 《锡良遵旨议复收瞻折》，《清末川滇边务档案史料》，第44—46页。

上作为解决问题的办法（详见第一章第二节）。继之的凤全、赵尔丰等人也坚决主张收回内属，尤其是对于赵尔丰来说，他一直设想把川边的土司之地改土归流，设治建行省，而要真正达到这一目的必须把属于西藏的川边飞地——瞻对收回。但清中枢在收与不收中反复摇摆、举棋不定，强调以藏局为重："自藏中多故以来，一有举动，群相瞻属"，又可能引起英国"伺隙而动"，而生外衅，将会导致整个清政府在藏政策的前功尽弃。应"示以镇静，且俟藏局大定，再行酌办"收瞻。① 对于清中枢以藏局稳定为思考的前提，从而表现在收瞻问题上的犹豫态度，赵尔丰十分气馁，甚至多次为此事生气到想引退的地步（详见第二章第五节及第五章第二节注）。

关于边藏的总体部署与计划，清中枢始终是以藏事为中心和归依，这与赵尔丰等人所认为的"欲安藏必先安巴"、以"筹边援藏"的战略不符。赵尔丰等人所欲极力推行的川边改土归流、建行省等计划，则是以逐步推进地方式最后影响和筹划西藏，清中枢在藏事上所表现出的慎重与急迫，始终没有把川边放在最重要的位置上，在一定程度上来说是牵制或曰限制了赵尔丰川边的经营。

四　谨慎与优柔

1904 年英藏签订条约，清政府震惊之余，急忙采取措施挽回在藏权力，派侍郎唐绍仪赴印谋求与英人改约，后又派张荫棠襄助，藏事之紧急，迫使清中枢四处征询治藏良策。② 综查晚清边疆大臣们的奏牍和光绪宣统两朝的档案，可以发现大凡涉及川边或西藏的行动或措施，都要经过许多朝中大臣或边疆大吏们会商后，才决定取舍。③ 在对其他边疆地区也是如此，比如，光绪三十三年（1907）曾就岑春煊的统筹西北全局折，中枢就责成京官要员和边疆主要大吏们共 22 位参与讨论。

清中枢为慎重对待藏事，当藏人控诉赵尔丰不尊重佛教、在川边的过激行动时，特密派马亮由京城到成都及边地各处，对藏人关于赵尔丰的控诉进行查验核实。虽然马亮调查的结果表明是西藏地方政府对赵尔

---

① 《军机处、外务部函复赵尔巽俟藏局大定再行酌办收瞻》，《清末川滇边务档案史料》，第 618—619 页。
② 姚锡光：《筹藏刍议》光绪三十四年（1908），刊于京师廙斋，载沈云龙主编《近代中国史料丛刊》第 39 辑。
③ 联豫、赵尔丰、张荫棠、锡良等人奏牍中有多份是关于会商妥议的奏折，另外《清德宗实录》及《宣统政纪》所记上谕中责成大臣们会商妥筹具奏的谕令远远多于前几代。

丰"肆口诋诬",是"大出情理之外"的"托词保教,捏具公呈……借口指摘,遂其要求之计"。①清中枢仍然是以让赵尔丰止步西藏,留驻巴塘,遥为援藏的慰藏措施来求得平衡,以免避免激化矛盾。

在赵尔丰认识到边藏情殊势异,英人在谋取波密,秘密打探由缅入藏道路,奏请筹收藏地,请将凡边军所到之处,划归川边管理,划疆而治预杜侵占时,清中枢也同样审慎对待赵的建议,军机大臣庆亲王等认为"此事关系重要,不能不兼顾统筹",但因"边、藏情势,究难遥断",军机处"只求事之推行无碍,固不敢稍存意见,致误机宜,亦不敢操切图功,致难收束"②。又因"事关大局,往复不厌求详",再三表示"本处并非于原奏故为异同。惟揆势度时,总期措置得宜,无稍窒碍,方好放手办法"③。最后建议赵尔丰在边兵所到之地采取温和的办法"不言收,亦不言还""随宜处置"④。

赵尔丰提出设治建省以固边圉的主张,引起了中枢的重视。军机处、政务处、理藩部、度支部、陆军部等都参与了川边设治问题的会商。军机处用了近两年时间(从光绪三十四年(1908)七月八日上奏,到宣二年六月复)"熟权得失,详查科条"。认为川边设治"必统全局以定指归,视财力以为进止"。对"未敢遽行议决者,用特专函"与赵氏兄弟会商。⑤

军机处的回函触及川边经营的实质性问题,所谓"虑周藻密,诚非浅见所及"⑥。

政务处更是用了近三年的时间"公同察核"。"当以开边不易,筹款尤艰,不敢不审慎从事","原奏尚有未能详尽之处,非与该督等重商,恐不足以尽事理而致周妥"。同意并更订了赵尔丰在川边设治的奏请,并让赵尔丰详核边务所需经费"通盘筹划,编制预算,专案咨送度支部汇核办理,不得空言指拨,庶符宪政而期实济"⑦。政务处对赵尔

---

① 《成都将军马亮遵旨查明赵尔丰被控各节据实密陈折》,《清末川滇边务档案史料》,第340—345页。
② 《军机大臣庆亲王等函复赵尔巽酌收藏地须兼顾统筹》,《清末川滇边务档案史料》,第645—646页。
③ 同上。
④ 同上。
⑤ 《军机处致函赵尔巽筹商川边设治问题》,《清末川滇边务档案史料》,第699—700页。
⑥ 《赵尔丰函复赵尔巽详陈枢府所询川边设治各节》,《清末川滇边务档案史料》,第714—717页。
⑦ 《会议政务处议复赵尔巽等会筹边片》,《清末川滇边务档案史料》,第853—854页。

丰兄弟奏请德格、春科、高日三土司改土归流，建置道、府、州、县设治章程一折也是"因关边务建置，往返函商"，"详加核议"①，迟迟为复。

当赵尔丰在收回桑昂、察隅等地后，准备乘时机将波密收回，免遗后患时，中枢认为驻藏大臣联豫"似于各该处治理事宜，亦经筹及"②，主张使西藏"政权能默为转移，则民志自有所归向"，不能"轻改辖地，致近更张"③，建议以"不言收只言治"④的方法消患于未萌。

清中枢在藏事、边事上审慎态度及做法，致使清王朝丧失了加强西藏及川边统治的有利时机，川边的迟迟未能设治，中枢直到清王朝灭亡前一年春天（宣统三年）才同意赵尔丰光绪三十四年七月在川边设治派官奏请。国内形势的质变使清中枢的这个决议也化为乌有。赵尔丰在离开前并没有得到清廷关于川边设治的实质性支持，川边改土归流等措施因此也未能得以巩固，这也正是赵尔丰在川边七年的苦心经营随着人亡而政息的原因。

而同时期开始筹边的新疆、蒙古、广西等地则取得更大的成效。据民政部的统计，宣统三年，广西省改土归流工作已全部结束，"所有土州、县均因事奏请停袭及撤任调省，另派委员弹压代办"；湖南、湖北土司已全改流官，贵州长官司等"名虽土官，实已渐同郡县"；而"四川则未改流者尚十之六七"⑤。赵尔丰在川边的文治武功，只因清廷对藏事的审慎反落于整个时代浪潮的后面。

第二节　清季川边经营效果

清季的川边经营是在西南边疆危机尤其是西藏危急的情况下采取的应急措施。而清政府川边具体政策执行者赵尔丰把川边经营当作一项长期的系统工程，不时突破和推动这一政策的逐步完善。在短短的七年时

---

① 《会议政务处议复赵尔巽等奏德格、春科、高日土司改流设治章程折》，《清末川滇边务档案史料》，第854—855页。
② 《军机大臣庆亲王等函复赵尔巽酌收藏地须兼顾统筹》，《清末川滇边务档案史料》，第645—646页。
③ 同上。
④ 同上。
⑤ 《民政部奏请各省土司改设流官以资治理折》，《清末川滇边务档案史料》，第878—879页。

间内，从赵尔丰对川边的整体设计来看，这一系统工程才刚刚起步，就随着清政权的灭亡而中辍。① 然而在这七年时间内，川边的经营不仅达到清中枢预定的目标，而且改变了川边原有的政治、社会、经济、文化形态，同时也为后世对川边及西藏的治理奠定基础。

一　西南渐固

从清王朝加强政权的角度，具体来说也即是稳固西南边防的角度，川边的经营达到了对于西南边防整体部署的目的。中枢机关军机处、外务部曾给予肯定："频年惨淡经营俾川边一带群知向化，藏事亦赖底定。"② 赵尔丰的老部下刘赞廷评价赵尔丰在"边地吏治成绩，比于川中，比边务大臣中之始绩也。……然尔丰为中国开拓疆土至数千里，其功不仅在一代"③。1904年进军拉萨的英国上校荣赫鹏为了辩述他率军进入拉萨的目的被人（主要是当时的新内阁）歪曲甚至毁谤，于1910年写成《英国侵略西藏史》（汉译本名），在这本书里他认为"赵尔丰在藏东所为对于中国威权之树立，确有成就"。西藏在英国的通商中逐渐改变了不与英人直接交往的态度，而川边因赵尔丰的改革"情况大不相同"④。赵尔丰的改革成功及在西南边防布局中的作用明显，表现在"自赵尔丰氏挟改造藏政府之命令以入藏，拉萨报纸上即发现反英文字"⑤。英国政府把这作为外交问题专门列入《英国蓝皮书》，并向中国政府提出抗议。⑥ 研究晚清帝国社会历史的英国亚非研究学院 Adsheacl 通过对赵尔丰在川边的施政分析，认为"赵氏兄弟在晚清帝国被普遍认

---

① 赵尔丰旧部川边经营参与者、见证人刘赞廷的评论。刘赞廷，河北人，赵尔丰的老部下，民国初年任川边军分统，后又任蒙藏委员会调查室主任等职务，在民国时收集川边资料编成康区三十四县志及《边藏刍言》等，在他的诸多编辑资料中时时透出对赵尔丰的川边经营毕功一溃的感叹。
② 《军机处、外务部函复赵尔巽俟藏局大定再行酌办收瞻》，《清末川滇边务档案史料》，第618—619页。
③ 刘赞廷：《边藏刍言》，《赵尔丰列传》，民族文化宫图书馆1961年版。
④ 〔英〕荣赫鹏：《英国侵略西藏史》，孙煦初译，商务印书馆1935年版，第300、297页。藏东是西方人对川边的称法。
⑤ 同上书，第293页。
⑥ 〔英〕荣赫鹏：《英国侵略西藏史》，孙煦初译，商务印书馆1935年版，第293页；《英国蓝皮书》，帙5240，第284号文件，附录2；《拉萨报纸摘录》，1909年2月24日拉萨报纸。

为衰弱时却展示了帝国强大、现代化及民族独立性"[1]。美领事台克曼在民国初期到康区游历后，得出的结论是"清中央政府在 1907 年至 1910 年重新确立了她在西藏的权力"[2]。

清政府经边援藏的目的也在一定程度上实现了。谭·戈伦夫（A. Tom. Grunfeld）评价清季对边藏的经营时指出："具有讽刺意义的事是，大清帝国在最衰弱之时，却成功地恢复了在西藏所失去的权力和威望。"[3] 在 1906 年就有人认为"中国踩着荣赫鹏的肩膀爬回拉萨"[4]。"中国人重新又爬到他们现在的高度"[5]。1910 年 8 月 3 日和 4 日，荣赫鹏连续两天在《泰晤士报》上登发表《西藏阴云：英国的行动及其后果》和《西藏阴云：英国政策——一个建议》两篇文章，论说"彼远征拉萨之效果，逐渐失败"[6]，从英人的角度，说明了以赵尔丰等代表的边吏对藏地经营的效果，也是清政府通过系列施政，挽回在藏权利的明证。

二 新政流惠

清季在川边的经营包含两项内容，一是改土归流，一是新政。这两项措施在川边经营中相互伴随、相互依托。新政以改土归流为基础和前提，改土归流又靠新政来推动。因此清季在川边经营也同时完成了双重使命，即一方面完成了政治上传统意义的改土归流，把羁縻土司区收归中央政权统一管理；另一方面，在川边施行新政，在川边地区注入了近代意义的经济、文化质素和因子。

清季川边的改土归流不同于明末清初时期在其他地区的改土归流，传统意义上的改土归流一般只有政治压服的性质，少有经济开发的成

---

[1] S. A. M. Adsheacl, *Province and Politics in late Imperial China Viceregal Government in Siechwan*, 1898—1911, SIAS 50.

[2] ERIC Telchman, C. L. E. , B. A. , *Travels of a Consular Officer in Eastern Tibet*, Cambridge at the University Press, 1922.

[3] 〔加拿大〕谭·戈伦夫：《现代西藏的诞生》，伍昆明、王宝玉译，中国藏学出版社 1990 年版，第 88 页。

[4] 英国《泰晤士报》国际版主编瓦·姬乐尔 1906 年 3 月 27 日致《泰晤士报》驻北京记者莫里循函。指清廷重新派唐绍仪到印度议改《藏印条约》最后由清政府代替西藏地方政府偿还赔偿事。转引自《清末民初政情内幕》，第 440—441 页。

[5] 1908 年 1 月 21 日姬乐尔致莫里循信函，指张荫棠议定《藏印通商章程》挽回了一定的利权事。转引自《清末民初政情内幕》，第 530—532 页。

[6] 引文转自 1910 年 8 月《蜀报纪事》第 4 期，外国纪事；荣赫鹏在《泰晤士报》上的文章则是原档。

分，比如，清雍正时期鄂尔泰在云贵地区的改土归流，再比如清乾隆时期在四川大小金川的改土归流。即使是有一定的经济含义，比如在大小金川地区设立的屯垦，也只是发展农业、解决屯兵的粮食问题。而清季在川边的改土归流直接把近代意义的新政注入边地，是广泛意义的经济开发，包括经济、文化等内容，具体措施不仅有发展农业，更主要的是把商业、金融等施行于边地。而且赵尔丰在经边的实践中提出了"招商引资""商战时代，非公司无以为竞争，而组织公司，又非股份无以立基本"①等具有浓厚近代经济意义的概念。并采取措施"自筹利益"，讲求"兴利之方"②，充分开发边地资源。虽然这些措施的直接目的是为在边地的军事行动与政治统治奠定物质基础，尤其是在边地兴学更视为"收拾边地人心的第一要务"③，但为川边的治理奠定了思想基础。

由赵尔丰等人对英国入侵西藏手段的分析情况看④，清季已有一些人认识到仅靠军事压服不足以加强统治，必须发展经济，经济才是政治基础，经济发展对政治权力稳固才起决定作用。不过对清中枢及边臣们而言，以经济发展奠定政治稳定基础只是一种朦胧的意识。新政也许是这种意识的反映，但至少赵尔丰在川边的诸多发展经济措施是基于这种认识的。无论是清中枢还是赵尔丰都时刻强调边地经营必须立足于"地足以养民，民足以养官"，也即是指设治必须具备物质基础。

与历史上其他时代的改土归流不同的是，晚清在川边的改土归流具有时代背景的特殊性和目的的特殊性两方面。在列强环伺下，晚清政府把川边的羁縻土司地方收归中央直辖，预杜列强的侵占。因此，与之前改土归流的性质相比，不仅具有传统的、促进社会进步、制度改革的作用，更具有抵御外侵的作用与目的。既服从于中央王朝加强对土司区直接统治的目的，又服从于晚清政府对西南边防整体部署目的。

与同时期其他地区传统的改土归流不同的是，川边改土归流又有新政的内容，不仅有政治体制的改革，更主要的是开发经营的目的与内容。从1901年慈禧逃到西安时提出新政后，各地都逐渐采取新政措施。川边的新政从时间上来看应该是设立边务大臣之后，赵尔丰提出经边六

---

① 参见《雅州茶商李万盛等禀成立公司情形》，《清末川滇边务档案史料》，第255—256页。
② 参见《复陈川滇边务应办事宜并拟具章程折》，《清末川滇边务档案史料》，第118—125页。
③ 同上。
④ 《赵尔丰电复军机处略陈筹藏方略》，《清末川滇边务档案史料》，第226—227页。

事则是川边新政的具体内容,这六事在川边来说是"新政",在内地其他省则有不同的内容。经边六事是赵尔丰根据边地的实际情况与内地尤其是与四川的新政措施结合,提出的适合边地特殊情况的施政规划。(赵尔丰曾在四川护理川督一年多时间——15个月,赵尔丰的老上级锡良在督川时已开始实施新政)。和内地其他省份一样,川边新政也遇到了阻力,这种阻力与传统的改土归流阻力结合在一起,更具有复杂性。如兴办新式学堂,在内地各省同样也不是一帆风顺的。① 川边民众把上学当作支学差也就不足为奇了。此后,民国期间的川边研究者们把赵尔丰时代的教育视为川边教育的黄金时代,同时慨叹在川边办学艰难。②

当时有外国人评论赵尔丰在川边的改革:赵尔丰在藏东严厉地执行各项改革,"凡此种种皆不失为最好之改革",尤其是乌拉改革"此种办法实极贤明"。③ 而在今天康区人对赵尔丰的认识则为:赵尔丰在川边的改革,使"沉睡千年,宛如一潭死水的边境,搅得沸腾万丈,百故鼎新",是川边社会"由静转动,由羁縻放任,进为策划治理的开始"④。

赵尔丰在清季国力衰微的情况下,实施了对川边的有效治理,开创了川边新时代。整个民国时期对川边的治理也几乎是在寻索赵尔丰改革的脚步、步赵尔丰的后尘。

清季在川边的有效治理使在清末民国初年阻止了陈兵边南、藏东一带英人的入侵,而没有出现像在云南的滇缅边界之争(参见第三章第二节)。瞻对的收回使民国时川边能保持稳定(参见第二章第五节)。

更能说明问题的是民国时期外蒙古脱离中国而独立,西南的西藏虽然达赖喇嘛重新执掌政教大权,却并没有脱离。西藏在英国的支持下占据了赵尔丰经边时所设立的金沙江以西的各县,但川边仍然是在中央派出的官员直接管辖下,这都与清末几年赵尔丰在川边改土归流、实施新政改革的措施所起的决定性作用分不开。

---

① 当时《四川官报》上经常登载各地兴办新式学堂遇阻的情况及总督劝勉办学的札谕,如连载《劝办学堂说》;另有1906年7月上旬的《四川官报》转载《南方报》论说《论举办新事业之难》。
② 参见刘绍禹《西康教育史之略述》,《康藏前锋》卷4,第1—2期;王卓《瓦日开学记》,《康导月刊》卷3,第2—3期;涤瑕《木茹开学记》,《康导月刊》卷3、4期。
③ 〔英〕荣赫鹏:《英国侵略西藏史》,孙煦初译,商务印书馆1935年版,第301页。
④ 冯有志编著,周光钧校订:《西康史拾遗》,第46、514页。

第三节　另种可能

清季筹边藏者前后有凤全、赵尔丰、张荫棠、联豫、温宗尧、钟颖六人。凤全未及实施计划即身死，而"温不足道，联太谙弱……继之以钟，更自郐以下"①。被赵尔丰推崇的只有张荫棠。且吴丰培认为张在藏"颇思振作"，"设赵、张联手办事，则藏政必有革新，何至引起辛亥革命之仇杀"②。而张荫棠、赵尔丰确实对边藏的认识不同、所采取的策略不同、所达到的效果也不同，对后世的政治历史借鉴意义也有区别。

光绪三十一年（1905）八月十八日，张荫棠因清政府为挽回《拉萨条约》所失去的权力而被派往印度，接替议约大臣唐绍仪，在中英谈判陷入僵局、中方等待英内阁变动的情况下留印与英"磋磨"，在等待过程中也即光绪三十二年（1906）四月初六日，被赏五品京堂候补，往查藏事。四月十四日，张荫棠又被赏予副都统衔。十月十五日张荫棠到拉萨，二十二日接到驻藏帮办大臣的任命，张坚辞不就，10日后免，由驻藏大臣联豫兼任帮办。张荫棠在藏不到一年，光绪三十三年（1907）六月离藏，往印议通商开埠事宜。七月又被赏为全权议约大臣。光绪三十四年（1908）三月二十一日《西藏通商章程》约成。四月，荫棠离开印度。五月，回到京城。

张荫棠在藏及印度前后有四年，真正在藏只有几个月不到一年的时间（约九个月）。张荫棠在藏印的主要任务是议定通商条约、查看西藏一切应办事宜，因此，实际上张荫棠的主要工作内容是关于外务，这可以从张荫棠在藏印期间所有函件电文的内容比例看出：据吴丰培辑《张荫棠驻藏奏稿》，张荫棠在藏印期间所有函件电文243件，其中关于外务条呈及来函、电共146件（其中光绪三十一年11件，三十二年30件，三十三年74件，三十四年回京前29件，回京后2件）；关于藏务函电、章程等一共61件（其中光绪三十一年1件，三十二年19件，三十三年28件，三十四年回京前7件，回京后6件）；关于达赖、班禅事共34件（其中光绪三十一年14件，三十二年4件，三十三年5件，三

---

① 《赵尔丰电复赵尔巽联、温不和》，《清末川滇边务档案史料》，第537页。
② 《张荫棠驻藏奏牍·跋》，载吴丰培辑《清代藏事奏牍》，第1457页。

十四年回京前 5 件，回京后 6 件）；另有两件：一是光绪三十二年十二月建议优待廓尔喀贡使；一是光绪三十三年二月条陈注意布鲁克巴情形电。

张荫棠在藏务上既没有清中枢加予赵尔丰的崇衔（高至尚书衔），也没有赵尔丰在边、藏事务上的专职任事。张荫棠在藏时先有驻藏帮办大臣有泰，后有联豫（联豫在光绪三十二年七月二十二日抵拉萨）。张荫棠因担心"督抚同城之弊"而辞，不就驻藏帮办大臣任。光绪三十二年十月十五日到拉萨，光绪三十三年六月离拉萨，在藏九个月时间。主要办了两件事：首先是调查弹劾驻藏大臣有泰及藏中官吏积弊，第二是主张在藏实行"新政"以图藏人自强。

张荫棠在印度与英印政府议约以图收回《拉萨条约》中失去的权利，为藏人争回利权。受命进藏查办藏事受到西藏僧俗的热烈欢迎，大出张荫棠意料之外，"达赖代理人暨四噶布伦均亲郊迎，廓尔喀酋长排队来接，藏民万余夹道焚香顶礼欢呼"。这与历任驻藏大臣所汇报及清中央政府早已形成的对藏印象：藏众"素称愚梗，自二十年亚东开埠，三大寺禁民贸易，弗遵开导"情景大不一样。张表示藏中"今如此恭逊，良非始念所及"①。建立在这种认识基础上，张荫棠在藏倡行"新政"的手段就与赵尔丰截然不同。

现在看来，在某种意义上张荫棠有更宽阔的政治眼光，较充分地认识到国际局势，认识到加强藏人地方政权的团结、稳固对巩固清廷边防的重要意义，有民族自强、自治的朦胧意识，与赵尔丰的霸权思想截然不同。张荫棠主张的藏政策略，立足点更多地倾向于西藏自身，谋求的是西藏自强稳固以稳定中央王朝的江山。张荫棠对清王朝的腐朽有较清醒的认识。②而赵尔丰则不同，他的立足点则在中央，以图清中央对西藏的再次征服，是清王朝的忠实拥护者。从另一方面来说也即相对西藏来说，张荫棠是立足于西藏本身图维边疆大计的实践者与筹划者，赵尔丰更主要的是立足于中央王朝，远离藏人的边缘筹藏者，与西藏是隔膜的。赵尔丰是软弱的清王朝最后的"兵威"，是清王朝政治潜意识中王权强权意识的延续。

张荫棠从光绪二十二年随吴廷芳赴美任三等参赞，二十三年改充旧金山总领事，不久，调任西班牙代办，熟于外交，对国际局势有较清醒

---

① 张荫棠报告到拉萨日期及藏民欢迎情形致外务部电，《关系史料汇编》，第 1512 页。
② 《张荫棠驻藏奏牍·跋》，载吴丰培辑《清代藏事奏牍》，第 1458 页。

的认识，并受从 19 世纪就开始兴起的民族主义思潮的影响，在处理藏务上注重藏民族自身的利益与特点，张荫棠可以说是清王朝第一个倾听藏人声音（以后的温宗尧也有所注意）的驻藏要员。因此他进藏伊始就查办了清廷在藏统治的积弊，弹劾了驻藏大臣有泰、历陈藏中官吏积弊，并指出"今藏中吏治之污，弊孔百出，无怪为群众轻视，而敌国生心"。"藏人虽疲顽，现无顽梗抗命之势，非国初第巴桑结时可比。"①基于从藏民本身的利益出发，为藏人自身的图新自强考虑，唤醒和引导藏人自强革新。把引导藏人的自强当作完成清在藏统治、安边固疆之计。因此他在"汉番隔膜""民信未孚"的情况下"先发问题二十四条，交商上、三大寺会议，以觇众志"。在"商上始则面诺心违，总以大公所会议未定延宕"百端推诿的情况下，建议革噶布伦鼓错汪垫、密琫汤买，使之畏惧，又亲赴大公所议场沥陈藏中图谋革新自强的必要性及紧迫性，"力陈物竞天演之公理，怵以印、哲覆辙"，使"藏众感泣"②。然后提出在藏举办"新政"，创设农、工、商、路矿、财政、学务、智练、盐茶、交涉、巡警九局。

张荫棠以服藏人心始而后图藏之自强，体察情形也从藏人的角度出发，最终以求清中央对藏加强统治的目的。"遇事力持收回政权，藏番日久知其心实为唐古特百姓办事，并无自私自利之见，故无怨言，亦无抗阻之事"。③ 张所提出的新政九局事"藏官复议月余，民间争相传抄"，且最后藏中"决计遵办"④。达赖喇嘛（时在青海西宁塔尔寺）也致函张荫棠称他在藏"九局章程均属妥善"，并表示"已饬商上赶紧实力筹办"⑤。为图藏人自强，张荫棠把练兵及兴学作为藏中"欲求救亡之法"的最关紧要之事，提出在藏督练四万洋操队，（这以后成为藏番阻赵及川军入藏四处调兵的借口）在离藏时捐资助学。⑥ 不同意派川军入藏。

赵尔丰是以酷吏出身，在经理边事之前就有"赵屠夫"之称，主张"兵威"、强权、树立"天朝的威严"。他在边藏力主练兵的主要目的就

---

① 《张荫棠参劾有泰等请代奏致外务部电》，《关系史料汇编》，第 1515—1516 页。
② 《张荫棠详述办理藏务情形及参劾曲吉等原委致外务部丞函》，《关系史料汇编》，第 1539—1542 页。
③ 同上。
④ 同上。
⑤ 自《张荫棠复达赖喇嘛函》，《关系史料汇编》，第 1567 页。
⑥ 《张荫棠驻藏奏稿·跋》，载吴丰培辑《清代藏事奏牍》，第 1457 页。

是震慑（详见第三章第七节）。在赵尔丰眼里藏人抗顽不可纵，认为对西藏"非威不服"①，"势必威以兵力，犁庭扫穴，然后抚之以恩，归心向化"。"治藏亦然，藏之横肆，胜于各部，而其混沌，无异野番。……图维若何，惟乘此一战。"并声称"我力不足以制外人，制藏则余"②。赵尔丰曾三次明确提出武力压服西藏。③ 赵尔丰的这些强硬主张被藏中认为是"威福自专，有意祸藏"，"独专弄权，欲置藏人于水火"。④ 赵尔丰入藏受阻与张荫棠入藏备受欢迎相比形成极大的反差。

张荫棠主张做好藏中的团结工作，共同对外。他比赵尔丰更了解加强对藏的有效控制必须立足于依赖藏人本身尤其是必须依赖达、班禅在藏的特殊地位。因此，一方面，他多次努力促使达赖、班禅和解，在藏中时请求中枢应允达赖、班禅同时陛见，以消除畛域。在这个请求未能实现的情况下，又在离开西藏前专门致函班禅，为协调达赖、班禅矛盾做最后的努力。另一方面，他看出西藏地方政权的不团结，在离开西藏前往印度议约时专门发给全藏僧俗札谕指出"和约万不足恃"，西藏形势危急，一室之中不可自分畛域，互相猜忌，互相倾陷，而致堕敌人狡计之中，希望"西藏官员人等，按照所订九局章程，《藏俗改良》各书，一一切实办理，以立基础而图精进"。⑤

而赵尔丰则不然，他主张把藏政全盘收归于清中央，由中央派人直接管辖，因此提出革达赖，不拘形式另立一达赖，"然此后应维其教而杀其礼，执其政而抚其民"。⑥ 完全没考虑达赖在西藏的特殊地位，更没有把西藏看成一个由活生生的各阶层、各种不同个性的人们组成的有

---

① 《赵尔巽致电军机处接联电达赖向英乞助内政须放手整顿》，《清末川滇边务档案史料》，第599页。
② 《赵尔丰电复军机处略陈筹藏方略》，《清末川滇边务档案史料》，第226—227页。
③ 第一次是光绪三十四年八月他受命为驻藏大臣并准备进藏而受到藏中的阻止、反对时；第二次是宣统元年十一月清廷派川军入藏、藏人调兵阻止时；第三次是宣统二年三月，赵尔丰入藏不成留边筹收藏地时。详见《赵尔丰电复军机处略陈筹藏方略》，《清末川滇边务档案史料》，第226—227页；《赵尔巽、赵尔丰电复军机处、外务部藏中阴谋反叛即此声罪等讨以保藏疆》，《清末川滇边务档案史料》，第487—489页；《边藏情形时殊势异亟宜将紧要地方收回折》，《清末川滇边务档案史料》，第592—594页。
④ 吴丰培编：《赵尔丰川边奏牍》附《藏员请撤赵尔丰进藏折》，四川民族出版社1984年版，第449页。
⑤ 吴丰培：《张荫棠奏牍》卷3，《清季筹藏奏牍》第1辑，第43、44—45页。
⑥ 《赵尔丰陈报川军进藏情形并请另立达赖喇嘛改革藏政致军机处咨府电》，《清宣统朝外交史料》第13卷，第36—38页。

机整体，而简单地只看作不听中央"威令"的"顽梗"的"藏中"。

张荫棠在藏"为政日浅，积习难除，故未克有成效"。[①] 张荫棠在离开西藏与印英议通商章程时，奏陈西藏内外情形并提出应办善后事宜十六条。

这十六条为：（1）拟设西藏行部大臣以崇体制而重事权；（2）宜收回政权；（3）宜广设汉文蒙小学堂；（4）练汉兵以资镇慑；（5）番兵应由汉官充教习统带；（6）宜速设电线；（7）宜设卫生局；（8）宜振兴矿务；（9）宜讲求工艺；（10）宜自种菜；（11）优给官俸；（12）制购枪炮；（13）分设官银号；（14）噶尔古达宜设总领事；（15）宜联络廓尔喀；（16）宜统筹开办及常年经费。

这十六条是张荫棠在光绪三十三年十二月初十日提出的，此后不久也即光绪三十四年四月，张荫棠因约成即离开印度北上回京。[②] 张荫棠这封奏折成了一份有关清末藏事的调查报告，清廷据以采纳部分建议（如任命赵尔丰为驻藏大臣、派川军入藏等）。联豫也在此基础上扩大在藏新政内容。因此也可以说"张荫棠制订了系列发展计划，在强迫官员更加努力工作以提高工作效率之后才离开的"。[③] 然而联豫在藏始终没有提出一套系统的开发方案，他采取一边办理新政一边随时向清政府汇报的方式，并无长远的全盘规划，也没有按张荫棠的计划实施。因此，张荫棠在藏的诸种设想未能真正得到实践。

张荫棠在光绪三十四年三月西藏通商约成，即将开埠的关键时候离开了西藏，回到京城，此后也少有论及藏事，他在西藏查办事件力主新政也就成了历史。他因此感叹"天下事知之匪艰，行之维艰，虽有良法，能言而不能行，于行之不得其人，犹无法也"[④]。在事过二十年后的 30 年代，张荫棠"慨谈藏事，犹存遗憾"[⑤]。

张荫棠的回京左迁之时，正是赵尔丰全面筹划部署经营川边与西藏的开始。赵尔丰极力入藏是想把张荫棠的筹藏事业铺展开来，并加大实施力度，然而他却没有从西藏人那里得到好感与支持，就像张荫棠已得

---

① 《张荫棠驻藏奏牍·跋》，载吴丰培辑《清代藏事奏牍》第 3 辑，第 1457 页。
② 详见中国第一史馆藏军机处录副奏折，《张荫棠奏陈西藏内外情形并善后事宜折》，转引自《关系史料汇编》，第 1554—1564 页；吴丰培辑《清代藏事奏牍》，第 1395—1402 页。
③ 〔英〕查尔斯·贝尔：《西藏之过去与现在》，宫廷璋译，商务印书馆 1930 年版。
④ 《张荫棠驻藏奏牍·自序》，载吴丰培辑《清代藏事奏牍》，第 1487 页。
⑤ 《张荫棠驻藏奏牍·跋》，载吴丰培辑《清代藏事奏牍》，第 1457—1458 页。

到的那样。计划强力推进的赵尔丰，最终被搁浅在西藏的大门之外，只有在川边全力推行改革，实施他的"雄才大略"经边六事（详见第二章与第三章）。

张荫棠以藏事查办大臣身份及全权议约大臣的身份筹划藏事，其在藏时间只有9个月，未能进一步深入地具体实施在藏的新政。他的很多计划是通过外务部、军机处转达至川、边、藏来具体实践的。

从个人具体情况来看，张荫棠熟于外务交涉，对国际局势有较清醒的认识，采取迂回的力争权利的策略，"争回的利权甚多"①。虽然最后议定的藏印通商章程被赵尔丰逐条分析认为有失主权。② 实际上，在当时中国外交不利的情况下，张荫棠已是"不遗余力"对"挽回利权得尺得寸"、"处处委曲维持"。③ 关于张荫棠在议定印藏通商章程时所做的努力及采取措施的效果，可以从时任《泰晤士报》国际版主编姬乐尔 1908 年 1 月 21 日从伦敦致《泰晤士报》驻北京记者莫理循的信函中看到，姬乐尔提到清政府在坚持西藏方面利益的外交谈判时说："谁能料到藏印条约几乎连这个条约文本的前言部分也没能达成协议，而中方委员的刁难使目前无法取得进一步进展。"④

赵尔丰对外交的陈见被外务部、度支部、农工商部、邮传部、理藩部会商后认为是"陈义虽高，而于事局不无隔膜"⑤。事实上，这并非清中枢对赵尔丰的中伤或贬低，赵尔丰对外交谈判的艰辛的确估计不足，他在川边处理事务的成功使他几乎忘却外面世界的日新月异及复杂艰难程度，他后来在蓉城的被杀似乎更证明了他对大政治的盲视。

张荫棠"关心藏事，见于行动，至今犹为藏人所称道"⑥。而赵尔丰除了后世较为客观的正直公道严厉的评价外，却难以脱掉人送他的"赵屠户"的称呼。两相对比，应该对后来治川治藏者有所启示。

尽管张、赵二人眼光不同，谋略不同，但二者的举措与匠心又都无一例外的是晚清政府西南边防政策的一部分。清政府通过张、赵等人在

---

① 《张荫棠奏牍·跋》，载吴丰培辑《清代藏事奏牍》，第 1457 页。
② 《密陈西藏通商章程有失主权请饬议改并恳筹拨的款折》，《清末川滇边务档案史料》，第 195—199 页。
③ 《外务部等议复赵尔丰奏陈西藏通商章程有失主权并请筹拨的款折》，《清末川滇边务档案史料》，第 221—226 页。
④ 《清末民初政情内幕》，第 530—532 页。
⑤ 《外务部等议复赵尔丰奏陈西藏通商章程有失主权并请筹拨的款折》，《清末川滇边务档案史料》，第 221—226 页。
⑥ 《张荫棠驻藏奏牍·跋》，载吴丰培辑《清代藏事奏牍》，第 1457—1458 页。

藏边的施政，增强了晚清控制西藏的有效性。"张和联豫抨击贪污腐化和'寺院的懒惰'，建立一支 4000 人的藏军，使拉萨政府世俗化，开办学校，改善农耕，创建军事学堂，虽然这些改革没有一项能坚持长久，但在赢得人们拥护爱戴方面获得一定的成效"；"开办现代学校的中国官员们整理藏政，大大地减少了西藏官员们从贫苦阶层勒索来的贿赂，并且……作出比西藏官员更为正直的审判，无疑奠定了驻藏大臣所称西藏贫苦阶层赞成中国的某些基础"。[①] 他们都是一个目的，即加强清中央对地方的控制，他们在边、藏主张并实施的开办学堂，张荫棠在藏颁布的《训俗浅言》《藏俗改良》，赵尔丰在边颁发的《关外官话课本》及辟俗歌、兴学歌、三字经等都是清中央王朝在边、藏实施汉化、以儒化佛的开始。

[①] 参见〔英〕查尔斯·贝尔《西藏之过去与现在》，宫廷璋译，商务印书馆 1930 年版本。另可参见 S. A. M. Adsheacl, *Province and Politics in Late Imperial China Viceregal Government in Siech wan*, 1898—1911, SIAS 50。认为赵氏兄弟在晚清帝国被普遍认为衰弱时却展示了帝国强大、现代化及民族独立性。ERIC Telchman, C. L. E., B. A., *Travels of a Consular Officer in Eastern Tibet*. Cambridge at the University press. 1922，认为清中央政府在 1907—1910 年重新确立了在西藏的权力。

第五章　清末边藏经营的经验教训与启示

第一节　内外交困、积重难返

一　国力衰微，威令不行

"在坚持自己对西藏的权利方面我为中国的方法感到痛惜，毋宁说她没有一套办法，她没有任何超越1792—1793年敕令中赋予她的明确的权利之处，而这一敕令是该国十分重要的基本法。"① 时任美国驻俄大使柔克义的这段话可谓一针见血地指出清王朝末期在对待民族问题上的困境。

在清朝前期，统治者以边地民族入主中原而建立起全国性的封建政权，极其重视对汉族和其他边疆少数民族的统治问题，并形成了一整套行之有效的民族统治政策。清前期的民族政策是历代民族统治的集大成，也是历代民族政策中最卓有成效的。对于西藏，清统治者利用西藏与蒙古宗教信仰相同——共同信奉喇嘛教，而同时满蒙的姻亲关系加以拉拢与统治，支持喇嘛教派中的黄教，封以崇号。雍正年间，设驻藏大臣处理西藏的内政与外交，进一步加强对西藏的直接统治。至同治年间，西藏仍然是"司藏事者名商上，以呼图克图为之，凡事禀商与驻藏钦使，所谓达赖喇嘛者，尊而无权，诵经而已"。②

时至晚清，清廷已备受内政外交之困，对于边疆诸藩及民族地区，

---

① 1910年9月8日，美国驻俄国大使威·伍·柔克义致乔·厄·莫理循的信函，引自《清末民初政情内幕（1895—1912）》，第658页。

② 鹿传霖：《筹瞻奏疏·序》，载沈云龙主编《近代中国史料丛刊》第28辑，文海出版社。

已不能像康乾盛世那样为巩固西藏,南征廓尔喀西征准噶尔,一显中朝神威,而是摇摇欲坠,面对外来强敌,柔弱而自尊的清廷往往由奋起相搏而转至退守揖让,唯恐稍有差错而丢掉更多。迫于边防需要,晚清政府曾努力保护过周围的藩篱国,但在几次的保藩战争中,皆因清政府本身的统治危机而造成了"和战的举措失当""谋不定,任不专"①,使清廷在对待藩篱国问题上显得"反复无常",似乎"和藩属国耍花招,结果丢掉了所有的藩属国"。②对西南边防也是如此,丁宝桢早在光绪三年(1877)就提出外结好布鲁克巴(不丹)、廓尔喀等附国、以固西南藩篱而保门户的主张。(详见第一章第一节)。随后的鹿传霖、张荫棠、赵尔丰等人都有类似的主张。但西南边防的藩篱国却相继失去,致使西南的门户顿开。

而与此同时,清廷的对内民族政策却仍停留在清朝盛世时期,依然希冀、依托鼎盛时树立的"恩威"维持在边藏的统治。在川边等土司统治区,清王朝则一直采取羁縻政策,以彼此相安为最高目标,不轻启兵衅。对于随着形势发展而出现的"蛮触相争"不予重视,也未能及时地调整在这些地区的治理政策,错失了多次更张的良机(详见第二章第二节、第三节)。英军入侵拉萨,只让清廷注意到西藏边防的重要性和中国来自西南边境的威胁,慌忙考虑采取措施,以加强西藏的防卫。这时政策的主体是如何增强清政府中央在西藏地方的控制力,而对川藏交界的川边则缺乏必要的重视和全面、准确的估计与认识,甚至等闲视之,唯藏务为重。凤全提出留巴塘垦殖练兵的请求被拒绝,仍被坚持要求前赴察木多驻扎练兵以策应西藏。完全没有料到居于川藏之间的川边土司之地存在着不稳定因素,甚至会"嚣张骄顽"到无法控制的地步。直到巴塘事变,驻藏帮办大臣被杀害,清廷才开始反省以往在川边所施政策的教训,③清政府在川边、藏等地求安求稳的心理才被击碎,决定改变对川边的政策,但限于国力及内外环境又不能一贯实施,因此出现对川边的政策"内中毫不主持,总欲出以模棱"④的情况(详见第二章)。

---

① 《北洋大臣李鸿章奏自强要图宜先练水师再图东征折》,《清季外交史料》卷29,第2页。
② 1910年9月8日,美国驻俄国大使威·伍·柔克义致乔·厄·莫理循的信函,引自《清末民初政情内幕(1895—1912)》,第658页。
③ 中国科学院历史研究所第三所主编:《锡良遗稿·奏稿》,中华书局1959年版,第584—586页。
④ 参见《赵尔丰电复赵尔巽商量川军进藏事宜》,《清末川滇边务档案史料》,第333页。

清廷深知其威望日渐，在边疆治理与羁縻中日益失去震慑作用，但又不得不时时援用所谓的威望来妄图达到震慑劝谕目的。这些做法既是为了顾全颜面也是无计可施的表现。明知"理谕则……徒损威重而已"①，但还只有采取这种措施，因为兵力、国力都不可能也不允许清廷再称兵尚强，只有仍然把"自来绥边之良策"即"齐其政不易其宜，明其教不变其俗"作为"今日治藏之要图"②。

二 "中国无外交专门之学"③

晚清谋藏政者对国际政治形势估计不充分，丧失了进一步整理藏政的时机，也使边藏的经营未能发挥到极致。正如张荫棠所说："中国无外交专门之学，未可尽诿于国力孱弱也。"④ 在清政府内部一直担心英、俄对藏事的干涉。自从清廷海疆丢失之后，开始逐步对国际政治有所认识："闭关绝约，势所难行。"⑤ 闭关是不行了，指望和约可以保暂时的相安。对1888年隆土山设卡问题的处理就是基于这种认识：若与之"划界定约"，英俄也许会"碍于公法"使藏地"尚可以暂时相安"⑥。这一认识被英国1904年的再次入侵所打破，从此后，开始懂得"外洋和约万不足恃"⑦。对国际交往更加谨慎，对备受英俄关注的西藏的行动也倍加小心，唯恐"操纵偶一失宜""邻国起啧言"，致生外衅。因为"事涉边疆"可能会导致清政府在藏政策的前功尽弃，而真正地失去西藏。因此对藏施政十分谨慎。

清廷在西南边防的诸种施政都是为了保住西藏的不致丧失。因此，对任何可能会引起西藏不稳或遭邻国"啧言"的建议、措施都不欲施行。当赵尔巽在川军进藏、达赖外逃后提出收回瞻对、乘机整顿藏政时，清廷认为"事涉边疆"且英国正在四处"借题要挟"⑧，"难保不伺

---

① 参见《锡良遵旨议复收瞻折》，《清末川滇边务档案史料》，第46页。
② 《宣统政纪》卷32，转引自《关系史料汇编》，第1615—1616页。
③ 《张荫棠驻藏奏牍·自序》，载吴丰培辑《清代藏事奏牍》，第1287页。
④ 同上。
⑤ 《清德宗实录》卷448，光绪二十五年七月庚戌条。
⑥ 光绪二十二年二月，鹿传霖密陈西藏情形可虑疏，载吴丰培辑《清代藏事奏牍》，第974页。
⑦ 张荫棠、温宗尧都有此认识。详见《关系史料汇编》，第1549—1550、1620—1623页。
⑧ 指英在开平矿务、澳门葡界铜官收回、税司更替各案，与接待涛邸毫不相涉，却借题要挟。《清末川滇边务档案史料》，第618—619页。

隙而动，倘生外衅，恐弃前功，欲事挽回，更难为力"① 的情势下，因而驳回了赵尔巽的奏请。

宣统二年（1910）二月，因传闻达赖喇嘛抵达印度，"去川兵向英助"，赵尔巽和盛宣怀分别从四川和上海奏请放手整理藏政："藏事须办到底，放手即逝"，"以免勾结既成，难于应付"。② 即使在这种情况下，清廷依然没有决心对藏进行彻底的改革，回复赵尔巽等："无论今昔情形不同，即抚绥藏番，亦不宜过事操切……近英人因他案未结，频有责言，尤恐其观衅而动。藏地关系紧要，正宜示以镇静，勿遽更张，俾全藏悉保治安，庶外交可无瑕隙，一俟藏事大定，再行相机酬办。总之，目下重在整顿而不重在改革。"并让赵尔巽等要"慎筹之"，再次强调："齐其政不易其宜，明其教不变其俗，此自来绥边之良策，即今日治藏之要图。"③

清政府对待西藏的慎重态度被英人认为是清在藏"手段延宕，权力微弱"，也成为英政府派兵进入西藏的理由。④ 实际上英、俄由于利益的协调关系暂时都不太可能出兵干涉。⑤ 不过对这种国际情势，当时只有少部分人有清醒的认识。宣统二年六月已被革职的温宗尧翻译了英国关于西藏的蓝皮书，并送交外务部作为对藏决策的参考。这说明了当时中枢机构中能看到英国西藏蓝皮书的大吏不多。懂外务的温宗尧分析英国关于西藏的蓝皮书，驳斥了当时国内流行的看法："论者所谓我当防闲英、俄者，乃不必之事；其谓英、俄皆当干涉我者，则相反之事也。"指出"英、俄即不必防闲，且不致干涉"；建议清政府"与其分精力以防闲英、俄，不如并精力以治西藏"，及时应势而调整对藏事态度及在藏政策，致力于对藏地进行治理，所谓的"乃以英、俄之当防闲而避其

---

① 《军机处、外务部函复赵尔巽俟藏局大定再行筹办收瞻》，《清末川滇边务档案史料》，第618—619页。
② 《赵尔巽致电军机处接联电达赖向英乞助内政须放手整顿》《关系史料汇编》，第1614—1615页；《宣统政纪》卷32。
③ 《谕军机大臣藏政目下重在整顿而不重在改革著赵尔巽等慎筹》，详见《关系史料汇编》，第1615—1616页。
④ 《西藏蓝皮书》，1903年2月11日、2月18日及4月8日英外部大臣三次致驻俄使文件，转引自《清宣统朝外交史料》卷15，第29—32页。详见《关系史料汇编》，第1620—1623页。
⑤ 《清宣统朝外交史料》卷15，第29—32页。详见《温宗尧为陈治藏当务之急请代奏事致赵尔巽咨》，《关系史料汇编》，第1620—1623页。

干涉"之语，不过是对国际形势估计不充分的表现。①

温宗尧根据西藏蓝皮书分析出国际环境中的西藏形势：自 1907 年英俄签订关于西藏问题协约以后，即协调了彼此在亚洲的利益，暂时放松了对西藏的进一步深入的步伐。② 同时，从 1907 年开始西方列强包括英国的注意力转向了在中国修路、贷款等问题，对于通商要求则并不如以前强烈。③ 此后的几年，英国则把"全部力量必须积蓄起来对付即将到来的欧洲斗争"④。英国在 1906 年新组成的内阁也否定了荣赫鹏进藏对英国的意义，普遍把 1904 年的荣赫鹏率兵进藏当作不明智之举，认为"是少数官僚之阴谋诡计"的结果,⑤ Peter Fleming 在 20 世纪 60 年代研究荣赫鹏 1904 年的入侵拉萨情况，得出的结论"英国对西藏的入侵是军方的一次优秀表演……它的后果毫无效益"⑥。这些都充分说明当时英国对清政府在藏的施政不太可能也没有给予过多的干涉。按当时清王朝在国际局势中的地位（"全世界……官方世界日益相信中国再次成了一个无足轻重的国家"⑦)，英国是完全有能力干涉清政府在藏的行动的。

英国政府并没有打算积极地干涉清中央政府在西藏的施政，"放弃了最后收获"（指进兵拉萨获取的英人经过 137 年努力一直想在西藏得到的东西）⑧。清王朝相应地比以前更加强了对西藏的有效控制，而在英国，1904 年参与策划的英印总督寇松和具体实施者荣赫鹏声誉顿减，荣赫鹏为了辩白 1904 年进兵拉萨并非个人行为，且为了劝说政府加强对中国西藏的控制，曾到处游说争取让更多的人支持他的观点，收回他

---

① 《清宣统朝外交史料》卷 15，第 29—32 页。详见《温宗尧为陈治藏当务之急请代奏事致赵尔巽咨》，《关系史料汇编》，第 1620—1623 页。

② 由 1907 年 9 月 2 日《泰晤士报》国际版主编瓦·姬乐尔从伦敦致莫里循密函里可以看出英政府的计划，载《清末民初政情内幕（1895—1912）》，第 520—522 页。

③ 由 1908 年 4 月 14 日《泰晤士报》驻北京记者莫里循从北京致瓦·姬乐尔的信函可以反映出当时列强在中国的竞争目标，载《清末民初政情内幕》，第 537—544 页。

④ 由 1909 年 8 月 19 日时任盛京海关税务司塞·阿·弗·包罗从盛京致《泰晤士报》驻北京记者莫里循的私函，载《清末民初政情内幕（1895—1912）》，第 617—618 页。

⑤ 〔英〕荣赫鹏：《英国侵略西藏史》，孙煦初译，商务印书馆 1935 年版，第 346 页。

⑥ Peter Fleming Bayonets to Lhasa, *The First Full Account of the British invasion of Tibet in* 1904, London：1961.

⑦ 1910 年 9 月 8 日，美国驻俄大使威·伍·柔克义致乔·厄·莫理循书信，引自《清末民初政情内幕》，第 658 页。

⑧ 〔英〕荣赫鹏：《英国侵略西藏史》之卷头语，孙煦初译，商务印书馆 1935 年版，第 1 页。

进兵西藏后所获得的并正在逐步失去的利益，且在 1910 年 8 月 3 日和 4 日的《泰晤士报》上发表连载文章，建议英国政府调整对藏政策，叹息"彼远征拉萨之效果，逐渐失败"①。1910 年 9 月还专门编写出版了 *India And Tibet*（中文译本名为《英国侵略西藏史》）一书，回顾英国谋求进入西藏的历程及全面驳斥英国当时对他入侵拉萨的看法。英国对藏政策及英国国内情况时常在中国的报刊及其他渠道也有所反映（如《蜀报纪事》有外国纪事专栏，并曾转载过荣赫鹏之论说），但似乎并没有能够成为清政府制定对藏政策的依据。无怪乎张荫棠感叹"中国无外交专门之学，未可尽诿于国力孱弱也"②。

三　内外交困、积重难返

赵尔丰经边前后达七年之久（从光绪三十一年六月算起到宣统三年六月止），轰轰烈烈，"威名远震"③，平巴塘、打乡城、攻三岩，解决德格争袭、收瞻对、入桑昂、察隅；设委员，办学堂，开矿藏，通商道。从川边的所有措施中仔细分析赵尔丰在川边的经营过程，对其人亡政息也就不感到奇怪与震惊了。真正取得绩效的范围有限，改流及措施较为彻底之地只有巴、里两塘及乡城、盐井等地，也就是说，仅限在光绪三十一年（1905）兵威之下所收复的各地。赵尔丰再次出关（光绪三十四年八月），首先平德格争袭案，于宣统元年十月在康北路德格属地派设委员，推广学堂；在宣统元年（1909）十月进驻察木多乘机将察木多改土归流派驻委员，然察台地贫瘠不能垦，运饷粮困难，赵驻察半年之后，移驻乍丫，后至巴塘。桑昂、察隅等地也是赵尔丰在宣统元年年底才派程凤翔等进驻，瞻对是宣统三年五月才收回的，明正土司是赵尔丰返川途中也就是在宣统三年六月才强收印信号纸。因此从时间来看，察木多、德格、桑昂、察隅、瞻对、明正土司地都还没有充分的时间来进行经理、过渡和巩固（详见表 5－1，各地改土归流设治时间）。直到宣统三年（1911 年）的二月，清中枢才同意在川边正式设治，但是也并没有为川边设治付出任何实际行动（比如派官、拨经费等）。

---

① 转引自《蜀报纪事·外国纪事》第 4 期，1910 年 8 月。
② 《张荫棠驻藏奏牍·自序》，载吴丰培辑《清代藏事奏牍》，第 1287 页。
③ 吴丰培辑：《赵尔丰川边奏牍》，四川民族出版社 1984 年版，第 440—443 页。

表 5-1　　　　　　　　清末川边土司改土归流设治时间

府厅州县名目	原属	改流年份	设治年份	民国时县名
巴安府	巴塘土司地方	光绪三十一年（1905）	光绪三十二年（1906）奏设巴安县 三十四年秋改巴安府（1908）	巴安
盐井县	巴塘土司地方	光绪三十一年（1905）	光绪三十四年奏设盐井县（1908）	盐井
三坝厅	巴塘土司里塘土司交界地方	光绪三十二年（1906）	光绪三十四年秋奏设三坝厅通判（1908）	义敦
里化厅	里塘土司地方	光绪三十二年（1906）	光绪三十二年奏设里化县（1906） 三十四年秋改里化厅设同知（1908）	理化
定乡县	里塘土司地方本名乡城	光绪三十一年（1905）	光绪三十四年秋奏设为定乡县（1908）	定乡
稻城县	里塘土地方本名稻霸	光绪三十二年（1906）	光绪三十四年秋奏设稻成县（1908）	稻成
贡噶岭县丞	里塘土司地方	光绪三十一年（1905）	光绪三十四年秋奏设贡噶岭县丞（1908）	稻成
河口县	里塘土司明正土司交界地方	光绪三十二年（1906）	光绪三十四年秋奏设河口县（1908）	雅江
康定府	明正土司地方原设打箭炉同知		光绪三十四年秋奏设康定府（1908）	康定
康安道			光绪三十年秋奏设，驻巴塘（1904）	
登科府	德格土司地方	宣统元年（1909）	宣统元年秋奏设登科府（1909）	邓柯
德化州	德格土司地方	宣统元年（1909）	宣统元年秋奏设德化州（1909）	德格
石渠县	德格土司地方	宣统元年（1909）	宣统元年秋奏设石渠县（1909）	石渠
同普县	德格土司地方	宣统元年（1909）	宣统元年秋奏设同普县（1909）	同普

第五章　清末边藏经营的经验教训与启示　　203

续表

府厅州县名目	原属	改流年份	设治年份	民国时县名
白玉州	德格土司地方	宣统元年（1909）	宣统元年秋奏设白玉州（1909）	白玉
边北道			宣统元年秋奏设，驻登科（1909）	
乍丫县	乍丫呼图克图地	宣统三年（1911）	宣统三年春奏设乍丫理事官，秋奏改乍丫县（1911）	察雅
昌都县	察木多呼图克图地方	宣统三年（1911）	宣统三年春奏设理事官，秋改设昌都县（1911）	昌都
得荣县	巴塘土司地方与云南接壤		宣统三年春设委员（1911）	德荣
江卡	康地清时赏与西藏地方	宣统元年收回（1909）	宣统三年春设委员（1911）	宁静
贡觉	康地清时赏与西藏地方	宣统元年收回（1909）	宣统三年春设委员（1911）	贡觉
桑昂	康地清时赏与西藏地方	宣统元年收回（1909）	宣统三年春设委员（1911）	科麦
杂瑜	康地清时赏与西藏地方	宣统元年收回（1909）	宣统三年春设委员（1911）	察隅
三岩	野番地方	宣统二年冬投诚（1910）	宣统三年春设委员（1911）	武城
甘孜	麻书孔撒两土司地方	宣统三年（1911）	宣统三年春设委员（1911）	甘孜
章谷	章谷土司地方		光绪三十年奏设炉霍屯（1904）	炉霍
道坞	麻书孔撒两土司地方		宣统三年奏设委员（1911）	道孚
瞻对	瞻对土司地方清时赏与西藏地方	宣统二年夏收回（1910）	宣统二年夏奏设委员（1910）	怀柔
泸定桥	俄里沈边冷边三土司地方	宣统三年（1911）	宣统三年奏设委员（1911）	泸定

续表

府厅州县名目	原属	改流年份	设治年份	民国时县名
硕般多	康地清时赏与西藏地方	宣统二年夏收回（1910）		硕督

资料来源：参见王勤堉《西藏问题》，上海商务印书馆 1933 年版；另根据《清末川滇边务档案史料》资料校正汇编。

赵尔丰在川边办学堂、启民智也只是在小范围内取得成效，主要是巴塘一带，至于德格、甘孜、察木多、三岩等地仅仅开始规划而已，桑昂、察隅等地更只是处于设想阶段。① 而对其他的新收地，赵及后继者更没有足够的时间去开办。军队的编练也仅是处于计划筹维阶段（详见第三章第七节）。至于开矿、垦屯自筹利益、经济开发等项也无不如是，处于刚开始阶段（详见第三章第一节）。

晚清政府内外交困，财政极度困难，不可能从容筹拨大量的经费用于边防的建设上。而政府所拨的川边开办经费不足，同时川边的屯垦、开矿等经济开发措施也是在晚清新政时才开始起步，根本不可能达到川边的自给自足，虽然清中枢及赵尔丰反复强调"地足以养民，民足以养官"，但最终的实际情况是川边经济并没有独立。

川边的经济完全依靠川省，川省乱则源断。清中央对川边的前期经费投入不足，赵尔丰奏报请拨开办经费 200 万，常年经费 300 万，实际到位的只有从海关税收中腾挪的开办经费 100 万，几乎所有的边、藏军饷、转输、行政开支等靠四川的接济，不仅如此，川省还要协济云南。光绪三十四年（1908），任命赵尔丰为驻藏大臣时，又让度支部从四川解洋款银中挪出 50 万两拨给西藏，四川成了肩挑西南的主要经济支柱，这无疑加重了川省人民的负担，成为保路运动在四川最为

---

① 宣统二年五月三十日，赵尔丰札关外学务局赶紧开办西、北两路学堂。《清末川滇边务档案史料》，第 675 页。学务局总办吴嘉谟在宣统二年七月初八日回复"所有官话教习俱经搜罗一空，而各学员规定之 48 校尚苦无师，只合俟张委员此次进省招选师范出关，再四酌量遣派。本届下学期拟……专注西路……惟职局学员三名，除委员兼办印刷不能暂离，委员仍派乡、稻一路改良校务外，江卡一区拟即派职员前往，乍、察两区实已无员可派。现拟委派初等学堂教习刘钦萱前往，兼训练师范，均于七月初八日携带校具，书籍一律首途，期于秋间陆续成立"。《清末川滇边务档案史料》，第 711—712 页。

激烈的原因之一。

赵尔丰把川边经营当成一项系统工程,从长远打算,在川边的实际经营过程中,他一方面十分注意节省资金(在对各地兴办新的事业批示时反复强调节省经费,做好经费预算,最好能自负盈亏);另一方面,屡次奏请中枢追拨边务款项,曾提出请度支部增加边务经费100万两,经营西藏费用200万两,练军一镇费预算350万两。宣统三年(1911)接替赵尔丰的傅嵩炑又提出请拨修电线款20万两,而这些都只能是赵尔丰及其后继者傅嵩炑关于川边规划的奢望而已,清中央这时已"国库支绌"财政危机严重,其财政危机严重的程度曾引起外国人的慨叹,并建议清政府不应该只自信地强调收回主权,而应专心致力于金融问题、财政、货币改革等。① 清廷已没有财力支撑各地的新政,在宣统二年(1910)七月就谕令各省就地筹款举行新政。② 因此,赵尔丰除了100万的开办经费外,从光绪三十二年(1905)直到清灭亡(1911),从清政府中央那里没有再多得到一分钱。

虽然赵尔丰极力"自筹利益",不愿"岁岁仰给他省"③。但赵在川边的垦屯、开矿、设制革厂等实业也不是能立时见到经济效益的,各地税收的情况虽然有赵尔丰的屡次陈述"地足以养民、民足以养官",但这也只能看作他在为建省设治做舆论准备,实际上边务经费主要靠川省挹注。④ 赵尔丰几年的苦心经营始终也未能使川边实现经济独立。这种情况可以从宣统二年五月四川省清理财政局代造宣统三年边务经费收支预算表中看出,宣统三年(1911)边务经费收支预算项目如下。

岁入经常门:

第一类　各协各款,其库平银四十六万五千九百八十一两二钱三分五厘。

第一款　四川藩库拨供饷项,共银二十五万六千零三十三两一钱零三厘。

---

① 1910年9月8日时任美国驻俄大使威·伍·柔克义从圣彼得堡致莫理循函,谈及中国形势并发表自己的看法,准备向清政府主要官员提这个建议,《清末民初政情内幕》,第657—658页。
② 《蜀报纪事》1910年7月第2期上载"上谕各省举行新政就地筹款"。
③ 参见《赵尔丰复陈川滇边务应办事宜并拟具章程折》,《清末川滇边务档案史料》,第118—125页。
④ 据刘赞廷《边藏刍言》记赵尔丰把从四川加征的油糖捐税并未用于边地,而是留作铸造藏元。

第二款　四川筹拨边务经费，共银二十万零九千九百四十八两一钱三分二厘。

查前件系由川省征收糖捐、油捐项下，除划补用川省旧日油厘、糖厘额数并扣支局用、解费等项外，其余照案尽数分批解交边务大臣备用。

川省保路风潮起，赵尔丰被杀，新成立的四川临时地方政府不可能即时接管川边，川边因此就成了无源之水，官断薪、兵断饷，垦民被逐、垦场被毁，各地驻防汛兵也成了游兵散勇，赵尔丰所委各员也因此逃走或失去权力后盾，等同于庶民，不可能再继续推行各项措施，川边各项事业遂废。

第二节　中枢的困顿

清道光年间，驻藏大臣琦善把藏中财政权委交给西藏商上管理，西藏地方财政与中央财政分离，晚清时国力衰弱，对藏的投入不足，且藏中吏治败坏，向西藏商上借支饷银，纳受贿赂，[①] 失去中央王朝的形象。国门打开之后，清政府在对外交涉中屡失颜面，天子的威仪在人们心目中逐渐失去昔日的神圣。英人的两次入侵西藏，清王朝不能像他们的先祖那样给英人以坚决的痛击，实现对西藏的强有力保护，相反却从"大计出发"逼迫藏人"立约划界"，这个曾是西藏应付内外环境的坚实后盾逐渐失去了后盾力量与作用，致失藏人之心。

西藏开埠后，藏中获得利益的途径变得更为丰富，经济也更为发展，并形成了互不统属的各利益集团。国际形势风云变幻，政治上却得不到晚清王朝的有力保护，经济上又相对独立，西藏内部各利益集团也不能协调一致。为了应付内外局势的变化，西藏树起了达赖喇嘛的旗帜，1895年，十三世达赖喇嘛亲政。达赖喇嘛亲政成为西藏地方各利益集团彼此联结的符号，因此，西藏独立思考及处理内外困境的能力越来越强。亲政后的达赖开始寻找自强之路及应付形势变化之策。首先是

[①] 关于藏中的吏治败坏情况，详见光绪二十二年二月鹿传霖密陈西藏情形可虑疏（载吴丰培辑《清代藏事奏牍》，第974页）和光绪三十二年十一月张荫棠参劾有泰等请代奏致外务部电（载《关系史料汇编》，第1514页）。

向中央王朝寻求支持和保护，十三世达赖喇嘛曾三次向中央要求直接上书奏呈的权力，希望能够把西藏内外变化情况直接准确地传达给中央，以备中央王朝适时地调整对藏政策。[1] 但达赖的三次呈请都没有得到应允。[2] 出于政教分离的考虑，清政府担心允许达赖直接上书言事会把清中央在藏权力的象征——驻藏大臣架空，而致形同虚设，同时会增加达赖喇嘛的行政权力，使西藏政教合一，这样会减弱清中央对西藏的控制。因此不顾形势的发展和需要，坚守祖制不放。在达赖进京觐见时，坚持令达赖喇嘛行跪拜礼，以显示清帝国威仪。另一方面又不惜花费大量钱财，将接待达赖喇嘛的礼仪布置得宏伟、隆重、豪华，但这些都无助于根本改变与达赖及其代表的西藏地方政府的关系。中央仍然不能倾听到西藏的真实声音，驻藏大臣个人才能及秉性的好坏依然左右着中央对藏的政策和态度，从而影响清中央在藏的正确施政。觐见后回到拉萨

---

[1] 第一次是光绪二十五年（1899）初，十三世达赖喇嘛亲政后不久，通过蒙古哲布尊丹巴向理藩院呈递，汇报西藏地方情况，恳请中央政府予以重视并及时地解决。同时请求清政府扩大其权力，允许他直接奏事，"伏乞天恩，嗣后如紧要事件及调兵等情，请由本达赖喇嘛经报理藩院求为代奏"。中国第一历史档案馆藏光绪二十五年三月十六日大学士昆冈等奏折中所附达赖喇嘛奏折，转引自《关系史料汇编》。第二次是光绪三十二年（1906）四月，要求清中央政府反对英国人的入侵，以乾隆五十九年所立的鄂博与锡金等国为界，同时又请求将印藏通商口岸限制在亚东一地，反对再对外开放通商口岸。西藏自治区档案馆藏"藏历火马年四月一日达赖请仍以乾隆五十九年鄂博为界除亚东以外不准通商奏书稿"。引自《关系史料汇编》。另据清政府记载，这年四月慈禧太后、光绪皇帝派遣御前大臣博迪苏、内阁学士达寿等官员来到库伦慰问达赖，此奏折可能由他们转呈光绪皇帝。第三次是达赖进京觐见离开北京前，通过理藩部向清朝中央呈交奏折，再次请求中央允许他直接奏事。同时专门为此事致函军机处，祈请清朝皇帝赋予他直接奏事的权力，并表示"卑屡荷朝廷无理鸿恩，感激莫名，寸刻未忘"，如果中央政府同意他直接奏事，反映情况，西藏僧俗百姓有倚有靠，"则西藏僧俗番众一切百姓等沾恩于无极矣。"中国第一历史档案光绪三十四年十二月十日达赖喇嘛致军机处函。另参见秦和平《清末十三世达赖喇嘛致光绪皇帝的三道奏折》，《中国边疆史地研究》1998 年第 2 期。

[2] 清政府对于达赖的三次奏请，第一次援引乾隆四十六年（1791）册封八世达赖喇嘛的金文："图伯特事务，悉依前辈达赖喇嘛之例，董率噶布隆等，妥协商办，报明驻藏大臣转奏，俾图伯特阃境安宁，众生蒙福。"（中国第一历史档案馆藏乾隆四十六年乾隆皇帝册封八世达赖喇嘛金册）给予否定。对第二次奏请未给答复。第三次则明确否定了达赖喇嘛直接奏事的要求，坚持由驻藏大臣转奏的传统体制。光绪帝在册封十三世达赖喇嘛的表文中，要求他"到藏以后，务当恪遵主国之典章，奉扬中朝之信义，并化导番众，谨守法度，习为善良。所有事务，依例报明驻藏大臣随时转奏，恭候定夺。期使疆域永保治安，僧俗悉除畛域，以无负朝廷护持黄教，绥靖边陲之至意。"《清德宗实录》卷 597；藏文版《13 世达赖喇嘛传》记载当时清政府曾允许"此后西藏重大事情可以由达赖喇嘛亲自呈奏，或由驻藏安班和西藏方面共同呈奏"《13 世达赖传》拉萨木刻版，第 60 页。

的达赖与联豫的矛盾则更充分说明了这一点。①

达赖不能直接上书言事，西藏内外各种情况变化就不能从当地藏人的角度直接准确地传到中央，藏情必须经过驻藏大臣才得以上达，朝廷的旨意也必须由驻藏大臣转饬达赖及商上。清中央和西藏地方不能直接对话，就不能全面地彼此了解、互达意图、趋于一致。因此西藏地方才会有西藏把中央的决策当成"发谋疆吏而非上禀庙谟也"②，不信任传达到藏地的决策是来自清中枢，所以就不会有效实施，使一些原本出于中枢的藏地政策得不到有效的贯彻落实。比如收回瞻对之议，多次议而未决，最后议而未果，致使西藏地方觉得中央政府反复无常，或认为收瞻之议纯粹是地方官员故意与西藏作对。

西藏与清中枢直接沟通的愿望得不到实现，难以如清初那样与中枢协调一致。在遭遇情势变幻时，也得不到清中枢的有力支持，就转而开始向外寻求出路。达赖在京觐见期间及回藏前，都曾致函英、俄、德驻华外使，希望与英人达成和解，并得到其他国家的支持。③达赖到印度后，英国曾要求中国政府劝回达赖，担心达赖在印界滋事。④不过与此同时，达赖也从未放弃过向清中枢寻求保护和支持的努力。⑤达赖在京期间，上书奏请直接言事的权利（藏文版《13世达赖喇嘛传》记载当时清政府曾允许"此后西藏重大事情可以由达赖喇嘛亲自呈奏，或由驻藏安班和西藏方面共同呈奏"。由此可见，西藏方面也从未否认西藏的内向之心），接受清王朝的封号；在回藏途中，专门致函张荫棠，支持张在藏的"新政"，回到西藏以后，在川军进藏时又与温宗尧协商川军进藏后的安排。

然而清中枢坚守祖制不放，不顾形势的发展和需要，无视藏人与中枢迫切沟通的愿望，更无视或曰不愿正视西藏的内外情况的变化，尤其是不愿西藏自寻强大之路，担心西藏强大后更"大肆倔强"，受外人利诱，"不欲受命于汉官，而急思自立"。一方面，寄希望于利用西藏对

---

① 吴丰培辑《联豫驻藏奏稿》中有联豫向中央奏报达赖回藏情形。
② 中国科学院历史研究所第三所主编：《锡良遗稿·奏稿》，中华书局1959年版，第470—472页。
③ 杨铭：《清末川军入藏与达赖喇嘛出走事件》，《中国边疆史地研究》1996年第1期；《清末民初政情内幕（1895—1912）》，第575、548页。
④ 《外务部致赵尔巽、赵尔丰、联豫英政府请劝达赖回藏并川兵不必派往边界希会商密覆电》，《清宣统朝外交史料》卷15，第35—37页。
⑤ 参见秦和平《清末十三世达赖喇嘛致光绪皇帝的三道奏折》，《中国边疆史地研究》1998年第2期；石硕《西藏文明东向发展史》，四川人民出版社1994年版。

中央王朝的"感恩"之心来继续实行对藏的控制。另一方面，对西藏"顽梗""大肆倔强"的实质认识不清，只看到了利益之争的表面对抗形式，而没有看到西藏面临困境需要有力支撑的实情，因此对于达赖的外向寻求试图，仅仅愤慨和感叹于达赖的忘恩负义："忘却数百年之赖以平静者，实由于我国家保护之力""不知感恩"，① 没有给予重视，更没有进行及时的藏政调整，而是继续采取军事压服的手段。

在西藏实行的新政，一定程度上表明以张荫棠、联豫为代表的晚清大臣们朦胧地意识到发展西藏经济才是挽回藏政、增强西藏内向之心的途径，然而这种朦胧的意识并不是很明确，也不很强烈。再加上清后期的封建统治者已不如清前期的封建统治者那样恢宏大度，措置得宜，且周边的国际、国内环境既不允、清政府也无能力做到这点。张荫棠、联豫在西藏地方施行的新政、进行的政策和体制的变更，使西藏地方尤其是西藏的既得利益者们丧失了一定的特权和利益，新政所引发的一些新问题与新矛盾，并没有被清中枢及施政者们及时地意识到，也没有采取恰当的措施进行适当的调节，以求掌握和平衡这些关系。因此，藏中对于新政采取拒绝和抵制的态度，尤其是当清政府派调在川边新政卓有政绩的赵尔丰任驻藏大臣时，西藏上层采取种种方式阻止赵尔丰进藏，就是担心在川边大刀阔斧改土归流的赵尔丰入藏后会对他们的利益和特权带来更大的威胁。而对西藏方面这种拒绝的心理及实情，清中枢及具体经营边藏事宜的赵尔丰、联豫等人却未能全面把握。虽然清中枢也有人强烈意识到藏中"自二十年亚东开埠，三大寺禁民贸易，弗遵开导"②，即看到了开通亚东商口岸后引起的西藏情况变化，却只把这种变化当作西藏"素称愚梗"③ 的递加原因或形式，没有追究变化的根源及后果，更没有采取相应的措施。

赵尔丰等人虽然也意识到"惟开埠以后，英人必施其柔软手段，吸收藏人之心。纵不明据其地，亦必暗移其俗，此固外人之惯技，而为我之忧患"④，但是对开埠后西藏情况和英藏之间关系的变化认识不清。赵尔丰等人刻舟求剑式地认为西藏亲俄仇英，达赖"所依附者在俄而不在英，人所共知"。"藏切齿于英，决无投英之心，中印藏约已立，英

---

① 吴丰培辑：《联豫驻藏奏牍》，《清代藏事奏牍》，第1497页。
② 张荫棠报告到拉萨日期及藏民欢迎情形致外务部电，《关系史料汇编》，第1512页。
③ 同上。
④ 宣统元年十一月十一日《赵尔巽、赵尔丰电复军机处、外务部藏中阴谋反叛即此声罪致讨以保藏疆》，《清末川滇边务档案史料》，第487—489页。

也碍难违背。藏意实在于俄。而俄则鞭长莫及，殊不足惧，且俄亦不肯因此与英启衅。"① 宣统二年达赖逃印后，也被赵尔丰认为是英人趁此"优加礼待""该番亦谓英为护助，其实两皆出于诈伪，而非真诚"②。实际上随着西藏开埠，藏中形成了一批垄断贸易的新兴贵族，藏中的内部情况发生了变化，西藏坚决不与英人直接交往的态度也发生了根本改变。③ 与此同时，英国对西藏的政策也由开埠通商的情况变化而发生了改变。

西藏新兴贵族发家于藏印通商的垄断，光绪十九年（1893）《中英会议藏印续约》开亚东为印藏通商埠口，亚东于光绪二十年（1894）三月二十六日开埠。藏印通商，西藏地方贵族通过输出西藏的土货获取利益，同时又需要抵制印茶等一部分将严重损害西藏特权阶层利益的物品进入，以保护既得利益。因而1895年推出达赖，以图在内外竞争环境中立于不败之地。英国也在开埠后随着通商情况的变化改变着对藏侵入的策略。这两种变化可以由亚东开埠后每年的进出口贸易额变化情况中窥见一斑。见表5-2与表5-3。

表5-2　　　　　　　亚东税关进出口货价值总数一览

年　度	入口货值总数	出口货值总数	共　计
光绪二十年（九个月）（1894）			176795 两
光绪二十一年（1895）	124865 两（16218 卢比）	190225 两（634086 卢比））	315090 两（1050304 卢比）
光绪二十二年（1896）	168418 两（561395 卢比）	234380 两（781269 卢比）	402798 两（1342664 卢比）
光绪二十三年（1897）	674139 卢比	820300 卢比	1494439 卢比

---

① 宣统元年十一月十一日《赵尔巽、赵尔丰电复军机处、外务部藏中阴谋反叛即此声罪致讨以保藏疆》，《清末川滇边务档案史料》，第487—489页。
② 《边、藏情形事殊势异亟宜将紧要地方收回折》，《清末川滇边务档案史料》，第592—544页。
③ 〔英〕荣赫鹏：《英国侵略西藏史》第二十三章《1904年后之藏人态度》，孙煦初译。

续表

年　度	入口货值总数	出口货值总数	共　计
光绪二十四年（1898）	718475 卢比	817851 卢比	1536326 卢比
光绪二十五年（1899）	962637 卢比	822760 卢比	1785397 卢比
光绪二十六年（1900）	730502 卢比	710012 卢比	144014 卢比
光绪二十七年（1901）	734075 卢比	783480 卢比	1517555 卢比
光绪二十八年（1902）	761837 卢比	815338 卢比	1577175 卢比
光绪二十九年（1903）	686041 卢比	687324 卢比	1373365 卢比
光绪三十年（1904）	446212 卢比	186654 卢比	832866 卢比
光绪三十一年（1905）	1233310 卢比	902595 卢比	2135905 卢比
光绪三十二年（1906）	1179740 卢比	1140336 卢比	2320076 卢比
光绪三十三年（1907）	1389616 卢比	1461383 卢比	2850999 卢比

资料来源：陶思曾：《藏輶随记》；1895 年、1896 年进出口额卢比计值数引自〔英〕埃德蒙·坎德勒《拉萨真面目》，尹建新、苏平译，西藏人民出版社 1989 年版。

若按实际的卢比与关平银每年兑换比率换算更容易看出这种变化。

光绪三十四年陶思曾在亚东、江孜等印藏边界调查开埠情况，根据他的调查结果反映：光绪二十七年以前约三卢比折合关平银一两，到光绪三十四年时则每二卢比折合关平银二两。若按这个比值进行换算可以得出表 5-3。

表5-3　　　　　　　　亚东税关历年进出口货值数　　　　　　　单位：两

年　度	入口货值总数	出口货值总数	共　计
光绪二十年（九个月）（1894）			176795
光绪二十一年（1895）	124865	190225	315090
光绪二十二年（1896）	168418	234380	402798
光绪二十三年（1897）	224713	273433	498146
光绪二十四年（1898）	239491.66	272617	512108.66
光绪二十五年（1899）	320879	274253	595132
光绪二十六年（1900）	243500	236670	480170
光绪二十七年（1901）	244691.6	261160	505851.6

　　分析表5-2和表5-3我们可以得出这样的结论：亚东从光绪二十年三月开关到光绪二十四年，西藏出口大于入口，但进出口比则逐步增加，光绪二十一年进出口比为65.6%，光绪二十二年为71.8%，光绪二十三年为82.1%，光绪二十四年为86.2%；光绪二十五、二十六年时入口大于出口，二十七、二十八年又是变为出口大于入口；光绪二十九年进出口基本持平；光绪三十年入口大于出口，接下来光绪三十一、三十二年都是入口大于出口；光绪三十三年则出口大于入口。由此可以看出亚东开关之初西藏外贸处于出超地位，这让英国很不甘心在与藏贸易中处于逆差地位，因此，就采取种种措施，使在光绪二十五、二十六年终于达到出超（即西藏的入超）；但好景不长，由于条约中禁止茶叶进口，西藏需从英印进口的货物量就很有限，因此，在光绪二十七、二十八年又出现了西藏进出口贸易中的出超。光绪二十九年，英印茶叶公司请求政府打开西藏的茶叶销售市场，英国也在这一年内以派通商谈判

代表为名出兵西藏，企图更进一步地打开西藏市场，因此，这一年西藏进出口基本持平。光绪二十九年，英国出兵西藏后所带来的利益是显而易见的：光绪三十、三十一、三十二年连续三年西藏出口小于进口，英国扩大出口的目的达到了。不过三年之后的光绪三十三年，情况又有所变化，西藏的出口又回到了大于进口的出超情况。

由以上两个表还可以看出，西藏的进出口贸易总量在逐年递增，光绪二十年开埠九个月进出口贸易总额是 176795 两；而第二年则几乎增加了一倍，增幅为 178%。到光绪二十五年是进出口总额为 1785397 卢比，折合成关平银为 595132 两，比光绪二十一年又几乎增加了一倍，增幅为 188.8%。光绪三十年，英国派所谓的"商业贸易代表团"侵入拉萨后的这一年亚东进出口总额大大降低，只有 632.866 卢比，与光绪二十九年相比，减幅为 217%。相反，英国出兵拉萨后，英国对西藏出口贸易飞速上升，光绪三十一年英国出口为 1233310 卢比，而西藏出口则只有 902595 卢比，西藏进出口比为 136.6%，远远超过光绪二十一年的 65.6% 的进出口比率。这一年的亚东进出口总额为 2135095 卢比，比光绪二十三年的 1494439 卢比增加了 142.9% 倍，比光绪三十年（英人出兵拉萨后）增加了 337.5% 倍。从此以后亚东进出口额则逐年上升。

如果按陶思曾到亚东关调查时的卢比、关平银比率来折算，到光绪三十三年，亚东关进出口总额为 2850999 卢比，也即将近 2850000 两关平银。亚东一地每年就有近 300 万两关平银的贸易总额；光绪三十四年三月西藏通商章程签订后，增开了噶大克、江孜两地作为商埠，可想而知，西藏的对外贸易额会有更大幅度的增长，这使几乎独占西藏商业活动的大贵族们获利甚厚。作为商埠开通后形成的新西藏既得利益者们，担心清政府在藏的新政措施或赵尔丰入藏后可能采取的强制新政会使他们的利益受损。因此，他们一方面利用达赖喇嘛的旗帜反抗清在藏的施政，另一方面，因利益关系与英人交好，相信英人宣称的"英人入藏，名虽侵藏，颇怀固藏之心，守望相助，我英人惟有格外扶持，所有你们藏中向来一切大小政事，仍照旧章办理，并不教你们改变丝毫"。再加上英人的"势逼利诱，百计千方"，因此，"各藏官亦俱为其所惑"[①]。

这些既得利益者们为了避免既得利益受损，拒绝新政和阻挠以赵尔丰为表征的入藏新政的可能，他们成为阻止在藏实施新政的主要反对

---

① 吴丰培辑：《联豫驻藏奏牍》，《清代藏事奏牍》，第 1497 页。

者。为了保护既得利益，他们不仅拒绝新政，阻止赵尔丰的入藏，也反对一切可能损害他们利益的事，这可以从民国时期达赖回藏在藏实行新政并不是一帆风顺的情况看出。① 这些通商之后的西藏地方既得利益者们实际上是清季经营边藏者们所谓的藏中不遵劝阻、不弗开导的主要力量，也是与清中枢不能协调一致、阻碍清中枢政令在藏地实施的主要方面。问题的关键是清季经营边藏者们对西藏在新的经济环境下社会结构的变化情况了解不深入，重视不够，更没有对这种变化及藏中的具体情况做仔细分析，一味地强调藏中的"抗顽不遵"，试图以武力压服。只有当时有外交经验和一定国际视野的驻藏帮办大臣温宗尧对此有清醒的认识："藏人之意已不属我而有专属"，担心藏人动辄抗顽，而生外向之心，外有英、俄时时不断的抗议和干涉"故觉无往而非荆棘也"②。当温宗尧向实际主政西南的赵尔巽陈报藏事紧急，并请赵尔巽代为向清中枢禀报，但却被赵尔巽、赵尔丰兄弟二人以舍车保帅策略罢黜。藏地、藏事就又回到了联豫既不积极斡旋又无计可施的境地。事后推想，赵尔丰之所以提议罢免温宗尧，而留联豫主政藏事，除了清政治中舍车保帅、保皇储的惯性之外，还有赵尔丰对自己入藏代替联豫独当一面的事先预筹。温宗尧在藏几年与达赖的斡旋及其所提出的对藏事建议看，是一位既有国际视野又有具体韬略的新型官吏。但却被要求离藏返川、听命于在川的赵尔巽。

清季谋边藏者对西藏因经济发展和利益关系导致的西藏与清中央王朝的不协调关系认识不清，对随着国际形势变化而产生的新的英藏关系及藏人各阶层的变化认识不清，对达赖与西藏关系也认识不清，因此不免犹豫不定、举止失措。赵尔丰曾对中枢批复他的关于川边情况奏折不服气地说"惟关外情形，政府亦似尚有未能尽悉者"③。而"身亲其事，闻见较真"④的赵尔丰对藏情却也不甚了然，或者更确切地说他对藏人的理解有偏狭之处。藏边虽事同一体，但情形却有所不同：西藏有占主导地位的黄教及具有最高教权的达赖和班禅，还有西藏地方政府，他们对西藏僧俗有号召统率的作用；而川边则是藏传佛教各教派纷呈，虽一

---

① 详见〔美〕梅·戈尔斯坦《喇嘛王国的覆灭》，杜永彬译，中国藏学出版社2005年版。
② 《温宗尧为陈治藏当务之急请代奏事致赵尔巽咨》，《关系史料汇编》，第1620—1623页。
③ 《赵尔丰函复赵尔巽详陈枢府所询川边设治各节》，《清末川滇边务档案史料》，第714—717页。
④ 《军机大臣庆亲王等函复赵尔巽酌收藏地须兼顾统筹》，《清末川滇边务档案史料》，第645—646页。

部分信奉达赖但彼此之间未能形成统一的势力，没有统一的政权组织形式。这也是赵尔丰能在川边所向披靡、各个击破的主要原因，同样的方法用来对西藏则不尽然。赵尔丰虽然也认识到了边、藏在这些方面的不同，但却未能深入分析西藏的具体社会与宗教情况。

另外，清中枢和主要谋边藏事务者们不能清楚地认识达赖与西藏地方的关系，多数时候是把达赖与西藏紧密地捆绑在一起，把达赖等同于西藏，以达赖个人的行止向背作为采取对藏措施的依据，而有时又把西藏和达赖割裂开来。清廷前后两次革达赖名号即表明了清中枢忽视了达赖与西藏的必然联系。这种认识上的模糊自然也就限定了清中枢对西藏政策的不确定性和盲目性，因此就不可避免地出现对藏政策或行动失误。从清中枢派赵尔丰为驻藏大臣进藏、赵尔丰力求进藏后又主动放弃入藏的具体情况看，实际都是基于这些模棱两可认识的行为结果。因此，所谓的渐移西藏政权于驻藏大臣手里的希望也就只能是幻想。清中枢准备在未立有新达赖之前通过"凡拣造番缺无庸会商，挑取兵丁不限门弟"等方法来"逐渐变通变法"[①]也不可能实现。

清中枢革达赖名号时，给英俄等国家照会的解释是清中枢在西藏的政策不因达赖一人的去留而受丝毫影响，这在当时被外务部人员用来应付英国干涉的外交辞令道出的却是西藏实情。实际上清中枢内部普遍存在着达赖去则藏安的思想，视达赖为对抗中枢的主要因素，达赖出走则意味着藏中对抗中央王朝力量的消失。这也是赵尔丰对藏事的主要看法，因此，才有开始的力争入藏到最后主动放弃入藏的改变。赵尔丰力争入藏是因为担心达赖回藏后，"暗购外国枪弹，聘用外国教习，精练士卒，改良政教，民心转相固结，向外之心愈坚"[②]，从而提升与中央对抗的力量，而想趁"彼之器械不利，训练未精，政治不备，苛虐百姓差徭繁重，淫刑滥罚，无人可恃"之时入藏"迅速图治"[③]。然而达赖喇嘛外逃后，赵尔丰即认为藏中与中央抗顽的势力也随之消失，因此放弃了入藏的计划。

且不说赵尔丰入藏会给西藏带来什么样的后果或未入藏避免了什么后果，单说他对达赖与西藏关系的认识实际上是存在着误解或错觉的。

[①]《军机处、外务部函复赵尔巽俟藏局大定再行酌办收瞻》，《清末川滇边务档案史料》，第618—619页。
[②]《赵尔丰致电赵尔巽据云藏兵绕出拉里攻我即拟日内赴藏》，《清末川滇边务档案史料》，第510页。
[③]《赵尔丰电复军机处略陈筹藏方略》，《清末川滇边务档案史料》，第226—227页。

即一方面他认为达赖的去留不影响藏民生活："蛮地……诵经之人，其所信者神佛，非敬信藏番达赖也"，达赖第一次外逃"未闻蒙蛮之人奔走呼号，以为宜救藏番，保护达赖，义旗西指，与英人为难者，亦未闻有愁苦咨嗟，以为黄教将灭，而恨不欲生者。不惟蒙蛮中不闻有此人，即前藏、后藏亦不闻有是人也"。① 并把这种情况分析作为他出兵西藏或入藏、欲收藏的可行性前提；同时，他又把达赖回藏可能会加强西藏与清中央对抗力量的担心作为他必须进藏的理由。与其兄长赵尔巽一样，赵尔丰主张乘达赖外逃时机整顿西藏内政。实际上，达赖外逃并未给整理藏政带来新的契机，虽然在藏的联豫报告说藏中安静如常，且藏官也因革达赖收敛了抗顽之心。此时的清中枢又因对外界国际环境压力的认识不清，又转而担心革达赖名号反驱其外向之心，因而拒绝采纳赵尔巽等人趁机整理藏政的主张。

实际上西藏社会情形并非如赵尔丰及大多数中枢决策者所臆想的那样，单纯的佛教一统天下。达赖只是西藏新兴贵族阶层为谋取自己的利益举起的大旗，达赖外逃，号名被革，只是旗帜倒了而已，而举旗人仍在，西藏地方与中央的利益仍然没有协调，因此，"抗顽不遵"的势力仍在。而历史上八至十二世达赖都是在未成年或未到亲政年龄就夭折的情况和十三世达赖能够亲政，都充分表明达赖只不过是西藏地方各种势力彼此争斗的工具或曰筹码。十三世达赖喇嘛能够亲政也正是西藏新兴贵族在地方势力斗争中的胜利，以及希望借达赖名义或曰旗号来保护及谋取更多利益的结果。因此十三世达赖虽去，但这些新兴利益势力却并未消失，依然是西藏地方的主导力量。

达赖喇嘛虽为藏民所信仰，却也操纵在世俗官吏权贵之手，成为权力、利益争斗的砝码。清政府废除达赖与否，信徒信奉如故，西藏新兴利益阶层与清政府的抗争也如故，革达赖并不能利于矛盾的解决，正如第一次革除达赖之后驻藏大臣有泰所言："蕃属信奉达赖并不改初衷。"② 因此清政府两次意图以班禅代替达赖和两次革达赖称号，只能在不尊重藏人宗教信仰的情况下徒损伤藏民的宗教情感，对于西藏官吏权贵来说也不会因此甘服于清中枢，清廷不过借此举徒资威慑而已，对协调与西藏地方的利益关系可以说是无济于事。达赖对英的态度也并不

---

① 《边藏情形时殊势异亟宜将紧要地方收回折》，《清末川滇边务档案史料》，第592—595页。
② 吴丰培辑：《清代藏事奏牍》，第1271页。

如赵尔丰所分析的"人所共知","意在俄而不在英",西藏因通商而兴起的新贵们早已改变坚决不与英人直接交往的态度,达赖到印度后,英国曾要求中国政府劝回达赖,免在印界滋事,① 后来达赖为了驱川军出藏意图,却是欲借英之力。此等情形的变化,边臣赵尔丰及清中枢却没有清晰的认识。

西藏社会其实当时可以分为三个层次:僧俗官吏、喇嘛和百姓。"官吏则各不自量,咸有独立自雄之心,至于不得逞,则又俯首帖耳以听";"喇嘛则迷信,故为隆重佛教以诱之",喇嘛向俄之心较热;百姓则因英减费退兵,不派政治代表,又极力取阴柔平和手段进行牢笼而始向英,"西藏百姓又不能不受其牢笼而忘英兵入藏之当怨。由靖西至帕克里、春丕一带之民,以英兵驻扎之久,相遇之厚,无不移怨而感"②。对藏中的这种社会结构情况变化,只有在藏任驻藏帮办大臣一年多时间的温宗尧有较清醒的认识,因而提出在百姓向英、喇嘛向俄、官吏思自立的情况下,抓住主要矛盾,即针对百姓喇嘛皆听命于官吏的西藏政体历史及现状,增加清政府中央政权对西藏地方僧俗官吏的管理,"则向俄向英皆归无效"。温宗尧的这个主张在宣统二年六月由赵尔巽转呈军机处、外务部,被作为中枢对藏政策的机密文件,但最终未能见之实效。③

晚清十年间,真正对藏情有较深入认识与分析的只有两位大臣:光绪三十二年十月到西藏的张荫堂和光绪三十四年到藏的驻藏帮办大臣温宗尧。但张荫棠对藏政的调查及他对藏事务所提出的施政方针仅被清政府作为对藏事的"调查报告",未能彻底采纳实施。温宗尧的主张是在他因川军进藏、达赖外逃而被弹劾"勾藏卖联"开去驻藏大臣的职务回到四川后,向赵尔巽汇报藏情时提出的,由赵尔巽转呈军机处、外务部的,被当成中枢对藏政策的机密文件,但最终未能付诸实践。④ 清政府对西藏内外形势的不能准确估计,限制了清季筹边者本来可以进一步的行动与规划,以及由此实现更为紧密的联"川、滇、边藏为一体",

---

① 《外务部致赵尔巽、赵尔丰、联豫英政府请劝达赖回藏并川兵不必派往边界希会商密覆电》,《清宣统朝外交史料》卷15,第35—37页。
② 详见温宗尧为陈治藏当务之急请代奏事致赵尔巽咨之分析,《清宣统朝外交史料》卷15,第29—35页;另见《关系史料汇编》,第1620—1623页。
③ 《温宗尧为陈治藏当务之急请代奏事致赵尔巽咨》,《清宣统朝外交史料》卷15,第29—35页;另见《关系史料汇编》,第1620—1623页。
④ 《清宣统朝外交史料》卷15,第29—35页。

保卫西南边境的目的；也使在川滇边的经营治理受到一定的牵制。清中枢既定的"经边筹藏"目的虽然在一定程度上实现了，但未能进一步巩固，尤其是对西藏的政权转移没有实现，因此才会有民元达赖喇嘛回藏后，在英人的支持及指示下向川边扩展势力，占据赵尔丰经边时所设立的金沙江西岸的十三个县，还渡过金沙江，攻占了德格、邓柯、石渠、白玉等县，使这些被占区重新恢复旧制。① 赵尔丰在川边的苦心经营因此而受到影响，甚至破坏，也成为民元时期川边不稳定因素，影响了川边改土归流、进行开发的效果，延缓了这些地区的经济开发和发展的步伐。②

第三节 封疆大吏的末路

清政府对于川边的经营是基于保住西藏不丧失为前提和目的的。在清政府的边疆观念里，西藏是不同于其他各边疆地区的，清朝廷一直把西藏当成自己的私有之地，有着类似于对东北的先祖发祥地的情感。因此从在西藏设立驻藏大臣起，除了晚清委任了张荫棠和温宗尧两位汉人进藏外，其余的所有驻藏办事大臣和帮办大臣无一例外的是满蒙旗人或汉军八旗子弟。③ 清中枢的治边观念仍然沿袭着两千年来的家天下和血缘分封的老传统。从清季对边藏人员的任用上，可见清廷对于边疆的政治谋略的守旧同时又被迫受到新形式的冲击。迫于形势，清中央政府不得不派用懂外交的汉人张荫棠和温宗尧进藏办事，然而张荫棠在藏仅两个月就有办事太猛的流言，张荫棠在百思不得其解的情况下，"日盼埠事粗定，即行告假回京养病"④，早日离开西藏。因此，张荫棠在西藏实际只有 9 个月的时间。温宗尧是赵尔丰推荐到西藏的，是在西藏开埠在即、挽留张荫棠不成、西藏的开埠通商又急需一位懂对外交涉人才的情况下被推荐的，本来温宗尧到藏是为了给赵尔丰进藏理事做外交事务

---

① 达赖更密檄康地僧徒，嗾蛮民仇汉，而边务大臣又久无人，于是康地所有州县的土司头人、寺庙喇嘛乘机恢复其旧有权力，川边藏区又重复回到土司头人、寺院的统治之下。尚秉和：《西藏篇》。
② 参见刘赞廷所编的康区三十四县志，其中有各县在民元前后变化情况。
③ 另参见车明怀《简析江孜抗英斗争前后历任驻藏大臣的心态》，《中国藏学》2004 年第 4 期。
④ 见《关系史料汇编》，第 1539—1542 页。

助手，但赵尔丰最后未能进藏。温宗尧就与驻藏大臣联豫合作，联豫是当时外务部会办大臣那桐的至亲，然联温不能相协，在川军进藏、达赖外逃的情况下，温宗尧被以"勾藏卖联"的罪名开去驻藏帮办大臣的职务，饬令立即回川。温宗尧在藏也只有一年的时间。张荫棠、温宗尧在西藏都有自己关于藏政的独特思考（详见第四章第三节和本章第一节）。但这些思考都未能付诸实践。

自光绪三十年凤全在川边新政始，至宣统二年温宗尧开缺驻藏帮办大臣止，共有赵尔丰、张荫棠、联豫等五人谋边、藏之政。联豫是继凤全之任，凤全在川边施政被认为"性操切"而身死，张、赵两人也有此名声，张负气回京，赵在边忍气以"书仙"自我排解，[①] 温宗尧被开缺，只有联豫"声名良好"，从无流言。张荫棠、温宗尧在藏被排挤，联豫的梗阻也许是其中的一个因素，但更关键和重要的因素应该是张荫棠、温宗尧的汉人出生，清统治者一向视藏地为满人私有，不予汉人插手，历届所派驻藏大臣皆出自旗族，张、温之所以能够以汉人出身到藏任事，是朝中边才奇缺不得不拔用汉人之故，然而清政府对汉人官吏在藏总是不能放心与信任，因此才会有温宗尧的"勾藏卖联"[②] 之说，也才有张荫棠的"百思不得其解""番民皆言棠太宽，而汉官（泛指相对于藏人来说的所有满汉官员）反讥棠太猛"的情况。[③]

另外，凤全、张荫棠、赵尔丰同被认为"办事操切"，也在一定程度上说明凤全、张荫棠、赵尔丰等人在边、藏施行的"新政"，还未被清中枢完全接受，更没有形成统一的意见。清政府虽从1901年就宣布实行新政，但并未针对各地的情况制定具体新政措施，也没有总体规划。同样地，清中枢对边、藏"新政"还没有达成共识，更没有制定统一的规划。为了加强中央与地方、地方与地方的联系，沿袭血缘或族源分封的传统，任用满人以达到这一目的。清季不得不起用汉人，但仍然希图用人伦的相亲相近，实现团结地方的目的，以加强政治上的紧密联系，如把赵尔丰的兄长赵尔巽调任四川，赵尔丰的老上级与提拔者锡良调任云南，利用赵氏兄弟的手足情深和赵尔丰与锡良的长期合作关系，使川滇边藏连为一体，从而达到稳固西南边防的目的。家天下的残留、任人唯亲的观念时时在起作用，因此表现为对赵尔丰倚重的同时又

---

① 《致川督联贪功不顾大局电》，载吴丰培辑《赵尔丰川边奏牍》，第433页。
② 《赵尔丰电复赵尔巽联、温不和》，《清末川滇边务档案史料》，第537页。
③ 《张荫棠详述办理藏务情形及参劾曲吉等原委致外务部丞参函》，《关系史料汇编》，第1539—1542页。

不能给予充分的信任，致使赵尔丰的个人性格及他的仕宦出身成为影响边藏进一步经营和稳固的因素。赵尔丰是汉军正蓝旗人，"兄尔震、尔巽、弟尔萃皆成进士，尔丰独屡仕不举"，以广东盐务司的书缮员入仕，继捐知县，迁同知、督差使、道员等职，曾在张之洞手下任职，后随锡良，颇受锡良赏识保升道员。光绪二十九年，随锡良入川，署永宁道（又名下川南道），残酷镇压会党，以"屠夫"闻名。① 后署建昌道，巴塘事变以炉边善后督办到边地，光绪三十二年由建昌道员破格升为川滇边务大臣。光绪三十四年又加尚书衔，委以驻藏大臣兼川滇边务大臣任。

赵尔丰以捐纳出身而至尚书崇衔，"性刚正廉明、能耐劳苦"②，曾自谓"言语赣直，重干部怒"③。从赵尔丰与其兄赵尔巽的函电交往中观察赵尔丰确实是一位"性刚正、言赣直"之人。赵尔丰的这种性格及他坚持以武力解决边、藏，尤其是西藏问题的主张，使他在中枢各部落得"性操切"、喜"孟浪从事"的声名。这个声名及他留给中枢的印象对他在川边经营、建省设治计划形成一定的阻碍，使本来切实可行的计划因此不能顺利进行。

赵尔丰本人也深刻地意识到这个问题，为了尽量避免这种情况的发生，以致影响到他的整个经营计划，赵尔丰时刻在寻找着可以调和的中介和理由。清中枢把赵尔丰的兄长赵尔巽调任四川的目的，是想使他兄弟二人手足情深不至于出现扞格，而事实上，清廷的这个设计在边藏具体经营中确实起到了重大作用。赵尔丰与中枢各部及同僚之间的不同意见甚至闲隙几乎由这一位只比他年长一岁的二哥来调和与弥补，赵尔巽在某种程度上成了赵尔丰各种牢骚和宏伟计划的过滤器。在仕宦同僚之间"声望素著"④ 的赵尔巽也确实帮助赵尔丰的某些计划得以实施。我们从赵尔丰奏牍及电稿中常常会看到他非常明确而直接地要求其兄赵尔巽帮助他实现设想与计划。

在赵尔丰致赵尔巽的电稿中可以屡见类似于"请兄酌改照发"⑤ 等

---

① 黄玉清、王楚玉：《赵尔丰——屠户的由来》，《四川省文史资料选辑》第13辑。
② 陈渠珍：《艽野尘梦》，附有《赵尔丰传》，任乃强校，重庆出版社1982年版。
③ 《赵尔丰函复赵尔巽详陈枢府所询川边设治各节》，《清末川滇边务档案史料》，第714—717页。
④ 《赵尔丰致电赵尔巽如将德格等地改流必可建省》，《清末川滇边务档案史料》，第476—477页。
⑤ 吴丰培辑：《赵尔丰川边奏牍》，第402、407页。

字样，也有"为弟设词，则尤婉转，非弟所能也"①"兄代为筹划，胜弟十倍，深为钦佩"②等语句。很多时候，赵尔丰只把自己的设想告诉赵尔巽，或仅拟稿交由赵尔巽酌改后再上奏清中枢，以此显示所有的设想并不是赵尔丰出于经边的急切心或自谋督游之利，而是从川藏全局出发才有的这些思考，只是建议让尔丰实施罢了。如赵尔丰关于川边设治建省的想法多是由赵尔巽上达清中枢的，为了避免"恐人疑我有拓土辟疆之意"，就转请兄赵尔巽"先以电达枢府，明其内容，再以会衔奏请，不显痕迹"③。

从兄弟手足情和为国家大事计，赵尔巽也始终是赵尔丰川边经营的坚强后盾。从会商川边、藏情，到收德格、送川军、拟入藏、进桑昂、察输、收波密及筹收瞻对，无一不给予积极支持，并常以自己的名义奏陈赵尔丰的意见。

尽管有赵尔巽的威望作保，但中枢及同僚们对于赵尔丰的印象并没有因此改变。赵尔丰"无论身在何处，皆不免谣言"④，动辄得咎，曾几次陈情求去⑤。赵尔丰需要随时避免给人以"自谋督游地步"⑥的嫌疑，同时担心他对川边的宏伟规划会使"闻者惊骇"⑦，因此，一直小心翼翼，以至于坐失良机。宣统元年十月平德格土司争袭案后，赵尔丰就意识到川边诸土司中最可能成为川边经营梗阻的是明正土司，特电告其兄"惟瞻对与明正通"，"其他土司亦皆恭顺，惟有一土司心怀畏惧，暗通瞻对"。若是从川边大计角度应该对明正土司进行及时的改流，但

---

① 吴丰培辑：《赵尔丰川边奏牍》，第402、407页。
② 见《清末川滇边务档案史料》，第325页，指赵尔巽为其弟赵尔丰谋进藏事。
③ 《赵尔丰致电赵尔巽如将德格等地改流必可建省》，《清末川滇边务档案史料》，第476—477页。
④ 《赵尔丰致电赵尔巽略陈德格及关外土司等情况》，《清末川滇边务档案史料》，第449—450页。
⑤ 宣统元年二月二十六日，赵想进藏，藏番阻，赵尔丰想多带营勇进藏以资震慑，但清廷担心因此而失藏心，同时也没有饷款可拨；赵欲进不能，不愿相持，损朝廷威重，启藏番骄横之心，求去以全大局。宣统元年正月收瞻计划得不到实施表于"愿获咎早去"。主收瞻"善收则联不与议"，强收清不允"候至何时始了"，"自度求去甚易，否则为将来地步，总之身两愿违，终日郁郁不适，况病弱何以支持"。宣统元年九月十二日，又称旧病复发请开去边务差使。宣统二年三月十二日，赵进藏不成，收瞻又乏人支持，"事事求退，故事事简略，不自觉其疏"。
⑥ 宣统二年七月初八日《赵尔丰函复赵尔巽详陈枢府所询川边设治各节》，见《清末川滇边务档案史料》，第716页。
⑦ 同上。

因担心"浮言"及边地的"疑惧","惟默筹边、藏之事"而"优容之"①。直到宣统三年二月,民政部请将川边土司迅速改流设治,赵尔丰才在回川路上顺道收缴了明正土司印信。然不及月余,赵尔丰在成都受困于保路风潮,川边闻讯后明正土司是最早起兵反抗的,夺回了印信,重新恢复土司旧制,成为川边动乱的肇始者。这即是赵尔丰因声名所累造成延误后果的一个明证。

赵本人的性格使他在清中枢"触怒众部",原拟拨给的款项也一直不见踪影。赵尔丰只有"自筹利益",自谋边务经费,然而虽"极力撙节",但终因"经费支绌"而不能将边事极意经营。② 这使赵尔丰在川边经营中缺乏必要的巩固与扩大的资金支持。

这些情况表明在新的环境下对于边疆的守护不可能再依靠传统的方式,措施和手段都被迫改变,但是清王朝家天下、以血缘、族源来维护中央与地方、地方与地方的关系的观念还不能完全转变,在这种体制的依托——封建中央王权衰弱的情况下,必然会在执行这一体制时出现矛盾和动摇,因此赵尔丰虽然有兄长作后盾,但仍然不能免于被流言所困扰。张走、温裁,对赵尔丰的不信任,只有联豫作为外务部会办大臣那桐的至亲而能够在藏七年没有什么流言蜚语,除了联豫有那桐作保、性格温和外,在一定程度上,联豫在藏的做法代表了清王朝自身——在衰落时谋求自救但又不能有明确章程和规划,联豫是清中枢在藏的化身,是在新的环境下,旧有观念与新的举措之间调和的表现。因为联豫代表了清中枢,因此就没有出现像赵尔丰、张荫棠、温宗尧等人遇到的困扰。为了拥兵自重,联豫在藏指名让只有20岁的满族皇亲钟颖带兵进藏,虽然钟颖进藏后并不能与联豫扣手相和,但联豫的初衷是想借同是清皇亲且都是为了清皇室的天下,容易在利益上协调一致,从而达到加强清在藏的统治,保住清的天下不变。然而钟颖是受新时代熏染的清皇族,与联豫的传统的皇族观念有很大的不同,除了钟颖个人的性格因素外,这种不同是造成他与联豫不能合作的主要原因。

清中枢或曰赵尔丰有以钟代联的想法,从这一方面隐隐显示出旧有观念的依存与动摇。

---

① 《赵尔丰致电赵尔巽略陈德格及关外土司等情况》,《清末川滇边务档案史料》,第449—450页。
② 《傅嵩炑奏陈经费支绌恳另筹的款拨藏安设电线折》,《清末川滇边务档案史料》,第953—954页。

传统的封疆大吏的观念和做法也受到了挑战,赵尔丰不再任人唯亲,而是不拘一格选调人才,任人唯贤,只有赵尔丰做到了或者说只有赵尔丰强调了这一点。赵尔丰在地方上推行新的用人观,但又摆脱不了传统观念和做法的影子,在"以军府之制,任地方之责",整个川滇边务大臣衙门内只有员司36人(据宣统二年八月的造报清册),却管辖"东自打箭炉起,西至丹达山顶止,计三千余里;南抵维西中甸,北至甘肃西宁,计四千余里"的地方。这36人负责办理屯垦、学务、收支、盐厘、制革、开矿、勘路、架线等实务,又兼有民政、建设、保安、铨叙、外交之职责。实际上为川边效力的还有赵尔丰的幕府,各地道府州县都有自己的一班人马,这是封建王朝地方统治的惯例和制度。每个道府的幕僚人数与边务大臣赵尔丰的幕府人数差不多。由这些情况看赵尔丰在川边谋政本身就受到两方面的冲击:一方面,需要新环境下的新型人才,且赵尔丰为此有一套自己的用人观念,但同时他又不能摆脱旧有的用人模式,很大程度上靠幕府来实现对地方的管理;另一方面,虽然赵尔丰机构精简、有令人称道的人事思想及用人观,纪律严谨,奖罚分明,"人皆乐为之用"①,但新型人才的缺乏和不足,尤其是能够胜任新环境和新改革的人才更是奇缺。虽然得到清中枢的特批可以在全国范围内选调人才,但在赵尔丰第二次出关时只调了16位,这其中还有一些人"奉调不赴"或中途转回者。人才之缺乏令赵尔丰的川边经营工作推展缓慢。赵尔丰曾经为了才不堪用或因有内地官僚恶习辞退了一些人。

　　作为封疆大吏的赵尔丰处于新与旧、传统和现代的矛盾和交融中。在旧的封建王朝大厦将倾的时候为江山社稷、为"大皇上"鞠躬尽瘁,极尽忠心,但是赵尔丰川边经营中毕竟包含了许多新的、现代的东西,这些东西不论是对民国的经边者还是对现代的经营者来说都有相当大的启示。铺天盖地而来的辛亥革命推翻了清王朝,结束了在中国延续了数千年的封建制度,也使赵尔丰这位清王朝最后的封疆大吏种种新的旧的努力随之化为泡影。

---

① 《请自外省调员归川边差遣片》,载吴丰培辑《赵尔丰川边奏牍》,第119—120页。

第四节　新政的"新"与"旧"

赵尔丰在川边改土归流、施行新政，一方面用传统的武力征服等手段摧毁了川边旧有的土司制度，将其纳入中央王朝的直接掌握之中；另一方面又把具有近代经济文化意义的新政注入曾经是"蛮荒之地"的川边。赵尔丰在川边的经营包含了很多相当复杂的矛盾及其彼此的扭结与冲突，其中既有土司制度与王朝统治的矛盾，又有中央和地方的冲突；既有民族地区统治集团与中央王朝的利益纷争，又有新的经济文化开发与旧的相对落后的传统之间的矛盾，更为重要的是在川边这一特殊区域的新政，还包含着不同民族文化传统之间的磨合与碰撞，而且在相当程度上蕴含了现代民族政治的敏感问题。

一　"新面目"与"旧根基"

赵尔丰从光绪三十一年六月为炉边善后督办开始他的川边经营计划，先后被委任为川滇边务大臣、边务大臣护理川督、驻藏大臣兼边务大臣、川滇边务大臣。前后七年时间中，赵尔丰以武力为先导、以经济开发为后盾，在川边的改土归流表面上完成了清中枢的行政理想，极大地改变了川边政体面目。但是因为时间短促，加之清王朝新政措施本身的不彻底，实际上赵尔丰的新政并没有贯穿到底，它触及并改变了土司统治的表面，却未曾在根本上改变川边政治的固有基础。

赵尔丰在川边恩威并施，征剿抗顽不遵者，同时抚慰"虔心向化"者，采取所谓"顺则抚之，逆则讨之"的政策。① 对征剿之地如巴塘、里塘、乡城、三岩等都派委员署理，对合作的土司、喇嘛或缴其印信或授以管理地方之权。如德格土司改流，将德格全境收回，设官分治，赏给德格土司多吉僧格世袭都司实职，准其世袭，原有两名顶戴花翎也允其照旧戴用，并于征粮项下年给赡银三千两。高日土司改流，把原长官司改为世袭守备职衔，准其永远承袭原有瞻地，仍赏给该土司照旧永远耕种，免其征粮。对于喇嘛寺庙也是收其土地、百姓，发给养赡银，如炉霍屯黄教喇嘛每年从屯官处领取口粮银。察木多呼图克图愿献地归

---

① 刘赞廷编：《西康建省纪要》卷2；《筹办三岩告示及章程十二条》，《清末川滇边务档案史料》，第659页。

诚，清廷"加其封号，留其养田，不失旧日观瞻"①。

对于土司改流清廷专门定有成案，以供各地遵循，《中枢政考》内载："土司情愿辞职改土归流者，查明职衔，按伊品级，土千户赏给世袭千总职衔，土百户赏给世袭把总职衔，准其子孙永远承袭。如有年力精壮，情愿随营差操者，准其食俸效力，才具优长者，指缺保题升补。"②

原来的土司、喇嘛只是被清廷更换了一下称呼而已，在政治上、经济上仍然享有种种特权。土地、百姓被收归清中央所有，赋税由中央所派流官（这时仍是赵尔丰所委的委员）征收；改流地区规定由百姓选举村长、保正，而能获选者也依然是以前的大小头人们，在改流区所实施的种种改革仍然是由这些昔日的土司、头人，今日的村长、保正去督施。赵在川边所设的委员，所采取的利民措施很难真正深入到藏区社会的普通民众中。汉官依然是与头人们打交道，依靠头人来实施统治。③罗哲情错在20世纪40年代描述瞻对头人多吉郎嘉④与瞻化县衙关系时说："自改流以来，几个不懂蕃语，不通蕃情，而又手无缚鸡之力的汉官，稳坐在瞻化县衙里，收粮收税，征差征役，而能平静无事"皆靠多吉郎嘉"一肩将历任瞻化县长支持着"。⑤

这种描述是赵尔丰改流区的普遍情况，即使在各地派有委员，也是依靠原来土司、头人对民众的统治，为此赵尔丰曾抱怨德格土司多吉僧格个性懦弱，失民信，不利于德格的治理。⑥

赵尔丰为各改流地制定的改流章程规定"永远革除土司之职……无论汉人、蛮人皆为大皇上百姓"，土地"皆大皇上土地"；"每村令百姓公举公正者一人为头人，管理村事……头人三年一换，仍由百姓公举。

---

① 《赵尔丰电赵尔巽察木多呼图克图愿献地归诚已先委员管理》，《清末川滇边务档案史料》，第659页。
② 转引自《陆军部、理藩部遵旨议复赵尔丰奏请春科、高日改流及朗吉岭设官管理折》，《清末川滇边务档案史料》，第495—496页。
③ 赵尔丰在清季采取的这些措施曾被民国时的治边者提倡并沿用。见陈东府《治康筹藏刍议》，《康导月刊》第5期。
④ 多吉郎嘉是罗哲情错舅父，居上瞻对，自河东的工布郎被镇压后，上瞻就由河西甲日家领导一切，反对西藏统治瞻对。光绪二十二年，甲日家曾助鹿传霖汉军反瞻番官，宣统三年，赵尔丰再逐藏官，改流瞻化县，夺吉郎嘉出力甚多，得赵氏特令嘉奖。
⑤ 罗哲情错：《我的家乡》，《康藏研究月刊》1947年第27期，第28、29期合刊，第24—36页。
⑥ 《德格土舍多吉僧格纳还土地人民改土归流折》，《清末川滇边务档案史料》，第418—420页。

如从前头人办事公正，百姓愿将此人再留三年，亦可准行"；"地方官衙门设汉保正三名，蛮保正三名。所有汉民、蛮民钱粮、词讼等事，统归汉、蛮保正合管。……汉保正必能通蛮语，蛮保正必能通汉语"[①]。普通百姓平时所仰仗涵育者也只能是以前的土司、头人，当然也就只可能推举他们作保正、头人。所谓"积威使然"[②]，如白玉县"虎夺村村长卓倭等三人，每家隐匿下种（地）五六克之谱，并传唤百姓说若有冤屈者，不准具控，如有具控者要押罚"[③]。

不唯如此，原来的土司、头人们反而因此得到了流官的支持，不仅仍有世袭职衔、往日威仪，更增添了钳制人民的威力。有了"天菩萨"（边民眼里的清政府）授予的权力，逼迫百姓更是不得不屈于土司的"淫威之下"，人民虽"疾首蹙额，但敢怒而不敢言"[④]。百姓并不能与流官直接相接，因此，对百姓而言，仍然是与土司近，与官府远，甚至于受土司、官府的双重征敛。从经常出现的土司、头人侵吞乌拉脚价、粮价的情况看，以及从赵多次为此札饬各地土司、头人不准侵吞百姓乌拉脚价，要求官兵所用乌拉、汤打役等一律当面给清百姓、不准再转手头人、喇嘛，以杜侵吞之弊等措施看，赵尔丰在川边的"新政"改革并未能触及藏区社会基层，也就不可能奠定坚实的社会改革基础，因此，随着赵尔丰的人亡政消也就没有什么可奇怪的了。1911年赵尔丰在成都被杀，川边的新政也就随着消失。

二 地方利益与国家权益

川边新政人亡政息的根本原因还在于未能很好地解决利益冲突。川边改土归流，把各土司的地土收归"大皇上"所有，同时施行新政。从清中央的角度是想把川边纳入大清帝国的正式行政体系中，为"图全藏久大之规"[⑤]，改革过去长线维系风筝似的飘遥或可有可无的羁縻状况。在川边采取的这些措施，是国际形势逼迫使然，清政府担心失藏而至失边，甚至导致丧国。调整在川边的统治形态，以便于更

---

① 此处引自《巴塘善后章程》，其他地区的改流章程类似于此规定，另可见《察木多改革章程》等。
② 陈东府：《治康筹藏刍议》，《康导月刊》第5期。
③ 《白玉盖虎村百姓呈控村长等隐匿粮税欺压百姓等情》，《清末川滇边务档案史料》，第939页。
④ 陈东府：《治康筹藏刍言》，《康导月刊》第5期。
⑤ 《赵尔巽、赵尔丰会陈藏务边务缓急情形折》，《清末川滇边务档案史料》，第186—189页。

加有力地抵御来自西南尤其是西藏边境的危险。对川边的土司、喇嘛来说，他们所关心的只是在川边的政治调整而可能会失去的权力与地位，外界的"忧患意识"很弱或根本没有，他们在乎的是手上实实在在的土地与差民，列强之入侵与他们暂时还无关（之前西藏及川边阻止洋人游历的斗争及巴塘多次反洋教都是担心利益失去或利益冲突的结果）。帝国将要覆灭是清王朝政府所焦虑的事，与边地民众的日常生活还扯不上关系。彼此关心的问题不一致：边地及藏地担心改流后利益受损，清政府担心失去藏地，图谋改革以自强，在这一点上，中央政府与地方利益无法协调。因此川边土司、喇嘛不愿主动交出地盘与差民，也不可能积极主动地与清政府的政策配合，以达到清政府所追求的抗击外人入侵的目的。

清政府要御敌，就要把大清帝国内的每一片土地掌握在自己手中，统筹规划，这就必然要改变多年来的羁縻政策，剥夺羁縻区内"土皇帝"的特权与利益。而独占一方、世享至高之权的土司们不愿就此把特权利益转让，他们不仅要抗争，更不愿响应清政府"新政"的号召。巴塘事件就是土司、喇嘛与清中央利益相抗的结果，只是受害的却是无论对清中央政府还是对土司喇嘛来说都是纳粮当差的普通百姓。

凤全"私开汉夷百姓老幼男女人丁户口名册"被当地土司喇嘛认为是想"将巴塘汉夷百姓僧俗尽归与洋人管辖"[①]。这一条常被人引用作为分析凤全身死的原因。而实际上，凤全的所为只是在为清王朝在巴塘征收赋税做准备，是清中央王朝与巴塘土司、喇嘛之间利益之争，导致的凤全之死。赵尔丰在川边改土归流、施行新政更是明确地以发展边地经济、征收赋税为前提的，利益之争也就更为明显。赵在川边改土归流，拟建行省是建立在"地足以养民，民足以养官"的基础上。因此每改流一地先收回土司、喇嘛土地为"大皇上所有"，规定"凡种地者，无论汉、蛮、僧、俗皆应纳正粮"[②]。土司、喇嘛不能再继续向百姓征税，每年由所设委员就所征的粮项下赏给赡银，把原属于土司、喇嘛的利益收归中央所有。

同时，规定喇嘛必须与百姓一样当差、纳粮，禁止百姓把财产送给

[①] 《巴塘百姓禀打箭炉颇本已将凤全及洋人一并诛戮》，《清末川滇边务档案史料》，第43—44页。

[②] 《巴塘善后章程》汉文本，转引自《清末川滇边务档案史料》，第95—103页。

喇嘛寺，① 也不准僧俗头人私行买卖土地。② 这两条规定就必然会使利益冲突加剧。然而赵尔丰的七村沟血案、乡城桑披寺的围剿，令川边各土司民众胆战心寒，有些土司在武力征剿下缴印信号纸及土地、百姓，有些则是在武力的胁迫下交出权力。土司、喇嘛暂时出让了世享利益，但却不可能是甘心永久地放弃这种特权与利益。

即使赵在川边实行了一些有利于民众的措施，如减轻民众负担，废杂差，纳正粮，改革乌拉制度，发给乌拉脚价，也未能使民众在这场中央与地方或者说汉、藏上层的利益角逐中获得实质性的好处。清政府官员仍然只能与土司、喇嘛等川边的上层接触，是他们之间在进行利益的再分配。因此会有寺院喇嘛隐匿土地不上报的情况。③ 而对于川边民众来说，又多了一个食利者——清朝所派的官员——在当地百姓眼里，"汉人"是"叫花子"的代名词，④ 清朝所派官员被称为"大叫花子"。藏中商上称驻藏大臣为"熬茶大臣"⑤。《边地民歌》有记："白杨叶子满天飞，只有我们吃得亏，糌粑拿与人家吃，口袋拿与我们背。"⑥ 川边藏民对于自己利益的丧失或被占夺是有深刻认识的。且不时会有"不识时务者"起兵反抗。如光绪三十二年（1906）十一月盐井腊翁寺的起兵反抗，起因就是光绪三十一年赵尔丰在平巴塘之后派兵和委员到盐井接管盐务，把盐井归公，剥夺了该寺走私食盐获取大笔盐利的机会。光绪三十二年十二月，赵尔丰派兵镇压了翁腊寺的反抗后，即设立了盐井委员，征收盐税"以裕军需"⑦。

辛亥革命起，清政府灭亡，川边改土归流的武力后盾也随之丧失，土司、头人们所惧怕和慑服的对象也随之消亡了。他们在川边的利益角逐及对抗的对象也暂时不复存在，于是卷土重来，恢复了他们昔日的风光。川边防军既失去了饷源，成了无源之水，又失去了统一的领导，各

---

① 《赵尔丰札巴塘粮员等禁止忘民财产送归喇嘛寺》，《清末川滇边务档案史料》，第631页。
② 《赵尔丰、傅嵩炑示谕僧俗人等不准私行买卖土地》，《清末川滇边务档案史料》，第970页。
③ 《赵尔丰札甘孜各寺院严禁隐瞒地土牛厂及强人作喇嘛》，《清末川滇边务档案史料》，第571页；《喇世俊禀报春科寺喇嘛匿报下种数土地充公》，《清末川滇边务档案史料》，第907页。
④ 据康区调查百姓口碑及罗哲情错《我的家乡》《康藏研究月刊》1947年第27期，第28、29期合刊。
⑤ 《张荫棠参劾有泰等代奏致外务部电》，《关系史料汇编》，第1514—1516页。
⑥ 铭琛辑：《边地民歌一首》，《康导月刊》第5卷，第10期。
⑦ 《炉边善后行营会办赵渊禀报腊翁寺喇嘛肇事及布置情形》，《清末川滇边务档案史料》，第103—104页。

地驻防军士成了游兵散勇,一盘散沙。继之的民国政府无暇及时西顾,而川省掌政的地方临时政府未能有效而及时地接管清政府对于川边一切,直到民国元年(1912)六月,尹昌衡西征,距离赵尔丰在蓉城身死、傅嵩炑在雅州被俘已是半年之后的事了。

三 民族文化——在土司制和新政之间

赵尔丰川边新政随着他在成都的身亡而政息,考究其原因,最多被人论及的,同时也是最明显的原因被认为是宗教、文化冲突,即赵尔丰的"以夏变夷""以儒化佛"的宗教、文化政策,是使他在川边新政未能根植于民众、人亡政息的主要原因。对此,民国时期主持边政者有较深刻的认识,其中以在川边独占一方的刘文辉对赵尔丰的评述最有代表性。刘文辉认为"赵氏既奉命积极经营康藏,遂倡改土归流之议,锐意推进,惨淡经营,先后五六年内,设治三十余县,军功政绩均有可观。惜过于重视武力,而于康藏民族心理及宗教习惯,未能加于深刻之研讨,结果使藏人力绌而心怨,畏威而不怀德,洎于革命军兴,清廷颠覆,情势转变,而前功尽泯"。①

藏传佛教寺庙是川边藏区社会重要的组成部分,喇嘛是普通百姓最为崇仰之人,正如刘文辉所说"康人奉行佛教,久而益虔,万众身心,全系于此。盖其人生乐于出世,文化基于五明,普通人民,既不娴生产技能,智识分子亦不感政治兴趣"②。而晚清时期的经边者"虑不及此"③,他们所看到的则是喇嘛寺庙势力强大,影响边地安定、经济的发达及民心的向化归诚。

因此,清季经营边藏者几乎有同样的认识:欲改革边地社会使归一统,就必须改革边地宗教,限制喇嘛寺庙的势力。光绪二十九年(1903)十二月,驻藏大臣有泰在赴藏途中奏陈川藏交界地方情形时,就把边地喇嘛寺庙作为值得忧心并亟待解决的问题提出来:"里塘、巴塘本川属地,两处土司,颇知恭顺……惟有各寺院之喇嘛,愈出愈多,堪布之权,甲于官长,稍不遂意,聚众横行,托庇居民,肆其鱼肉,邻里借贷,间出其中,该喇嘛则重利以剥之,多方以胁之,如约不偿,则查抄备抵,甚至纵使无赖番僧沿途抢劫,控其追索,反索规礼,以致巴

---

① 1939年1月1日刘文辉在西康省政府成立宣言讲话,第72页。
② 同上书,第70页。
③ 同上。

塘、察木多交界之乍丫一带，盗案如林，客商裹足……干预地方、肆无忌惮，若不早为钳制，窃恐一朝尾大，收拾更难。"① 随后的驻藏帮办大臣凤全也与有泰持几乎同样的看法。凤全出关不久就发现边地不同于关内的特殊现象：僧多民少。大寺喇嘛多者四五千人，借以压制土司，刻削番民，积习多年。驻防营汛单薄，文武相顾，莫敢谁何。抢劫频仍，半以喇嘛为逋逃薮，致往来商旅竞向喇嘛寺纳贿保险，即弋获夹坝辄复受贿纵逸。提出要想"尽绝根株"边地的夹坝，"非使喇嘛寺有所限制不可"。"既此不图，相率效尤，恐以后办事亦多掣肘。"规定喇嘛寺人数不得超过三百名，二十年内暂缓剃度，十三岁以内的小喇嘛饬令还俗。② 凤全在巴塘新政的主要举措，同时也是导致他命殒异域的主要原因，就是提出了限制喇嘛寺庙势力。

继凤全之后，联豫为驻藏帮办大臣，在赴藏途中经过巴塘，虽然对凤全因限喇嘛势力而导致身死的情况不以为然，③ 但他还是准备"于此辈归流之后，即申明仍归地方管辖，查各寺之原额若干，不准格外剃度……永远遵行"④。认为川边喇嘛寺庙问题主要在于宁静山以东，"本不归达赖喇嘛管辖，如有事川吏诘问，则曰我归达赖，达赖诘问，则曰我归川省。两相朦混，以致百敝丛生，无恶不作，几同法外之人"。⑤ 喇嘛寺庙在当时被认为是边务第一问题，这几乎成了当时川边经营者们的共识，寺院的普遍存在且势力强盛，使"所剩余丁牧畜应役之不暇，招募屯垦，应选无人"。于边地生齿有碍，实业有碍，政治有碍。俗人出家一事，宜有限制，或家有兄弟五人者，准一出家为僧。边地改良第一事就是限制寺院势力。后藏粮务丁耀奎途径川边时，随笔所记也把限制寺院势力作为边地改良第一要务。⑥

赵尔丰入川边，以武力攻打巴塘丁林寺、乡城桑披寺。赵尔丰的川边经营也是以打击、限制佛教寺院势力开始。赵尔丰曾把乡城桑披寺寺内金银器皿及精致的铜器等财物全部收罗充公，并于光绪三十二

---

① 《有泰奏陈川藏交界地方情形折》，《清末川滇边务档案史料》，第7—8页；《禹贡半月刊》第6卷第12期，载吴丰培辑《记光绪三十一年巴塘之乱》。
② 《凤全奏请限制喇嘛寺人数片》，《清末川滇边务档案史料》，第40—41页。
③ 张其勤撰，联豫补记：《炉藏道里最新考》，载吴丰培辑《川藏游踪汇编》，四川民族出版社1985年版。
④ 同上。
⑤ 同上。
⑥ 丁耀奎：《西康行军日程》，载吴丰培辑《川藏游踪汇编》，四川人民出版社1985年版。

(1906)转送到成都,在成都青羊宫花会上专门搭架陈列,称为"乡城受降品"①。后来把这些东西变价贷放给双流商家作为边务经费。这也成为赵尔丰日后未能进藏、被西藏僧俗控告的主要原因:"将寺内佛像、铜器改铸铜元,经书抛弃厕内,护佛绫罗彩衣被军人缠足。"②

把喇嘛寺院全部收归"大皇上所有","皆属大皇上地土"也是赵尔丰川边新政的主要举措之一。每处改流之地都规定"凡喇嘛无论自种、佃种之地,皆应与百姓一律按等完粮,不得以庙地稍有歧异"。"喇嘛有佃户,只准向佃户收租,不准管理他项事务,如词讼、帐项等项,更不准干预地方公事。即其佃户与人争讼,是非自有地方官为之审理,该喇嘛不得过问,并不得向地方官衙门求情等事。""凡汉、蛮、僧、俗、教民人等大小词讼,皆归地方官申理,无论何人不得干预其事。"③而川边风俗,民间结仇词讼事件双方一般都听从于寺院大喇嘛的调解,喇嘛充任着社会行政管理的职责,不仅被当地习俗接受,也是当地人所仰赖的主要方法。民国时,改由汉官处理民间词讼,在当地人看来"汉官的调解技术,便是贪污与欺骗两种,既罚了甲方银子若干秤,又罚乙方金子若干两。总之,两方都不对,只有官才对。所以必双方处罚,罚钱入官。判结的方法,是依的汉法。与番人习俗大相违反"。④

在川边当地人看来"蕃人社会间错综复杂的关系,不是汉官能弄清楚的"。实际上,晚清中枢及边臣对于川藏的一些问题确实存在着了解不清、认识不足的情况。比如有关收回瞻对问题上的意见方面,瞻对在同治年间赏归达赖后,一直由藏中派番官统治,番官信奉黄教,而瞻对民众则修红教、黑教,不修黄教,番官强迫瞻对民众改信黄教,于是就屡有瞻对百姓反抗番官的事件发生,最重要的一次发生在光绪十五年瞻对吴鲁玛地方番民起而"谋叛西藏,并焚掠官寨,杀毙藏番"⑤。对于这次瞻地民变的原因,成都将军岐元等奏称"瞻对番民叛藏……因藏官贪虐启衅,别无异志"⑥,将首先造意煽乱的瞻对叛番巴宗喇嘛"审讯

---

① 刘鼎彝:《赵尔丰经营川边闻见忆述》,《四川省文史资料选辑》第6辑。
② 《西藏僧俗员弁禀请撤回赵尔丰以堵糜乱》,《清末川滇边务档案史料》,第215—216页。
③ 《巴塘善后章程》汉文本,转引自《清末川滇边务档案史料》,第95—103页。
④ 罗哲情错《我的家乡》,《康藏研究月刊》1947年第27期。
⑤ 《清德宗实录》卷279《光绪十五年十二月戊戌条》,第12—13页。
⑥ 《清德宗实录》卷282《光绪十六年闰三月辛丑条》,第1页。

明确，即著正法枭示，以昭炯戒"①。最后，清中枢总结"瞻对番族从前屡抚屡叛"②的原因是"藏官办理不善之故"③。成都将军虽讯明瞻民反叛西藏的"首逆"是寺院喇嘛，却只按"汉人方法"撤换藏官"以苏民困"，丝毫未涉及也未考虑这些冲突是源于宗教信仰问题。此后几次的收瞻之议也都是从川藏政局角度出发，并没有关于宗教方面的思考，虽然有鹿传霖、赵尔丰等人意识到藏中以瞻对为据点向川边各土司蚕食侵蚕的意图，但他们都只想到利用政治手段而非宗教的手段解决瞻对问题。

赵尔丰对川边宗教寺庙的态度是叛则剿之，服则限之。限制喇嘛在川边的长久习成的特权，不准寺院享受百姓的进献。如在巴塘、里塘等地专门分发告示，示谕百姓不准把民间田产施送给喇嘛；④不准喇嘛擅受民间词讼而由官管理；⑤不准寺院强迫人作喇嘛；⑥专门创办喇嘛学堂，让各寺院将幼年喇嘛送入学堂学习，⑦让汉人为喇嘛者一律还俗。⑧赵尔丰希望通过逐步减少喇嘛人数、限制寺院势力而达到地方行政权转移的目的。宣统三年（1911），当道坞宜槎寺因连年歉收而请求允许免纳差粮时，代理边务大臣傅嵩炑却批令道坞寺喇嘛还俗谋生。⑨傅嵩炑的这个做法既是赵尔丰对寺庙管辖的沿袭，也是一脉相承。

为了削弱喇嘛寺院在川边的势力及影响，赵尔丰在新政兴学之际，专门编制辟俗歌，让学生传唱，其中一首为："红黄两教纷如麻，明明弱种第一法，不爱□家，不养爹妈，口中喃喃说些啥？身披氆氇为的啥？从今悟了莫理他，再不学喇嘛。"⑩

削弱寺庙势力的同时，兴办学堂用中原的儒家文化为准绳来衡量、改造边藏文化。清王朝的后期统治者经过长期的儒家传统文化的浸染，

---

① 《清德宗实录》卷284《光绪十六年四月甲寅条》，第5页。
② 《清德宗实录》卷290《光绪十六年十月丁未条》，第8页。
③ 同上。
④ 《清末川滇边务档案史料》，第92、631、676页。
⑤ 同上书，第672—673页。
⑥ 同上书，第571页。
⑦ 《清末川滇边务档案史料》，中华书局1989年版，第350页；格桑群觉（刘家驹）《赵尔丰对川边的统治及措施》记赵在巴塘办喇嘛学堂，饬令青年童僧，一律留发受训，半日读书，半日教以制坯烧陶，使各有专长，自谋生计。民国以后此批学生大都又剃发回寺。
⑧ 《清末川滇边务档案史料》，第934页。
⑨ 同上书，第997、1056页。
⑩ 《三十年来西康之教育》转引自石村《康藏图书解题》，《康导月刊》第4卷第2、3期。

以自己为正统，以儒家文化为正统主流文化，而把西藏和川边藏族地区的文化视为落后文化，并用开办学堂等方式来试图改变边藏风俗习惯，强调"渐以教育，潜移默运，革其迷信，输以文明，强其种族，固我藩篱"①。

藏区盛行天葬，无论是父母或任何亲人死后都是碎尸饲鹰，并"磨其筋骨和糌粑饲之"，以被鹰食完为功德圆满。而边、藏的天葬习惯却被以儒家文化自居的清官吏们认为是"伤心害理，莫此为甚"②，被当成是边、藏"风俗恶劣"③ 最重要表征之一。并按大清律例来衡量："杀祖父、父母者凌迟处死，此等行为虽与生前手刃者有别，而忍视其祖父母、父母、叔伯、兄弟、夫妇等任他人千刀万剐而不知惨伤，已属禽兽之不如。况剐割之人为彼邀请，究与亲自下手者无异。论情理固不容赦，按国法亦在必诛。"④ 在这种认识下，在整个川边之地，发文禁止实行天葬。

边、藏施行新政者所不能容忍的边地风俗中另一个风俗是兄弟共妻制。兄弟共妻被藏人看作避免家庭财产分割、家和人兴的一种风俗。而这种风俗被经边者视为"蔑伦至此，俨同禽兽"⑤。赵尔丰在每地的改流章程中都以中国礼教为准则，制定了"葬亲""辩族""着裤""剃发""净面""冠服"⑥ 等条款让百姓遵循。赵"每到一地必集众演说，劝番人勿学喇嘛，勿共娶一妻"⑦。一切皆以中原儒家文化为正统和准绳，把儒家伦理观念注入藏区。这种强制式的汉化注入以开学堂、革风俗为主要表现形式，但未及人心，反致逆反心理。因此随着清政权的灭亡其施政也就如烟云飘散。

四 余论

如果说川边改流、施行新政随着赵尔丰的被杀而"人亡政息"，或

---

① 《清末川滇边务档案史料》，第487—489页。
② 张其勤著，联豫补记：《炉藏道里最新考》，载吴丰培辑《川藏游踪汇编》，四川人民出版社1985年版；《石渠委员孙毓英禀请通饬德格四区禁止天葬》，《清末川滇边务档案史料》，第646—647页；另参见刘赞廷《石渠县图志》。
③ 同上。
④ 《石渠委员孙毓英禀请通饬德格四区禁止天葬》，《清末川滇边务档案史料》，第646—647页。
⑤ 张其勤著，联豫补记：《炉藏道里最新考》，载吴丰培辑《川藏游踪汇编》，四川人民出版社1985年版。
⑥ 《巴塘善后章程》汉文本，转引自《清末川滇边务档案史料》，第92—103页。
⑦ 任乃强：《西康图经》，新亚细亚学会1933年版。

者说是由于赵在川边的"措置失当，坐树大梗"①造成的，那只是看到了导致失败的表面原因，即手段、方法的问题。真正原因则如锡良所说"伏维列强竞争，立国之本，不外乎内政外交，而内政尤为外交之本，处外交之情见势绌，而乃修其内政，抑已晚矣"。②锡良在光绪三十三年（1907）分析全国普行新政、普谋补救的话成了清王朝必然灭亡的谶纬之言。清政府在全国谋新政自救，是"值艰危之际"，而筹"补救之方"③，是企图立国的一种不得已之法。赵尔丰在川边新政只是全国新政的组成部分，只是赵在川边施行的新政更有力度，也更彻底，而且把川边的各种矛盾集中到一起解决，因此更显得是"积重难返"，再加上各种非客观因素，失败便也是必然。

清王朝最后几年，晚清政府已被看作"中华帝国正在没落，其四肢已经烂掉，尽管中国人的生命力或许还在十八个省的心脏部位苟延残喘"④。这几乎成了一部分外国人对中国的普遍认识，然而更多的外国人看到了中华帝国内部力量的强大，这种强大生命力不仅包括晚清王朝政府本身在做自救的努力及存在着一大批执行清王朝自救措施，如赵尔丰这样的人，更主要的还是指潜在中华帝国内部的一种新生力量，而这股新生力量不能满足于清廷的改良，这些为维护王朝统治而采取改良措施"似乎还跟不上弥漫于整个国家的变革精神"，因此"在进步的中国人士中也有急于求成、还不会走就想跑的倾向"⑤，他们将会清除变革的阻力——清王朝政府，并将代替清王朝政权成为挽救中华民族危亡的主力军。赵尔丰作为清王朝的诸种政策的坚决执行者和拥护者，未能及时地看到并重视这股新生力量，因此就不可避免地最终随着清王朝覆灭而被埋葬。尤其是在川边为自己的设想及行动规划所激励的赵尔丰似乎没有一点这方面的意识，在相对于内地环境的川边的真空里为维护清王朝的有效统治、地盘不被侵占和丢失而奋力埋头苦干，几乎形成对国内大环境的盲视，并最终被这些不为他了解的新生力量所埋葬。

---

① 1939年1月1日，蒋介石在西康建省时训词，第71页。
② 中国科学院历史研究所第三所主编：《锡良遗稿·奏稿》，中华书局1959年版，第661页。
③ 同上。
④ 瓦·姬乐尔：《中东》第399页，姬乐尔的这种观点在当时几乎成为外国人对中国的普遍认识，但驻北京的《泰晤士报》记者莫理循和其他许多对中国情况了解的人却认为这是一种对于中国的错误认识，参见《清末民初政情内幕》。
⑤ 1907年7月7日瓦·姬乐尔从日本给莫理循的信函，预言中国即将发生大的变革或革命的。《清末民初政情内幕》上卷（1895—1912），第594—600页。

结　语

　　为了挽回在藏利权，晚清王朝在国势衰微、内外交困的情况下把川边羁縻土司区纳入西南边防整体思考部署中，并进行筹划经营，借由四川总督、驻藏大臣等西南边疆大臣，逐渐意识到川边对于西南边防以及经营川边对于稳固西藏和西南边防的意义与价值。晚清政府对川边的认识是随着国际国内局势的变化而逐步深化的，原来的区区川藏通道在清中枢的总体谋划中越发举足轻重，最终被抬至援藏基地的地位。在于西藏设省不成的情形之下，转而注重对川边经营，以图筹边援藏、固川保藏。

　　作为川边经营的主要施政者，赵尔丰在借由武力进入川边巴塘后，开始在川边进行改土归流的初步尝试，为清政府设立川滇边务大臣奠定了基础。赵尔丰从接任川滇边务大臣起就开始了川边的全面经营，政治上以在川边改土归流、拟建行省、巩固西南边防、预杜外人窥视为目的，把清廷对川边在西南边防中作用的思考推向最高潮，并在实践中不断地强调和突出川边地位的全局意义。

　　然而由于晚清政权受内外交困的客观环境制约，以及以新政为代表的治理模式试图改变转换之际的不确定性，清中枢决策者与不同的边藏经营者们，站在各自所处的位置，谋划边藏问题，又因个人的眼界及思维模式的差异，对于川边和西藏经营的态度、具体措施等又有不同的看法，这些角度与看法的不一致以及所导致的分歧，常常会使彼此掣肘，也因此最终没有能在清灭亡前实现清中枢或边吏的治藏最高目标。

　　为配合军事行动和实现政治目的，奠定川边改土归流、筹建行省的物质基础和思想基础，进行经济开发和文化同化等工作，被任命为川滇边务大臣的赵尔丰在平康三策基础上开拓经边六事，提倡兴屯垦、办学堂、创实业、修治道路、架桥梁、统一度量衡等措施。这些几乎是以"新政"的形式而逐步地得以实施，同时这也是清季在川边改土归流不同于历史上其他地区改土归流的主要内容。

赵尔丰在川边推行的改土归流及实行的"新政"措施,改变了川边的政治状况,使近代意义的川边经济开发和文化教育从空白到缓慢起步,在边七年给川边所带来的变化是该地区历史上最大、最彻底的一次改变,也可以说是近代川边藏区社会、政治、经济、文化变革的起点和最高峰。在当时国力衰弱、内忧外患十分严重的情况下,赵尔丰在川边的措施,有力地促进了晚清朝廷对西藏的管辖,同时也起到了抵御英俄窥视藏地的作用。客观来看,赵尔丰的新政是"新""旧"杂糅,既有封建王权政治文化的遗留、延续,又包含了相当分量的现代政治经济文化的萌芽。无论如何,其对后世治藏经边者的启示都是相当深远的。

今人考察康区之地方实业、现代教育、医疗等之滥觞,无不追溯到赵尔丰时代,赵尔丰在清末几年对川边的强力推行新政,是全国各地新政浪潮的共同推动的结果,唯一不同的是赵尔丰在川边的新政,是没有建立在任何社会经济发展的基础上,是完全的移植,再加上武力为后盾的进入,使其在川边的"新政"更多的带有旧式"改土归流"的印记。赵尔丰在川边的新政若是放在全国范畴里,只是一个组成部分,而且看起来似乎还不是太重要的一部分,[①]然而若是把赵尔丰的新政与川藏地区的改土归流、政治改革以及放在西南边防的角度,其意义就大不一样。

赵尔丰在川边的具体施政尤其是不拘一格延揽人才,废除川边延续千年的沉重劳役——乌拉,开办新式学堂、开设药物局、修路架桥、开办民族实业、引进新式农作技术与耕具等都是具有推动当地社会经济发展的实际措施,这也是民国时期及今日学者们探讨最多的方面。但另一方面,赵尔丰以武力为先导顺利进入川边,之后又计划以驻藏大臣兼办边务的身份,以同样的"武力前导""恩威并施"策略方式进入西藏,把川边施政推及西藏,然而由于清中央对于藏事的过于谨慎与优柔,加上筹边藏事务大臣之间因个人利益的嫌隙与掣肘,以及赵尔丰本人的思维惯性和眼光的局限,使其在藏地的施政不得不中辍。

晚清政府对于藏事的国际交涉处处被动,与其内外交困、积重难返、国力衰微、无外交专门之学有很大的关系。同时晚清中央对于西藏地方政府及西藏地方社会变化的"刻舟求剑"式惯性思维,未能及时清楚地洞察西藏地方社会的变化,这也是使藏政不兴的主要原因。坚守

---

① 参见李细珠《地方督抚与清末新政——晚清权力格局再研究》,社会科学文献出版社2012年版。

祖制不放，家天下和血缘分封的老传统，使封疆大吏走向末路。"新政"中"新面目"与"旧根基"之间的脱节、地方利益与国家权益的冲突、"以夏变夷""以儒化佛"诸种措施及其诸种复杂矛盾的彼此扭结与冲突，不同民族文化传统之间的磨合与碰撞，都在边藏经营中纠葛着，最终因没有触及社会底层、缺乏社会支撑根基而人亡政息。

清末川边经营历史的清晰梳理，中央政府与地方边吏在具体施政上的分歧、彼此互动过程、筹谋边藏事务的内外矛盾与掣肘，诸多历史事实的全面展示，对于今天谋求长期建藏之策，西藏及四省藏区协调发展的目标都有很强的借鉴意义。

回顾这段历史，为我们今天解决西藏问题提供很多启示。

在当今国际环境中，西藏问题十分敏感的情况下，要想处理好西藏问题，必须首先注意西藏周边藏区的发展，要把川、甘、青、藏各地藏区协同起来考虑，尤其应该充分重视康区的发展。虽然"川藏事同一体""藏事乃边事"的当时看法已随着世易时移有所变化，但川、边、滇、藏西南互犄之势依然存在。因此，要达到最终解决西藏问题目的，决不能在部署经营中只把战略眼光盯着西藏本身，而应放眼于西藏周边藏区的发展与稳定。今日藏区开发，还必须注意妥善处理藏区的宗教问题，协调好传统寺院与现代基层行政组织的关系，以达到藏区社会的真正稳定。另外，我们还可以得出：西藏问题的最终解决必须要有一个总体思路与部署，同时这个战略部署还必须要随着内、外环境的变换逐步完善与发展，才能最终实现长期建藏的目标。

主要参考文献

一 档案、奏牍、资料辑

吴丰培辑：《清代藏事奏牍》，陈家琎等编：《西藏学汉文文献丛刊》第3辑，中国藏学出版社1994年版。

四川省民族研究所《清末川滇边务档案史料》编辑组：《清末川滇边务档案史料》，中书华局1989年版。

王光祈译：《西藏外交文件》，中华书局印行1930年版。

中国藏学研究中心等编：《元以来西藏地方与中央政府关系档案史料汇编》（1—7册），中国藏学出版社1994年版。

中国藏学研究中心历史所：《英国外交部涉藏档案选译》（五卷），内部资料，2005年。

中国第一历史档案馆编：《光绪朝朱批奏折》，中华书局1995—1996年版。

中国第一历史档案馆编：《光绪宣统两朝上谕档》，广西师范大学出版社1996年版。

中国第一历史档案馆编：《清代军机处电报档汇编》，中国人民大学出版社2005年版。

〔澳〕骆惠敏编：《清末民初政情内幕——〈泰晤士报〉驻北京记者，袁世凯政治顾问乔·厄·莫理循书信集》（上、下），刘桂梁等译，知识出版社1986年版。

国史馆纂修，丁实存：《清代驻藏大臣考》，蒙藏委员会边疆丛书。

（清）有泰：《川藏奏稿》，光绪年间朱砂抄本2册。

（清）撰者佚名：《川边奏稿》，中央民族大学图书馆。

中国科学院历史研究所第三所主编：《锡良遗稿·奏稿》（全二册），

《中国近代史资料丛书》，中华书局1959年版。

王彦威、王亮：《清季外交档案史料》，文海出版社1963年版。

西藏民族学院历史系编：《清实录·藏族历史资料汇编》（1—6册），西藏民族学院历史系1981年版。

马汝珩、马大正主编：《清代的边疆政策》，中国社会科学出版社1994年版。

北京大学历史系等编著：《西藏地方历史资料选辑》（内部发行），生活·读书·新知三联书店1963年版。

贺文宣编著：《清朝驻藏大臣大事记》，中国藏学出版社1993年版。

吴丰培辑：《川藏游踪汇编》，四川民族出版社1985年版。

四川省社会科学研究院、西藏自治区社会科学院《川边历史资料汇编》编辑组：《川边历史资料汇编（手稿与征求意见稿）》，西藏人民出版社1981年版。

冯有志编著，周光钧校订：《西康史拾遗·文史资料》（上、下册），甘孜州政协文史资料委员会编印，1993年。

姚锡光：《筹藏刍议》，光绪三十四年（1908），刊于京师廎斋，载沈云龙主编《近代中国史料丛刊》第39辑，文海出版社。

（清）何藻翔：《藏语》，广智书局宣统三年（1911）版。

（清）查骞：《边藏风土记·西藏学汉文文献汇刻》，中国藏学出版社1991年版。

华企云编著：《西藏问题》，上海大东书局1930年版。

吴丰培编：《清代西藏史料丛刊》第一集《藏印往来照会》（光绪二十年—三十年十月初三），《清代西藏史料丛刊》第二集《班禅赴印纪略》（光绪三十一年）。

《赵尔丰川边奏牍》，四川民族出版社1984年版。

《清季筹藏奏牍》（1—3），国立北平研究院史学研究会出版，商务印书馆1938年版。

《清代藏事辑要续编》，四川民族出版社1984年版。

《有泰驻藏日记》，全国图书文献缩微复制中心1987年版。

《联豫驻藏奏稿》，西藏人民出版社1979年版。

《景纹驻藏奏稿》，四川民族出版社1986年版。

中央民族学院图书馆编：中国民族史地资料丛刊。

（清）李凤彩撰：《藏纪概览·三卷》。

（清）萧腾麟撰：《西藏见闻录·二卷》。

（清）钱召棠撰：《巴塘志略》，道光二十二年（1842）。

（清）陈登龙撰：《理塘志略》。

（清）张继撰：《定瞻厅志略》。

（清）吴德煦撰：《章谷屯志略》，宣统二年（1910）。

《打箭炉志略》。

《炉霍屯志略》。

（清）段鹏瑞撰：《巴塘盐井乡土志》宣统三年（1911）。

中央民族学院图书馆编：《道孚风俗纪略》，中国民族史地资料丛刊，1979年。

（清）黄沛翘编、韩铣等绘图《西藏图考》与松筠《西招图略（合订）》，西藏人民出版社1982年版。

刘赞廷：《西康建省记要》（8卷），民族文化宫图书馆1960年复制本。

傅嵩炑：《西康建省记》，台北成文出版社1968年版。

沈云龙主编，许同莘、汪毅、张承启编：《光绪条约和清季各国照会目录》，《近代中国史料丛续编》第八辑，文海出版社。

王铁崖：《中外旧约章汇编》，生活·读书·新知三联书店1982年版。

吴藏沅：《川藏史地（上、中、下）》，川康边政训练所1928年印本。

边政设计委员会：《康边政资料辑要》，1940年编印本。

夏格巴：《西藏政治史（Tibet, A Political History）》（中译内部版）。

《西藏研究》编辑部编辑：《卫藏通志·西藏研究丛刊之一》，西藏人民出版社1982年版。

"中央研究院"近代史研究所编：《清季教务教案档》（光绪二十年—宣统三年）第7辑，1981年。

《宣统政纪》（《清实录》第60册），中华书局1987年影印本。

《清实录》（光绪朝），中华书局1987年影印本。

《清穆宗实录》，华文书局1985年版。

《鹿传霖日记》，河北省博物馆藏，《文物春秋》1992年第2—3期；1993年第1、3期；1994年第4期。

郑曦原编：《帝国的回忆——〈纽约时报〉民初观察记（1911—1921）》，蒋书婉等译，当代中国出版社2011年版。

二　报纸杂志

《康藏研究月刊》1946.7—1949.9。
《康导月刊》1938.9—1947.1。
《康藏前锋》1935—1937 年。
《川边季刊》，重庆中国银行，1935 年 3 月创刊。
《四川官报》1904—1911 年。
《成都日报》1904 年 10 月创刊—1912。
《四川学报》1905 年 2 月—1911。
《蜀报纪事》1910.8—1912。
《禹贡半月刊》第 6 卷第 12 期，康藏问题专号。
西北问题研究会编印：《西北问题集刊·康藏专号》，1936 年 7 月，共收康藏专著 2 篇。
任乃强：《西康札记》，亚细亚月刊社 1932 年版。

三　一般文献资料

陈文澜：《藏王达赖出走印度之后》，《逸经文史半月刊》(13)。
陈乃甲错：《外国传教士在巴塘》，《巴塘志苑》1987 年第 1、2 期。
《巴塘县解放前喇嘛寺庙概况》，《巴塘志苑》1984 年第 3 期。
陈渠珍：《艽野尘梦》(单行本)，任乃强校，重庆出版社 1982 年版。
《赵尔丰轶事》，《康导月刊》第三卷第 9 期。
陈志明：《西康沿革考》，拔提书店 1933 年版。
〔法〕古德诺 (Francois Gore)：《藏边三十年见闻记》，杨华明、张镇国译，《康导月刊》5 (6) 起连续刊录。
格桑群觉 (刘家驹)：《赵尔丰对川边的统治及措施》，《四川文史资料选辑》第 2 辑。
《赵尔丰在巴塘》，《巴塘志苑》1984 年第 2 期。
黄玉兰口述，益西拉姆整理：《赵尔丰嫉杀扎通司》，《巴塘志苑》1984 年第 5 期。
可权：《清季经营西康之始末记》，《地学杂志》1915 年卷 8 (1、2)。

罗哲情错：《我的家乡》，《康藏研究月刊》1947 年第 27、28、29 期合刊。

林栋：《西康之研究》，金陵大学文学院 1936 年抄本，中国社科院民研所藏。

刘鼎彝：《赵尔丰经营川边闻见记述》，《四川文史资料选辑》第 6 辑。

李静轩：《赵尔丰经边始末》，《四川文史资料选辑》第 2 辑。

刘文辉：《西康现状及赵尔丰治康之得失》，《西北问题季刊》1936 卷 2 （1—2）康藏专号。

刘文辉：《建设新西康十讲》，康导月刊社出版。

民族文化宫图书馆复制：《康藏资料》（内部参考）1962 年 12 月。

《驻藏大臣考》，《康藏资料》（内部参考）1961 年 9 月。

《三十年游藏记（1—12）》，《康藏资料》（内部参考）1961 年 8 月。

《西南野人山归流记（上、下）》，《康藏资料》（内部参考）1961 年 8 月。

《藏印条约大全》，《康藏资料》（内部参考）1962 年 4 月。

《康藏纵横程站寰宇记》（内部参考），1961 年 4 月。

《赵尔丰奏议公牍全集（1—15）》，1961 年 5 月。

梅心如：《西康》，正中书局 1934 年版。

任乃强：《西康风土记》，新亚西亚学会 1944 年版。

四川省巴塘县志办公室编印：《巴塘志苑（内部刊物）》1984 创刊号—1991。

四川省近百年大事记口述编辑组：《凤全与巴塘事件本末》，《四川文史资料选辑》（第 10 辑）。

四川省巴塘县志编纂委员会：《巴塘县志》，四川民族出版社 1993 年版。

谢天沙：《康藏行——1941 年到康藏调查记录》，工艺出版社 1951 年版。

谢培筠编：《川西边事辑览》，1935 年版。

杨仲华著：《西康记要》（上、下册），商务印书馆 1929 年版。

中国人民政治协商会议四川省委员会文史资料研究委员会编，《四川文史资料选辑》，四川人民出版社 2001 年版。

张绪署：《西康图说》，民国乙亥（1935 年）。

四　研究论著

（一）著作

冯明珠：《近代中英西藏交涉与川藏边情——从廓尔喀之役到华盛顿会议》，台北故宫博物院 1996 年版。

冯明珠：《中英西藏交涉与川藏边情》，中国藏学出版社 2007 年版。

高鸿志：《英国与中国边疆危机（1637—1912）》，黑龙江教育出版社 1998 年版。

贾小叶：《晚清大变局中督抚的历史角色——以中东部若干督抚为中心的研究》，上海书店出版社 2008 年版。

〔加拿大〕谭·戈伦夫：《现代西藏的诞生》，伍昆明、王宝玉译，中国藏学出版社 1990 年版。

〔印〕卡·古普塔：《中印关系秘史》，王宏伟译，中国藏学出版社 1990 年版。

李细珠：《地方督抚与清末新政——晚清权利格局再研究》，社会科学文献出版社 2012 年版。

刘传英：《巴塘藏族反教卫国斗争史略》，四川人民出版社 1993 年版。

吕昭义：《英属印度与中国西南边疆（1774—1911）》，中国社会科学出版社 1996 年版。

吕昭义：《英属印度与中国西南边疆（1911—1947）》，中国藏学出版社 2001 年版。

〔美〕梅·戈尔斯坦：《喇嘛王国的覆灭》，杜永彬译，时事出版社 1995 年版。

〔美〕塞缪尔·P. 亨廷顿：《变动社会的政治秩序》，上海译文出版社 1989 年版。

〔美〕约翰·麦格雷格：《西藏探险》，向红茄译，西藏人民出版社 1985 年版。

〔美〕O. E. 柯乐博：《20 世纪的中国》，纽约 1964 年版。

佘素：《清季英国侵略西藏史》，世界知识出版社 1959 年版。

石硕：《西藏文明东向发展史》，四川人民出版社 1994 年版。

王远大：《近代俄国与中国西藏》，生活·读书·新知三联书店 1993

年版。

周伟洲：《英国侵略我国西藏史略》，陕西人民出版社1984年版。

周伟洲主编：《英国、俄国与中国西藏》，中国藏学出版社2000年版。

瞿同祖：《清代地方政府》，范忠信、宴锋译，法律出版社2003年版。

马汝珩、马大正主编：《清代边疆开发研究》，中国社会科学出版社1990年版。

桑兵：《庚子勤王与晚清政局》，北京大学出版社2004年版。

桑兵：《清末学堂学生与社会变迁》，学林出版社1995年版。

申学锋：《晚清财政支出政策研究》，中国人民大学出版社2006年版。

魏秀梅：《清季职官表附人物录》，《中研院近代史研究所史料丛刊》（5），1977年。

吴春梅：《一次失控的近代化改革——关于清末新政的理性思考》，安徽大学出版社1998年版。

肖功秦：《危机中的变革——清末现代化进程中的激进与保守》，上海三联书店1999年版。

〔英〕荣赫鹏：《英国侵略西藏史》，孙煦初译，内政研究会边政丛书之三，商务印书馆1935年版。

〔英〕查尔斯·贝尔：《十三世达赖喇嘛传》，冯其友等译，西藏学参考丛书之七，西藏社会科学院西藏学汉文文献编辑室1985年版。

〔英〕黎吉生：《西藏历史》，李有义译，民族出版社1978年版。

〔英〕查尔斯·贝尔：《西藏之过去与现在》，宫廷璋译，商务印书馆1930年版。

〔英〕彼得·霍普柯克：《闯入世界屋脊的人》，向红茄、尹建新译，西藏人民出版社1989年版。

〔英〕彼得·弗莱明：《刺刀指向拉萨》，向红茄、胡岩译，西藏人民出版社1987年版。

张小莉：《清末"新政"时期文化政策》，人民出版社2010年版。

张秋雯：《赵尔丰与瞻对改流》，台北蒙藏委员会2001年版。

赵云田：《清末新政研究——20世纪初的中国边疆》，黑龙江教育出版社2004年版。

（二）论文

程贤敏：《改土归流与康区社会（上、下）》，《中国藏学》1988年第3—4期。

陈一石：《赵尔丰与四川藏区的改土归流》，《四川师院学报（社会科学版）》1981 年第 3 期。

陈一石：《略论清末川边改土归流与赵尔丰》，《云南民族学院学报》1984 年第 4 期。

陈一石：《从清末川滇边务档案看赵尔丰的治康政绩》，《近代史研究》1985 年第 2 期。

陈一石：《川边藏区交通乌拉差徭考索》，《西藏研究》1984 年第 1 期。

陈一石：《清末印茶与边茶在西藏市场的竞争》，《思想战线》1985 年第 4 期。

陈一石：《清末的边茶股份有限公司》，《思想战线》1987 年第 2 期。

陈一石：《清末川铸藏元与印度卢比》，《西藏民族学院学报》1983 年第 4 期。

陈一石：《印茶侵销西藏与清王朝的对策》，《民族研究》1983 年第 6 期。

陈一石：《傅嵩炑与〈西康建省记〉》，《四川文物》1988 年第 2 期。

李茂郁：《试论清末川边改土归流》，《西藏研究》1984 年第 3 期。

陈光荣：《开发民族地区经济文化的有益尝试——清末西藏"新政"评介》，《西藏日报》1990 年 9 月 13 日。

崔志海：《国外清末新政研究专著述评》，《近代史研究》2003 年第 4 期。

段鑫：《晚清民国时期滇藏川毗连地区治理中若干整体性特征分析》，《西南边疆民族研究》2013 年第 1 期。

董春美：《印茶侵藏：中印关系的历史检讨》，《南亚研究季刊》2013 年第 1 期。

范名兴：《清末民初中英（印）关系中的"西藏问题"——清末民初中国政府维护西藏主权的努力》，《南亚研究季刊》2011 年第 4 期。

冯明珠：《台湾地区所藏"西藏档"》，《中国藏学》2000 年第 2 期。

冯明珠：《川青藏边域史地察——近代中英康藏议界之再释（上）》，《中国藏学》2007 年第 4 期。

冯明珠：《川青藏边域史地察——近代中英康藏议界之再释（下）》，《中国藏学》2008 年第 1 期。

国庆：《赵尔丰及其巴塘经营》，《西藏研究》1989 年第 6 期。

国庆：《清代藏区驿传制度蠡测》，《西藏研究》1996 年第 1 期。

郭卫平：《张荫棠治藏政策失败原因初探》，《青海民族学院学报》1988

年第 1 期。

何云华：《论赵尔丰人事思想的基本特点》，《中央民族学院学报》1993年 4 期。

黄维忠：《清季筹藏新政评述》，《中国藏学》1995 年第 1 期。

黄玉清、王楚玉：《赵尔丰——屠户的由来》，《四川文史资料选辑》第 13 辑。

何云华：《论赵尔丰人事思想的基本特点》，《中央民院学报》1993 年第 2 期。

胡岩：《〈寇松备忘录〉与民国初年英国侵略中国西藏的政策》，《中国藏学》1998 年第 3 期。

胡岩：《美国政府与清末民初的"西藏问题"》，《西藏民族学院学报》2006 年第 3 期。

康定师专《甘孜州政治稳定与经济发展研究》课题组、杨嘉铭：《"安康"问题的由来与发展》，《康定民族师专学报》1993 年第 4 期。

鲁子健：《清代藏汉边茶贸易新探》，《中国藏学》1990 年第 3 期。

李绍明：《论"治藏必先安康"的历史经验和现实意义》，载《李绍明民族学文选》，成都出版社 1995 年版。

李细珠：《试论清末新政时期政区变革的几个问题》，《近代史研究》2003 年第 2 期。

凌兴珍：《试探清季川边康区的边疆民族师范教育》，《四川师范大学学报（社会科学版）》2008 年第 6 期。

刘士岭：《清末西藏新政失败的主观原因探析》，《兰州学刊》2007 年第 3 期。

刘先强：《试论清末川边藏区学校课程内容的改革》，《民族教育研究》2006 年第 1 期。

刘先强：《20 世纪上半叶康区师范教育发展述论》，《西藏研究》2007 年第 1 期。

刘世龙：《辛亥年"赵屠户"名实蕴涵初探》，《社会科学研究》2013 年第 1 期。

李绍先、陈渝：《锡良与近代四川教育》，《文史杂志》2004 年第 3 期。

李绍先：《赵尔丰与川边藏区近代教育之兴起》，《文史杂志》2003 年第 3 期。

李凤珍：《清朝经营川、藏与达赖出逃》，《西藏研究》2001 年第 3 期。

李细珠：《清末预备立宪时期的平满汉畛域思想与满汉政策的新变

化——以光绪三十三年之满汉问题奏议为中心的探讨》，《民族研究》2011 年第 3 期。

秦和平：《清末十三世达赖喇嘛致光绪皇帝的三道奏折》，《中国边疆史地研究》1998 年第 2 期。

秦和平、谭小钟：《清末中央政府筹治川边地区措施之述评》，民族论丛 11 辑。

任新建：《凤全与巴塘事变》，《中国藏学》2009 年第 2 期。

欧朝贵：《清代驻藏大臣的衙门》，《中国藏学》1994 年第 5 期。

申新泰：《清中央对西藏行政体制和宗教制度改革述评》，《西藏民院学报》1996 年第 1 期。

索文清：《1908 年第十三世达赖喇嘛晋京朝觐考》，《历史研究》2002 年第 3 期。

王笛：《清末川边兴学概述》，《西藏研究》1986 年第 2 期。

王笛：《清末"新政"与四川近代教育的兴起》，《四川大学学报（哲学社会科学版）》1985 年第 2 期。

文夕：《清末川滇边务大臣衙门档案》，《历史档案》1992 年第 6 期。

吴彦勤、吕昭义、李志农：《清末入藏川军述评》，《思想战线》2003 年第 3 期。

王秀玉、刘源、尼玛扎西（杨公卫）：《清末川康战事：川西藏区改土归流的前奏》，《民族学刊》2011 年第 2 期。

徐铭：《清末川边藏区改土归流初探》，《西藏研究》1982 年第 2 期。

余子明：《论晚清政府在西藏的若干政策》，《民族研究》1991 年第 2 期。

许广智：《论辛亥革命前后十三世达赖喇嘛的政治取向》，《云南社会科学》1994 年第 5 期。

徐君：《清季对川边的认识与决策（上）——兼论瞻对问题的由来》，《康定民族师范高等专科学校学报》1999 年第 1 期。

徐君：《清末赵尔丰川边兴学考辨》，《西南民族大学学报》（人文社会科学版）2006 年第 6 期。

徐君：《新龙：西藏飞地 46 年》，《中国西部》2007 年第 4 期。

徐君：《清朝末年川藏边路之"新政"》，《西藏研究》2007 年第 3 期。

徐君：《清末赵尔丰川边兴学之反思》，《中国藏学》2007 年第 2 期。

徐君：《从"固川保藏"到"筹边援藏"：晚清西南边防意识之形成——以丁宝桢督川十年（1876—1886）为例》，《中国边疆史地研究》2009 年第 2 期。

姚便芳：《清末川边藏区实业教育发展述评》，《西藏大学学报》（社会科学版）2011 年第 2 期。

张秋雯：《清末巴塘变乱之探讨》，《台湾近代史研究所集刊》第 10 期。

张秋雯：《赵尔丰与乡城之役》，《"中央研究院"近代史研究所集刊》第 33 期，台北："中央研究院"近代史研究所，2000 年 6 月。

赵富良：《试论张荫棠"查办藏事"及其治藏方针》，《西藏研究》1992 年第 2 期。

张召庸、喜饶尼玛：《清末民初拉萨动乱性质初析》，《中国藏学》2011 年第 1 期。

张双智：《近代中英关于西藏"宗主权"的交涉》，《西藏研究》2012 年第 2 期。

詹先友：《清末川边兴学及其对当代藏区教育的启示》，《西南民族大学学报（人文社会科学版）》2011 年第 11 期。

赵云田：《清末川边改革新探》，《中国藏学》2002 年第 3 期。

赵永伦：《清政府反对英俄分裂西藏的斗争》，《贵州社会科学》2007 年第 2 期。

周永红：《清末中英在西藏的货币之争》，《南京师大学报（社会科学版）》2002 年第 3 期。

周文林：《清川滇边务大臣档案述要》，2003 年海峡两岸档案暨缩微学术交流会论文集（大陆地区代表部分），2003 年 6 月 30 日。

扎洛：《清末民族国家建设与张荫棠西藏新政》，《民族研究》2011 年第 3 期。

朱悦梅：《鹿传霖保川图藏举措考析》，《西藏研究》2012 年第 3 期。

五 英文论著

（一）资料类

Bell, Charles, *Portrait of a Dalai Lama: The Life and Times of the Great Thirteenth*, London: Wisdom, 1987.

——. *Tibet Past and Present*, Oxford: Clarendon Press, 1924.

Edgar, J. Huston, *The Land of Mystery, Tibet*, Melbourne, Australia: China

Inland Mission, 1930.

——. *The Marches of the Mantze*, London: Morgan & Scott, 1908.

——. "Political and Missionary Problem in Szechuan Marches", *The Chinese Recorder* (Aug. 1910): 516 – 25.

Kawaguchi, Ekai, *Three Years in Tibet*. Delhi: Book Faith India, 1909.

Rijnhart, Susie Carson, *With the Tibetans in Tent and Temple*, Chicago: Fleming H Revell Company, 1901.

Shelton, Albert L., *Pioneering in Tibet*, New York and Chicago: Fleming H Revell Company, 1921.

Shelton, Flora B., *Sunshine and Shadows on the Tibetan Border*, Cincinnati, O. H. : Foreign Christian Missionary Society, 1912.

Younghusband, Francis Edward., *The Opening of Tibet: An Account of Lhasa and the Country and People of Central Tibet and the Progress of the Mission Sent There by the English Government in the Year* 1903 – 1904; *Written, with the Help of All the Principal Persons of the Mission*, by Perceval Landon, Introduction by Colonel Younghusband, New York: Doubleday, Page & Co. , 1905.

（二）著述类

Adshead, Samuel Adrian Miles, *The Modernization of the Chinese Salt Administration*, 1900 – 1920, Cambridge, MA: Harvard University Press, 1970.

Adshead, Samuel Adrian Miles, *Province and Politics in Late Imperial China: Viceregal Government in Szechuan*, 1898 – 1911, London: Curzon Press, 1984.

Bell, Sir Charles, *Portrait of a Dalai Lama: The Life and Times of the Great Thirteenth*, London: William Collins, 1946.

Cameron, Meribeth E, *The Reform Movement in China*, 1898 – 1912, New York: Octagon Books, 1963.

Cammann, Schuyle, *Trade through the Himalayas: The Early British Attempts to Open Tibet*. Princeton, N. J. : Princeton University Press, 1951.

Cassinelli, C. W. , and Robert B. Ekvall, *A Tibetan Principality: The Political System of Sakya* , Ithaca, NY: Cornell University Press, 1969.

Chen, Han – seng, *Frontier Land System in Southernmost China: A Comparative Study of Agrarian Problems and Social Organization among the Pai Yi People of Yunnan and the Kamba People of Sikang* , New York: Institute of

Pacific Relations, 1949.

Coleman, William M. , "The Uprising at Batang: Khams and its Significance in Chinese and Tibetan History", In *Khams Pa Histories: Visions of People, Place and Authority*, edited by Lawrence Epstein, Leiden: Brill, 2002.

Davies, Henry R. , *Yunnan, the Link between India and the Yangzi*, Cambridge: Cambridge University Press, 1909.

Edwards, R. Randle, "Imperial China's Border Control Law", *Journal of Chinese*, Law 1, No. 1 (1987): 33 – 62.

Ekvall, Robert, *Culture Relations on the Kansu – Tibetan Border*, Chicago: University of Chicago Press, 1939.

Elliott, Mark C. , *The Manchu Way: The Eight Banners and Ethnic Identity in Late Imperial China*, Stanford, CA: Stanford University Press, 2001.

Elverskog, Johan , *Our Great Qing: The Mongols, Buddhism, and the State in Late Imperial China*, Honolulu: University of Hawai'i Press, 2006.

Epstain, Lawrence, ed. , *Khams pa Histories: Visions of People, Place, and Authority*, Leiden: Brill, 2002.

Farquhar, David Miller, "Emperor as Bodhisattva in the Governance of the Ch'ing Empire", *Harvard Journal of Asiatic Studies*, Vol. 38, No. 1, 1978.

Fisher, Margaret W. , Leo E. Rose, and Robert A. Huttenback, *Himalayan Battleground: Sino – Indian Rivalry in Ladakh*, New York: Praeger, 1963.

Fletcher, Joseph, "The Heyday of the Ch'ing Order in Mongolia, Sinkiang and Tibet", In *The Cambridge History of China: Late Ch'ing, 1800 – 1911*, vol. 10, part 1, edited by John K. Fairbank, 375 – 85. New York: Cambridge University Press, 1978.

Fravel, M. Taylor , *Strong Borders, Secure Nation: Cooperation and Conflict in China's Territorial Disputes*, Princeton, NJ: Princeton University Press, 2008.

Fung, Edmund S. k. *The Military Dimension of the Chinese Revolution: The New Army and Its Role in the Revolution of 1911*, Vancouver, B. C. : University of British Columbia Press, 1980.

Galbraith John S, "The 'Turbulent Frontier' as a Factor in British Expansion", *Comparative Studies in Society and History* 2 (1959 – 1960).

Ghosh, Suchita , *Tibet in Sino – Indian Relations, 1899 – 1914*, New Delhi: Sterling Publishers, 1977.

Giersch, C. , Patterson, *Asian Borderlands*: *The Transformation of Qing China's Yunnan Frontier*, Cambridge, M. A. : Harverd University Press, 2006.

——. " 'Grieving for Tibet' : Conceiving the Modern State in Late – Qing Inner Asia. " *China Perspectives*, No. 3 , 2008.

Goldstein, Melvyn C. , *A History of Modern Tibet*, 1931 – 1951: *The Demise of Lamaist State*. Berkeley: University of California Press, 1989.

——. *The Snow Lion and the Dragon*, Berkeley: University of California Press, 1997.

Gupta, Karunakar, *The Hidden History of the Sino – Indian Frontier*, Calcutta: Minerva Associates, 1974.

Guy, R. Kent, *Qing Governors and Their Provinces*: *The Evolution of Territorial Administration in China*, 1644 – 1796, Seattle: University of Washington Press, 2010.

Heden, Sven Anders, *Southern Tibet*: *Discoveries in Former Times Compared with My Own Researches in* 1906 – 1908, New Delhi: Sales Office, D. K. Publishers Distributors, 1991.

Herman, John E. , "Empire in the Southwest: Early Qing Reforms to the Native Chieftain System", *Journal of Asian studies*, Vol. 56, No. 1, 1997.

Ho, Dahpon D. , "The Men Who Would Not Be Amban and the One Who Would: Four Frontline Officials and the Qing Tibet Policy, 1905 – 1911", *Modern China*, Vol. 34, No. 2 , Apr. 2008.

Hsu, Immanuel C. Y. , *China's Entry into the Family of Nations*: *The Diplomatic Phase*, 1858 – 1880. Cambridge, M. A. : Cambridge University Press, 1960.

——. "The Great Policy Debate in China, 1874: Maritime Defense Vs. Frontier Defense", *Harvard Journal of Asiatic Studies*, No. 25, 1964 – 1965.

——. "Late Ch'ing Foreign Relations, 1860 – 1905", In *Cambridge History of China*, Vol. 11, 70 – 141. Cambridge University Press, 1967.

Hummel, Arthur W, ed. , *Eminent Chinese of the Ch'ing Period*: 1644 – 1912, Washington, D. C. : Government Printing Office, 1944.

Ichiko, Chuzo, "Political and Institutional Reform, 1901 – 1911", *Cambridge History of China*, vol. 11, *Late Ch'ing*, 1800 – 1911, part 2, Cambridge: Cambridge University Press, 1980.

Kadian, Rajesh, *Tibet, India, and China*, New Delhi, Vision Books, 1999.

Kapp, Robert A. , *Szechwan and the Chinese Republic: Provincial Militarism and Central Power*, 1911 – 1938, New Haven, C. T. : Yale University Press, 1973.

Kapstein, Matthew T. , "A Thorn in the Dragon's Side: Tibetan Buddhist Culture in China", In *Governing China's Multiethnic Frontiers*, edited by Morris Rossabi. Seattle: University of Washington Press, 2004.

Klieger, P. Christiaan, "Accomplishing Tibetan Identity: The Constitution of a National Consciousness", PhD diss. , University of Hawaii, 1989.

——. *Tibetan Nationalism: The Role of Patronage in the Accomplishment of a National Identity*, Berkeley, CA: Folklore Institute, 1992.

Kobayashi, Ryosuke, "Activities of Local Power Brokers in Qing Eastern Tibet – Tibetan Tusi in Qing Tibetan Regions", *Tide of History*, No. 60, 2006.

——. "The Dalai Lama Government's Rule of Eastern Tibet, 1865 – 1911: History of the Boundary Problems between China and Tibet", *Journal of Asian and African Studies*, No. 75, 2008.

——. "Relations between the Qing and the Dalai Lama Governments around Kham Control at the End of the Nineteenth Century—The Case study of Lu Chuanlin's Repossession of Nyarong", *Social and Culture History*, No. 46, 2004.

Kolmaš, Josef, *The Ambans and Assistant Ambans of Tibet: A Chronological Study*, Prague: The Oriental Institute, 1994.

——. *A Genealogy of the Kings of Derge: Sde – dge' I Rgyal – rabs*. Prague: The Oriental Institute in Academia, 1968.

——. *Tibet and Imperial China: A Survey of Sino – Tibetan Relations up to the End of the Manchu Dynasty in 1912*, Canberra: Australian National Universty, Center of Oriental Studies, 1967.

Lamb, Alastair, *British India and Tibet: 1766 – 1910*, London: Routledge and Kegan Paul, 1960.

——. *The McMahon Line: A Study in the Relations between India, China and Tibet*, 1904 to 1914, 2 vols. Toronto, Canada: University of Toronto Press, 1966.

——. *Tibet, China and India*, 1914 – 1950, Hertingfordbury, U. K. : Roxford Books, 1989.

Lee, Robert H. G. , "Frontier Politics in the Southwestern Sino – Tibetan Borderlands during the Ch'ing Dynasty", *In Perspectives on a Changing China*, edited by Joshua A. Fogel and William T. Rowe. Boulder, C. O.: Westiview Press, 1979.

Leibold, James, "Un‐mapping Republican China's Tibetan Frontier: Politics, Warlordism and Ethnicity along the Kham/Xikang Borderland", *Chinese Historical Review*, Vol. 12, No. 2, Fall 2005.

Macdonald, David, *Land of the Lama: A Descirption of a Country of Contrasts and of Its Cheerful, Happy‐go‐lucky People of Hardy Nature and Curious Customs, Their Religion, Ways of Living, Trade, and Social Life*. London: Seeley, Service, 1929.

Mckay, Alex, *Tibet and the British Raj: The Frontier cadre*, 1904‐1947, London: Curzon Press, 1997.

Mehra, Parshotam. *An "Agreed" Frontier: Ladakh and India's Northernmost Borders*, 1846‐1947. Delhi: Oxford University Press, 1992.

——. *Tibetan Polity*, 1904‐1937: *The Conflict between the 13th Dalai Lama and the 9th Panchen*. Asiatische Forschungen Band 49, Wiesbaden: Otto Harrassowitz, 1976.

Miller, Beatrice D., "The Web of Tibetan Monasticism", *Journal of Asian Studies*, Vol. 20, No. 2, Feb. 1961.

Mills, Martin A., *Indentity, Ritual, and State in Tibetan Buddhism: The Foundations of Authority in Gelugpa Monasticism*, New York: Routledge Curzon, 2003.

Millward, James A., *Beyond the Pass: Economy, Ethnicity, and Empire in Qing Central Asia*, 1759‐1864, Stanford, C. A.: Stanford University Press, 1998.

Norbu, Dawa, "The Europeanization of Sino‐Tibetan Relations, 1775‐1907: The Genesis of Chinese 'Suzerainty' and Tibetan 'Autonomy'", *Tibet Journal*, Vol. 25, No. 4, 1990.

Parmee, Edward A., *Kham and Amdo of Tibet*. New Haven, C. T.: Human Relations Area Files, Inc, 1972.

Perdue, Peter C., "Boundaries, Maps, and Movement: Chinese, Russian, and Mongolian Empire in Early Modern Central Eurasia", *International History Review*, Vol. 20, No. 2, June 1998.

——. "Embracing Victory, Effacing Defeat: Rewriting the Qing Frontier

Campaigns", In *The Chinese State at the Borders*, edited by Diana Lary. Vancouver, B. C. : University of British Columbia Press, 2007.

Pong, David, and Edmund S. K. Fung, eds. , *Ideal and Reality: Social and Political Change in Modern China*, 1860 – 1949, New York: University Press of America, 1985.

Powell, Ralph L. , *The Rise of Chinese Military Power*, 1895 – 1912. Princeton, N. J. : Princeton University Press, 1955.

Reynolds, Douglas R. , *China, 1898 – 1912: The Xinzheng Revolution and Japan*, Cambridge, M. A. : Council on East Asian Studies, Harvard University, 1993.

Relyea, Scott, *Gazing at the Tibetan Plateau: sovereignty and Chinese state expansion in the early twentieth Century*, PhD diss. , Chicago University, 2010.

Rhoads, Edward J. M. , *Manchus and Han: Ethnic Relations and Political Power in Late Qing and Early Republican China*, 1861 – 1928, Seattle: University of Washington Press, 2000.

Richardson, Hugh E. , and David Snellgrove, *A Cultural History of Tibet*. Boulder, C. O. : Prajna Press, 1980.

Rockhill, William Woodville, *The Land of the Lamas: Note of a Journey through China, Mongolia, and Tibet*, London: Longmans, Green and Co, 1891.

——. "The Dalai Lamas of Lhasa and Their Relations with the Manchu Emperors of China", *T'oungh Pao*, No. 11, 1910.

——. "Tibet: A Geographical, Ethnographical, and Historial Sketch, Derived from Chinese Sources", *Journal of Royal Asiatic Society*, No. 23, 1891.

Sen, Sudipta, "The New Frontiers of Manchu China and the Historiography of Asian Empires: A Review Essay", *Journal of Asian Studies*, Vol. 61, No. 1, Feb. , 2002.

Shakabpa, Tsepon W. D. , *Tibet: A Political History*, New Haven, C. T. : Yale University Press, 1967.

Sharlho, Tseten Wangchuk, "China's Reforms in Tibet: Issues and Dilemmas", *Journal of Contemporary China*, Vol. 1, No. 1, Fall 1992.

Shaumian, Tatiana, *Tibet: The Great Game and Tsarist Russia*, Oxford: Oxford University Press, 2000.

Sigel, Louis T., "Ch'ing Tibetan Policy (1906 – 1910)", *Paper on China*, Vol. 20. Cambridge, M. A.: Harvard University East Asian Research Center, 1966.

——. "The Diplomacy of Chinese Nationalism, 1900 – 1911", In *Ideal and Reality: Social and Political Change in Modern China, 1900 – 1949*, edited by David Pong and Edmund S. K. Fung, Lanham, M. D.: University Press of America, 1985.

Skrine, C. P., and Pemela Nightingale, *Macartney at Kashgar: New Light on British, Chinese, and Russian Activities in Sinkiang, 1890 – 1918*, Oxford: Oxford University Press, 1987.

Smith, Kent Clarke, "Ch'ing Policy and the Development of Southwest China: Aspects of Ortai's Governor – Generalship, 1726 – 1731", Phd diss., Yale University, 1970.

Smith, Warren W., *Tibetan Nation: A History of Tibetan Nationalism and Sino – Tibetan Relations*, Boulder, C. O.: Westview Press, 1996.

Spengen, Wim Van, "Frontier History of Southern Kham: Banditry and War in the Multi – ethnic Fringe Lands of Chetring, Mili, and Gyethang, 1890 – 1940." In *Khams pa Histories: Visions of People, Place, and Authority*, edited by Lawrence Epstein, Leiden: Brill, 2002.

Sperling, Elliot, "Awe and Submission: A Tibetan Aristocrat at the Court of Qianlong", *International History Review*, Vol. 20, No. 2, June 1998.

——. "The Chinese Venture in K'am, 1904 – 1911, and the Role of Chao Erh – feng", *The Tibet Journal*, Vol. 1, No. 2, Apr. – June 1976.

——. "The Szechwan – Tibet Frontier in the Fifteenth Century", *Ming Study*, No. 26, Fall 1988.

Stapleton, Kristin, County Administration in Late – Qing Sichuan County: Conflicting Models of Rural Policing., *Late Imperial China*, Vol. 18, No. 1, 1997.

Stein, R. A., *Tibetan Civilization*, Stanford, C. A.: Stanford University Press, 1972.

Suzuki, Chusei, "China's Relations with Inner Asia: The Hsiung – Nu, Tibet", In *The Chinese World Order: Traditional China's Foreign Relations*, edited by John K. Fairbank. Cambridge, MA: Harvard University Press, 1968.

Teichman, Eric, *Travels of a Consular Officer in Eastern Tibet*, *Together with a History of the Relations between China, Tibet, and India*, Cambridge: Cambridge University Press, 1922.

Teng, Ssu-yü, and John K. Fairbank, *China's Response to the West: A Documentary Survey*, 1839–1923, Cambridge, MA: Harvard University Press, 1954.

Tewari, Udai Narain, *Resurgent Tibet: A Cause for Nonaligned Movement*, New Delhi: Selectbook, 1983.

Thompson, Roger Roy, *China's Local Councils in the Age of Constitutional Reform*, 1898–1911, Cambridge, MA: Council on East Asian Studies, Harvard University Press, 1995.

Tsering, Tashi, "Nag-ron Mgon-po Rnam-rgyal: A Nineteenth-Century Khams-pa Warrior", In *Soundings in Tibetan Civilization*, edited by Barbara N, Aziz and Matthew Kapstein, New Delhi: Manohar, 1985.

Tsomu, Yudru, *Taming the Khampas: The Republican Construction of Eastern Tibet*, Modern China, Vol. 39, No. 3, May 2013.

——. *The Rise of Gonpo Namgyel in Kham: The Blind Warrior of Nyayong*, Lanham: Lexington Books, 2015.

Von Rosthorn, Arthur. *On the Tea Cultivation in Western Ssuch'uan and the Tea Trade with Tibet via Tachienlu*, London: Luzac & Co, 1895.

Watt, John R., *The District Magistrate in Late Imperial China*, New York: Columbia University Press, 1972.

Wellens, Koen, *Religious Revival in the Tibetan Borderlands: The Premi of Southwest China*. Seattle: University of Washington Press, 2010.

Wissing, Douglas A., *Pioneer in Tibet*, New York: Palgrave Macmillan, 2004.

Wong, Young-tsu, *Search for Modern Nationalism: Zhang Binglin and Revolutionary China*, 1869–1936, Hong Kong: Oxford University Press, 1989.

Woodman, Dorothy, *Himalayan Frontiers: A Political Review of British, Chinese, Indian, and Russian Rivalries*, New York: Frederick A., Praeger, 1969.

Wright, Mary C., *China in Revolution: The First Phase*, 1900–1913, New Haven, C. T.: Yale University Press, 1968.

Xiuyu, Wang, *China's last Imperial Frontier: late Qing expansion in Sichuan's Tibetan Borderlands*, Maryland: The Rowman & Littlefield Publishing Group, Inc., 2011.

Yang, Ho－chin, "China's Routes to Tibet during the Early Qing Dynasty: A Study of Travel Accounts", PhD diss., University of Washington, 1994.

——. "The Government of Tibet: From the Politico－religious System to Autonomy", *Bulletin of Tibetology*, Dec. 1973, Gangtok, Sikkim: Namgyal Institute of Tiebetology, 1973.